Neue

Kleine Bibliothek 250

Domenico Losurdo

Wenn die Linke fehlt…

Gesellschaft des Spektakels, Krise, Krieg

Aus dem Italienischen von Christa Herterich

PapyRossa Verlag

In dankbarer Erinnerung an
die leidenschaftlichen Diskussionen
mit meinem Bruder Vito Luigi

Titel der Originalausgabe:
La sinistra assente – Crisi, societá dello spettacolo, guerra
Published in 2014 by Carocci editore s.p.a., Roma

Luxemburger Str. 202, 50937 Köln
Tel.: +49 (0) 221 – 44 85 45
Fax: +49 (0) 221 – 44 43 05
E-Mail: mail@papyrossa.de
Internet: www.papyrossa.de

Umschlag: Verlag, unter Verwendung eines
Fotos von picture alliance / Christian Charisius / dpa
Druck: Interpress

Die Deutsche Nationalbibliothek verzeichnet diese Publikation in der Deutschen Nationalbibliografie; detaillierte bibliografische Daten sind im Internet über http://dnb.d-nb.de abrufbar

ISBN 978-3-89438-651-1

Inhalt

VIII. Zwischen imperialen und populistisch-anarchoiden Linken – Die Lage im Westen

Schluss

Vorwort zur deutschen Ausgabe

1.

Dieses Buch, das in mehrere Sprachen übersetzt worden ist und nun auch in Deutschland herauskommt, erschien in Italien in erster Auflage im September 2014. Die 2008 ausgebrochene Finanzkrise war als Belastung weiterhin zu spüren und nahm allmählich auch einen politischen Charakter an. Seither hat sich diese Verschiebung drastisch zugespitzt: Der Glaubwürdigkeitsverlust betrifft nicht mehr nur Regierungen und Machtgruppen, sondern überzieht die politischen Institutionen, die in den Augen einer breiten und zunehmenden öffentlichen Meinung völlig dem großen Finanz- und Industriekapital unterworfen sind, als solche. Wie seriöse Analysten unterstreichen, erweist sich in den USA und in Europa, was vordergründig als Demokratie erscheint, realiter als »Plutokratie«, als vom Großen Geld auf allen Ebenen ausgeübte Macht, auch über die demokratischen Institutionen. Verständlich also, dass in Europa in Opposition zu den traditionellen Parteien (die inzwischen ihren Kredit verspielt haben) neue Parteien entstehen und wachsen, die bisweilen (und nicht immer) links orientiert sind: Mehr oder weniger deutlich prangern sie die Austeritätspolitik zum Nachteil der Volksmassen an, die zunehmende ökonomisch-soziale Polarisierung, die Korruptheit der Eliten; und gegen all das versprechen oder fordern sie eine Alternative. Leider bleibt dieser Vorwurf auf halber Strecke stehen: Er zielt auf den Neoliberalismus, jedoch nicht auf den Neokolonialismus!

Im Nahen Osten aber folgt ein Neokolonialkrieg auf den anderen, wobei sie Zehntausende Tote verursachen, ganze Länder (jene, und zwar nur jene, die auf die eine oder andere Art eine antikoloniale oder antifeudale Revolution hinter sich haben) zerstören und ganze Völker zur Flucht zwingen. Es handelt sich meist um Kriege, die ohne Autorisierung des UN-Sicherheitsrats entfacht wurden: Das Recht des Stärkeren missachtet das internationale Recht und zerfleddert das Prinzip staatlicher Souveränität und nationaler Unabhängigkeit. Deshalb wird die Gefahr immer größer, dass die derzeitigen neokolonialen Kriege in einen umfassenderen Konflikt, wenn nicht gar in einen Weltkrieg führen: Um seine wankende Hegemonie über die Welt erhalten und fortsetzen zu können, ist der US-amerikanische Imperialismus zu allem bereit. Im Moment hat er es auf China abgesehen (das Land, das aus der größten antikolonialen Revolution der Geschichte hervorgegangen ist und von einer bewanderten kommunistischen Partei geleitet wird) und auf Russland (das mit Putin aus der Sicht Washingtons den Fehler begangen hat, die neokoloniale Kontrolle abzuschütteln, der sich Jelzin gefügt oder angepasst hatte). Deutlich ist die Verbindung zwischen dem Kampf gegen den Neoliberalismus und dem gegen Neokolonialismus, Kolonialismus und Imperialismus: Immer dringlicher werden die Appelle der Vereinigten Staaten an ihre Verbündeten und Vasallen, die Militärausgaben zu erhöhen (samt der damit einhergehenden Reduzierung der für den Sozialstaat bestimmten Mittel). Auch auf politischer und ideologischer Ebene bereitet man sich auf den Krieg vor: In Ländern wie Japan oder Italien wird die aus der Niederlage des Nazifaschismus hervorgegangene Verfassung so uminterpretiert, dass die Teilnahme an militärischen Abenteuern erleichtert wird, die man hingegen als »humanitäre« Operationen bemäntelt und die vom Weißen Haus entschieden und unter seiner Regie geführt werden. Bis zum heutigen Tag jedenfalls nimmt die Kritik am herrschenden System den Neoliberalismus in den Blick, legt sich aber noch nicht (in vollem Umfang) mit Neokolonialismus, Kolonialismus und Imperialismus an. In diesem Sinn gibt es noch keine glaubwürdige Alternative von links, ist die Linke immer noch weithin abwesend.

Bei aller großen Schwäche und häufig gar Abwesenheit der Linken hört die ökonomische und nun auch politische Krise des Kapitalismus nicht auf, sich zu verschärfen. Es ist eine Krise, die sich auf beiden Seiten des Atlantiks unterschiedlich manifestiert. Im Gegensatz zu Europa hält sich in den USA trotz wiederholter Protestbezeugungen gegen die kleine Elite, die das Land kontrolliert, das sogenannte Zweiparteiensystem bzw. ein System, welches genauer als Einparteiensystem mit Wettbewerbscharakter bezeichnet werden müsste: Im Wettbewerb stehen zwei Parteien oder besser zwei Persönlichkeiten, die sich, sei es auch im Rahmen einer bisweilen rauen Auseinandersetzung, in ihrer Sicht der Welt und ihrem Programm beide auf die monopolistische und imperialistische Bourgeoisie beziehen. Wenn trotz allem Kandidaten auftauchen, die tatsächlich alternativ sein könnten, werden sie von Fernsehdebatten ausgeschlossen und von den Sendern und den eisern vom Großen Geld kontrollierten Massenmedien überhaupt so weit wie möglich ignoriert. Somit sind eventuelle tatsächlich alternative Kandidaten in der Regel zum Schweigen verurteilt; der Großteil der Öffentlichkeit weiß nicht einmal, dass es sie gibt: Wer kennt z. B. den Namen des Kandidaten der Grünen oder anderer kleinerer Parteien bei den US-Präsidentschaftswahlen 2016? Manchmal versucht der eine oder andere wirklich alternative Kandidat gegen den Ausschluss, dem er unterworfen ist, zu protestieren; doch schnell und auch rüde greift dann die Polizei ein, um seinen Protest zu unterbinden und die Souveränität der Eigner der großen Informationsmedien zu bekräftigen, was in letzter Instanz vom Großkapital ausgeübte Diktatur auf multimedialer und politischer Ebene bedeutet.

Wenn all das nicht reicht, das Zweiparteiensystem oder genauer das Einparteiensystem mit Wettbewerbscharakter durchzusetzen, bleibt immer noch die Zuflucht zu Manipulation und Betrug. Wer auf diesen letzten Punkt aufmerksam gemacht hat, sind ein Journalist und eine Zeitung gewesen, die sich nie durch ihre kritische Haltung Washington gegenüber ausgezeichnet haben. Jedenfalls war in einem jüngst erschienenen Artikel (Massimo Gaggi, *Il caso di superdelegati e le colpe di Obama*, in Corriere della Sera vom 26. Februar 2016: 53) über die Vorwahlen der Demokraten zu lesen: »Seit 35 Jahren haben die amerikanischen Demokraten eine wenig demokratische Regel angewandt, die 15 % der Delegierten, die den Kandidaten für das Weiße Haus wählen, den Parteiformationen vorbehält, womit dieser Anteil den Wählern entzogen wird«. Es geht um die sogenannten Superdelegierten, die »der *royal family* der Linken der USA«, d. h. der Clinton-Familie (die als »links« bezeichnet wird, möglicherweise zu Ehren der »humanitären« Kriege, die sie nicht müde wurde, vom Zaun zu brechen!), »bereits Treue geschworen hatten«. Und nur deshalb – fährt der zitierte Artikel fort – konnte Hillary Clinton einen »entscheidenden Vorsprung« gegenüber ihrem Konkurrenten Bernie Sanders erreichen. Nach Lage der Dinge waren die Treue- und Vasallenbindungen an eine *royal family* weit wichtiger als die Regeln der Demokratie. Und das war noch nicht alles: »Der Fall Iowa (ein hauchdünner Sieg für Hillary), stark umstritten auch von unabhängigen Beobachtern, hat gezeigt, dass der Mechanismus der demokratischen ›caucus‹ ziemlich undurchsichtig ist«. Das heißt, dass zur finanziellen, multimedialen und politischen Übermacht der Großbourgeoisie, zur antidemokratischen Manipulation des Wahlsystems, zum »Treue«-Verhältnis und zum Vasallentum gegenüber einer der *royal families* der nordamerikanischen Republik bisweilen noch vulgärere Machenschaften hinzukommen.

Schauen wir nun, wie sich die letzte US-amerikanische Präsidentschaftswahlkampagne abgespielt hat. Der »Republikaner« Donald Trump hat schamlos mit seinem (nicht immer durchsichtigen Quellen entstammenden) unermesslichen Reichtum geprotzt und dem daraus resultierenden Recht, nach dem höchsten Amt des Staates zu greifen. Und die »Demokratin« Hillary Clinton? Ein Editorial (*Clinton Speeches to Big Banks*) der *International New York Times* von 27./28. Februar 2016 (S. 8) wirft ein wenig Licht auf sie. Was kommt heraus? 2014 und im ersten Drittel des Jahres 2015 hat Clinton »persönlich« 11 Millionen Dollar für Vorträge »in geschlossener Gesellschaft« erhalten, d. h. für Kolloquien, die sie »Banken und anderen Finanz- und Industriegruppen« gewidmet hatte. Ist die Großzügigkeit der Großfinanziers und -industriellen ganz interesselos gewesen oder haben sie von einer derart mächtigen und einflussreichen politischen Persönlichkeit etwas als Gegenwert bekommen? Für ihr Verhalten kritisiert und zur Klärung ihrer Position aufgefordert, hat Clinton sich auf die Äußerung beschränkt: »Das machen alle so«, wobei sie sich weigerte, den Inhalt dieser so vertraulichen und so gut dotierten Kolloquien preiszugeben. Das Große Geld übt nicht nur eine unbestreitbare Macht aus, sondern verweigert auch jegliche Norm von Transparenz und Kontrolle.

Was die beiden Rivalen um das Präsidentschaftsamt eint, ist nicht nur die organische und undurchsichtige Verbindung mit dem Großen Geld. Es ist auch der emphatische Chauvinismus. Auf Trump, der versprach, Amerika wieder groß zu machen, hat seine Rivalin unter rauschendem Beifall des Publikums geantwortet, dass Amerika nie aufgehört habe, groß zu sein! So sieht es aus, das Zweiparteiensystem oder das Einparteiensystem mit Wettbewerbscharakter! Alle demoskopischen Umfragen waren sich einig in der Feststellung einer reservierten Haltung des Volkes beiden Kandidaten gegenüber, der eine wie die andere genoss wenig Vertrauen. Beide Exponenten der plutokratischen Elite und beide inspiriert von der Idee einer ihrem Land eigenen imperialen Mission, haben Donald Trump und Hillary Clinton darin gewetteifert, den Chauvinismus der Wähler anzuheizen: Welcher der beiden Kandidaten war der Dreistere bezüglich der Konfrontation und des Niederhaltens der Feinde des von Gott »auserwählten Volkes«, der einzigen »unverzichtbaren Nation«, mit »Außergewöhnlichkeit« versehen und infolgedessen befreit von den Regeln, die nur für die gewöhnlichen und einfachen Nationen gelten?

Und so folgt ein Präsident auf den anderen: Die Ungleichheit, die im Inneren der USA zunimmt, müht der jeweilige Präsident sich, auch auf internationaler Ebene zur Geltung zu bringen, indem er sich als oberster Interpret von Gottes »auserwählter Nation« aufspielt und sich das Recht zuschreibt, mit seinem gigantischen Militärapparat in jedem Winkel der Welt zu intervenieren, auch ohne Mandat des UN-Sicherheitsrats. Zu den echten Kriegen kommen die als »Farbenrevolutionen« verkleideten Staatsstreiche.

2.

An diesen Kriegen und Staatsstreichen nehmen oft auch die EU-Länder teil. Sie sind hauptsächlich Vasallen der USA. In Europa aber ist, im Gegensatz zu den USA, das Zweiparteien- oder Einparteiensystem mit Wettbewerbscharakter ein System, das sich als immer stärker im Niedergang erweist. Ich schreibe bzw. ergänze dieses Vorwort, während die Resultate des ersten Wahlgangs der Präsidentschaftswahlen in Frankreich bekannt gegeben werden: Die »Alternative« zu Emmanuel Macron (Ziehkind der Finanz- und Bankenwelt) wird repräsentiert durch Marine Le Pen, die von ihrer politischen und Familiengeschichte her das Schlechteste an Frankreich verkörpert. Die Sozialistische Partei liegt in Trümmern: Was für eine Glaubwürdigkeit sollte auch eine politische Kraft haben, die, wo sie doch das Banner des »Sozialismus« schwenkt, nicht nur vor dem Neoliberalismus kapituliert, sondern auch die infamsten neokolonialen Kriege unterstützt und vorangetrieben und sogar das Feuer eines Kriegskreuzzugs gegen Russland angefacht hat? Es stimmt, dass bei den letzten französischen Präsidentschaftswahlen die Partei von Jean-Luc Mélenchon (»Parti de gauche«) ein gutes Ergebnis erzielt hat. Seine Kampagne im Zeichen des Kampfes gegen das System hat ihm Kredit und Zustimmung eingebracht. Etwas Bestimmtes von großer Wichtigkeit darf jedoch nicht aus den Augen verloren werden. Beim Thema Syrien hat sich Mélenchon in keiner Weise von der herrschenden Ideologie unterschieden. Er hat nicht gezögert, erneut die vulgärste chauvinistische und kolonialistische Propaganda aufzugreifen: »Assad ist ein Verbrecher, das wissen alle«. Was auch der Vertreter der »radikalen« Linken nicht weiß, ist Folgendes: Einige Jahre bevor in Syrien der »Bürgerkrieg« ausbrach, hatten die US-amerikanischen Neokonservativen bereits beschlossen, zu jedem Mittel zur Beseitigung Assads zu greifen, der Washington und Tel Aviv gegenüber als zu rebellisch eingeschätzt wurde. Wer sind also die Mörder, die Verantwortlichen für das entsetzliche Blutbad, das daraus entstand? Vielleicht täte Mélenchon gut daran, ein weit zurückliegendes, aber umso lehrreicheres Geschichtskapitel zu bedenken: Seinerzeit brach Mussolini den völkermörderischen Krieg gegen Äthiopien vom Zaun, indem auch er humanitäre Posen einnahm; es sei geboten, die Sklaverei in dem afrikanischen Land abzuschaffen und die Herrschaft des »Negus der Sklavenhändler« zu stürzen, die Macht des Sklavenhändler- und Sklavenhalter-Kaisers! Diejenigen, die glauben, ihre »Links«-Orientierung attraktiver zu machen, indem sie wenigstens teilweise der Ideologie und der Industrie der Lüge nachgeben, die die humanitären Kriege flankiert, sollten wissen, dass sie riskieren, sich nicht nur in der Gesellschaft der chauvinistischen Bewohner des Weißen Hauses, sondern auch des faschistischen Duce wiederzufinden!

3.

Anlässlich der Wahlen zunächst in den USA und dann in Frankreich hat die westliche Presse und vor allem die US-amerikanische (die *New York Times* etc.) gegen das Russland Putins getönt, indem sie es beschuldigte, alles daran gesetzt zu haben, die Nachrichten und Telefonate der diversen Kandidaten auszuspionieren und abzuhören, um dadurch das für Moskau günstigste Wahlergebnis zu fördern oder zu erzwingen. Das ist ein verblüffender Vorwurf: Er kommt von der Supermacht, die notorisch spioniert und permanent auch ihre engsten Verbündeten unter Kontrolle hält und sich des so angehäuften immensen Materials bedient, um das politische Leben unterschiedlichster Länder zu beeinflussen und zu manipulieren; er kommt von der Supermacht, die nicht müde wird, Militärinterventionen zu inszenieren, Staatsstreiche und »Farbenrevolutionen«.

Aus Platzgründen beschränke ich mich in diesem Vorwort auf drei Beispiele. Beginnen wir mit den Wahlen in Italien vom April 1948. Es ist eine Zeit, wo die italienische KP, die den Kampf gegen das faschistische Regime geführt und den Widerstand unterstützt und geleitet hatte, der nach 20 Jahren Diktatur in die Errichtung der Demokratie mündete, ein hohes Prestige hatte. Und da formulierte Washington eine klare Erpressung. Im Fall eines Wahlsiegs würde das erschöpft aus dem Krieg hervorgegangene Italien einem schlimmen und verzweiflungsvollen Hunger ausgesetzt: Von jenseits des Atlantiks würden keine der versprochenen Lebensmittel mehr kommen. Die Erpressungen wurden mit militärischen Drohungen verbunden: Ein von den Kommunisten regiertes Italien könnte ein Ende nehmen wie Griechenland, das brutal von der Truman-Doktrin (gegen den »Totalitarismus«) und vom anglo-amerikanischen Militär überrollt worden war.

Und das war noch nicht alles. Wie wir in diesem Buch sehen werden, stand die CIA im Fall eines Sieges der Linken bereit, in Sardinien und Sizilien sezessionistische Bewegungen zu fördern und zu unterstützen. Ungeachtet des Ausgangs der Wahlen und ihres demokratischen Charakters sollte Italien insgesamt oder wenigstens zum Teil unter der Kontrolle Washingtons bleiben.

Machen wir nun einen Sprung von annähernd drei Jahrzehnten. Im Frühling/Sommer 1974 nach der »Nelkenrevolution«, die am 25. April jenes Jahres die seit vielen Jahrzenten in Portugal bestehende Diktatur faschistischen Typs gestürzt hatte, schienen eine Zeit lang die Kommunisten, die enorm gestärkt aus dem langen, mutigen und konsequenten Kampf gegen den Faschismus hervorgegangen waren, in der Lage zu sein, ein Bündnis mit den Sozialisten zu realisieren. Es zeichnete sich also das Aufkommen einer linken Mehrheit mit einem radikalen, jedoch durch einen deutlichen Konsens des Volkes und der Wähler unterstützten Programm ab. Das war für die konservativen und Atlantiker-Kreise eine inakzeptable Perspektive. Der damalige US-Außenminister Henry Kissinger verlor keine Zeit: Er schlug dem Präsidenten Gerald Ford eine »präventive Militärintervention« vor, die die Gefahr einer Revolution in einem Schlüsselland der NATO wie des Westens abwenden sollte. Diese radikale, und radikal antidemokratische, Maßnahme erübrigte sich dann durch den Sieg von Mário Soares bei den Wahlen vom 23. Juli 1976 (Leo Wieland, *Portugal probt seine »Oktoberrevolution«*, in: Frankfurter Allgemeine Zeitung vom 22. Oktober 2015: 8). Doch was wäre passiert, wenn trotz massiven Eingreifens der Dienste, des Finanz- und Multimediaapparats des Westens und seiner Führungsmacht und trotz der gut sichtbaren militärischen Drohung (in Form US-amerikanischer Kriegsschiffe) der Sieg eines dem Atlantikbündnis treuen Kämpen nicht eingetreten wäre?

Damit zur Gegenwart. Washington bezichtigt Putins Russland, die US-amerikanische und die europäische Demokratie zu bedrohen. Um den Ernst einer solchen Anklage zu verdeutlichen, geben wir noch einmal einem Presseorgan das Wort, das weder der Russophilie, noch gar der Verehrung des Kommunismus verdächtigt wird:

> Vor kaum mehr als zwanzig Jahren wurde im Juli 1996 Boris Jelzin [...] erneut zum Präsidenten der Russischen Föderation gewählt, indem er in der zweiten Runde mit Mühe den Kandidaten der Kommunistischen Partei, Gennadi Sjuganow, besiegte. Die Vereinigten Staaten intervenierten massiv zugunsten des Siegers, obwohl er (im politischen wie im Wortsinn) schwankte [...]. Der Spieleinsatz war sehr hoch, vor allem außenpolitisch [...]. Washington investierte sehr viel in die Wiederwahl des Kandidaten, den es bevorzugte, indem es ihn noch und noch mit Beratern, Presseleuten, Ärzten, Öffentlichkeitsexperten etc. umgab [...]. Es ist allgemein unstreitig, dass es auch Manipulationen dabei gab, vor allem in der Provinz (Federigo Argentieri, *Quando Clinton »investì« sulla rielezione die Eltsin*, in: Corriere della Sera vom 31. Dezember 2016: 28).

Durch die Tatsache, dass in unseren Tagen, wie wir gesehen haben, seriöse westliche Wissenschaftler beklagen, im Westen sei heute die »Demokratie« durch »Plutokratie« ersetzt worden, ist die Rede der herrschenden Ideologie über »Demokratie« noch grotesker. Und dabei geschieht es im Namen der »Demokratie«, dass infame koloniale und neokoloniale Kriege entfacht werden, und ebenfalls in ihrem Namen, dass die Vereinigten Staaten in Komplizenschaft mit ihren Vasallen die Kriegsvorbereitungen gegen China und Russland verstärken. Es stellt sich die Frage: Wann wird die westliche Linke endlich imstande sein, von dieser tragischen Gefahr Kenntnis zu nehmen und dann entsprechend zu handeln?

Domenico Losurdo

Vorbemerkung

Kann man nicht schaurige Details über
Menschenquälerei auftreiben?
Otto von Bismarck

Und niemand lügt soviel als der Entrüstete.
Friedrich Nietzsche

Ein Historiker wird sich später einmal über ein für unsere Gesellschaft und unsere Zeit charakteristisches Phänomen nur wundern können. Einerseits sind in Büchern, Periodika und Zeitungen realistische und ungeschönte Analysen des aktuellen Zustands des Westens, der Probleme und Dramen unserer Gegenwart leicht zu finden. Mit der ökonomischen Krise ist eine politische verquickt: Man wohne, stellen seriöse Wissenschaftler fest, einer Entleerung der Demokratie bei, die ihren Platz der Macht des Großbesitzes und der »Plutokratie« überlässt. Doch gibt es im Westen eine Linke, die fähig ist, sich dieser Analyse und dieser Feststellung zu stellen und darauf basierend ein politisches Projekt des Kampfes und für die Veränderung des Bestehenden zu formulieren? Was die internationale Politik angeht, rutscht selbst für gewöhnlich nicht besonders mutigen Presseorganen das Eingeständnis heraus, die von den USA und der NATO jüngst im Nahen Osten entfesselten Kriege seien neokolonialen Charakters. Vor aller Augen spielt sich der Horror in Gaza ab, die Tragödie, die die Herrschaft und der Expansionsdrang Israels dem palästinensischen Volk aufzwingen. Und wieder müssen wir uns fragen: Gibt es im Westen eine Linke, die fähig ist, sich dieser unseligen Entwicklung entgegenzustellen, die schon heute Tod und Zerstörung verbreitet, aber gleichzeitig den Keim einer weit höheren Stufe der Vernichtung in sich birgt?

Im März 2014 hat Seymour M. Hersh, ein US-amerikanischer Journalist und Pulitzer-Preisträger, wichtige Enthüllungen über den Einsatz chemischer Waffen gemacht, der sich am 21. August des Vorjahres in Syrien ereignete. Nein, verantwortlich für eine solche Infamie war nicht die Führung dieses Landes, vielmehr waren es die »Rebellen«, unterstützt von den reaktionären Monarchien am Persischen Golf, Verbündeten des Westens, und von der Türkei, einem Mitgliedsland der NATO und Hauptakteur der Provokation und ihrer Inszenierung, die in der ganzen Welt eine Welle der Empörung gegen die syrische Führung auslösen sowie das Zerstörungswerk der schon mit laufenden Motoren einsatzbereiten Bomber rechtfertigen sollten. Im August 2013 hatten Politiker, Journalisten und weibliche wie männliche Stars der Spektakelgesellschaft sich darin überboten, ein möglichst finsteres Bild des niederzumachenden Feindes zu zeichnen. Es ist kein Zufall, dass die Aufdeckung der Lüge in den diversen Informationsorganen ein weit geringeres Echo fand als das Ausposaunen der Lüge selbst. Besser, den Skandal nicht zu bekannt werden zu lassen, sollte er doch eine Lügenindustrie, die stets nützlich sein konnte für die Vorbereitung künftiger Kriege, nicht diskreditieren und kompromittieren. Und wieder glänzte die Linke durch Abwesenheit.

Sie hatte nicht den Mut, Fragen zu stellen und Zweifel zu äußern, als die Manipulation grassierte, und hat es nicht für nötig befunden, die öffentliche Aufmerksamkeit auf die Aufdeckung der Manipulation und darüber hinaus auf die Kriegsindustrie der Lüge zu lenken, die trotz allem weiterhin floriert. In der Tat ist die Linke gerade dann unsichtbar, wenn sie aufgerufen ist zu reagieren: auf die aktuellen Prozesse der sozialen Polarisierung und der massiven Umverteilung des Einkommens zugunsten des häufig parasitären Großeigentums, auf die Wiederkehr der Kolonial- und Neokolonialkriege und das sich Abzeichnen von Kriegen auf höherer Stufe, auf die Einschränkung und Verzerrung der öffentlichen Meinung durch die »Plutokratie« und eine Lügenproduktion, florierender, mächtiger und durchschlagender denn je.

Damit ist das Paradox, das es zu erklären gilt, ausreichend umrissen. Wir können diese Aufgabe nicht dem Historiker der Zukunft überlassen, auch schon deshalb, weil die Dramen und Gefahren der Gegenwart hier und heute zur Kenntnis genommen und Verantwortung dafür übernommen werden müssen. Dieses Buch möchte dazu beitragen.

Zunächst ist im ersten Kapitel das Terrain zu erkunden. Wenn die sich vor unseren Augen abspielende verheerende Krise auch weltweite Auswirkungen hat, trifft sie doch nicht die gesamte Welt. Die Länder, die sich im 20. Jahrhundert der kolonialen und neokolonialen Herrschaft entledigt haben, sind heutzutage mit dem Kampf für eine autonome ökonomische und technologische Entwicklung befasst und erreichen im Lauf dieses Kampfes erstaunliche Erfolge. Das zeigt besonders der Fall Chinas und der anderen Schwellenländer. Man würde nichts von den heutigen internationalen Rahmenbedingungen verstehen, wenn man sich nicht die Verschränkung zweier sich widersprechender Prozesse vor Augen hielte: Die »große Divergenz«, die einige Jahrhunderte lang dem Westen eine absolute Überlegenheit gegenüber dem Rest der Welt sicherte, tendiert dazu, geringer und wieder absorbiert zu werden, während sich gleichzeitig in den entwickelten kapitalistischen Ländern ein Abgrund auftut, die »große Divergenz«, die eine reiche, immer exklusivere Elite vom Rest der Bevölkerung trennt. Versteht sich, dass der kapitalistische Westen in einer solchen Situation mit dem Abbau des Sozialstaats und der Verabschiedung unpopulärer »Austeritäts«-Maßnahmen reagiert, aber auch indem er versucht, seinen internationalen Primat zu schützen bzw. wieder zu festigen, und zwar mit Hilfe von Kriegen, deren neokolonialer Charakter immer deutlicher und letztlich bis in die großen Medien hinein als solcher erkannt wird. Im Lauf dieser neuen Kolonialkriege zögern die USA und die EU nicht, sich im Nahen Osten mit reaktionären Kräften zu verbünden, die Immigranten versklaven, Frauen unterdrücken, die Polygamie wieder einführen etc.

Auf all dies hätte die Linke reagieren müssen. Doch – davon handelt das zweite Kapitel – der kapitalistisch-imperialistischen Welt gelingt es wieder, sich als die »freie Welt« auszugeben. Das ist eine

Anmaßung, die seit Jahrhunderten ein konstitutives Element des Selbstbildes und des falschen Bewusstseins des Westens bildet. Heute dürfte sie unglaubwürdiger denn je sein. Davon abgesehen, dass die von der UNO sanktionierten »sozialen und ökonomischen Rechte« in der Praxis nicht realisiert sind, ist ihnen durch die neoliberale Offensive auch in der Theorie die Legitimität genommen. Was die politischen Rechte angeht, sind diese durch die »Plutokratie«, die sich im Westen immer mehr durchsetzt, ihres Inhalts beraubt: Es ist, als sei unter der Hand und indirekt die Zensus-Diskriminierung wieder eingeführt worden, die über Jahrhunderte die unteren Klassen von der Teilnahme am politischen Leben ausgeschlossen hat. Bestehen wenigstens noch die bürgerlichen Rechte und herrscht noch das Gesetz? Am heutigen Dienstag, berichtet die *New York Times* noch zur Amtszeit von Barack Obama, trifft sich der Präsident der USA mit seinen Mitarbeitern, um die »kill list« zu verabschieden, die Auswahl der von oben mit Drohnen zu »eliminierenden« – wie es in der aseptischen Bürokratensprache heißt – Terrorverdächtigen. Wenn es auch selten vorkommt, sind in dieser Auswahl doch auch US-Staatsbürger vertreten: Was ist aus der »rule of law« geworden? Vor allem: Ist das Bekenntnis des Westens zur Demokratie vereinbar mit seinem Anspruch, eine weltweite Diktatur auszuüben, indem er sich das souveräne Recht reserviert, auch ohne Autorisierung durch den UN-Sicherheitsrat Kriege und verheerende Embargos auszulösen?

Die Überheblichkeit des Westens hat schon groteske Züge. Jedenfalls hat er weiterhin einen so großen ideologischen Einfluss, dass sich oft auch die Linke in den USA und Europa blenden lässt. Gewiss erwies Marx sich als genial, als er zu seiner Zeit die Beobachtung machte, dass das Monopol der materiellen Produktion zugleich das Monopol der geistigen Produktion ist. Natürlich basiert die Macht der kapitalistischen Großbourgeoisie auch heute auf dem Monopol der Ideenproduktion, aber darüber hinaus und vor allem auf dem der Produktion von Emotionen. Das ist das Thema des dritten Kapitels. Wie plant man heute einen Krieg, wie bereitet man ihn vor? Es wird ein Bild gesucht, manipuliert oder gleich frei erfunden, das dazu dient, die Grausamkeit, Wildheit und Unmenschlichkeit des Feindes aufzuzeigen, der geschlagen oder niedergemacht werden soll: Über Presse, Radio, Fernsehen, Internet und Soziale Netzwerke wird dieses Bild verbreitet, immer wieder aufgegriffen und sozusagen in jeden Winkel der Welt bombardiert. Wer sich weigert, sich in dem Krieg, den der Westen vorbereitet, bedingungslos auf dessen Seite zu schlagen, beweist, dass er taub ist für moralische Gründe und ein Komplize des Bösen. Das ist der Terrorismus der Empörung, einer Empörung, die vorgibt, Moral zu sein, aber tief machiavellistisch ist. Deshalb erweist sich die Spektakelgesellschaft heute als mörderische Kriegskunst.

Der Empörungsterrorismus spielt auch eine wesentliche Rolle bei Staatsstreichen, geschickt ausgegeben als »Farbenrevolutionen«, die die Expansion der NATO und des Westens überhaupt begünstigen. Auch in diesem Fall stellt sich die Richtungsänderung als eine Lüge heraus, eine Manipulation oder eine Provokation, die eine Woge moralischer Empörung auslösen soll, die man braucht, das verhasste bzw. als von den Aspiranten auf die Weltherrschaft als Hindernis angesehene Regime wegzufegen. Das vierte Kapitel bilanziert Staatsstreiche und entsprechende Versuche, die die zweite Hälfte des 20. Jahrhunderts und den Beginn des 21. durchziehen. Die erste Welle deckt sich ungefähr mit den Jahren des Kalten Kriegs, die zweite beginnt, als sich das Ende des Kalten Kriegs abzeichnet. Zwischen der ersten und der zweiten gibt es Unterschiede, doch beiden gemeinsam ist die Arroganz des Imperiums, die sich ohne Ende manifestiert.

Ob er nun Kriege auslöst oder Staatsstreiche, stets legitimiert der Westen beides, indem er das Banner der Allgemeinverbindlichkeit der Werte und des freien Marktes vor sich her trägt, einen Universalismus, der weder staatliche noch nationale Grenzen kennt oder toleriert. Hierzu lenkt das fünfte Kapitel die Aufmerksamkeit auf die gewaltigen Unterschiede gegenüber früher. Was heute die Führungsnation des Westens ist, war während der zweiten Hälfte des 19. Jahrhunderts der Weltmeister des Protektionismus. Und der Protektionismus betraf auch die Ideen: Noch in den Jahren des Kalten Krieges wurden in den USA die Kommunisten wegen der Verbreitung einer Weltanschauung verfolgt, die einen universalistischen Appell an die Proletarier und die unterdrückten Völker der ganzen Welt richtete und sich in der Tat in jedem Winkel des Planeten als erstaunlich anziehend erwies, von den US-Autoritäten aber als dem authentischen »amerikanischen« Geist und dem »Amerikanischen« fremd gebrandmarkt wurde. Schon das sollte uns angesichts der heute vom Westen verbreiteten Ideologie misstrauisch machen. Denn wenn eine Kultur oder eine bestimmte Zivilisation vorgibt, die ewige Inkarnation der universellen Werte zu sein, zeugt sie nicht von Universalismus, sondern im Gegenteil von exaltiertem Ethnozentrismus. Und exaltierter Ethnozentrismus ist gut nutzbar bei Kolonial- und Neokolonialkriegen, seit jeher ausgelöst im Namen der Zivilisation, für die der Aggressor sich die Interpretation exklusiv vorbehält.

Doch können die Kriege, die zwischen dem Ende des 20. und dem Beginn des 21. Jahrhunderts Panama, Jugoslawien, den Irak, Libyen verwüstet haben und dies noch immer in Syrien tun, tatsächlich als neokolonial verstanden werden? Hierauf antwortet das sechste Kapitel, das den hundertjährigen Kampf zwischen Kolonialismus und Antikolonialismus und die Elemente der Kontinuität zwischen altem und neuem Kolonialismus reflektiert. Mitte des 19. Jahrhunderts unterwarfen britische Kanonenboote China, das dem feindlichen Feuer nichts entgegenzusetzen hatte. Diese Situation hat sich in unseren Tagen (zum Nutzen der USA und der NATO) in Panama, auf dem Balkan und im Nahen Osten wiederholt. Die Besiegten werden, auch wenn sie das Amt des Staatschefs bekleiden, dem Internationalen Strafgerichtshof übergeben, der im Gegensatz dazu nicht einmal gegen den letzten der US-Soldaten oder »contractors« ermitteln kann. Doppelte Rechtsprechung ist ein konstitutives Element der kolonialen Tradition. Heutzutage wird die Aggression im Namen der »Werte« und der westlichen »Interessen« durchgeführt. Die Leitideologie der klassischen Kolonialkriege unterschied sich nicht davon. Zu ihrer Vorbereitung auf ideologischer Ebene dienten in der Vergangenheit die christlichen Missionare, die heute ihren Platz den Nicht-Regierungs-Organisationen (NGOs) überlassen haben, oft kontrolliert oder beeinflusst von Washington oder Brüssel. So beeindruckend die Kontinuität zwischen Kolonialismus und Neokolonialismus auch scheint, sollte man doch die Reichweite der inzwischen eingetretenen Unterschiede nicht unterschätzen, die jedenfalls bewirken, die westliche Linke zu desorientieren und zum Schweigen zu bringen.

Während die USA sich der Zusammenarbeit mit den europäischen Verbündeten bedienen, um die Positionen des Westens im Nahen Osten oder anderen Teilen der Welt zu festigen, setzen sie den »pivot« in Gang, die Verlegung des Großteils ihres gigantischen Militärapparats nach Asien und in den Pazifik. Es haben die Einschränkung und die Umzingelung Chinas begonnen. Zeichnet sich ein neuer Kalter Krieg ab, per definitionem ständig an der Schwelle, zu einem heißen Krieg und schließlich zu einem nuklearen Holocaust zu werden? Dringlicher denn je ist der Kampf für den Frieden, doch die Linke, die ihn zu propagieren hätte, schweigt, auch deshalb, weil sie nicht versteht, dass es sich um eine neue Phase des Zusammenpralls von Kolonialismus und Antikolonialismus handelt. Die Sache des Antikolonialismus repräsentiert wie sonst niemand die chinesische Volksrepublik, die aus der größten antikolonialen Revolution der Geschichte entstanden ist und zur antikolonialen Bewegung einen wesentlichen Beitrag geleistet hat und noch leistet. Mit der von Mao geschätzten Theorie des »Volkskriegs« hat sie erklärt, dass ein unterdrücktes Volk auch eine Großmacht herausfordern und besiegen kann. Mit Deng Xiaoping hat sie erklärt, dass der Kampf um die nationale Befreiung nicht zu Ende ist, wenn nach der politischen Unabhängigkeit nicht auch die ökonomische erreicht wird.

Nach der Analyse der Probleme und Widersprüche, die die Gegenwart kennzeichnen, und nachdem die Schwäche und die Abwesenheit der Linken konstatiert wurden, ist eine systematischere Betrachtung der Gründe für diese Schwäche und Absenz vorzunehmen. Das ist die Aufgabe des letzten, des achten Kapitels, und des Schlusses. Es ist schnell gesagt, dass derart radikale Veränderungen wie die, die sich zwischen 1989 und 1991 ereignet haben, einen Effekt der Desorientierung und Verwirrung hervorrufen mussten. Öfter schon geriet die Linke des Westens, sei es die gemäßigte oder die »radikale«, ins Schlepptau der herrschenden Ideologie. Der Entrüstungsterrorismus, der die Entfesselung der neuen Kolonialkriege dominiert, hat vor allem die Linke eingeschüchtert. Die Rolle, die im 19. Jahrhundert dem »imperialen Christentum« zukam, das mit seinen Missionaren völlig guten Glaubens den Weg für den kolonialen Expansionismus ebnete, wird heute von der »imperialen Linken« gespielt. Was den ökonomisch-sozialen Kampf im Inneren der einzelnen Länder angeht, stimmt es, dass die Linke durchaus für die Verteidigung des Sozialstaats kämpft, aber gleichzeitig fördert sie oft die Verbreitung von weithin dem Neoliberalismus dienlichen Philosophien und Ideologien.

Die ökonomisch-politische Krise und die Verschlimmerung der internationalen Situation verlangen die Überwindung dieses Zustands der Desorientierung und Konfusion der Linken. Hierzu will dieses Buch beitragen, diese Geschichte und Kritik des Niedergangs der Linken und der objektiven Entwicklungen auf innerer wie internationaler Ebene, die diese Dekadenz ermöglicht haben.

Die auf den folgenden Seiten entwickelten Analysen finden eine tragische Bestätigung, während die italienische Ausgabe in Druck geht. Im balkanisierten und von Kriegen verwüsteten Nahen Osten werden die erbarmungslosen Islamistengruppen stärker, die vom Westen dazu genutzt wurden, antikolonialistische und laizistische Regierungen zu schlagen. Auf den Staatsstreich in der Ukraine und das bedrohliche Vordringen der NATO in Osteuropa erfolgt die russische Reaktion. Der US-amerikanische »pivot«, die militärisch gestützte Neuausrichtung der US-Politik in den pazifischen Raum hinein, verwandelt Asien in ein Pulverfass. Die Kriegsgefahr, auf der dieses Buch insistiert, verschärft sich. Wird die Linke ein Lebenszeichen von sich geben?

I.
Angriff auf den Sozialstaat, neokoloniale Barbarei, Krieg – Der Westen und die abwesende Linke

1.
Der Niedergang einer »großen Divergenz« und der Beginn einer neuen

Die Krise im Westen, die 2008 ausbrach und oft mit der großen Depression von 1929 verglichen wurde, zeitigt insgesamt weiterhin ihre Folgen zwischen schwachen Signalen für einen Aufschwung und neuen Alarmzeichen, wobei einzelne Länder und Regionen unterschiedlich betroffen sind: Es handelt sich um die von Marx präzise beschriebene Geißel, die die Apologeten des Kapitalismus verfrüht für überwunden erklärt hatten. Die Verwüstung, die daraus entstanden ist, ist nicht zu übersehen: »2010 gab es 50 Millionen Arme in den USA«, während in der EU »120 Millionen, ein Viertel der Bevölkerung, von Armut oder sozialem Ausschluss bedroht waren« (Gallino, 2013: 9). Wenn der Sozialstaat, der in den USA noch nie vorhanden war oder schwach ist, auch in Europa abgebaut wird, wird die wachsende Zahl der Armen immer mehr ohne ein soziales Netz sein, das sie auffängt. Es wüten Entlassungen, Arbeitslosigkeit und prekäre Arbeitsverhältnisse. Und das ist noch nicht alles. Auch unter den Beschäftigten selbst taucht wieder die Gestalt des *working poor* auf, sodass von Armut nicht einmal jene ausgenommen sind, denen das Glück erlaubt hat, Arbeit zu finden. In New York kann es sogar vorkommen, dass jemand, der in zwei Arbeitsverhältnissen steht, wobei das zweite die Nacht umfasst, zum

Schicksal der *homeless* verurteilt ist (Rampini, 2013: 85f). Dienen solch äußerst harte Opfer wenigstens dazu, den Kindern ein Minimum an sozialer Mobilität zu sichern?

> Die öffentliche Schule wird durch Sparmaßnahmen stark ausgeblutet, sodass zwei Führer der Demokraten wie Bill Clinton und Obama es vorgezogen haben, ihre Töchter auf bezahlte Privatschulen zu schicken. Die Bildung, einst der Königsweg zum Aufstieg für die weniger privilegierten Schichten, wird zu einem Instrument, das die Ungleichheiten fortdauern lässt (ebd.: 43).

In der Tat:

> Die Opfer von heute sind zum großen Teil die Kinder und Enkel von Angehörigen der Arbeiter- und Mittelklasse, die vor allem in den USA von der Stagnation der Löhne seit den 70er-Jahren betroffen waren [...] Mit anderen Worten: Die Krise klingelt nicht nur zweimal, wenn sie kommt, sondern legt es, wenn sie wiederkommt, darauf an, wieder an der gleichen Tür zu klingeln wie damals (Gallino, 2013: 11).

Im Gegensatz zu den Mythen darüber ist da kein Platz für die »(Aufstiegs-)Hoffnung durch Verdienst«, sondern man erlebt in Wirklichkeit den Triumph des »patrimonialen Kapitalismus«, der tief verankert ist in Familiendynastien und dem Vererben des Reichtums (Piketty, 2013: 221 u. 671).

Dass sich allmählich eine Art Kaste abzeichnet, in der Armut erblich ist, verweist auf die beängstigende aktuelle Regression. Immer geht es jedenfalls um den Abbau des Sozialstaats, die Auflösung der »sozialen und ökonomischen Rechte«, die einst in der von der UNO 1948 verabschiedeten Allgemeinen Erklärung der Menschenrechte festgeschrieben worden sind, und um soziale Massaker: Die Bilder der Griechen, der Spanier, der Italiener, die im Müll nach Essen wühlen, sprechen für sich, ebenso die Bilder der Obdachlosen, die sich in den USA irgendwie vor der Kälte zu schützen suchen. Es ist ein auch in Großbritannien sicher nicht unbekanntes Problem, wo Demonstranten Plakate schwenken, die das Dilemma beleuchten, dem sich die wachsende Masse der Armen gegenübersieht: *eating or heating*? Hungern oder frieren, oder deutlicher: den Hunger ertragen oder die Kälte?

Das Leid ist jedenfalls unausweichlich, und das gilt auch für das europäische Land, auf das die Krise einen geringeren Einfluss zu haben scheint. In Deutschland herrscht keine Rezession, die Wirtschaft zieht an, allerdings um den Preis »einer Rate von armen Arbeitenden (diejenigen mit einem unter 60% des mittleren liegenden Einkommens) von über 20%«. In dem Land, in dem Bismarck unter dem Druck der Arbeiterbewegung die ersten Schritte in Richtung Sozialstaat tat, gibt es »mehr als sieben Millionen Minijobs (450 Euro für wöchentlich 15 Stunden, sei es auch im Zusammenhang mit weiteren Unterstützungen)«. Welche Bedürfnisse ließen sich mit diesem Hungerlohn wohl decken? Es ist eine Tatsache: Das für das glücklichste gehaltene europäische Land ist dasjenige »mit dem höchsten Index an Ungleichheiten in Europa« (Gallino, 2013: 59). Und all das in einer Zeit, die sich durch eine erstaunliche Entwicklung der Wissenschaft und der Technologie auszeichnet, was theoretisch ein beträchtliches Wachstum des sozialen Wohlstands garantieren sollte.

In Wirklichkeit geht die kleine Zahl der Privilegierten aus der Krise mit noch größerem Reichtum hervor, den sie auch dreister denn je zur Schau stellt. Wenn auch unterschiedlicher Ansichten, scheinen die Analytiker doch in einem Punkt übereinzustimmen: In den fortgeschrittenen kapitalistischen Ländern sind die Ungleichheiten dabei, sich zu vergrößern, und die soziale Polarisierung verschärft sich. Der Titel eines kürzlich in den USA erschienenen Buches gibt zu denken: »Die Große Divergenz« (*The Great Divergence*) (Noah, 2012). Die Kategorie, die traditionell benutzt wird, um den Prozess zu beschreiben, durch den sich ab einem gewissen Zeitpunkt das deutliche Auseinanderklaffen zwischen dem entwickelten Westen und dem Rest der Welt vollzog (Pomeranz, 2004), benennt heute die sich im Führungsland des Westens (und im Westen insgesamt) bildende »große Divergenz« oder die »große Schere«, also den immer krasseren Unterschied zwischen der winzigen Minderheit der Privilegierten und der überwältigenden Mehrheit der Bevölkerung, die zu Unabgesichertheit, Prekarität, Elend bis hin zu Hunger verdammt ist. Es ist, als würde sich die Dritte Welt, die in den Schwellenländern und in ganz spezieller Art in China schrumpft, im Bereich der bisher weiter entwickelten Länder ausdehnen.

Um genau zu sein, hat die soziale Polarisierung in den USA nicht auf die Krise von 2008 warten müssen, um virulent zu werden. Gehen wir von diesem Datum aus 40 Jahre zurück und schauen, was 1969 geschah, indem wir uns des Zeugnisses einer auch weltweit verbreiteten US-amerikanischen Zeitschrift (*Reader's Digest*) bedienen, die der Propagierung des *American way of life* gewidmet ist: »Hunger in Amerika« war der für sich selbst sprechende Titel eines Artikels, der folgendermaßen weiterging:

> In der Bundeshauptstadt Washington sind 70% der in ein Kinderkrankenhaus Eingelieferten unterernährt [...]. In Amerika erreichen die Programme der Lebensmittelhilfe nur ca. sechs der 27 Millionen Bedürftigen [...]. Eine Ärztegruppe, die eine Untersuchungsreise in ländliche Gebiete des Mississippi unternommen hatte, erklärte vor dem Unterausschuss des Senats: »Die Kinder, die wir gesehen haben, sind, wie deutlich zu sehen ist, dabei, Gesundheit, Energie und Lebenskraft einzubüßen. Sie leiden Hunger und sind krank, und das sind die direkten und indirekten Ursachen für ihren Tod« (Rowan / Mazie, 1969: 100ff).

Zwanzig Jahre danach war der Kalte Krieg praktisch zu Ende. Die Vereinigten Staaten schickten sich an, einen großen Triumph zu feiern; es wäre nicht schwierig gewesen, Mittel aus dem aufgeblähten, überdimensionalen militärischen Sektor in den zivilen umzuleiten. Doch: »Professor Larry Brown von der Harvard Public School of Public Health, Vorsitzender der Taskforce der Ärzte zum Hungerproblem, hat erklärt, dass 18 bis 21 Millionen Amerikaner nicht genug essen. 7 Millionen davon sind Kinder« (Ginzberg, 1988).

Machen wir einen weiteren Sprung von zwanzig Jahren und kommen zur aktuellen Krise. Die soziale Polarisierung verschärft sich weiter. Der Chefredakteur für Finanzen des New Yorker *Wall Street Journal* merkt an: In den USA »kontrolliert ein Prozent der Bevölkerung mehr als ein Fünftel des Landesvermögens und 15 Prozent der Menschen leben unterhalb der Armutsgrenze« (Guerrera, 2011: 41). Die Bewegung, die das Zentrum des Reichtums und der Finanzspekulation ins Visier nimmt, kämpft also gegen ein Prozent der Privilegierten: *Occupy Wall Street!* Handelt es sich um eine Übertreibung? Hören wir weitere Stimmen, denen auch schwerlich ein Hang zur Demagogie unterstellt werden kann: »Etwa ein Viertel der amerikanischen Kinder lebt in Armutsverhältnissen« (Stiglitz, 2014). Oder auch:

> Die reichsten 300.000 Amerikaner – die nicht das berühmte eine Prozent repräsentieren, sondern eine noch kleinere Elite, nämlich 0,01 % – […] heimsen ganz allein eine Quote des Nationaleinkommens ein, die mehr als die Hälfte dessen ausmacht, was von 60 % der Bevölkerung mit niederem Einkommen verdient wird, d. h. von 180 Millionen ihrer Mitbürger (Rampini, 2012: 22).

Manchmal hört man von Aufschwung, aber wer sind seine Nutznießer?

> Die Ökonomen Emmanuel Saez und Thomas Piketty kalkulieren, dass »93 % der Gewinne durch den Aufschwung an 1 % der Reichsten geflossen sind«. Noch genauer: Diejenigen, die jährliche Einkünfte von mehr als vier Millionen Dollar haben, also die besagten 0,01 % der Amerikaner, haben 37 % aller Einkünfte des derzeitigen Miniaufschwungs an sich gezogen (Rampini, 2013: 41).

Was man Aufschwung nennt, verschärft letztlich die »große Divergenz«, die den Westen zerreißt, und er verschärft sie, während der Aufstieg der Schwellenländer die Distanz reduziert, die sie von den entwickelten kapitalistischen Ländern trennt. Was geht da vor?

2.
Der Sozialstaat: 200 Jahre Klassenkampf

Sind der Abbau des Sozialstaats in Westeuropa und die Zerstörung der »sozialen und ökonomischen Rechte« ausschließlich das Resultat der Finanzkrise und der damit verbundenen Haushaltsschwierigkeiten? Die herrschende Macht und Ideologie werden nicht müde, auf dieser These zu bestehen, beschäftigen sich aber nicht mit den Gründen für die zunehmenden Vermögen einer ebenso kleinen wie gierigen Oligarchie. Doch es gibt eine wichtigere Überlegung: Die Prozesse, die sich in unseren Tagen abspielen, gehen auf einen Konflikt zurück, der eine lange, ja eine sehr lange Geschichte hat.

Gegen Ende des Zweiten Weltkriegs warnte Hayek (1986a: 10f) von England aus, wo der *Welfare State* seine ersten Schritte unternahm: Die »essentiellen Charakteristika der westlichen Zivilisation« seien schwer bedroht; gefährdet waren der »Individualismus« und nicht nur das Erbe des »Liberalismus des 19. und 18. Jahrhunderts«, sondern auch, noch weiter zurück, das Erbe von Erasmus, Montaigne, Cicero und Tacitus, Perikles und Thukydides! Der Kampf gegen den Sozialstaat war eine Schlacht um die Zivilisation, ja ein Religionskrieg: Der »Individualismus« (Gegner des Sozialstaats) wurzelte außer in der »Philosophie der klassischen Antike« auch im Christentum.

Fünfzehn Jahre später kam einer der Patriarchen des Neoliberalismus (der andere ist, wie wir sehen werden, Ludwig von Mises) auf seinen Angriff zurück: Man musste ein für alle Mal Schluss machen mit der »›sozialen‹ oder totalitären Demokratie«, die sich in Frankreich (und auf dem europäischen Kontinent) bereits mit der Revolution von 1848 und der Forderung nach dem Recht auf Arbeit gezeigt habe, die damals erhoben worden war (Hayek, 1969: 76 u. 79). Diese These wurde in den 1970er-Jahren bekräftigt: Die für die UNO (in den Augen der Konservativen eine Institution, die der Demagogie der Dritten Welt ausgesetzt war) wichtigen »sozialen und ökonomischen Rechte« und die von F. D. Roosevelt eingeführte »Freiheit von Not« wurden als Ausdruck des schädlichen Einflusses der »russisch-marxistischen Revolution« gebrandmarkt (Hayek, 1986b: 310).

Wie man sieht, nahm Hayek, als er die Streichung der »sozialen und ökonomischen Rechte« (und der »Freiheit von Not«) aus der Menschenrechtscharta forderte, keinerlei Bezug auf Probleme des Staatshaushalts oder der Bezahlbarkeit. Der Sozialstaat wurde grundlegend aus weit edleren Gründen bekämpft: Auch wenn er die Form der »›sozialen‹ Demokratie« annahm, war er doch in Wirklichkeit totalitär, der westlichen Zivilisation fremd und in letzter Instanz ein Synonym für Barbarei.

Hauptverantwortlich wurde für all das die Oktoberrevolution gemacht. In der Tat war »das kommunistische Russland« das erste Land, das »die Befriedigung der sozialen Grundbedürfnisse seiner Bürger zum erklärten Staatsziel gemacht hatte«. Um auf eine solche Herausforderung zu reagieren, hatte die Weimarer Republik in ihrer Verfassung die Verfolgung des Ziels eines »menschenwürdigen Daseins für alle« sanktioniert (Peukert, 1987: 135f u. 51). Und die kommunistische Herausforderung machte sich auch in der nordamerikanischen Republik bemerkbar, zunächst in den von F.D. Roosevelt erlassenen Maßnahmen, die gegen die Große Depression vorgehen sollten, und dann im Theorem und der Forderung nach der »Freiheit von Not«, d.h. der Freiheit von Armut und materiellem Mangel.

Über die »russisch-marxistische Revolution« hinaus brachte Hayek auch den französischen Revolutionszyklus in die Diskussion. Und wieder traf er ins Schwarze: In der Tat hatte Robespierre vom Recht auf Leben als dem ersten unter den »unveräußerlichen Menschenrechten« gesprochen (1950-67, vol. 9: 112). Nicht weniger interessant war die Antwort an den Führer der Jakobiner, die Sieyès lieferte: Die Sphäre der Politik zu erweitern bis zur Einbeziehung der Sozialen Frage bedeutete, die »ré-publique« (›öffentliche Sache‹) in eine »ré-totale« (›totalitäre Sache‹) umzuwandeln, d.h. die Republik in eine totale oder totalitäre Institution zu transformieren (in: Bastide, 1939: 17f). Das ist die Anklage, die die Neoliberalen noch immer gegen den Sozialstaat vortragen. Dieser geht in den Augen der heute herrschenden Ideologie auf eine üble politische Tradition zurück, bzw. ist das Resultat eines ziemlich langen Klassenkampfes. Das war Hayek bewusst (1969: 76), der in seiner Verdammung der »›sozialen‹ oder totalitären Demokratie« die verderbliche Rolle der *ouvriers* denunzierte, der französischen Arbeiter, die die Protagonisten der 1848er-Revolution gewesen waren.

Wir haben also einen Klassenkampf vor uns, der mehr als 200 Jahre Geschichte umfasst. Gleich nach der Beendigung des Zweiten Weltkriegs erkannten die Protagonisten des Aufbaus des Sozialstaats in Westeuropa »in der Verbreitung starker Formen sozialer Unterstützung ein geeignetes Mittel, dem ideologischen und politischen Einfluss der Sowjetunion zu begegnen« (Gallino, 2013: 209). Daher blieb Hayek, als er seinen neoliberalen Kreuzzug lancierte, weithin isoliert; sein Einfluss wuchs allmählich, als in der Welt die Attraktivität der sozialistischen und kommunistischen Bewegung nachließ; 1974 erhielt er den Nobelpreis für Ökonomie und wurde in diesen

Jahren zum Inspirator der Wirtschaftspolitik Ronald Reagans und Margaret Thatchers. Der endgültige Triumph kam 1989–91. Der Wendepunkt: Auf den »großen Sprung nach vorn, was die soziale Gerechtigkeit«, stimuliert durch »die bolschewistische Revolution von 1917, angeht«, folgte die »ultraliberale Welle«, die sich »seit den Jahren 1980–1990 aufgebaut« hatte (Piketty, 2013: 557, 806 u. 789). »Als Amerika im Kalten Krieg siegte, schien es keinen starken Rivalen mehr zu geben für unser amerikanisches Modell« (Stiglitz, 2014). Und weiter:

> Im Rückblick wird man wahrscheinlich sagen, dass es der Untergang des Sozialismus war, der den Kapitalismus auf diese Weise enthemmte und seine Schönredner von der Schönrednerei zu einer Rhetorik der Härte führte. Die Systemkonkurrenz war entfallen, und der Kapitalismus meinte, um seine Akzeptanz nicht mehr bangen zu müssen (Jessen, 2011).

3. »Es gibt keine Gesellschaft, es gibt nur Individuen«

Tatsächlich hat sich das heutige ideologische Klima gegenüber dem früheren radikal geändert. Die »vier Freiheiten«, von denen F.D. Roosevelt (der Präsident, dem unterstellt wird, er habe sich von der »russisch-marxistischen Revolution« beeinflussen lassen) in seiner Rede vom 6. Januar 1941 sprach, setzten die Anerkennung des »Vorrangs der Menschenrechte« und die Realisierung der »Freiheit von Not« in eins; doch letzterer wird dermaßen wenig Aufmerksamkeit geschenkt, dass sie übergangen oder letztlich Organisationen überlassen wird, die sich nach ihren Statuten mit dem Schutz und der Verbreitung der Menschenrechte beschäftigen. Heutzutage haben die Entlassenen, die Arbeitslosen, die Armen niemanden mehr, an den sie sich wenden können. So erweisen sie sich, wenn sie die Fahne der »sozialen Gerechtigkeit« schwenken und »der Illusion der sozialen Gerechtigkeit« nachjagen, als von »Atavismus« und Nostalgie für die »Stammesgesellschaft« befallene Individuen und ähneln in gewisser Weise als »irre eingeschätzten Personen« (Hayek, 1986b: 181 u. 358).

Solche Menschen beharren darauf, sich auf die Gesellschaft zu berufen, und zeigen so nur, dass sie die im Oktober 1987 von Thatcher, damals Premierministerin von Großbritannien, erteilte Lektion nicht verstanden haben. Allerdings hat ein erfolgreicher US-amerikanischer Philosoph bereits vor über 40 Jahren dekretiert: Es gibt keine »gesellschaftliche Entität«, »es gibt nur Individuen, unterschiedliche Individuen mit ihren individuellen Leben« (Nozick, 1981: 35). Wir befinden uns im Jahr 1974. Der Vietnamkrieg wütete und in den USA fand die obligatorische Einberufung statt: Der Staat erwies sich als eine so gebieterische »gesellschaftliche Entität«, dass er den Einsatz des Lebens bis zu dessen Aufopferung forderte, flüchtete sich aber in die Nichtexistenz, wenn Individuen oder soziale Klassen seine Aufmerksamkeit für ihre schwierige oder verzweifelte Lage verlangten.

Könnten die hier vom Philosophen und von der Politikerin rüde angesprochenen Individuen sich nicht zu helfen versuchen, indem sie gewerkschaftlich gegen die Situation vorgingen, in der sie sich befinden? Könnten sich die *working poor* zum Beispiel nicht organisieren mit dem Ziel, eine angemessenere Bezahlung zu erhalten? Auch damit sieht es zumal in den USA nicht rosig aus: Die Zahl der gewerkschaftlich organisierten abhängig Beschäftigten hat sich, vor allem im Privatsektor, verringert, und daran sind nicht an erster Stelle »die unpersönlichen Kräfte des Marktes« schuld. Die Unternehmer greifen zu illegalen Mitteln, es ist nicht schwer für sie, die bescheidenen Strafen für die Verletzung der (ziemlich lückenhaften) Arbeitsgesetze zu bezahlen (Western/Rosenfeld, 2012: 91). Andererseits macht ein gesellschaftlicher Umstand es noch schwerer, sich gewerkschaftlich zu organisieren und Zuflucht zum Streik zu nehmen: »Nur 27% der Arbeitslosen können mit Unterstützung rechnen. Das erlaubt es den Unternehmen, die Gewerkschaften zu bestrafen und die Beschäftigten, die sich (auf gewerkschaftlicher Ebene) zu organisieren suchen, zu bedrohen« (Reich, 2011). Mit ihren 1.400.000 Beschäftigten »ist in den Vereinigten Staaten« die große Warenhauskette Walmart »der größte Arbeitgeber des privaten Sektors. Keiner ist dort gewerkschaftlich organisiert«. Jeder Versuch in dieser Richtung wurde mitleidlos niedergeschlagen (Noah, 2012: 125). Die Rechnung des Unternehmens ist jedoch einfach: »Hier in den USA ist jeder abhängig Beschäftigte von Entlassung bedroht, oft auch im öffentlichen Dienst. Wegen finanzieller Einschnitte auf der Ebene lokaler Einrichtungen (Bundesstaaten und Kommunen) habe ich gesehen, wie Tausende im öffentlichen Dienst Beschäftigte entlassen worden sind« (Rampini, 2012: 17). Wenn ein »potentiell kündbarer Arbeiter« sich mit der Gewerkschaft einlässt, ist das so, als sei ihm die Kündigung garantiert.

Der von den Unternehmern aufgebotene antigewerkschaftliche Aktivismus wird von der politischen Macht alles andere als entmutigt. Im Sommer 1981 entließ Reagan 13.000 Fluglotsen en bloc, die in Streik getreten waren, um ihre Lohn- und Arbeitsbedingungen zu verbessern. Das Resultat dieses Gewaltakts stellte sich sofort ein und war von großer Bedeutung: »Die Streiks gingen in den 80er- und 90er-Jahren um zwei Drittel zurück«. Im öffentlichen Sektor, vor allem in einigen Staaten, hat die Gewerkschaft noch eine beträchtliche Präsenz; das ist der Grund für die »koordinierte Offensive« gegen sie, die von den republikanischen Regierungen lanciert wurde (Western/Rosenfeld, 2012: 91f).

Nicht vergessen werden darf die Ideologie: In ihrer Mehrheit tragen die Ökonomen zur Delegitimierung der Gewerkschaften bei (ebd.: 93f). Nichts Neues unter der Sonne! Der Neoliberalismus und vorweg seine beiden Gründungsväter haben die Gewerkschaften, die allein für »Destruktivismus« verantwortlich seien, immer mit feindlichem Blick betrachtet. Das ist der von Mises formulierte Hauptvorwurf (1927: 149; 1922: 469 u. 460f), wobei er nicht zögerte, den »gesetzlichen Schutz der Arbeit« und die juristische Regelung der Arbeitszeit ins Visier zu nehmen, die wohl von »politischen Schriftstellern« empfohlen, aber schuld daran seien, dass »der Umfang der erforderlichen Arbeit und der Ertrag des ökonomischen Produktionsprozesses« reduziert würden, folglich also schuld daran, eine »destruktive Politik« zu fördern. In jüngerer Zeit hat Hayek (1986b: 516 u. 518) festgestellt, dass es »eindeutig die moralische Pflicht der Regierung sei, nicht nur einen Eingriff ins Spiel (des Marktes) zu vermeiden, sondern auch zu verhindern, dass das irgendeine andere organisierte Gruppe tue«, d.h. die Gewerkschaft. Umso mehr ist es Pflicht, letztere mit einem sehr einfachen Argument zu schlagen: Indem sie den Beschluss von Normen durchsetzen, die den Arbeitsmarkt regeln, sind es eben diese »Arbeiterorganisationen«, die »anderen Arbeitern schaden, indem sie sie völlig der Möglichkeit einer guten Beschäftigung berauben« und sie daran hindern, »die Arbeit auszuüben, die sie möchten«.

Wie man sieht, hat die tendenzielle Abschaffung der gewerkschaftlichen Koalitionsfreiheit in den USA eine lange Geschichte, die mit illustren Namen gespickt ist; und man muss kaum hinzufügen, dass die Krise dabei ist, sich in Europa im einen oder anderen Land zu verschärfen. Während Armut und soziale Unsicherheit zunehmen, wird es im Ganzen schwieriger, etwas dagegen zu tun oder sie mittels gewerkschaftlicher Organisation zu bändigen.

Wenn nicht durch gewerkschaftliche Aktivität könnte man versuchen, die bestehenden gesellschaftlichen Verhältnisse durch den Einsatz der politischen Freiheit und freier Wahlen zu verändern. Doch wie stehen die Dinge wirklich angesichts eines solchen Vorschlags? Geben wir der *New York Times* das Wort:

> Jeden dritten Mittwoch im Monat treffen sich neun Mitglieder einer Wall-Street-Elite in Midtown Manhattan. Sie teilen ein gemeinsames Ziel: Die Interessen der Großbanken im weiten Markt der Derivate zu schützen, einem der profitabelsten und kontroversesten Felder des Finanzsektors. Sie teilen auch ein gemeinsames Geheimnis: Die Details ihrer Treffen bis hin zu ihrer Identität sind streng vertraulich [...]. In der Theorie existiert diese Gruppe, um die Stabilität eines viele tausend Milliarden Dollar umfassenden Marktes zu bewahren. In der Praxis verteidigt sie die Herrschaft der Großbanken.

»Dominance of the great banks«, und nicht nur in der Ökonomie: Man muss mit dieser Realität rechnen! Die (seltenen) Versuche der politischen Macht, Kontrolle auszuüben oder wenigstens Klarheit zu schaffen, stoßen gegen eine unüberwindliche Barriere: Im Kongress besteht sie aus denjenigen, die theoretisch Vertreter des Volkes sein müssten, die aber oft »von den Bankiers große Wahlkampfspenden erhalten« haben und sich folglich ihren Finanziers gegenüber dankbar und beflissen erweisen (Story, 2010).

Unglücklicherweise sind die Großbanken an der Macht, und allgemeiner das große Geld, und zwar dermaßen unwidersprochen und wirksam, dass eine immer größere Anzahl von Beobachtern und Analytikern die Aushöhlung der Demokratie beklagt. Bereits einige Jahre vor Ausbruch der Krise konnte man in der *International Herald Tribune* lesen: »Die Vereinigten Staaten sind eine Plutokratie geworden«, wo jetzt »die Übernahme der Regierungsinstitutionen durch den Privatbesitz und Aktiengesellschaften« erfolgt, während »der Rest der Bevölkerung davon abgeschnitten ist« (Pfaff, 2000). Seit dem Ausbruch der Krise ist bisweilen auch in Europa der Vorwurf der »Plutokratie« (Jessen, 2011) zu hören, oder derjenige der »Plutonomie« (Rampini, 2012: 20) wird zu einem wiederkehrenden Motiv in den USA. Es handelt sich um eine Plutokratie, die unter den Bedingungen des gegenwärtigen »patrimonialen Kapitalismus« wohl die Macht des Reichtums sanktioniert, genauer aber die des erblichen Reichtums, der keinerlei Bezug zu individuellen Verdiensten hat (Piketty, 2013). Während sie gewerkschaftliche Aktivitäten behindert oder unterdrückt, ist die »Plutokratie« im Begriff, die Repräsentativorgane ihres Inhalts zu entleeren.

4.
Der große Raubzug von 1989 bis heute

Durch ihre Macht, die sie über die politischen Instanzen ausüben, zeigen sich der Großbesitz und die Großfinanz absolut frei von moralischem Skrupel und gehen so weit, die eigene Legalität mit Füßen zu treten. Zu dieser Auffassung sind, wenn sie auf die skrupellosen Spekulationen des Finanzkapitals verweisen, nicht nur die Demonstranten gelangt, die die »Bangster« ins Visier nehmen, einen Neologismus aus der Fusion von »Banker« und »Gangster«. Auch ein renommierter Journalist und Analyst schreibt ohne zu zögern: »Die großen Banditen unserer Tage sind die Banker«. Und falls das noch nicht deutlich genug war: Sie »verhalten sich wie große Banditen im Wortsinn« (Rampini, 2013: 10).

Es handelt sich in der Tat nicht um eine einzelne Stimme. Es gibt heute eine umfangreiche und seriöse internationale Literatur, die Alarm schlägt wegen der Missetaten des Finanzkapitals bzw. der »Finanzmafia« und weil die Finanzmagnaten aufgestellt sind wie das »organisierte Verbrechen«, engagiert in »Großbetrügereien« und damit in einem echten »ökonomischen Verbrechen gegen die Menschheit«. Ein berühmter italienischer Soziologe (Gallino, 2013: 123-150) gibt einen Überblick über diese internationale Literatur. Er greift für seine kürzlich verfasste Analyse auf Warnungen, Berichte und in gewisser Weise aus offiziellen Kreisen stammende Dokumente zurück:

> Ein auf Untersuchungen über Finanzbetrug spezialisiertes Unternehmen erklärte vor der [in den USA eingerichteten nationalen] Kommission, dass zwischen 2005 und 2007 gewährte Darlehen im Wert von einer Trillion Dollar betrügerisch waren […]. Das FBI hatte seit 2004 das Aufkommen einer »Epidemie« von Finanzbetrügereien angeprangert […].
>
> Mit dem Ziel, möglichst viele Kredite abzuschließen, kam es jedoch dazu, dass Finanzanstalten Legionen von improvisierten Maklern anwarben: Mehr als 200.000 traten während des Booms neu in den Dienst ein, »und einige – heißt es – waren alles andere als honorig im Darlehensgeschäft […]. Zwischen 2000 und 2007 traten in Florida mindestens 10.500 auf, die keine weiße Weste hatten, darunter 4.065, die zuvor wegen Verbrechen wie Betrug, Bankraub, Erpressung und Abkassiererei schuldig gesprochen waren« (ebd.: 125f).

Kommen wir von den USA zu Europa. »Jean-François Gayraud, ein Experte der französischen Polizei für Finanzbetrug«, spricht von »einem Betrugssystem« und in aller Ruhe durchgeführten »Raubzügen großen Umfangs«:

> Die Akteure dieses Betrugs haben sich nicht über das Gesetz gestellt oder außerhalb des Systems, das Recht und das System waren auf ihrer Seite. Sie haben es geschafft, in (fast) vollständiger Legalität einen riesigen Vermögenstransfer […] von den armen und mittleren Klassen zu den Finanzräubern in Gang zu setzen. Ein Teil der Oligarchie hat (quasi) den Raub legalisiert (ebd.: 147).

Oft (aber nicht immer) legal, bleibt dieser ungeheuerliche Raub mithin ungestraft. Sicherlich – kommentiert der hier von mir zitierte Soziologe – hatte und hat das »schreckliche« Konsequenzen für die Lebens- und Arbeitsbedingungen von »Abermillionen von Menschen aus der Arbeiter- und den Mittelklassen«; aber »Gesetze, die Verantwortlichen zur Rechenschaft zu ziehen, gibt es entweder nicht, oder sie begünstigen die Akteure, weil sie sie praktisch selbst geschrieben haben« (ebd.: 148). Wie es scheint, ist die Plutokratie zugleich eine Kleptokratie; die Herrschaft des Reichtums tendiert dazu, gleichzeitig Vorherrschaft der organisierten Kriminalität im Finanzbereich zu sein!

Der große Raub konnte so ungestört fortgesetzt werden. Er begann jedoch nicht in den Jahren unmittelbar vor dem Ausbruch der Finanzkrise und auch nicht im Westen. Der wilde Privatisierungsprozess Ende des 20. Jahrhunderts im postsowjetischen Russland, der es einer Handvoll Privilegierter erlaubte, den Staatsbesitz im Wortsinn zu rauben, wurde von der *Financial Times* folgendermaßen zusammengefasst: »Der Mehrheit des Publikums wurde eine anschauliche Illustration der Maxime Proudhons vermittelt, dem zufolge ›Eigentum Diebstahl ist‹« (in: Boffa, 1997: 71). Diese Analyse wurde einige Jahre später durch einen Artikel bestätigt, der in einer bekannten US-Tageszeitung erschien: Der Zusammenbruch der UdSSR steht für den Beginn »eines Systems des Betrugs, des Raubes, der Enteignung und Aneignung öffentlicher Ressourcen« durch »Oligarchen«, die bisweilen mit »Kräften des internationalen Verbrechens« zusammenarbeiten und entschlossen sind, ihre Hand auch auf die politische Macht zu legen. Einer dieser Oligarchen, Boris Beresowski, hatte seine Ambitionen nicht verschleiert: »Überall ist die Demokratie die Herrschaft der Großfinanz« (Pfaff, 2005). Begonnen in Russland und Osteuropa (auch in der Ukraine wuchs die Verelendung der Massen im Gleichmaß mit der skandalösen Bereicherung der, sei es in der Regierung oder der Opposition befindlichen, Kleptokraten), wütet die Zurückeroberung der Privilegien, und zwar der parasitärsten, im Osten mehr denn je; den russischen Oligarchen entsprechen die US-amerikanischen und europäischen Plutokraten, die in der Tat auch die politische Macht ausüben.

5.
Krieg und die Rückkehr der »Gesellschaft«

Von Margaret Thatcher und der herrschenden Ideologie für inexistent erklärt, wird die (westliche) »Gesellschaft« nicht müde, einen Krieg nach dem anderen zu beginnen – im Namen der Sicherheit und der Werte der westlichen Gesellschaft, der »internationalen Gemeinschaft« oder der Menschheit als solcher. Die nichtindividuellen Entitäten verschwinden, wenn es darum geht, die Protestbewegungen gegen die herrschenden Gesellschaftsverhältnisse und damit gegen die gegenwärtige Gesellschaft zu delegitimieren, aber sie kehren plötzlich höchst lebendig und dringlich zurück, wenn es darum geht, Bombardements und Kriege zu legitimieren. Indem sie ihre unglücklicheren Mitbürger dazu aufforderte, die Schuld bei sich selbst zu suchen, sprach Thatcher der Gesellschaft (und der Nation) die Existenz ab, wie sie es besonders aufsehenerregend in der Erklärung von 1987 tat. Fünf Jahre früher, genauer: am 14. April 1982, hatte sie sich jedoch ganz anders geäußert, als sie den Krieg wegen der Falklandinseln begann: Man musste Gründe geltend machen für eine Nation, die über Jahrhunderte für Freiheit stand und deshalb eine Geschichte hatte, deren »sich keine andere Nation auf der Welt rühmen konnte«. Als es also nicht darum ging, die sozialen und ökonomischen Rechte zu verwirklichen oder ernst zu nehmen, sondern an das Opfer bis zur Aufopferung des Lebens zu appellieren, tauchte die Nation, die Gesellschaft wieder auf, und es handelte sich dabei nicht um die Nation oder Gesellschaft, die nur aus den Zeitgenossen der englischen Premierministerin bestand, sondern vielmehr um eine Nation oder Gesellschaft in ihrer vielhundertjährigen Existenz.

Thatcher vertritt nicht allein diesen Widerspruch, wenn er bei ihr auch in besonders schriller Form daherkommt. In keinem anderen Land ist die Rhetorik des Individualismus so verbreitet und umfassend wie in den USA. Aber dennoch verneigen sich alle, seien es Demokraten oder Republikaner, vor dem Kult der einzigen »unersetzlichen Nation« in der von Bill Clinton 1997 geprägten, oder »Gottes auserwählter Nation«, in der von Bush jr. besonders geschätzten Formel. Es schien so, als existierten nur Individuen, aber heute treten diverse Gesellschaften und Nationen so häufig und in so großer Zahl wieder in Erscheinung, dass man sie in eine hierarchische Ordnung bringen kann. Es handelt sich um eine gottgegebene Hierarchie, die nicht durch den Willen oder die Meriten bzw. Nichtmeriten der einzelnen Individuen des einen oder anderen Landes modifiziert werden kann. Als eben »unersetzliche« und »von Gott ausgewählte« Nation, hat die US-amerikanische an der Spitze des Westens die Aufgabe, in jedem Winkel der Welt den Respekt vor den universalen Werten zu garantieren, im Notfall mit Hilfe von Waffen bis hin zu Kriegen, die nicht vom Sicherheitsrat der Vereinten Nationen gebilligt werden.

Wir werden sehen, dass, was die jüngsten Kriege angeht, über jeden Verdacht erhabene Autoren und westliche Presseorgane das Gespenst des Kolonialismus bzw. des Neokolonialismus heraufbeschwören. Nehmen wir nur das Beispiel Libyen. Wie viele Opfer hat ein Krieg gefordert, der im Übrigen »den Libyern nicht nur nicht die ›Freiheit von einem Tyrannen‹ gebracht hat, sondern auch den x-ten gescheiterten Staat als Beute bewaffneter Banden« und des »extremistischen Islamismus« (Panebianco, 2013)? Zur Beantwortung der Frage geben wir einem Philosophen von internationalem Rang das Wort: »Heute wissen wir, dass der Krieg mindestens 30.000 Tote zur Folge hatte gegenüber den 300 Opfern der vorangegangenen Repression« durch das Regime, das die NATO zu stürzen beschlossen hatte (Todorov, 2012). Man muss hinzufügen, dass sich dessen Repression gegen eine Revolte richtete, die sicher auch interne Begründer hatte, denen jedoch westliche Geheimdienste alles andere als fern standen, angefangen bei den von der Londoner Regierung entsandten, die, wie es die absolut seriöse englische Presse enthüllt hat, sich schon länger vorgenommen hatten, Gaddafi mit jeglichem möglichen Mittel umzubringen (vgl. unten, III.7). Und so endete der blutige Krieg, der 2011 losbrach, während nicht wenige Länder vor allem Afrikas und Lateinamerikas auf eine internationale Konferenz und eine friedliche Lösung drängten, mit dem Lynchmord an Gaddafi und der Schändung seines Leichnams.

Als sie das erfuhr, jubelte Hillary Clinton ganz lässig. Das berühmte »veni, vidi, vici« Iulius Caesars nachäffend und dem Original einen Schuss Brutalität hinzufügend, rief die damalige Außenministerin aus: »Wir kamen, sahen, und er starb!« (*we came, we saw, he died!*). Als sie von einem bei diesem Ausspruch anwesenden Reporter gefragt wurde, ob ihr Besuch in Tripolis etwas mit Gaddafis Ende zu tun habe, antwortete die Dame mit Stolz: »Ja, ich bin sicher«. Einige Zeit später fragte in einer Fernsehsendung ein Journalist von *Fox News* Hillary Clinton, ob sie vielleicht ihren imperialen Kommentar bereue, wo doch die Tötung des libyschen Führers von diversen Rechtsgelehrten als »Kriegsverbrechen« bezeichnet worden sei. Der Journalist musste die Frage wiederholen, erhielt aber nur die Antwort: »Kein Kommentar«. Der Sinn des Krieges und seines Endes war jedoch klar. Die Nachrichten von *Fox News* titelten: »Obama schwenkt einen neuen Skalp« (Forte, 2012: 130f).

Es wäre jedoch ein Fehler, die essentielle Rolle aus den Augen zu verlieren, die die französischen Geheimdienste bei dem Kriegsverbrechen spielten, das hier zur Debatte steht. Der *Corriere della Sera* schreibt: »Es ist ein offenes Geheimnis, dass sie in Paris den Oberst ausschalten wollten«; der damalige Präsident Nicolas Sarkozy wollte unbedingt verhindern, dass bekannt würde, dass ihm der »Diktator« massive finanzielle Wahlkampfunterstützung hatte zukommen lassen (Cremonesi, 2012a). Derjenige, der vielleicht der eifrigste Verfechter des »humanitären Kriegs« war, war in Wirklichkeit der Hauptnutznießer der Petrodollars des »Diktators«, der früher mit allen Ehren im Élysée-Palast empfangen worden war und dann in einer privaten Abrechnung, also durch einen Mord auf Mafia-Art, zum Schweigen gebracht wurde. Man hätte gedacht oder gehofft, dass diese Enthüllungen Untersuchungen, Parlamentsdebatten oder Regierungskrisen hervorgerufen hätten. Doch nichts davon trat ein: Offenbar wurde das kaum beachtete Verhalten von den Staatskanzleien und der im Westen vorherrschenden Meinung als mehr oder minder normal betrachtet. Der Nachfolger Sarkozys, François Hollande, hat sich beeilt, die Kontinuität der französischen Außenpolitik zu unterstreichen.

Der »sozialistische« Präsident und Seinesgleichen unter den »Demokraten« haben ihre Meinung nicht geändert, mag auch die Zahl der aus Libyen kommenden Flüchtlinge erschreckend zugenommen haben: Sie fliehen aus einem »gescheiterten«, genauer aus einem von der NATO zum Scheitern gezwungenen Staat; sie verlassen von Milizen kontrollierte »Zonen«, »wo systematisch geschändet und gefoltert wird, wo die Tarife für eine Überfahrt ins Ungewisse festgelegt werden, wo von niemand irgendeine wirksame Kontrolle ausgeübt werden kann« (Venturini, 2014).

6. Irak, Libyen, Syrien: Eine Zerstörung nach der anderen

Nachdem die Operation Tripolis abgeschlossen war, haben sich der Westen und die Monarchien am Golf auch der Unterstützung der libyschen Islamisten bedient. Sie sind nun in der Lage sind, mit Syrien ein Land zu destabilisieren, das eine Invasion von Abertausenden Milizionären erlebt und im Griff eines Krieges ist, der ohne Rücksicht auf Verluste auf beiden Seiten tobt. Auch hier geben sich die Aggressoren als Wächter der Moral, und doch kommt manches Stückchen Wahrheit über die Freunde der Strategie und der Geopolitik ans Licht. Im Sommer 2013 beschrieb ein berühmter US-amerikanischer Politologe in einer Anklage gegen das syrische Regime das Verhalten der Rebellen in wüsten Farben:

> Fanatische Salafisten im Taliban-Stil, die fromme Sunniten schlagen oder töten bloß deshalb, weil sie eine ihnen fremde Tracht nicht nachäffen; extremistische Sunniten, die dabei sind, unschuldige Alawiten und Christen nur wegen ihrer Religion zu meucheln [...]. Wenn die Rebellen gewinnen, können sich die nicht sunnitischen Syrer nur auf gesellschaftlichen Ausschluss bis hin zu einem echten Massaker gefasst machen.

War die derart schreckliche Analyse ein Appell, die angesprochene Gefahr abzuwenden? Mitnichten:

> An diesem Punkt ist ein dauerhaftes Patt der einzige Ausgang, der nicht gefährlich für die amerikanischen Interessen wäre [...]. Es kann nur einen Ausweg geben, der für die USA günstig wäre: Ein Gleichgewicht

> auf unbestimmte Zeit. Indem die Armee von Assad und seine Verbündeten (Iran und Hisbollah) in einem Krieg gegen die mit Al Kaida verbündeten extremistischen Kombattanten eingebunden wären, wären vier Feinde Washingtons in einen Krieg gegeneinander verwickelt und folglich nicht fähig, die Amerikaner und ihre Verbündeten zu attackieren (Luttwak, 2013).

Die bürgerliche Welt und das Land an ihrer Spitze konnten noch weit mehr von dieser tragischen Situation profitieren, die unabänderlich zwischen den Barbaren besteht! Auch eineinhalb Jahre später insistierte Hollande auf einer Bombardierung Syriens. Die französischen »Rafale«-Kampfflugzeuge waren schon bereit, in Aktion zu treten: Der Krieg wäre »nebenbei die beste Werbung für den Jagdbomber, der sich weltweit sehr schwer verkaufen lässt« (Mattioli, 2013). Die Gelegenheit besteht nicht mehr, doch es wird sicherlich neue geben.

Jedenfalls ist ein Resultat bereits erreicht. Im Sommer 2011 konnte man in der *International Herald Tribune* lesen:

> Im Irak steht Syrien noch für etwas wie eine Oase. Die Iraker fangen an, sich dorthin zu flüchten, um dem direkten Krieg der USA und dem daraufhin folgenden Blutbad der konfessionellen Gewalt zu entfliehen. Im Lauf des Krieges hat Syrien ca. 300.000 irakische Flüchtlinge aufgenommen, mehr als jedes andere Land in der Region (laut dem Flüchtlingshochkommissariat der UNO).

Auch wenn Syrien sich in diesen Tagen seinen eigenen Wirren stellen muss, sind es nur wenige Iraker, die in die Heimat zurückkehren. In der Tat brechen weit mehr Iraker nach Syrien auf als zurückkommen.

Die Iraker flohen nicht nur, um den fortwährend weiter drohenden Krieg hinter sich zu lassen, sondern auch, weil sie nicht länger mit einem von Korruption und Ineffizienz der öffentlichen Dienste verwüsteten Land zurechtkamen. Ja, »Syrien wird für ein Land gehalten, wo es sich besser leben lässt«. Von der *International Herald Tribune* befragt, äußerten sich Iraker einfach und deutlich: Bezüglich Syrien erklärten sie: »Dort ist das Leben schön, die Frauen auch« (und es gibt keinen Verschleierungszwang). Jedenfalls »gibt es dort etwas Wichtiges: Freiheit und Sicherheit überall«. So ist »wegen der Sommerferien die Anzahl an Personen, die den Irak im Tausch gegen Syrien verlassen haben, angewachsen« (Arango, 2011). Heute dagegen ist die Flutwelle jener, die aus Syrien fliehen, riesig…

Seit dem Jahr, das als Gnadenjahr gefeiert wurde, seit 1989 nämlich, sind Panama, der Irak, Jugoslawien, Libyen und Syrien mit Krieg überzogen worden. Das Epizentrum dieser Konflikte bildete der Nahe Osten, wo der Westen, wie er versichert, Zivilisation, Demokratie und Frieden bringen will. Nach Hunderttausenden Toten, Millionen Verletzten und Flüchtlingen tritt die Wahrheit zutage. Es geht nicht nur um entsetzliche materielle Verwüstungen. Anlässlich des ersten und des zweiten Golfkriegs (1991 und 2003) waren die irakischen Schiiten zur Revolte gegen die von Saddam Hussein geschützten Sunniten aufgerufen worden; anschließend sind es die Sunniten, die, mit Blick auf den schiitischen Iran und seine eventuellen Verbündeten, aufgefordert werden, die Waffen zu ergreifen gegen die Schiiten im Irak und vor allem in Syrien. Heute werden die lange Zeit in Syrien ermutigten erbarmungslosen sunnitischen Krieger des Kalifats im Irak und vor allem im sezessionistischen Kurdistan bekämpft. Im ganzen Nahen Osten hat der Westen im Kampf gegen die aus antikolonialen Revolutionen (nach dem Ende des Zweiten Weltkriegs) entstandenen laizistischen Regime und gegen sich auf laizistische Positionen stützende nationale Befreiungsbewegungen an die Religion und den religiösen Fundamentalismus appelliert: Im Irak, in Libyen, Syrien und Palästina, wo seinerzeit Israel die Hamas gegen Arafats PLO unterstützte. Es ist eindrucksvoll, was dies an Zerstörung und Tod nach sich zieht: Länder wie Irak, Libyen, Syrien stehen vor ihrer Auflösung als einheitliche, unabhängige Nationalstaaten, während sich an die Errichtung eines Nationalstaats für das palästinensische Märtyrervolk, dessen Territorium ständig kleiner und fragmentierter wird, in keiner Weise glauben lässt. Doch es gibt Schlimmeres. Im Nahen Osten flammt ein Bürgerkrieg auf zwischen Laizisten und Religiösen, im Rahmen der Religionen zwischen Islam und Christentum, im Rahmen des Islam zwischen Sunniten und Schiiten. In der Folge sehen sich der Irak und Syrien einer teilweisen Okkupation ihres Territoriums durch Kräfte von Al Kaida gegenüber, finanziert und ausgerüstet durch Saudi-Arabien (durch alle Höhen und Tiefen stets dem Westen verbündet), deren Auftreten durch eine Episode erhellt wird, die ich wieder der *International New York Times* entnehme. Als er aufgefordert wurde, eine Erklärung zu den Kinderleichen abzugeben, die blutend und offenbar eiskalt ermordet am Boden lagen, erklärte ein Al-Kaida-Anführer die Gründe des Vorfalls so: »Sie waren keine Muslime« (Worth, 2014)!

7.
Ein Bollwerk des Westens, der Frauenunterdrückung und der »neuen Sklaverei«

Bei der Zerstörung oder Destabilisierung der angeführten Länder haben sich die USA immer wieder der Kollaboration des einen oder anderen arabischen Staates bedient, der sich aber leicht vom subalternen Alliierten in einen Feind und ein Ziel einer neuen politisch-militärischen Koalition verwandeln konnte. Im Rahmen dieser Diplomatie der variablen Geometrie blieben zwei Fixpunkte bestehen: einerseits die enge und unauflösliche Bindung an Israel (dem geopolitischen Hauptprofiteur der Balkanisierung des Nahen Ostens), und andererseits das stabile und durchgängige Bündnis mit den Monarchien am Persischen Golf.

Bleiben wir bei Letzteren. Das Bollwerk des Westens (insbesondere der USA) in dieser Region von ausgesprochen strategischem Gewicht ist eine Ländergruppe, wo sich in seiner ganzen Widerwärtigkeit und Grausamkeit manifestiert, was oft als »neue Sklaverei« bezeichnet wird. Die Geschichte des Kapitalismus ist in drei gewaltige Wellen von Zwangsumsiedlung bzw. Arbeitsmigration unterteilt: Die erste bildet der Handel mit schwarzen, aus Afrika deportierten Sklaven. In der zweiten, die sich im 19. Jahrhundert in Folge der Abschaffung der echten Sklaverei entwickelte, traten als Hauptprotagonisten indische und chinesische *Kulis* in Erscheinung: Theoretisch handelte es sich um Diener mit Zeitverträgen, aber ihre wirkliche Situation unterschied sich, auf Grund auch der von den Patronen willkürlich festgesetzten Vertragsverlängerung, nicht wesentlich von der der Sklaven; nicht zufällig kamen sie aus der größten englischen Kolonie respektive dem meistbevölkerten Land der Erde, das kurz zuvor von einem kolonialistischen Angriff überrollt und in einen Abgrund von Verzweiflung gestürzt worden war. Die dritte Welle hat zwei sich gegenseitig widersprechende Prozesse als Voraussetzungen: Einerseits die wechselhaften Ereignisse der antikolonialen Revolution, andererseits die Niederlage des Sozialismus in Osteuropa. Aus Ländern, die auf politischer Ebene noch keine Stabilität erlangt bzw. diese durch die neokolonialistische Offensive verloren und es auf ökonomischer Ebene noch nicht geschafft haben, ihre Unterentwicklung zu überwinden, treffen gigantische Wellen von Migranten und Flüchtlingen ein. Die Globalisierung unter neoliberalem Vorzeichen bringt weltweit die Verschiebung einer gewaltigen Masse an Arbeitskraft mit sich, die auf eine Ware reduziert ist wie andere Waren. Unter solchen Umständen nimmt der »Despotismus« in der Fabrik oder allgemeiner am Arbeitsplatz, von dem Marx im *Kommunistischen Manifest* spricht (Marx-Engels-Werke [=MEW], 1955-89, Bd. 4: 469), radikale Formen an und wird schließlich nicht nur über die Arbeitskraft ausgeübt, sondern über die Person des Migranten selbst.

Es ist leicht zu verstehen, dass die »neue Sklaverei« in den Ländern am Golf ihren Lieblingsplatz gefunden hat. Die enorme Masse an Petrodollars und die damit verbundenen Investitionen und wirtschaftlichen Aktivitäten müssen notwendigerweise ein Anziehungspunkt sein für arme und ärmste Migranten aus verschiedenen Ländern der Welt. Die Patrone jedoch, die sie einstellen sollen, sind Mitglieder einer Erbaristokratie und schon immer gewohnt, autokratische Macht auszuüben über ihre eigenen Diener, die gleichsam als Mitglieder einer erblichen Kaste oder als niedere Rasse betrachtet werden. Umso mehr sind also diejenigen, die aus einer weit entfernten Region kommen und sich in Sprache, Kultur und Religion unterscheiden, (auf sozialer wie auf ethnisch-kultureller Ebene) doppelt »fremd«. So kommt es, dass die Länder des Golf-Kooperationsrats (Saudi-Arabien, Bahrain, Vereinigte Arabische Emirate, Kuwait, Oman, Katar) und allgemein die reichsten und autokratischsten Länder am Persischen Golf der Ort sind, wo die »neue Sklaverei« dazu tendiert, der klassischen Sklaverei gefährlich ähnlich zu werden.

Ein zusätzlicher Schuss Grausamkeit resultiert daraus, dass die dort herrschende Sklaverei über das offensichtliche Produktionsziel hinaus dazu da ist, den Herrschaftswillen einer Geburtskaste oder einer Art »Herrenrasse« auf jeder Ebene zu befriedigen. Alte und neue Untersuchungen sind aufschlussreich: »Von der Terrasse geworfene, verbrannte, geblendete oder zu Tode geprügelte migrantische Diener« (MacArthur, 1992: 44f). Vielleicht noch tragischer sind die Bedingungen für das »Hauspersonal«:

> Beschlagnahme des Passes bei der Ankunft, Unmöglichkeit, den Arbeitsplatz ohne Zustimmung des Arbeitgebers zu wechseln, unmögliche Arbeitszeiten und keinerlei wöchentliche Ruhezeit. Das alles für Hungerlöhne, oft vom Patron auf unbestimmte Zeit zurückgehalten – das alles in Ländern, von denen einige zu jenen mit dem höchsten BIP der Welt zählen […]. Geschlagen von der Herrin, vergewaltigt vom Patron, gezwungen unter der Treppe zu schlafen, in der Garage oder im Keller. Gezwungen, jede Art von Gewalt zu ertragen, von Schlägen bis zu Verbrennungen mit Zigaretten, von mit kochendem Öl Übergossenwerden bis zu Amputationen (Grifoni, 2014).

Wie schon Tocqueville beobachtet hat, verhindert oder blockiert eine Kasten- oder »Rassen«-Schranke die Herausbildung eines »allgemeinen Mitleids«, das dazu befähigt, auch die Angehörigen der niederen Kaste oder »Rasse« einzuschließen (Losurdo, 2007, Kap. 2.8). Nicht zufällig sind die hier angesprochenen Länder auch diejenigen, die nie von der antikolonialen (und antifeudalen) Revolution berührt worden sind und gerade deswegen das Bollwerk des Westens im Nahen Osten bilden. Der Golf-Kooperationsrat wurde 1981 auf Anregung der USA gegründet: Circa zwei Jahre zuvor war im Iran das Schah-Regime gestürzt worden; an die antikoloniale Revolution unter laizistischem Vorzeichen (die in einigen arabischen Ländern gesiegt hatte) schloss sich, im Rahmen einer harten Konkurrenz, die antikoloniale Revolution muslimisch-schiitischer Provenienz an. Washington begegnete der Gefahr, indem es einerseits den Irak ermunterte, den Iran anzugreifen, und andererseits die Gründung des Golf-Kooperationsrats in die Wege leitete, der 1991 am Krieg gegen den Irak und zwanzig Jahre später gegen Libyen und Syrien beteiligt sein sollte.

Außer durch die »neue Sklaverei« zeichnet sich das Bollwerk des Westens im Nahen Osten auch durch die Unterdrückung der Frauen, die dort ohne die elementarsten Rechte sind, in ihrer Gesamtheit aus.

8.
Die Rückkehr der »Trostfrauen« und der Sexsklaverei

Besonders hierbei zeigt sich die Barbarei des gegenwärtigen neokolonialistischen Aufschwungs deutlich. Im Nahen Osten hatten die antikolonialen Revolutionen einen eindeutigen Fortschritt der Frauenemanzipation mit sich gebracht, allerdings im Rahmen einer Zivilgesellschaft, in der noch weithin patriarchalische und machistische Sitten vorherrschten, die umso zählebiger sind, je mehr sie von einer Jahrhunderte alten religiösen Tradition geheiligt sind. Und es sind diese Kultur und dieses Ambiente, auf die sich der Westen gestützt hat, um wieder die Vorherrschaft zu erlangen über ein Gebiet, das er lang beherrscht hatte. Die Resultate sind vernichtend: In Libyen »hat das Verfassungsgericht von Tripolis im Namen des islamischen Rechts wieder die Polygamie eingeführt«. Es handelt sich dabei nicht um eine unerwartete Wende. In der »Siegesrede«, die er am 28. Oktober 2011 hielt, beeilte sich der von den NATO-Luftstreitkräften, von den Milizen und dem Geld der Golfstaaten installierte Führer, »anzukündigen, dass im ›neuen Libyen‹ jeder Mann das Recht haben werde, ganz im Sinne des Korans bis zu vier Ehefrauen zu heiraten«. Mehr noch:

> Nach seiner Aussage war das eine der vielen Maßnahmen, für immer das Vermächtnis der Gaddafi-Diktatur auszulöschen. Letzterer hatte, jedenfalls in der ersten mehr sozialistischen und »nasseristischen« Phase seiner 40-jährigen Herrschaft, versucht, einige Verbesserungen am Status der Frauen zuzulassen, indem er sie massiv an der Arbeitswelt teilnehmen ließ und eben, soweit es in einer Stammesgesellschaft wie der libyschen möglich war, die Polygamie beschränkte (Cremonesi, 2013a).

Sozialismus, Nasserismus? Das ist doch das Verhassteste in den Augen des neoliberalen und neokolonialistischen Westens; somit ist die neokoloniale gleichzeitig eine antifeministische Konterrevolution.

Unter der Masse der Flüchtlinge leiden besonders die Frauen, oft dazu bestimmt, als »Bräute« verkauft zu werden. Schauen wir, was in Jordanien passiert: »Eine Menge Taxifahrer hat sich vorbereitet. Sie erwarten die Reichen aus Saudi-Arabien und vom Golf am Flughafen oder vor den Fünf-Sterne-Hotels. Leicht zu verstehen, was sie wollen«. Die Mädchen und Frauen aus Syrien sind begehrt wegen ihrer Schönheit. Und wegen mehr:

> Sie kosten wenig, Mädchen von 15, 16 Jahren werden von den Familien für Preise überlassen, die sich innerhalb der Grenzen von 1.000 bis 2.000 Euro halten. Eine Kleinigkeit, Peanuts für die Geschäftsmänner vom Golf. Sie sind gewohnt, viel mehr auszugeben. Eine Nacht in Gesellschaft ukrainischer Prostituierter in einer Herberge in Dubai kann auch das Doppelte kosten (Cremonesi, 2012b).

Und so können die Mitglieder der korrupten und parasitären Aristokratie, die in den Golfstaaten, gehätschelt und geschützt vom Westen, an der Macht sind, einen doppelten Vorteil aus der von ihnen in Syrien betriebenen Politik der Destabilisierung ziehen: Sie schwächen ein laizistisches, folglich blasphemisches Regime, weil es die Emanzipation der Frauen fördert, und können sich zu Ramschpreisen Frauen, Mädchen und Kinder von außergewöhnlicher Schönheit beschaffen. Natürlich sind die Frauen in den von den »Rebellen« eroberten Gebieten Syriens gezwungen, sich wieder dem alten Brauch zu unterziehen: Sie müssen ihren Körper vollständig verhüllen und sind zu Abgeschiedenheit und häuslicher Sklaverei verdammt; »Ehebrecherinnen« werden gesteinigt.

Doch die Tragödie der Frauen im Nahen Osten hat ihren Höhepunkt noch nicht erreicht. Wir wissen bereits von der »systematischen Vergewaltigung«, die im von der NATO »befreiten« Libyen stattfindet. Der Ausbruch und die Verschärfung der Krise in Syrien haben die schreckliche Tatsache des »Frauen-Dschihad« hervorgebracht, der hier wie immer gemäß den Berichten der seriösesten westlichen Presse geschildert werden soll. Überzeugt von religiösen Autoritäten und fundamentalistischen Predigern gelangen vorwiegend tunesische »Kinderprostituierte« und »minderjährige Mädchen aus armen Familien, die oft nicht lesen können«, heimlich nach Syrien, um sich den islamistischen Kriegern anzubieten und sie zwischen den Kämpfen zu trösten, um sich dadurch die Aufnahme ins Paradies zu sichern. Die Arbeit der »tunesischen Sklavinnen« ist hart: »Viele von ihnen hatten sexuelle Beziehungen mit zwanzig, dreißig, hundert Mujaheddin«. Einige wurden schwanger, und so verschärfte sich die Tragödie: »Im ländlichen Maghreb, in den Dörfern Südtunesiens, ist eine Mutter ohne Ehemann einfach eine Prostituierte«, und deshalb oft von den eigenen Eltern nicht mehr anerkannt und zurückgewiesen. Doch wer ist für all das verantwortlich? Nicht nur der tunesische Fundamentalismus; auch ein »Scheich« aus Saudi-Arabien (dem Land, das nicht an Kosten zur Ausrüstung der Rebellen spart) fordert zum »heiligen Krieg der Frauen« auf. Andererseits gelangen wie die Kämpfer auch die Kinder und Mädchen, die aufgefordert werden, ihren sexuellen Trost anzubieten, nach Syrien »über Libyen oder die Türkei«; und, »nach einem Bericht der UNO«, sind es »Gelder aus Katar«, die die Transportkosten abdecken (Battistini, 2013).

Neben den eigentlichen islamistischen Kriegern, die aus allen Ecken der Welt und dem Westen selbst kommen, um das syrische Regime, den Vorposten eines bedeutenden Prozesses der Frauenemanzipation, zu destabilisieren und zu versuchen, es zu stürzen, sind es also Mädchen und Frauen, die eine totale De-Emanzipation erleiden. Wir müssen an die sogenannten *Trostfrauen* denken, an die koreanischen und chinesischen Frauen, die im Lauf des Zweiten Weltkriegs gezwungen waren, den Soldaten der japanischen Besatzungsarmee, die »Trost« brauchten, als Prostituierte zur Verfügung zu stehen. Während die echten *Trostfrauen* vom je zugehörigen Volk Mitleid erfuhren, werden die Protagonistinnen oder besser die Opfer des »heiligen Kriegs der Frauen« verachtet und sogar von ihrem eigenen Volk zurückgewiesen. Es besteht kein Zweifel, dass der Westen mitschuldig ist an dieser Schande, die von Predigern und Autoritäten Saudi-Arabiens propagiert, von Katar finanziert und durch die Komplizenschaft zwischen der Türkei und dem »neuen Libyen« ermöglicht wurde. Es handelt sich um Länder, die politische Unterstützung oder zumindest wohlwollende Toleranz aus Washington und Brüssel genießen. Die Türkei gehört sogar zur NATO und ihre Regierung »hält die

Grenze zu Syrien offen und erlaubt den (islamistischen) Kämpfern einen Freihafen im Süden des Landes, während Waffen, Bargeld und anderer Nachschub auf dem Schlachtfeld zusammenströmen« (Arango, 2013). Zu diesem »Nachschub« gehören offenbar auch die zur heiligen und kriegerischen Prostitution bestimmten jungen Frauen und Mädchen.

Sind es in diesem Fall in der Theorie »Freiwillige«, die den »Frauendschihad« gewährleisten, so zeigt sich in anderen Fällen in aller Deutlichkeit die Gewalt der Sexsklaverei. Schauen wir noch einmal in den *Corriere della Sera:*

> Die Milizionäre der islamistischen Brigaden in Syrien haben ein ganz eigenes System, kurdische Frauen auszusuchen. Für gewöhnlich geschieht es an Kontrollpunkten. Sie steigen mit angelegter Maschinenpistole in zivile Busse, lassen sich vom Fahrer die Passagierliste geben und suchen die nichtarabischen Namen heraus. Sind die jüngsten und hübschesten ermittelt, zwingen sie sie auszusteigen, lassen sie niederknien und erklären sie, indem sie ihnen die Hand auf den Kopf legen, für »halal«, was in der Tradition das nach Korangesetz geschlachtete Fleisch bezeichnet; so werden sie »islamisiert«, gereinigt, bereit, sich fleischlich mit den Rittern des heiligen Krieges zu verbinden. Gewalt durch einen oder die Gruppe: Die Mädchen werden als »Zeitehefrauen« betrachtet. Man hält sie für wenige Stunden oder auch Wochen. Einige kehren nach Hause zurück, andere werden am Ende getötet [...]. Nach Aussage von Ipek Ezidxelo, 30 Jahre, aktiv in der PYD-Partei, der wichtigsten bewaffneten Bewegung der syrischen Kurdenregionen, wetteiferten die Al-Kaida-Extremisten, besonders die Afghanen, Tschetschenen und Libyer darin, die kurdischen Kämpferinnen lebend gefangen zu nehmen (Cremonesi, 2013b).

Mehr denn je sind wir heute veranlasst, an die *Trostfrauen* zu denken, mehr denn je offenbart sich die Wahrheit der Sexsklaverei in ihrer ganzen Widerwärtigkeit! Wieder erscheint die Rolle des Westens als wenig schmeichelhaft; er ist kaum daran interessiert, die Aufmerksamkeit der Weltöffentlichkeit für die Tragödie der kurdischen Frauen einzufordern, und noch weniger, den Zustrom der Vergewaltiger aus dem von der NATO »befreiten« Libyen nach Syrien zu stoppen.

9.
Auf dem Weg zu einem neuen Weltkrieg? Das Gespenst Hiroshima

Immer schwerwiegender werden die menschlichen und sozialen Kosten für den Versuch, den Nahen Osten gemäß den strategischen und geopolitischen Erfordernissen der Vereinigten Staaten und der europäischen Länder, die sich am heftigsten an die koloniale Tradition klammern, wiederherzustellen. Doch wo wird dieser Versuch zum Halten kommen? Wird der Krieg auch den Iran überziehen? Und was bedeutet die (angekündigte und bereits begonnene) Verlegung des größten Teils des US-Militärapparats in Richtung Pazifik und China?

Die bereits zitierte Rede Roosevelts kommt uns wieder in den Sinn. Im Vordergrund bei den unverzichtbaren »vier Freiheiten« stand zusammen mit der »Freiheit von Not« auch die »Freiheit von Angst« (*freedom from fear*). Diese setzte »eine Reduzierung der Rüstung auf Weltebene« voraus »so weit und umfassend, dass in keinem Winkel der Erde eine Nation in der Lage wäre, einen Akt der Aggression gegen ihren Nachbarn zu begehen«. Die Polemik war gegen das Dritte Reich gerichtet und verlieh einer diffusen Angst und Empörung eine Stimme: Was würden die neuen Ziele von Hitlers Aggressionspolitik sein? Welchen Sinn hatte es, in einer von Angst und anstehendem Kriegsterror gekennzeichneten Lage von Freiheit zu sprechen? Der reale Genuss der Freiheit konnte nicht mehr nur in nationaler Dimension gedacht werden, man musste auch dem internationalen Kontext Rechnung tragen. Selbstverständlich unterscheidet sich der heutige politische Rahmen davon völlig, doch die Ironie der Geschichte ist gnadenlos: Das Land, in dem das Prinzip der »Freiheit von Angst« formuliert wurde, zeigt sich seit kurzem entschlossen, es nicht nur in der Praxis, sondern auch in der Theorie zu liquidieren! Für Roosevelt sollte kein Land in keinem Winkel der Erde in der Lage sein, seinen Nachbarn ungestraft zu bedrohen, ihm »Angst« einzuflößen aus einer Position unüberwindbarer militärischer Überlegenheit; in unseren Tagen sind die USA, egal ob unter der Führung eines republikanischen oder demokratischen Präsidenten, explizit dabei, eine derart erdrückende militärische Übermacht zu erreichen oder zu erhalten, dass es ihnen möglich ist, gegen jedes Land in jeder Ecke der Welt entschlossen und verheerend zu intervenieren. Und um die »Freiheit von Angst« auf radikalste Weise abzuschaffen, sehen sie zu Land und zu Wasser ein Netz von Militärbasen vor, das den gesamten Planeten umfasst. Diesem Verhalten in der Praxis korrespondiert eine Theorie, die dem Roosevelt teuren Ideal des Gleichgewichts und der Ausgewogenheit Hohn spricht. Im Gegenteil ist – wie man versichert – die Sicherheit der Welt auf militärischer Ebene durch das Nichtvorhandensein irgendwelchen Gleichgewichts, die absolute Überlegenheit des Westens und vor allem seiner Führungsnation garantiert. Kurz: Die Streichung der »Freiheit von Angst« aus dem Katalog der Menschenrechte ist so perfekt gelungen, dass sie selbst in Stellungnahmen und Resolutionen von Organisationen, die sich, wie uns versichert wird, der Verteidigung und Stärkung der Menschenrechte verschrieben haben, aus dem Gedächtnis gelöscht ist.

Im Lauf der letzten Jahrzehnte sind kleine, technologisch unterentwickelte und nicht zu echter Gegenwehr fähige Länder bombardiert, angegriffen und bisweilen zerstückelt worden. Die sukzessiven militärischen Spaziergänge haben das stolze Selbstbewusstsein und die Arroganz der Sieger verstärkt, vielleicht auch die Gelegenheit geboten, den inneren Zusammenhalt zu konsolidieren und die Aufmerksamkeit von der ökonomischen Krise abzulenken. Doch heute erhöht Washington den Einsatz. Schon zu Beginn dieses Jahrhunderts schloss ein erfolgreicher US-amerikanischer Historiker sein Buch, das er der »Politik der Großmächte« gewidmet hatte, mit der Aufforderung an sein Land, eine Politik der ökonomischen Einschränkung Chinas zu fördern:

> Die Vereinigten Staaten haben ein tiefes Interesse daran, in den kommenden Jahren das ökonomische Wachstum Chinas beträchtlich zu verlangsamen [...]. Es ist nicht zu spät für die USA, den Kurs zu wechseln und alles dafür zu tun, den Aufstieg Chinas zu verlangsamen. Die mächtigen strukturellen Gegebenheiten des internationalen Systems werden die USA vielleicht dazu zwingen, ihre Politik des konstruktiven Engagements aufzugeben. Tatsächlich gibt es schon Anzeichen dafür, dass die neue Verwaltung unter Bush die ersten Schritte in diese Richtung getan hat (Mearsheimer, 2001: 402).

Tatsächlich hat vor allem Obama, der den »pivot« angekündigt hat, also die Verlegung des Gros des riesigen Militärapparats seines Landes in den Pazifik mit Blick auf China, begonnen, in diese Richtung zu gehen.

Die Dinge haben sich so weit entwickelt, dass eine namhafte US-Zeitung, *Foreign Policy*, sicher kein Platz für »Tauben«, es für nötig befand, ihre Sorgen nicht zu verbergen: Die von der Obama-Administration geplante Strategie der *Air-Sea Battle* ist eine unnötige Provokation; sie »unterstellt, dass die USA China schlagen, bevor China die Streitkräfte der USA trifft«, und sie treffen China nicht nur zur See und in der Luft, sondern in der Tiefe, in seinem Herzen (Gompert/Kelly, 2013). Der zitierte Artikel ist umso wichtiger, als ihn zwei anerkannte Vertreter des politisch-militärischen Establishments geschrieben haben: Vor allem der erste, erläutert die Zeitschrift, hat neben seiner »Professur an der Marine-Akademie der USA« das Amt des »ersten Vizedirektors der nationalen Nachrichtendienste in Vertretung Präsident Obamas« bekleidet.

Gibt es wenigstens eine Schwelle, die die aktuellen oder sich abzeichnenden Kriege nicht überschreiten sollen? Im *Corriere della Sera* war vor einiger Zeit von einem bekannten israelischen Historiker zu lesen, wie er gegen den Iran ruhig die Drohung »eines präventiven Nuklearangriffs von Seiten Israels« ansprach (Morris, 2008). Es war keine vereinzelte Stellungnahme. Schauen wir in eine namhafte geopolitische Zeitschrift: »Theoretisch könnte man den Iran mit einem israelischen und/oder amerikanischen oder sogar von der NATO ausgeführten Atomschlag in die Steinzeit zurückversetzen. Ein undenkbares Szenario. Im Moment« (Limes, 2012: 16). Tatsächlich hat im Dezember 2013 ein republikanisches Kongressmitglied, Duncan Hunter, explizit gegen die islamische Republik zu einem Krieg mit taktischen Atomwaffen aufgerufen.

Wieder scheint das Gespenst von Hiroshima auf, und nicht nur bezüglich des Landes im Mittleren Osten. Vor einigen Jahren hat *Foreign Affairs* einen Artikel publiziert, den man wohl als alarmierend bezeichnen kann. Sehen wir uns die wesentlichen Punkte an: »Die dramatische Wende bezüglich der Stärke der nuklearen Bilanz« erlaubt den USA nun einen »nuklearen Erstschlag« gegen Russland und China, ohne atomare Repressalien fürchten zu müssen. Im Gegensatz zu kursierenden Mythen hat die von Washington seit einiger Zeit verfolgte »nukleare Modernisierung« nicht »Terroristen und Schurkenstaaten« im Visier; »die gegenwärtige und zukünftige Nuklearrüstung der USA scheint dafür vorgesehen zu sein, einen Präventivschlag zu führen, der es möglich macht, Russland oder China zu entwaffnen«; und andererseits steht dieses Ziel in völliger Übereinstimmung mit der explizit geäußerten Politik der USA, »ihre globale Vorherrschaft ausweiten zu wollen«. Nur Naivlinge können das aktuelle Raketenabwehrprogramm kritisieren: Es ist richtig, dass es nicht imstande wäre, eine massive Attacke von Seiten Russlands zu stoppen, aber es könnte sehr wohl den Versuch eines nuklearen Gegenschlags durch ein Russland und erst recht durch ein China vereiteln, die durch einen von der einzigen wirklichen Supermacht ausgelösten nuklearen »Erstschlag« außer Gefecht gesetzt wären. Nicht zufällig bleibt diese Supermacht bei ihrer Weigerung, sich dazu zu verpflichten, niemals als erste zur Atombombe zu greifen (wie es dagegen China tut) (Lieber/Press, 2006: 51-53). Diese Perspektive wurde einige Jahre später von einem erstrangigen Vertreter des US-Militärapparats bestätigt: »Die Raketenabwehr ist das fehlende Kettenglied des atomaren Erstschlags« (in: Engdahl, 2009: 159). Es ist schon einige Zeit so, dass die USA darauf aus sind, »sich selbst die Möglichkeit eines ungestraften Erstschlags« zu erlauben (Romano, 2014: 29), doch heute ist die Gefahr möglicherweise noch größer. Es gibt gewisse Kreise, die einen verbrecherischen Traum hegen: Die noch für einige Zeit alleinige Supermacht könnte versuchen, ihren Primat zu sichern und endgültig festzuschreiben und sich die Krise und den Niedergang vom Hals zu schaffen, indem sie in der Zeitspanne, in der sie keine oder keine schwerwiegende Reaktion fürchten zu müssen scheint, einen verheerenden und endgültigen Nuklearangriff auslöst. Vom Gleichgewicht des Schreckens in den Jahren des Kalten Kriegs ausgetrieben, kehrt das Gespenst des Atomkriegs erneut zurück: Die »Freiheit von Angst« hat sich in ihr Gegenteil verkehrt, und zwar in ein Gegenteil, das heute wie ein Inkubus auf der gesamten Menschheit lastet.

10. Ökonomisch-politischer Neoliberalismus, Neokolonialismus und abwesende Linke

Fassen wir zusammen: Heutzutage ist die Situation der wichtigsten kapitalistischen Länder charakterisiert durch massive Arbeitslosigkeit, grassierende Armut, mehr oder minder explizite Delegitimierung der sozialen und ökonomischen Rechte und mehr oder minder akzentuierten Abbau des Sozialstaats. Es ist dies die Offensive des Neoliberalismus *auf ökonomischer Ebene.* Dieser Punkt muss unterstrichen werden, weil man oft eine eingeschränkte Vorstellung vom Neoliberalismus hat, als habe dieser nicht auch eine *politische* Dimension. Wenn wir die beiden Gründerväter dieser Denkrichtung heranziehen, sehen wir, dass diese tatsächlich die Ablehnung des Sozialstaats eng mit der Verdammung der Massendemokratie, der Massenparteien und der Gewerkschaften verbinden. Und die Verehrung des Marktes kommt im Gleichschritt daher mit der Beschwörung einer noch nicht vom allgemeinen Wahlrecht, also Massenwahlrecht kontaminierten Welt. Mises und Hayek geht es darum, zusammen mit dem Sozialstaat all das zur Diskussion zu stellen, was ihn ermöglicht hat: »Die große Masse kann nicht logisch denken« und »nicht die eher komplizierten Probleme des sozialen Lebens verstehen«, erklärt der erstere. Ja, bekräftigt der zweite, in bestimmten Situationen kann »ein eingeschränktes Wahlrecht, beispielsweise nur für Grundbesitzer«, die bessere Lösung sein, oder auch, suggeriert Mises, eine politische Ordnung, in deren Rahmen es die Figur des »Gentleman ohne Profession« wäre, der wie im englischen Parlament zwischen den beiden Weltkriegen die Macht zu verwalten hätte. Jedenfalls, schließt Hajek, ist »die Teilnahme des Volkes« an politischen Entscheidungen, ist »die kollektive Freiheit« keineswegs essentiell; darauf zu bestehen, wie es Massenparteien und Gewerkschaften schon seit Mitte des 19. Jahrhunderts tun, ist bereits ein Zeichen für den ruinösen »Niedergang der liberalen Doktrin« (Losurdo, 2008, Kap. 7.1 u. 7.5).

Der Zusammenhang zwischen Ökonomie und Politik zeigt sich auch noch im heutigen Neoliberalismus. Sicher wäre es ziemlich riskant, das allgemeine Wahlrecht in Frage zu stellen, doch auch wenn man es beibehält, ist es möglich, die Demokratie in »Plutokratie« oder »Plutonomie« zu verwandeln und zurückzukehren zu einer Macht, die von recht begrenzten Eliten ausgeübt wird. In der Tat ist in unseren Tagen das Gewicht des Reichtums so wirkmächtig, dass das bestehende politische Wahlsystem die unteren Klassen praktisch zum Schweigen verurteilt und nur dem wüsten Wettstreit jener politischen Eliten eine Stimme verleiht, die in letzter Instanz zur selben gesellschaftlichen Klasse, zur Großbourgeoisie nämlich, zählen.

Der Neoliberalismus steht oft in Verbindung mit altem oder neuem Kolonialismus: Wenn die von den niederen Klassen geforderte »kollektive Freiheit« mit Argwohn zu betrachten ist, dann ist es die von Kolonialvölkern verlangte umso mehr; die von heute unabhängigen Völkern mit mehr als bescheidenem Bruttosozialprodukt gewünschte Demokratisierung der internationalen Beziehungen ist noch weit gefährlicher als das allgemeine Wahlrecht, das in den kapitalistischen Metropolen seit dem »Niedergang der liberalen Doktrin« auch die Ärmsten genießen. Als Kritiker des Universalismus und der Erklärung der Menschenrechte zollt Hayek (1969: 21) ausschließlich dem »westlichen Menschen« Lob; Mises seinerseits zögert nicht, die Opiumkriege zu feiern, eines der beschämendsten Kapitel der Kolonialgeschichte (vgl. unten, V.7). Will man konsequent sein, müsste Kritik des Neoliberalismus auch den Kolonialismus einbeziehen, umso mehr, als der vom neoliberalen »Washington Consensus«, vom Internationalen Währungsfonds und der Weltbank empfohlene und oft oktroyierte Abbau des öffentlichen Wirtschaftssektors die Voraussetzung ist für die von multinationalen Konzernen und Großkapital ausgeübte neokoloniale Kontrolle über ein von Mal zu Mal erneut »unterstütztes« Land. Andererseits sind seit den Opiumkriegen Vergrößerung und Triumph des Marktes nicht selten mit Waffengewalt durchgesetzt worden. Auch noch in unseren Tagen: 1973 war es der von den USA unterstützte Putsch, um dem Neoliberalismus in Chile zum Triumph zu verhelfen, wie es 1999 der Krieg der NATO war, der in Jugoslawien den endgültigen Abbau der Staatsökonomie besiegelte. Der »schlanke Staat« auf sozialer Ebene schließt in der Tat den starken Staat auf politischer (mit seiner Unterdrückung von Massenprotesten) und militärischer Ebene (mit dem Anzetteln von Kriegen, die zur Verteidigung der Freiheit des Marktes herbeigerufen werden) Ebene nicht aus.

Trotz ihrer Verknüpfung sind Neoliberalismus und Neokolonialismus dennoch zwei unterschiedliche Phänomene. Und deshalb ist zu fragen: Auf welchen Widerstand stoßen die neoliberale und neokolonialistische Offensive und die potentiell explosive Verquickung einer fortdauernden ökonomischen Krise mit einer Reihe von weit vor ihrer Beendigung stehenden Kriegen? In einem Land wie Griechenland gehen die öffentlichen Kundgebungen nicht zurück, doch, so massiv sie auch sein mögen, gelingt es ihnen trotzdem nicht, die Tragödie eines ganzen Volkes zu stoppen. Auf beiden Seiten des Atlantiks haben sich neue und bisher unbekannte Bewegungen wie »Indignati« (die Empörten) und »Occupy Wall Street« darum verdient gemacht, deutliche Proteste gegen die ökonomische und politische Oligarchie und gegen »Austeritäts«-Maßnahmen, deren einziges Resultat eine zunehmende Verschärfung der sozialen Polarisierung ist, anzufachen. Doch solche Demonstrationen haben allenfalls episodischen Charakter. Es kommt vor, dass sie in Revolten umschlagen, doch es handelt sich meist um Stichflammen, die unversehens wieder verschwinden, um zu erlöschen und möglicherweise weiter unter der Asche zu schwelen. Zwischen dem 6. und dem 10. August 2011 sind London und andere englische Städte spontan und anarchistisch von urbaner *jacquerie* überrollt worden; doch die harte Repression scheint erfolgreich alles wieder zum Verstummen gebracht zu haben. Die herrschende Macht und Ideologie sind noch stark genug, Raum allein für Wutausbrüche zu lassen, die wohl ein verbreitetes und tiefes Unbehagen enthüllen, jedoch zu keinerlei wirklicher Veränderung führen. Und die Protestbewegung nimmt sich mehr des ökonomischen als des politischen Neoliberalismus an; sie nimmt eher die unpopulären Armutsverordnungen ins Visier als die »Plutokratie«, die hinter dem verhinderten Aufbau oder dem Abbau des Sozialstaats steht.

Es fehlt eine gemeinsame Vision, ein gemeinsames Projekt. Erlebt man in den am dramatischsten von der Krise betroffenen kapitalistischen Ländern eine Verschärfung des Phänomens, dass Frauen gezwungen sind, sich zu prostituieren, um zu überleben oder bis zum Monatsende auszukommen, bringen die aktuellen Kriege im Nahen Osten die Polygamie und sogar die *Trostfrauen* bzw. die Sexsklaverei zurück. Die Verschlechterung der Lage der Frauen ist drastisch. Doch auf all dies scheint es keine adäquate Antwort von Seiten der feministischen Bewegungen zu geben, die bisweilen dazu zu tendieren scheinen, sich in einer Art »weiblichen Zunftgesellschaft« abzukapseln, die sich einbildet, das große Thema der Frauenemanzipation angehen zu können, ohne sich um die internationalen Konflikte und Tragödien zu kümmern. Gibt es im Westen noch eine Linke?

Stark beschnitten zeigt sich vor allem die Protestbewegung gegen Krieg und alten oder neuen Kolonialismus. 2003, anlässlich des zweiten Golfkriegs, schien eine solche Bewegung eine Zeit lang doch unwiderstehlich; in Wirklichkeit ließ der Rückgang nicht auf sich warten. Neuerdings sind in den Jahren nach dem Ausbruch der Finanzkrise in New York und anderen US-amerikanischen Städten bei Demonstrationen Plakate aufgetaucht, die nicht nur *Wall Street* anklagten, sondern auch *War Street*, mithin also den Bezirk der Hochfinanz zugleich mit dem des militärisch-industriellen Komplexes und der Kriegspolitik identifizierten. Man hielt das für ein ziemlich gelungenes Schlagwort, dessen Versprechen sich allerdings nicht erfüllten. Vermutlich hat die Friedensbewegung ihren Höhepunkt 2003 gehabt, als der Westen selbst gespalten war und die englisch-amerikanische Kriegsinitiative auf Widerstand bis hin zur Opposition einiger europäischer Länder traf. Im Lauf der folgenden Kriege ist die Macht des multimedialen Feuerwerks des Westens, dessen Einheit sich wieder verstärkt hat, auf keinen nennenswerten Widerstand mehr gestoßen. Gibt es die Linke noch in dieser Weltgegend?

Es lohnt sich, bei einigen Vorkommnissen zu verweilen, durch die die unterschiedliche Form der selbst gesetzten Grenzen der Protestbewegungen, die zum Glück trotzdem noch andauern, deutlich wird. Im September 2011 gingen in Tel Aviv (und anderen israelischen Städten) Hunderttausende »Empörte« auf die Straße gegen Lebenshaltungskosten, untragbare Mietkosten etc., doch stellten sie nicht Israels kolonialistische Politik zur Diskussion: Die Verbindung zwischen der Kürzung der Sozialausgaben und dem Anwachsen der zur Kolonisierung der den Palästinensern entzogenen Gebiete bestimmten Ressourcen wurde total ignoriert, ebenso diejenige mit der Vergrößerung des bereits beträchtlichen Militärapparats und der Vorbereitung eines Krieges primär gegen den Iran. Vor allem überschritt die »Empörung« nicht die Grenzen der jüdischen Gemeinde, kümmerte sich nicht um die Tragödie des palästinensischen Volkes. Zur gleichen Zeit wird diese in einer angesehenen US-amerikanischen Zeitung von einem Professor der Jüdischen Universität Jerusalem folgendermaßen beschrieben: Zumindest was die besetzten palästinensischen Gebiete angeht, ist Israel eine »Ethnokratie«, in letzter Instanz ein rassistischer Staat. Kolonisierung und Annexion der mit Militärgewalt den Palästinensern entzogenen Gebiete dauern ohne Unterbrechung fort. Diejenigen, die zu protestieren wagen, »werden hart angefasst, mal für lange Zeit eingesperrt, mal bei Demonstrationen getötet«. All dies findet statt im Rahmen »einer perfiden Kampagne, die das Leben der Palästinenser so elend wie möglich machen soll [...], in der Hoffnung, dass sie verschwinden«. Es ist eine, wenn auch langsame, ethnische Säuberung im Gang. Insgesamt haben wir eine derart bittere Ethnokratie vor uns, dass wir an »die dunklen Ereignisse der Geschichte des letzten Jahrhunderts« erinnern müssen (Shulman, 2012). Über all dies legten die »Empörten« von Tel Aviv einen dichten Schleier des Schweigens. Wenn die Linke sich in ihrer Geschichte auch durch ihre Beachtung der von der »Ethnokratie« unterdrückten und kolonisierten Völker auszeichnet, so war sie hier ganz offensichtlich abgetaucht.

Im selben Jahr spielte sich auch in Italien etwas Symptomatisches ab. Genau ein Jahrhundert davor war das Land Protagonist eines blutigen Kolonialkriegs gegen Libyen und deshalb in idealer Lage, die Ereignisse des Sommers 2011 zu verstehen. Am 26. August dieses Jahres druckte *La Stampa* eine Schlagzeile über die ganze Titelseite: »Das neue Libyen, Herausforderung Italiens durch Frankreich«. Wer bis dahin noch nicht verstanden hatte, um was für eine Herausforderung es ging, dem wurde im Editorial erklärt: Seit Beginn der vom frenetischen Aktivismus des französischen Präsidenten geprägten kriegerischen Aktionen »hat man schnell verstanden, dass der Krieg gegen den Oberst sich in einen Krieg ganz anderer Art verwandelt hat, einen ökonomischen Krieg mit einem neuen Gegner, mit Italien offenbar« (Baroni, 2011). Also wahrlich keine interesselose humanitäre Intervention!

In den folgenden Monaten sorgten andere Stimmen und weitere Presseorgane dafür, die Analyse ultimativ zu erweitern: Der »desaströse Libyenkrieg (war) von Präsident Sarkozy gewollt, um den französischen ›Verlust‹ Tunesiens zu kompensieren« (Panebianco, 2013). Die koloniale Natur einer solchen Unternehmung wurde später bei dem Versuch, Syrien zu destabilisieren und in Damaskus ein pro-saudisches und pro-westliches Regime zu installieren, noch deutlicher. Anführer dieses neuen Abenteuers war zusammen mit England erneut Frankreich, das auch unter der Präsidentschaft des »Sozialisten« Hollande weiterhin unter dem Einfluss der »Erinnerung an seine vergangene Kolonialmacht in der Levante« stand (Toscano, 2013). Es war für niemand ein Geheimnis, um welche Erinnerung es ging: In den USA, der Türkei, Israel und in den arabischen Ländern sprachen Zeitungen und teils renommierte Interpreten von einem »neuen Sykes-Picot«, also einer neuen Übereinkunft zur Aufteilung des Nahen Ostens, ähnlich jener, die im Lauf des Ersten Weltkriegs von zwei Diplomaten, nämlich einem britischen und einem französischen, heimlich besiegelt wurde, von denen der Pakt von 1916 seinen Namen erhielt (Molinari, 2013a).

Während die journalistischen Stellungnahmen, die den kolonialen Charakter des Krieges erkannten, immer mehr zunahmen, und zwar zu einer Zeit, wo Italien sich perplex zeigte und misstrauisch gegenüber der Vorreiterrolle Frankreichs vor allem in Bezug auf Libyen, gab am 22. Februar 2011 Susanna Camusso, Generalsekretärin der CGIL, der wichtigsten Arbeitergewerkschaft, eine feurige Erklärung ab, die das Zögern der Regierung tadelte und sie zu kriegerischer Intervention aufrief! Der traditionelle Antikolonialismus der Arbeiter- und Gewerkschaftsbewegung verkehrte sich in sein Gegenteil, und in sein Gegenteil mutierte auch der traditionelle Antimilitarismus: Anstatt die Reduktion des Militäretats zu fordern, eine mehr denn je notwendige Rücknahme der im Namen von Einsparungen vorgenommenen Kürzung von Sozialausgaben, regt Camusso in der Tat dessen weitere Erhöhung an.

Die Absenz der Linken bzw. ihr wirrer Zustand wurden wenige Wochen später durch eine weitere verblüffende Stellungnahme bestätigt: Es meldete sich Rossana Rossanda im *Manifesto* vom 9. März mit der Forderung, jeden »Vorbehalt« fahren zu lassen, sowie dem Vorschlag, die Rebellen entschieden zu unterstützen, ohne sich beängstigen und hemmen zu lassen von einem sich am Horizont abzeichnenden »humanitären Krieg«; die Rebellen mussten sich schließlich gegen ein infames und kriminelles Regime verteidigen. Wieder zeigte sich die kulturelle und politische Verwüstung, die die Linke befallen hatte. Das historische Gedächtnis war ausgelöscht: Hundert Jahre zuvor hatte Italien gegen Libyen einen Kolonialkrieg entfesselt, und dieser verlief nicht ohne Genozide. Nicht einmal Stellungnahmen führender Politiker der Dritten Welt, die sich für eine Verhandlungslösung aussprachen oder wie z.B. der Präsident von Nicaragua, Daniel Ortega, dazu aufriefen, den »Bruder« Gaddafi gegenüber der gegen ihn zunächst noch mehr medial als militärisch vom Neokolonialismus entfesselten »wüsten Kampagne« zu verteidigen, trugen dazu bei, dass sich die beiden bekannten Vertreterinnen der italienischen Linken zurückhielten. In der italienischen wie in der internationalen Presse war ungerührt zu lesen, dass bereits einige Jahre vor der Krise von westlichen Geheimdiensten *covert actions* unternommen worden waren; wir werden sehen, dass dieselben Zeitungen und Zeitschriften, die damit beschäftigt sind, den Krieg gegen das Libyen Gaddafis zu unterstützen, ein alles andere als schmeichelhaftes Bild der Rebellen zeichneten, die ihr eigenes Volk ausplünderten, gefangen genommene Soldaten mit Waffengewalt anfielen, ihre Wut an Schwarzen und schwarzen Migranten ausließen, die man flugs zu Söldnern des Regimes erklärte und entsprechend behandelte (s. unten, III.7). Stützte man sich auf eine weniger verfälschende Information, ließ sich ein ausgewogeneres Bild der Veränderungen gewinnen, die in Libyen unter der Woge der antikolonialen Revolution, deren Führer seinerzeit Gaddafi war, erfolgt waren: Die mittlere Lebenserwartung der Libyer war von 51 auf

74 Jahre gestiegen, die Alphabetisierung der Massen, auch der Frauen, war realisiert worden, das Pro-Kopf-Einkommen war beträchtlich gestiegen. Auf internationaler Ebene hatte sich das Regime der Einrichtung fremder Militärbasen widersetzt, hatte für die autonome Entwicklung und die wirtschaftliche und tendenziell politische Einheit Afrikas gekämpft. In diesem Bereich hatte sich der libysche Führer die unerbittliche Feindschaft des Westens zugezogen, aber auch, trotz des personenkulthaften und autoritären Charakters seiner Machtausübung, die Wertschätzung nicht weniger Führer der Dritten Welt einschließlich Nelson Mandelas gewonnen (Forte, 2012: 143 u. passim). Das alles hat Rossanda ignoriert. Doch auch wenn man die von ihr 2011 vorgenommene Analyse Libyens unterschreiben wollte, bliebe doch weiterhin die Frage zu beantworten: Sind für eine führende Historikerin der marxistisch und kommunistisch inspirierten Bewegung nichteingelöste Versprechen der antikolonialen Revolution ein hinreichendes Motiv, sich mit der neokolonialen Konterrevolution einzulassen?

Vielleicht war es die Eile, der Mangel an adäquaten Informationen, die Camusso und Rossanda zu ihrer Stellungnahme brachte; doch sollte es danach ein Überdenken gegeben haben, ist dies nicht bekannt geworden. Noch einmal zeigt sich gnadenlos die Ironie der Geschichte. Während seinerzeit die Massenschlächterei des Ersten Weltkriegs tobte, waren es die Bolschewiki, die neben anderen derartigen Vereinbarungen den eigentlichen Sykes-Picot-Vertrag enthüllten und die Aufteilung der Kolonien als Wahrheit aufzeigten, die sich hinter der Kriegsideologie der Entente verbarg, die angeblich dabei war, die Sache der Demokratie und des Weltfriedens zu verteidigen. In unseren Tagen waren es die Sekretärin einer großen Gewerkschaft, die sich im Lauf ihrer Geschichte auch an der Front des antikolonialistischen und antimilitaristischen Kampfes ausgezeichnet hat, und eine Spitzenpersönlichkeit einer »kommunistischen Zeitung«, die im Allgemeinen eine bedeutende Rolle spielte (und noch spielt) in ihrer Opposition gegen die militärischen Abenteuer der herrschenden Großmacht, welche faktisch den neuen Sykes-Picot bestätigt haben.

Wie bei der Reihe neokolonialer Kriege ist auch bezüglich der zunehmenden Gefahr eines großen Krieges die Reaktion der Linken schwach oder fehlt gänzlich; dabei breiten sich die Krisenherde eines Konflikts aus, der sich katastrophal bis zur Atomschwelle steigern könnte. Man könnte sagen, dass selbst das historische Gedächtnis einer langen Phase des Kampfes gegen den Krieg und gegen Kriegsgefahren ausgelöscht ist!

Natürlich variiert das Bild, das die Linke im Westen bietet, von Land zu Land. Hier und da zeigen sich Symptome des Aufschwungs, während die bereits für tot erklärte kommunistische Bewegung Lebenszeichen von sich gibt. Auf alle Fälle fehlt aber insgesamt eine adäquate Antwort auf die aktuellen De-Emanzipationsprozesse und auf die großen Gefahren, die sich am Horizont abzeichnen. Wie ist in den USA und in Europa die Abwesenheit einer sich auf der Höhe der Zeit befindlichen Linken zu erklären?

II.
Die kapitalistisch-imperialistische Welt als »freie Welt«?

1.
Massenelend und Masseninhaftierung

Zweifellos genießt in den USA und Europa weiterhin eine Ideologie, die sich mit dem Ende des Kalten Krieges durchgesetzt hat, vielleicht mehr Kredit denn je. Sie stellt die heutige kapitalistisch-imperialistische Welt als »freie Welt« dar oder als Insel der Freiheit (und der Zivilisation), umgeben von einem stürmischen und bedrohlichen Ozean von Ländern, die es nicht verstehen oder nicht schaffen, den Wert der Freiheit vollständig zu übernehmen. Doch gerade wegen des im Kalten Krieg erreichten Sieges haben sich die Verhältnisse innerhalb des Westens verschlimmert.

Seinerzeit stand in der *Heiligen Familie* im Zusammenhang mit der Sozialen Frage und dem Elend der Massen die Bemerkung, dass der bürgerliche Staat sich darauf beschränkt, »sogar die Augen« zuzudrücken »und *wirkliche* Gegensätze für *unpolitische*, ihn nicht genierende Gegensätze« zu erklären, diese also rein privaten Charakters seien (MEW, 1955-89, Bd. 2: 101). Realiter hat eben diese Bewegung, die ihre Impulse von den beiden Denkern und revolutionären Aktivisten empfing, diese Definition »falsifiziert«, indem sie nämlich die herrschenden Klassen gezwungen hat, mehr oder minder umfassende Maßnahmen zur Dämpfung der Armut und des Sozialprotests zu ergreifen. Es ist eine Dialektik, die sich in Folge der Oktoberrevolution verstärkt hat; ohne die Herausforderung, die diese darstellt, kann man den in Westeuropa errichteten Sozialstaat nicht angemessen verstehen. Nachdem diese Herausforderung in sich zusammengefallen ist, gewinnt die in der *Heiligen Familie* enthaltene Beschreibung wieder Aktualität; wird die Soziale Frage mehr und mehr wieder in die Privatsphäre verbannt.

Die Krise, das Grassieren der Armut und die Bedrohung durch das Damoklesschwert von Entlassung und Arbeitslosigkeit (zusammen auch mit der Restriktion der Freiheit gewerkschaftlicher Aktivität wie vor allem in den USA) sind auch bezeichnend für die Wiederkehr der bekanntlich im *Kommunistischen Manifest* angeprangerten »Despotie« in der Fabrik (und am Arbeitsplatz). Der Anspruch der existierenden Ordnung, Verkörperung der Sache der Freiheit zu sein, gerät deutlich ins Wanken.

Doch dazu muss man sich nicht auf Marx und Engels berufen. Im Goldenen Zeitalter des Liberalismus begründete Benjamin Constant den Ausschluss des Lohnarbeiters von politischen Rechten folgendermaßen: Er hat nicht »das nötige Einkommen, um unabhängig von jeglichem Willen eines anderen zu leben«; »die Besitzenden sind Herren seiner Existenz, weil sie ihm die Arbeit vorenthalten können« (Constant, 1957: 1149). Die Jahrhundertschlacht der Arbeiter- und Gewerkschaftsbewegung, die Anerkennung des Rechts auf Arbeit zu erreichen, die Macht der »Eigner« zu beschränken, mittels der Errichtung des Sozialstaats die ruinösen Auswirkungen der Freisetzung zu begrenzen, zielte nicht nur darauf ab, die Lebens- und Arbeitsbedingungen der Lohnarbeiter und abhängig Beschäftigten zu verbessern, sondern auch, die über sie vom »Willen eines anderen« ausgeübte Macht zu reduzieren und ein Minimum an »Unabhängigkeit« zu erlangen. Es ging also in letzter Instanz auch um eine Schlacht für die Freiheit. Gegenwärtig wird dieser Kampf für die Freiheit wieder zurückgerollt, über den abhängig Beschäftigten bestimmt tendenziell erneut der »Wille des Anderen«; er kehrt wie in den goldenen Zeiten des Kapitalismus und Liberalismus zurück in die Abhängigkeit von »Eigentümern«, die »Herren seiner Existenz« sind. In Folge des neuen Kräfteverhältnisses zwischen den gesellschaftlichen Klassen kann die Despotie am Arbeitsplatz mehr denn je ungestört erweitert werden: In den USA »ist die Epoche der Ungleichheit mit einem dramatischen Niedergang der organisierten Arbeit einhergegangen« (Noah, 2012:

127). Die Folge ist eine weitere Zuspitzung der sozialen Polarisierung, bisweilen so hart, dass sie sich in letzter Instanz als eine Frage von Leben und Tod erweist: In den ärmsten Gegenden ist »die durchschnittliche Lebenserwartung eines Mannes um zehn bis fünfzehn Jahre geringer als in reichen Distrikten«. Es ist eine Frage von Leben und Tod mit einer auch rassischen Dimension:

> Ein dreißigjähriger Schwarzer, der in Harlem lebt, wird vermutlich jünger sterben als ein dreißig Jahre alter Mann in Bangladesch, und er wird höchst wahrscheinlich an einem Infarkt, einer Gefäßkrankheit, Krebs oder Diabetes sterben, gerade nicht, wie man denken könnte, durch Mord oder Komplikationen des Drogenkonsums (Epstein, 1998: 27).

Wird das Massenelend dank dem klassischen Liberalismus wie dem Neoliberalismus erst einmal als eine Frage gesehen, die sich ausschließlich auf das Privatleben bezieht, wird die Soziale Frage zu einem Problem der öffentlichen Ordnung: Nicht wenige Arbeitslose, Entlassene und Arme sind dazu verurteilt, den Weg zu durchlaufen, der ins Gefängnis führt: »Bei ca. 5% Anteil an der Weltbevölkerung« haben die USA »bis zu einem Viertel der Häftlinge« (Stiglitz, 2014). 1991 nahm ein französischer Autor eine Gegenüberstellung der nordamerikanischen und der südafrikanischen Republik vor, die damals die Apartheid hatte und von einer weißen Minderheit regiert wurde:

> Innerhalb von zehn Jahren hat sich die Zahl der Insassen amerikanischer Gefängnisse mehr als verdoppelt und überschreitet nun die Rekordzahl Südafrikas um 30% (4,26% gegenüber 3,33%). Welchen Begriff muss man erfinden, um einen solchen »Gulag« zu beschreiben? Was passiert nur in Amerika? (Albert, 1991: 30 u. 49).

Der Vergleich ist umso provokanter, als der US-amerikanische »Gulag« vorwiegend mit Schwarzen gefüllt zu sein scheint: »Die Afroamerikaner stellen ein Achtel der Bevölkerung, belegen aber die Hälfte der Plätze in amerikanischen Gefängnissen«. Die Ungleichheit macht nicht einmal vor dem Tod und Todesurteilen halt: »Für eine Person, die für den Mord an einem Weißen schuldig gesprochen worden ist, ist die Wahrscheinlichkeit, zum Tod verurteilt zu werden, 21mal höher als für eine Person, die wegen der Tötung eines Schwarzen für schuldig befunden wurde« (Lemann, 1998: 25 u. 28). Heute verurteilt ein erfolgreiches Buch die Ausweitung der Masseneinkerkerung, die allgemein die unteren Klassen trifft, gegen die Schwarzen aber dermaßen wütet, dass sie an den Höhepunkt der Rassenverfolgung in den Jahren der weißen Vorherrschaft erinnert (Alexander, 2010).

Der »Boom des Strafens« und sein sich Versteifen auf die niederen Klassen und damit auf die »rassischen« Minderheiten sind ein Phänomen, das nicht nur für die USA gilt: »In den europäischen Gefängnissen sind viele Gefangene Immigranten oder Söhne von Immigranten, während es in den Vereinigten Staaten Afroamerikaner oder *Latinos* sind. Die Kerker des Westens sind »schwarze Kerker«, die, ohne dass es jemand wahrnimmt, sich darum reißen, das Hauptinstrument der Rassentrennung des dritten Jahrtausends zu sein«. Und es handelt sich um Gefängnisse, die vor allem aufgrund von »Überfüllung« den »Schutz der elementarsten Rechte der Eingesperrten« fast unmöglich machen und sich als »krankmachende Orte«, ja als »Folterinstrument« erweisen (Re, 2006: VI-VII).

2. Einparteiensystem mit Wettbewerbscharakter und Rückkehr der Zensus-Diskriminierung

Was die politische Freiheit angeht, kennen wir bereits die verbreitete Feststellung, dass eine »Plutokratie« bzw. »Plutonomie« ausgebrochen sei. Vor einigen Jahren schon zeichnete ein prominenter US-Historiker ein wenig schmeichelhaftes Bild der Demokratie in seiner Heimat: »Geht es in der Politik um Wahlen, geht es heutzutage um finanzielle Möglichkeiten«. Angesichts der »furchterregend hohen Kosten der jüngsten Wahlkämpfe«, zeichnet sich deutlich die Tendenz ab, »den Zugang zur Politik auf die Kandidaten zu beschränken, die eigenes Vermögen haben oder Geld von politischen Aktionsbündnissen bekommen« oder auch von »Interessengruppen« und diversen *Lobbys* (Schlesinger jr., 1991: 380, 377 u. 382). Klar ist: »In einem vom Geld regierten Land [...] überträgt sich die ökonomische Ungleichheit in politische Ungleichheit« (Stiglitz, 2014). Es ist, als kehre die aus der Tür gejagte Zensus-Diskriminierung durch die Hintertür zurück.

Plutokratie bzw. Plutonomie schließt Konkurrenz nicht aus. In meinem Buch »Demokratie oder Bonapartismus« (Losurdo, 2008) habe ich diesbezüglich von einem »Einparteiensystem mit Wettbewerbscharakter« gesprochen: In Konkurrenz im Lauf eines durchaus auch harten Wahlkampfs stehen zwei Parteien oder besser: zwei Persönlichkeiten, die sich in ihrer Weltanschauung oder ihrem Programm in letzter Instanz auf die eine oder andere »Interessengruppe« beziehen, in der sich das eine Prozent zu Wort meldet, das den Reichtum und das politische Leben des Landes kontrolliert. (Vgl. zur Analyse des Einparteiensystems mit Wettbewerbscharakter und zur Geschichte seiner Entstehung in den USA und im Westen Losurdo 2008, 5.2, 5.4 u. 8.4)

Weil der Wettstreit nicht das grundlegende Einparteiensystem in Frage stellen soll, darf er sich nicht auf zu viele Kandidaten erstrecken, möglichst nur zwei zulassen. Die Antwort darauf ist das Zweiparteiensystem, das oft als Ausdruck der höheren Weisheit und des stärkeren Realitätssinns der Angelsachsen und ihrer »Demokratieerfahrung« (Sartori, 1987: 54) gedeutet wird. In Wirklichkeit ist in der Geschichte der USA in manchen kritischen Momenten das Zweiparteiensystem von der herrschenden Klasse mit Gewalt durchgesetzt worden. Bei den Kommunalwahlen von 1917 waren die Sozialisten auf der Woge des Kampfes gegen den Krieg zu einer der Spitzenparteien geworden: Ihr Bürgermeisterkandidat in New York hatte 22 % der Stimmen bekommen, zehn Sozialisten waren in die Legislative des Staates New York gewählt worden, in Chicago waren die Stimmen für die Sozialisten bis auf 34,7 % geklettert. Es wurde kritisch für das Zweiparteiensystem: Nach Einschätzung des Beraters von Präsident Wilson, Joseph Tumulty, »erfuhren die beiden (traditionellen) Parteien in den Augen des Durchschnittsbürgers eine völlige Diskreditierung«, während eine gegenüber den Demokraten und Republikanern, die sich einig waren in der Unterstützung des Kriegseintritts der USA und der Huldigung der US-amerikanischen »Kriegsmission« (Zinn, 2002: 414 u. 425), absolut oppositionelle Partei an Stärke gewann. Das Zweiparteiensystem festigte sich wieder dank der Repression, die sich gegen diejenigen entlud, die mangelnder Loyalität oder patriotischen Eifers verdächtigt wurden, und die besonders die Sozialistische Partei traf: Ihr Kandidat zur Präsidentschaftswahl, Eugene V. Debs, wurde eingesperrt und zu zehn Jahren Gefängnis verurteilt, auch wenn er dann schon im Dezember 1921 im Alter von 60 Jahren freigelassen wurde. Wegen des von der Oktoberrevolution ausgehenden weltweiten Echos bedeutete das Kriegsende nicht das Ende von legaler wie illegaler Gewalt: Die gesetzgebende Versammlung des Staates New York wurde von ihren sozialistischen Vertretern gesäubert, ungeachtet dessen, dass sie legal gewählt waren. Ähnlich wurde ca. 30 Jahre danach bei Ausbruch des Kalten Krieges das Zweiparteiensystem erneut gerettet und endgültig verankert dank der Unterdrückung, deren Ziel die Kommunisten und als mit ihnen verbündete oder sympathisierende Verdächtige waren.

Unter relativ friedlichen Entwicklungsumständen griffen zum Schutz des faktischen Einparteienregimes subtilere Mechanismen: Schon an sich hält das Ein-Stimmen- und Mehrheitswahlrecht diejenigen Kandidaten draußen, die nicht über eine beträchtliche Menge an finanziellen Ressourcen verfügen; hinzu kommen die vielfältigen kleinen Tricks, mit denen in den USA die einzelnen Staaten die Kandidatur unabhängiger Parteien oder Kandidaten begrenzen oder verhindern. Wenn dann einmal ein dem herrschenden politischen System Fremder die diversen gesetzlichen und realen Hindernisse überwindet und es ihm trotzdem gelingt, seine Kandidatur einzureichen, dann greift die Zensur der Kommunikationsmittel ein, allerdings nicht von oben verordnet, sondern von der »Zivilgesellschaft« aus.

Nehmen wir die Wahlen von 1988, die die Präsidentschaft des Republikaners George H. W. Bush und die Niederlage des Demokraten Michael S. Dukakis erbrachten. Doch wer hat in den USA seinerzeit etwas darüber erfahren, dass am Wahlkampf auch eine gewisse Leonora B. Fulani beteiligt war? Es war eine farbige Frau, Psychologin aus New York, unterstützt von der schwarzen, von der Demokratischen Partei enttäuschten Community, die ein Programm für Frieden, Freundschaft mit Kuba und Solidarität mit dem palästinensischen Volk vertrat. Die Fernsehsender, die die Wahldebatten organisierten, hüteten sich sehr, sie einzuladen oder auch nur zu erwähnen. Daraufhin erfolgte eine Eingabe an die Wahlkommission, die theoretisch »gleiche Chancen« für die diversen Kandidaten hätte garantieren müssen.

Die Fernsehgesellschaften hätten »den amerikanischen Wählern die Kenntnis vorenthalten, dass es einen dritten landesweiten Kandidaten gab«: Darauf stützte sich die Eingabe, die jedoch zurückgewiesen wurde mit der Argumentation, dass die Fernsehgesellschaften, ihrem Recht entsprechend, die Kandidatur von Frau Fulani für »der Aufmerksamkeit nicht genügend wert« gehalten hätten. Allerdings offenbarte eine seriöse Meinungsumfrage zur selben Zeit, dass sich 63 % der Wähler weder durch den republikanischen noch durch den demokratischen Kandidaten vertreten fühlten.

Man kann ein jüngeres Beispiel für dasselbe Phänomen anführen. Neben anderen trat bei den Präsidentschaftswahlen 2012 Jill Stein für die Green Party an: Sie versuchte, wegen ihres Ausschlusses von den Fernsehdebatten einen öffentlichen Protest in Gang zu setzen, doch sie wurde sofort von der Polizei daran gehindert. In einem Land, wo der Wahlkampf sich in erster Linie als Fernsehduell abspielt, werden die Teilnehmer de facto von den großen monopolistischen Gruppen bestimmt, die die Sender und die Medien kontrollieren, also vom Großen Geld: Wir befinden uns eben unter plutokratischem oder plutonomischem Regime.

Sind die Alternativkandidaten erst ausgeschlossen, dreht sich der gewöhnliche Wahlkampf um die Zelebration und Bekräftigung des moralischen (und militärischen) Primats der USA. Der Mythos, sozusagen »das Opium der« US-amerikanischen »Außergewöhnlichkeit« erlaubt kein anderes Vorgehen. Und so – konstatiert die *New York Times* – werden die realen Probleme, Themen und Tatsachen, die am meisten beunruhigen müssten, ignoriert und verdrängt: In der Liste der Länder, die sich am meisten durch den Kampf gegen »Kinderarmut« und »Kindersterblichkeit« hervorheben, belegen die Vereinigten Staaten Platz 34 bzw. 49; auch was die »soziale Mobilität« angeht, kommen sie eher schlecht weg. Ein Primat ist dagegen nicht zu bestreiten, aber alles andere als schmeichelhaft: Die Weltsupermacht »ist die Nummer 1 beim Einsperren ihrer Bürger mit einer Gefangenenrate weit über der von Russland, Kuba, Iran oder China« (Shane, 2012). Und man sollte sich nicht einbilden, dass die Haftbedingungen in den USA besonders mild wären. Die Vereinigten Staaten stellen sich gern als Verkörperung der Menschenrechte dar und spielen sich diesbezüglich besonders gegenüber China auf. Abgesehen davon, dass in letzterem Land die am meisten pro-westlich eingestellten Kreise es nicht glauben wollen und entsetzt sind, wenn sie erfahren, dass in den USA die weiblichen Häftlinge gezwungen werden, in Handschellen zu gebären (Tatlow, 2012). Das ist ein Thema, das umgekehrt in den USA nur spärliche Beachtung zu finden scheint: Die echten Probleme des Landes spielen eine marginale Rolle in den durchaus lebhaften Wahlkämpfen, die jedoch primär dazu unternommen zu werden scheinen, um über die beste Art und Weise zu diskutieren und darum zu wetteifern, die tatsächlich herrschende Plutokratie als älteste und beste Demokratie zu feiern und sie zu kaschieren; respektive zu streiten über die beste Methode, wie die imperiale Macht des Weißen Hauses herauszustreichen, zu erweitern oder zu verwalten sei beziehungsweise über denjenigen Kandidaten, der dafür am besten scheine.

Im Westen tendiert das Einparteiensystem mit Wettbewerbscharakter dazu, sich ziemlich weit über die nordamerikanische Republik (und Großbritannien) hinaus auszudehnen, und diese Verbreitung ist gleichzeitig die Besiegelung des Triumphs der Plutokratie. Nicht zufällig nehmen die Protestbewegungen immer häufiger die Form urbaner Revolten an, ohne politischen Ausweg und sogar ohne Diskussionszusammenhang mit den politischen Kräften im Parlament: Das ist der Beweis, dass breite Volksmassen sich nicht mehr repräsentiert fühlen durch Vertretungsgremien, die auf Basis einer realen Zensus-Diskriminierung gewählt sind.

In letzter Zeit aber hat sich die Kluft zwischen den Institutionen und der sozialen Wirklichkeit so verschärft, dass die Tendenz zur Ausbreitung des Einparteiensystems mit Wettbewerbscharakter auf eine Gegentendenz trifft, nämlich auf das Erstarken von populistischen Parteien: Als Ausdruck des wachsenden Protestes gegen die soziale Polarisierung und ein blockiertes politisches System tendieren diese dazu, den Ursprung allen Übels im Globalisierungsprozess als solchem (wie er auf europäischer wie auf Weltebene im Gang ist) festzumachen, und erweisen sich dabei doch als unfähig, eine wirkliche Alternative zu erarbeiten, wobei sie oft dabei enden, die Straßenrevolten in Repräsentativorganen nachzuspielen.

3.
»Kill list« und Krise des Rechtsstaats

Bleibt angesichts dieses tristen Bildes wenigstens die *rule of law*, der Rechtsstaat, in Kraft? Um die Frage zu beantworten, ist auf eine Art ebenfalls vertraulicher Treffen hinzuweisen, die sich aber von denen unterscheiden, die sich zur gleichen Zeit als Ausdruck und Besiegelung der »Herrschaft der Großbanken« beobachten ließen. Vertrauliche Treffen, deren Protagonist, wie sich heute leicht feststellen lässt, nicht die Elite der Finanz war, sondern die der Politik, vorneweg Barack Obama. 2008 Präsident der USA geworden, gab er das Versprechen ab, ein für alle Mal Guantánamo zu schließen; doch diese totalitäre Institution, in der ohne Prozess, ohne auch nur den Anklagepunkt zu kennen und nicht selten der Folter ausgesetzte Häftlinge festgehalten werden, bestand fort. Die Zahl der Neuankömmlinge war tatsächlich gesunken, aber warum? Das erklärte uns die *New York Times*. Jeden Dienstag traf sich der Präsident mit seinen Mitarbeitern, um die endgültige »kill list« zu beschließen, die Auswahl der des »Terrorismus Verdächtigen«, die dazu bestimmt sind, von oben durch Drohnen »eliminiert« zu werden: So klingt die geglättete Sprache des im Weißen Haus installierten Exekutionskommandos. Trotz unzähliger zu Ende gebrachter Aktionen sollte die Liste nicht geschlossen werden, es wurden ständig neue Todeskandidaten hinzugefügt, die bisweilen nicht einmal volljährig waren. Auf einer dieser an einem solchen arbeitsreichen Dienstag des mächtigsten Mannes der Welt zur Prüfung durchgegangenen »kill list« »waren zwei Jugendliche, darunter ein Mädchen, das (nach dem beiliegenden Foto) jünger als siebzehn Jahre zu sein schien«: Die Sprachform, derer man sich hier bedient, lässt durchblicken, dass die vom US-Präsidenten angeordnete Operation erfolgreich war und die Exekution möglicherweise keine *Kollateralschäden* mit sich brachte. Nicht immer können solche »Schäden« vermieden oder ausgeschlossen werden: »Wenn sich eine seltene Möglichkeit ergibt, einen Terroristenchef mit Drohnen zu treffen, doch die Familie bei dem Terroristen ist, hat der Präsident für sich selbst die finale moralische Entscheidung reserviert«. Auch wenn versichert wurde, dass er sich bemühte, in Einklang mit den »amerikanischen Werten« zu handeln, erfuhren wir doch, dass er souverän nicht nur über den Tod des einen oder anderen »Verdächtigen«, sondern de facto auch über den von dessen Familienmitgliedern entscheiden konnte.

Auf der »kill list«, die das Schicksal der beiden jungen Leute besiegelt hat, stehen auch »Amerikaner« (Becker/Shane, 2012). Denn auch US-Staatsbürger, die im Ausland leben, können auf Grund eines Verdachts zum Tod verurteilt werden, und Opfer dieser außergesetzlichen Exekutionen können auch US-amerikanische Verwandte (und Freunde) sein, die das Pech haben, bei ihnen zu sein. Wo hört der Rechtsstaat auf? Die *rule of law* hat sich letztendlich in das Recht über Leben und Tod verwandelt, das der Lenker des mächtigsten Staates der Welt souverän ausübte.

Natürlich ist es ein Recht über Leben oder Tod, das nur in Ausnahmefällen US-Bürger ins Visier nimmt, während es regelmäßig auf »Fremde« angewandt wird, und nicht nur solche, die des Terrorismus angeklagt oder verdächtig sind. Zumindest bis zum Beginn der Verhandlungen zwischen dem Westen und der Islamischen Republik wurden bei auf Initiative der Vereinigten Staaten oder mit ihrer Unterstützung durchgeführten Operationen im Iran mit der Entwicklung von Drohnen (nicht nur bei Atomkraftwerken) befasste Techniker und Wissenschaftler von tödlichen Attentaten oder außergesetzlichen Exekutionen getroffen (Paolini, 2012: 70ff). D.h., um in die »kill list« Obamas oder seiner engsten Verbündeten aufgenommen zu werden, genügte es, in der nationalen Verteidigung eines Landes tätig zu sein, das keine guten Beziehungen zu den USA und bestimmte Gründe hat, sich bedroht zu fühlen. Das ist noch nicht alles. Emotionslos berichtet der *Corriere della Sera*, dass »in völliger Übereinstimmung mit der Sicht Washingtons« die israelischen Geheimdienste den Auftrag haben, zusammen mit den »Führern palästinensischer Gruppen, wo immer sie sich befinden mögen«, »iranische Wissenschaftler, die sich mit der Entwicklung der Atombombe beschäftigen«, und darüber hinaus in anderen Ländern diejenigen, die »*verdächtigt* werden, mit dem Iran zu kollaborieren«, zu »eliminieren« (Olimpio, 2003). Genau genommen kann also auch der Beitrag, oder des Beitrags zur Entwicklung oder Produktion von iranischen Drohnen verdächtig zu sein, fatal ausgehen. Egal, ob man Iraner ist oder nicht, reicht der bloße Verdacht, der Verdacht nämlich, eine an sich legitime, wenn auch von den USA und Israel als unzulässig betrachtete Aktivität auszuüben, für die Verurteilung zum Tod. Ganz zu schweigen von den »Führern palästinensischer Gruppen«, die, »wo immer sie sich befinden mögen«, mit aktiver Unterstützung oder stiller Zustimmung Washingtons getötet werden können. Die »kill list« füllt sich immer weiter. Trotz der Verringerung der Spannungen zwischen dem Westen und der Islamischen Republik ist die Kriegsgefahr alles andere als gebannt, auch nicht die Gefahr, dass man zum Schaden der Bürger des Iran oder anderer Länder noch vor dem eventuellen Ausbruch von Feindseligkeiten wieder auf außergesetzliche Exekutionen zurückgreift.

Es handelt sich um ein Vorgehen, dessen sich als erstes das Land bedient hat, das sich selbst als einzige im Nahen Osten existierende Demokratie feiert und von seinen Verbündeten und Unterstützern entsprechend gefeiert wird. Noch zu Beginn dieses Jahrhunderts kritisierte eine seriöse US-amerikanische Zeitung scharf die außergesetzlichen Exekutionen, die von Israel vorgenommen wurden, d.h. »die nicht zu akzeptierende Politik, palästinensische Führer, die verdächtigt wurden, Attentate zu organisieren, zu töten« (The Washington Post, 2001). Heute verbreitet sich eine solche Praxis dank den USA tendenziell weltweit und wird zu banaler Routine. Und der bis unlängst im Zentrum solcher Routine stehende Verwalter kann sich gar mit dem Friedensnobelpreis brüsten.

Die US-Vernichtungsdrohnen kennen keine Grenzen. Sie operieren beispielsweise in Pakistan. Natürlich protestieren die Regierung und die öffentliche Meinung empört, sei es wegen der Verletzung der Souveränität durch ein Land, das theoretisch ein Verbündeter ist, sei es durch die beträchtliche und wachsende Zahl von unschuldigen Opfern: In einigen Dörfern an der Grenze zu Afghanistan scheint der Doppeleffekt von außerrechtlichen Exekutionen und Kollateralschäden zu einer Art Dezimierung geführt zu haben (Becker/Shane, 2012). Die Protestkundgebungen werden immer massiver und wütender, aber in Washington sind deswegen keine Zeichen von Aufregung und Nachdenklichkeit zu spüren.

Eine Schlussfolgerung lässt sich ziehen: Zu Ehren der Tradition der »Demokratie für das Herrenvolk«, die die Geschichte des liberalen Westens zutiefst prägt, wird der Rechtsstaat nicht angewendet auf die dem begrenzten heiligen Bezirk Fremden, auf »Barbaren« also. Diese können auf Grund eines einfachen Verdachts zum Tod mittels außergesetzlicher Exekution verurteilt werden. Sie können sogar grausamer Folter unterzogen werden: In diesem Fall werden die Opfer in jedem Winkel der Welt von CIA-Agenten ergriffen und einkassiert, um dann an bestimmte Schergen weitergereicht zu werden (die berüchtigten *Geheimgefängnisse*). Die Folter findet außerhalb der USA statt, die sich somit auf ihre Unschuld berufen können. Auf Basis derselben Logik ist das Konzentrationslager von Guantánamo nicht eingerichtet worden auf im engeren Sinn nationalem Territorium der nordamerikanischen Republik, sondern in einem ihrer Kolonialbesitztümer. Ähnlich proklamierte in der zweiten Hälfte des 19. Jahrhunderts das damals führende Land des Westens stolz: »Die Luft Englands ist zu rein, als dass Sklaven sie atmen könnten« (Losurdo, 2010, Kap. 2.5). Ja, die Sklaverei war nicht erlaubt im Vereinigten Königreich, das aber trotzdem das Land mit der größten Menge an Sklaven darstellte, wenn diese auch schamhaft außerhalb des heiligen Bezirks angesiedelt waren. Trügerisch ist auch die Unschuld der Vereinigten Staaten: Wie sie auch, abgesehen von Guantánamo, versuchen, die Spuren zu tilgen oder zu verwischen, sind sie doch verantwortlich für die Geheimgefängnisse und die damit verbundene Folter, auch wenn sie im hintersten Winkel der Welt praktiziert wird.

Die Argumente, mit denen das alles gerechtfertigt wird, sind bekannt: Letztlich handele es sich um Polizeimaßnahmen, die der Justiz für Kapitalverbrechen Verantwortliche überstellten. Das ist ein eindeutig ungültiges Argument, soweit es die Wissenschaftler und Techniker angeht, die von einer antizipierten außerrechtlichen Exekution betroffen sind, insofern sie mitverantwortlich seien für *mögliche zukünftige* Verbrechen, die die politisch Verantwortlichen ihres Landes *planten*. Nicht überzeugend ist auch der Appell, den Zusammenbruch der Zwillingstürme nicht aus den Augen zu verlieren und dass verheerende terroristische Attentate sich wiederholen könnten. An sich vernünftig und überlegt, hat dieses Argument den Nachteil, nur für die USA zu gelten und nicht für die von ihnen militärisch bedrohten Länder, die dadurch einem viel gravierenderen Ausnahmezustand unterworfen sind als dem von Nordamerika an die große Glocke gehängten. Vor allem ruft die hier beschriebene Praxis die Erinnerung an die Todesschwadronen wach, deren sich lange Zeit gewisse, von den Vereinigten Staaten gestützte Regime Lateinamerikas bedienten, um sich kurz und bündig ihrer radikalsten und gefährlichsten Gegner zu entledigen. Es ist ein nie aufgegebenes Modell: In den unmittelbar auf den zweiten Golfkrieg folgenden Jahren berichtete die internationale Presse, dass Washington beschlossen habe, auch im Irak zur folgendermaßen beschriebenen »Option El Salvador« Zuflucht zu nehmen: »Um die salvadorianischen Rebellen zu besiegen, finanzierte und schulte die Regierung der USA die berüchtigten staatlichen ›Todesschwadronen‹, die die Rebellenführer und ihre Anhänger terrorisieren und töten sollten« (Farkas, 2005).

Das ist die Geschichte hinter der »kill list« und den außergesetzlichen Tötungen. Mit anderen Worten: Die Krise der *rule of law*, die die kapitalistische und imperialistische Metropole selbst überzieht und die, wiewohl sie in erster Linie die Barbaren trifft, doch nicht einmal US-Staatsbürger verschont, hat die traditionelle Weigerung des Westens zur Basis, sich gegenüber »Barbaren« an den Rechtsstaat halten zu müssen.

4. Aussetzung der *rule of law* in den internationalen Beziehungen

Der Westen und sein Führungsland beanspruchen, Gewalt über Leben und Tod nicht nur über einzelne Individuen auszuüben, sondern auch über ganze Länder und Völker. Seit dem Zweiten Weltkrieg und den Prozessen von Nürnberg und Tokio, die bereits das Beginnen eines Krieges als kriminellen Akt beurteilten, und nach der Gründung der UNO hat sich in der Tat eine internationale Ordnung durchgesetzt, auf deren Basis nur Verteidigungs- oder explizit vom UN-Sicherheitsrat autorisierte Kriege legitim sind. Diese Ordnung stellen die USA radikal in Frage, indem sie sich und der von ihnen geführten Allianz das souveräne Recht vorbehalten, in jeder Ecke der Welt militärisch zu intervenieren, wie sie es z. B. 1999 anlässlich des Krieges gegen Jugoslawien und 2003 beim zweiten Krieg gegen den Irak getan haben.

Es kommt einem eine geschliffene Definition Kants in den Sinn. In seiner Schrift (*Der Streit der Fakultäten*) von 1798 heißt es: »Was ist ein absoluter Monarch? Es ist derjenige, auf dessen Befehl, wenn er sagt, es soll Krieg sein, sofort Krieg ist« (Kant, 1900, Bd. 7: 90). Wenn nicht im Inneren, so tendiert der US-Präsident zumindest auf internationaler Ebene zu einem Verhalten wie der »absolute Monarch«, auf den der berühmte Philosoph abzielt. Und das umso mehr, als die Bewohner des Weißen Hauses proklamieren, ihre Nation sei »von Gott erwählt« für die Aufgabe, die Welt zu führen, während ja die früheren absoluten Monarchen nur den Anspruch hatten, sich einer göttlichen Investitur zu erfreuen; mit diesem Dogma identifizieren sich Republikaner wie Demokraten mit dem gleichen Eifer.

Es stimmt, dass die USA und der Westen sich, bevor sie einen Krieg erklären, bisweilen an den UN-Sicherheitsrat wenden, um eine Genehmigung zu erlangen, ohne dabei auf das souveräne Recht zu verzichten, das sie sich anmaßen. Kein vernünftiger Mensch würde heute einen Staatsführer für demokratisch oder für einen echten Repräsentanten des Volkswillens halten, der sich mit folgenden Worten an das Parlament wenden würde: Ich möchte, dass ihr mir das Vertrauen aussprecht, aber auch ohne euer Vertrauen und sogar bei einem expliziten Misstrauensvotum eurerseits werde ich weiter regieren, wie ich es für das Beste halte... In genau diesem Stil wenden sich die USA und der Westen an die UNO! Deshalb sind die Abstimmungen, die im UN-Sicherheitsrat erfolgen, in der Regel durch Erpressung gefälscht!

Und es geht nicht nur um eine. In den frühen 1990er-Jahren berichtete eine italienische Zeitung folgendermaßen über eine Debatte im Sicherheitsrat: »China hat sich gegen die Sanktionen gegen Libyen ausgesprochen und die drei westlichen Mächte haben mit Handelsrepressalien gedroht« (Caretto, 1992). Es ging um Repressalien, die – unterstrichen noch am Ende jenes Jahrzehnts ein seriöser Journalist und ein bekannter US-amerikanischer Politologe – so verheerend sein könnten, dass sie auf Handelsebene dem Rückgriff auf die »Atombombe« gleichkämen (s. unten, VI.10). Sicherlich hat sich die Situation, was das große asiatische Land betrifft, grundlegend geändert; doch gegenüber den nicht ständigen Mitgliedern des Sicherheitsrats wird weiter mit Erpressung gearbeitet (die auch weiterhin funktioniert). Es muss nicht weiter erklärt werden: »Eine Studie von 1999 hat gezeigt, dass die Länder, die bei Abstimmungen der UNO mit den USA zusammengehen, viel eher die Chance haben, Hilfen aus dem Internationalen Währungsfonds zu erhalten« (Foley, 2012).

Der Hinweis auf Handelsrepressalien oder Handelssanktionen ermöglicht es uns, vom Krieg im eigentlichen Sinn zum Wirtschaftskrieg überzugehen. Auch ein Embargo kann unter die Kategorie Krieg gefasst werden. Wer Zweifel hegt, könnte lesen, was dazu eine offizielle Zeitschrift des US-Außenministeriums, *Foreign Affairs*, anmerkt: Nach dem Zusammenbruch des »Realen Sozialismus« stellt das Embargo in einer vereinheitlichten Welt unter US-amerikanischer Hegemonie die Massenzerstörungswaffe par excellence dar; offiziell auferlegt, um dem Zugriff Saddams auf Massenvernichtungswaffen zuvor zu kommen, hat das Embargo dem Irak »in den auf den Kalten Krieg folgenden Jahren mehr Tote beschert als alle Massenvernichtungswaffen im Lauf der Geschichte« zusammengenommen (Mueller/Mueller, 1999). So wiederholt sich für den Wirtschaftskrieg das für den Krieg im engeren Sinn bereits beobachtete Schauspiel: Die USA und der Westen wenden sich an den Sicherheitsrat, um ein Embargo zu erlassen gegen dieses oder jenes Land, behalten sich dabei aber stets das Recht vor, unilateral und souverän vorzugehen. Mit anderen Worten fahren die westlichen Staatenlenker auch hierbei damit fort, sich wie »absolute Monarchen« zu verhalten, vor denen Kant warnte.

5. Demokratie oder Imperium?

Was die USA angeht, werden jedenfalls Ambition und imperialer Stolz nicht mehr verschwiegen. Sie sind enthalten im Selbstlob als von Gott erwählter Nation, von Ihm mit der ewigen Mission beauftragt, die Welt zu führen, oder auch als einzige »unverzichtbare Nation«. Bisweilen äußern sich diese Ambition und dieser Stolz lauthals und schrill. So geschah es in den ersten Jahren dieses Jahrhunderts, als maßgebliche, eindeutig mit den Führungszirkeln liierte Persönlichkeiten und Zeitschriften dazu aufriefen, vom wohltätigen und notwendigen Charakter des »amerikanischen Imperiums« Kenntnis zu nehmen, von der stringenten und unausweichlichen Logik des »Imperialismus« oder des »Neoimperialismus«, von der Chance, die historische Erfahrung des Römischen und des Britischen Reichs zu beherzigen, indem in Washington ein »Kolonialoffizium« eingerichtet und von dort aus »Prokonsuln« in jeden Winkel der Welt geschickt würden (Ferguson, 2005: 4ff).

Man befand sich kurz vor dem im Jugoslawienkrieg errungenen Sieg, Russland war schwächer denn je, und der Aufstieg Chinas hatte sich noch nicht in seiner ganzen Stärke gezeigt, während auch noch die Desillusionierung über die Kriege in Afghanistan und Irak in der Zukunft lagen. Danach hat sich die Lage fühlbar geändert. Doch eines darf man nicht aus den Augen verlieren: Wir haben es mit einem Land zu tun, das seit seiner Gründung mit der Vorstellung von einem Imperium geleitet wird. Schon Jefferson beanspruchte für sein Land, kaum dass es das Licht der Welt erblickt hatte, die Errichtung eines »Reichs der Freiheit«, das ausgedehnter werden sollte als das britische oder römische, also das größte und ruhmreichste »seit der Schöpfung bis heute« (Losurdo, 2005, Kap. 8.14).

Kommen wir, ohne uns mit einer zweihundertjährigen Geschichte aufzuhalten, zu deren jüngstem Kapitel. Wie es scheint, hat Leo Strauss auf die US-amerikanischen Neokonservativen einen bedeutenden Einfluss ausgeübt. Während schon der Zweite Weltkrieg aufflammte, bezog er im Februar 1941 natürlich Stellung gegen Hitler-Deutschland, von wo er geflohen war, aber noch nicht, indem er die Reichsidee verdammte oder kritisierte. Im Gegenteil:

> Es sind die Engländer und nicht die Deutschen, die es verdienen, eine imperiale Nation (*imperial nation*) zu sein, weil nur die Engländer und nicht die Deutschen verstanden haben, dass man, um es zu verdienen, imperiale Macht auszuüben, *regere imperio populos*, seit langer Zeit ge-

> lernt haben muss, die Besiegten zu verschonen und die Stolzen zu zähmen, *parcere subiectis et debellare superbos* (Strauss, 1999: 373).

Es waren die Jahre, in denen Mussolini, nachdem er Äthiopien am Ende eines barbarischen Angriffskriegs erobert hatte, sich erneut als Caesar aufspielte und proklamierte, dass das Imperium triumphal auf die »Schicksalshügel Roms« zurückgekehrt sei. In Hitlers Augen war es dagegen das Dritte Reich, das dem Heiligen Römischen Reich Deutscher Nation und dem eigentlichen Römischen Reich nachfolgen sollte. Anstatt sich über solche Ansprüche lustig zu machen, erklärt Leo Strauss mit einem Vergil-Zitat, dass der wahre Erbe des Römischen Reichs das britische sei. Als er drei Jahre später US-Staatsbürger geworden war, hatte der Philosoph kein Problem damit, über eine neue *translatio imperii* nachzudenken, nach der Übertragung von Rom nach London nun über eine von London nach Washington. Es gibt zu denken, dass der spätere Prophet der konservativen (Konter-)Revolution gerade jetzt, während die Woge der antikolonialen Revolution sich aufzubranden begann (in China, Indien und anderswo), sich paradoxerweise ähnlich wie Hitler auf das Modell des Römischen Reiches berief, das, mit den Worten Vergils, geneigt war, nur denjenigen Völkern zu »verzeihen«, die bereit waren, sich in die Bedingungen als »Unterworfene« (*subiecti*) zu schicken, während es für die »überheblichen« (*superbi*), sich dem imperialen Joch widersetzenden Völker kein Entkommen gab.

Springen wir einige Jahrzehnte weiter. In den siebziger Jahren veröffentlichte ein bekannter US-amerikanischer Politologe ein Buch, das ganz vom Vergleich zwischen Römischem Reich und US-Imperium durchdrungen war und beide feierte: »Wir, wie die Römer (*We, like the Romans*)...« (Luttwak, 1993: XII). Nicht nur Intellektuelle argumentieren und fühlen so. Wir haben Hillary Clinton sich als neuen Caesar gebärden und ihr triumphales Imperium feiern sehen, nicht weit weg vom gefolterten und noch warmen Leichnam Gaddafis, des Rebellen, der es abgelehnt hatte, zu den »Unterworfenen« zu gehören, und den man deshalb nicht »schonen« konnte.

Über den Anspruch der USA, sich auf den Ruinen des Römischen Reiches zu platzieren, soll einer der angesehensten US-Strategen das Wort erhalten:

> In der globalen Vorherrschaft Amerikas kann man in gewisser Weise Spuren der alten Reiche [speziell des römischen] erkennen, *wenn auch ihre Ausdehnung natürlich viel geringer war.* Diese Reiche gründeten ihre Macht auf eine hierarchische Ordnung, die aus Vasallen, Protektoraten und Kolonien bestand, und die, die nicht dazu gehörten, wurden als Barbaren betrachtet. So anachronistisch auch immer es scheinen mag, passt diese Terminologie doch gut auf einige Staaten, die heute im amerikanischen Orbit kreisen (Brzezinski, 1998: 19f).

In Übereinstimmung mit der hier für die Gegenwart präzisierten »hierarchischen Ordnung« gebrauche ich den Ausdruck Imperium (und Imperialismus) nur bezüglich der USA. Die europäischen und asiatischen Verbündeten mögen Protagonisten schändlicher Kolonialkriege sein, doch nur unter der Bedingung, den Großen Bruder nicht herauszufordern; mögen sie sich auch mit ihrer angemaßten Überlegenheit über die »Barbaren« brüsten, bleiben sie dennoch, wenn schon nicht »Vasallen«, so doch subalterne Partner der Vereinigten Staaten: Sie geben deren Militärbasen Gastrecht und gehen damit das Risiko ein, in souverän von Washington beschlossene Kriege hineingezogen zu werden, und sie sind der Überwachung und Kontrolle durch den Großen Bruder ausgesetzt. Sie müssen sogar seine Rechtsprechung dulden: Europäische Banken können gezwungen werden, schwerste Strafen zu zahlen, weil sie die *US-amerikanischen* Gesetze nicht genügend beachtet haben, die ein Embargo gegen dieses oder jenes Land verhängen!

Im Brzezinski-Zitat habe ich die Zeile kursiv hervorgehoben, die auf die unvergleichliche Ausdehnung des neuen Imperiums aufmerksam macht. Das erinnert an die prophetische Aussage Jeffersons, der für das gerade erst gegründete Land die Eroberung des größten und mächtigsten Imperiums »seit der Schöpfung bis heute« forderte. Nun, die Prophetie ist wahr geworden, ein Kreis hat sich geschlossen. Heutzutage freut sich über den außerordentlichen Erfolg in den USA ein britischer Historiker (jedenfalls englischer Herkunft), der sich explizit mit dem Lob des »amerikanischen Imperiums« befasst und die Bewohner des Weißen Hauses auffordert, die restliche politische Zurückhaltung und Sprachverbote zu überwinden: »Es gibt keine ihrer Sache sichereren Imperialisten als die Gründerväter« (Ferguson, 2005: 33f).

Heute mag der eben zitierte Historiker mit Blick auf Washington das »liberale Imperium« feiern (ebd.: 2), doch es dürfte klar sein, dass Imperium und Freiheit und vor allem Imperium und Demokratie keine Begriffe sind, die sich miteinander vertragen. Was die Gründerväter angeht, manifestierte sich ihr Imperialismus in erster Linie als Enteignung, Deportation und Dezimierung der Ureinwohner, ganz zu schweigen von der Versklavung der Schwarzen und dem Versuch, die schwarzen Sklaven von Santo Domingo auf Haiti, die das Unrecht begangen hatten, zu rebellieren und die weiße Autokratie zu stürzen, zur Kapitulation zu zwingen oder sie zum Hungertod zu verurteilen. Um auf heute zurückzukommen: Der Versuch, dem Imperium Afghanistan und den Irak zu unterwerfen, hat zu Abu Ghraib und anderen schrecklichen Gefängnissen geführt, die bei vielen Interpreten die Erinnerung an die Welt der Konzentrationslager des 20. Jahrhunderts wach gerufen haben.

Einen besseren Beweis für die These von Marx und Engels, wonach ein Volk, das ein anderes unterdrückt, selbst nicht frei ist, als das hier Geschilderte gibt es nicht. Deutlich führt ein Weg von den imperialen Kriegen im Nahen Osten und in Zentralasien zur »kill list«, die wöchentlich in Washington verabschiedet wird und die, auch wenn sie vor allem auf die »Barbaren« zielt, bisweilen auch amerikanische Staatsbürger nicht ausspart, die somit der *rule of law* beraubt sind, was bis zu einem Todesurteil ohne Prozess führen kann. Und das Planspiel des Pentagon und des Weißen Hauses, schließlich die telefonische und digitale Kommunikation in jedem Winkel der Welt zu kontrollieren, wobei Maßnahmen zum »Regimewechsel« in Ländern ergriffen werden, die als dem Imperium gegenüber unbelehrbar gelten, endet damit, den US-Staatsbürgern selbst das Recht auf *privacy* vorzuenthalten. Es ist noch nicht lang her, dass in den USA der Vorwurf zu hören war, die faktisch imperiale Politik hätte zu einer »imperialen Präsidentschaft« geführt (Schlesinger jr., 1973b), die die Nation souverän vor die vollendete Tatsache eines Krieges oder Kriegsabenteuers stelle. Gemäß dieser Klage verhält es sich auch in diesem Sinn so, dass in internationalen Krisen der US-Präsident dazu tendiert, die Gestalt des »absoluten Monarchen« im Sinne Kants anzunehmen.

6.
»Die absolute Macht korrumpiert absolut«

Als Aspirant auf die Weltherrschaft zielt das Imperium, mit dem wir uns hier beschäftigen, darauf ab, eine derart erdrückende militärische Überlegenheit zu erreichen (und zu bewahren), wie es in der Geschichte noch keine gab. Bei dem US-amerikanischen Historiker Paul Kennedy ist zu lesen:

> Das britische Heer war viel kleiner als die Heere des europäischen Festlands und auch die königliche Marine war nicht viel größer als diejenige der zweit- und drittplatzierten Mächte zusammengenommen – in diesem Moment könnten alle Seestreitkräfte der Welt zusammen der militärischen Überlegenheit Amerikas nur minimal Schaden zufügen (in: Hirsh, 2002: 71).

Es geht nicht nur um die Marine:

> Die Vereinigten Staaten verfügen über eine noch nie dagewesene Überlegenheit, was die militärische Stärke angeht, gebündelt im unüberwindbaren Vorteil, den sie in Spitzenbereichen haben: bei strategischen Waffen, Tarnkappenbombern, Telekommunikation, Sensoren und Präzisionsmunition, abgesehen von der Größe des Verteidigungsetats (der fast dem aller anderen Mächte zusammen entspricht) und der Mittel für Forschung und Entwicklung im militärischen Sektor (die viermal so viel betragen wie die von Frankreich, England, Deutschland und Italien zusammen). Dank dieser Überlegenheit beherrschen die Vereinigten Staaten in unvergleichlicher Weise alle drei Räume (Wasser, Luft, Land), von denen die Fähigkeit zur Projektion von Macht abhängig ist und damit die Möglichkeit, weltweit hegemoniale Macht auszuüben (Colombo, 2010: 25).

Man muss noch weiter gehen: Die *vollständige Dominanz*, die die Vereinigten Staaten explizit anstreben, impliziert die vollständige Kontrolle der fünf Dimensionen des Kriegsspektrums (Land, Meer, Luft, Weltraum, Cyberspace).

Diese unermessliche militärische Überlegenheit wird manchmal von US-Strategen und -Politikern stolz proklamiert und drohend herausgestellt: »Der Umfang und die Durchschlagskraft der weltweiten

Macht Amerikas stellen heute ein einzigartiges Phänomen« in der Geschichte dar; wir haben es mit einem »technologisch unvergleichlichen Heer« zu tun, »dem einzigen, das in der Lage ist, den gesamten Planeten zu kontrollieren« (Brzezinski, 1998: 33 u. 35). Ziehen wir über den engeren militärischen Faktor hinaus den politisch-diplomatischen in Betracht, erweist sich die Überlegenheit der Vereinigten Staaten als noch viel überwältigender: Japan ist »wesentlich eines ihrer Protektorate«. Vor allem: »Die brutale Realität ist, dass das westliche wie das mittlere Europa in immer höherem Maße weiterhin im Wesentlichen amerikanisches Protektorat ist mit Bündnispartnern, die ein wenig an Vasallen und Tributpflichtige von einst erinnern« (ebd.: 40 u. 84). Ein Urteil, das auch neuerdings wiederholt wurde: Europa »bleibt ein subalterner geopolitischer Partner der USA im Rahmen des halbvereinten Westens« (Brzezinski, 2012: 22).

Doch es handelt sich nicht nur um Waffen und Militärbündnisse. Dank ihrer technologischen Überlegenheit sind die USA imstande, den »gesamten Planeten« in ein grenzenloses Panoptikum zu verwandeln, das die eigenen Verbündeten dem wachsamen Auge Washingtons aussetzt. Und das ist noch nicht alles. Schauen wir uns an, was sich im Finanzbereich zuträgt:

> Auch das Netz technischer, vor allem finanztechnischer Agenturen kann heute als integrierender Teil des amerikanischen Systems betrachtet werden. Der Internationale Währungsfonds und die Weltbank sind, wiewohl sie »globale« Interessen vertreten, in Wirklichkeit stark von den USA beeinflusst« (Brzezinski, 1998: 40f).

Das erlaubt es, massiv die Arbeit der UNO und ihres Sicherheitsrates zu bestimmen, die Arbeit der Gremien, die über Krieg und Frieden entscheiden können. Durch wirkungsvolle Kombination dieser vielfältigen Faktoren zögerten die USA und ihre Verbündeten – in der Hoffnung, die sich später als unbegründet herausstellen sollte, Edward Snowden (beschuldigt, einige Aspekte des US-Überwachungssystems veröffentlicht zu haben) zu fassen – am 3. Juli 2013 nicht, das Flugzeug des bolivianischen Präsidenten Evo Morales umzuleiten und zu verfolgen: zumindest im Westen erregte die eklatante Verletzung internationalen Rechts weder Proteste noch Missbilligung. Schließlich darf der sehr große Einfluss nicht vergessen werden, der auf den internationalen multimedialen Apparat ausgeübt wird, ein Apparat, der es, wie wir unten sehen werden, nicht nur erlaubt, die Produktion von Ideen zu kontrollieren, sondern auch die von Emotionen.

In der Tat bereitet die Finanzkrise auch dem Pentagon Schwierigkeiten, das gezwungen ist, seinen Etat zu kürzen, der immer noch riesig ist und unvergleichlich. Doch dieser Umstand kann, statt sie zu dämpfen, die Sorgen um Friedensmöglichkeiten zunehmen lassen. Man könnte meinen, Washington wolle seine Welthegemonie stärken und konsolidieren, ehe es zu spät ist: Das sind dann der »pivot«, die Verlagerung des Militärapparats nach Asien mit seiner Zielrichtung auf China, und die fieberhaften Vorbereitungen zur Entwicklung und Errichtung eines Raketenabwehrsystems, das den USA quasi ein Monopol auf Atomwaffen garantieren soll und damit die Möglichkeit des entscheidenden »Erstschlags«.

Angesichts dieser Situation und dieser Ambition hätte man gedacht, dass die vernünftigeren Intellektuellen des liberalen Westens ihren Sorgen Ausdruck verliehen hätten. Schließlich war es Lord Acton, ein Klassiker des Liberalismus, der zu seiner Zeit die Maxime formulierte: »Die Macht tendiert zur Korruption, die absolute Macht korrumpiert absolut«. Das große historische Verdienst des Liberalismus war es, den Akzent von der Suche nach hervorragenden Politikern auf die Einführung von Normen und Mechanismen zu verschieben, die dazu dienen, die Macht zu begrenzen und sie so akzeptabel und in gewisser Weise ungefährlich zu machen. Im Licht dieser Lehre müsste, unabhängig von der Persönlichkeit der aufeinander folgenden Präsidenten im Weißen Haus, die absolute Macht über Leben und Tod, die jene weltweit ausüben oder ausüben möchten, als schweres, nicht hinzunehmendes Risiko, ja als Katastrophe verstanden werden. Doch der liberale Westen insgesamt und seine verdienstvollsten Denker haben, wenn überhaupt, die entgegengesetzte Sorge geäußert: Sie zeigen sich besorgt und alarmiert durch die Tatsache, dass die von Washington beanspruchte totale Macht durch den unerwarteten Widerstand in die Krise geraten ist, auf den das Imperium in diversen Ecken der Welt traf und trifft, oder durch ökonomische Schwierigkeiten, die die Erhaltung und Entwicklung des dermaßen monströsen Militärapparats behindern, und durch den Aufstieg der Schwellenländer, vor allem Chinas.

Sollen wir daraus schließen, dass der heutige liberale Westen nicht imstande ist, Lord Actons Lektion zu beherzigen, oder dass er sie einfach verrät? Das wäre eine abwegige Schlussfolgerung. Bleiben wir einen Moment bei seiner Maxime. Der diese Weisheit geäußert hat, war ein Autor, der zur Zeit der Sezessionskriege Partei für den Sklaven haltenden Süden ergriff. D.h., das Prinzip der Machtbegrenzung wurde im Rahmen der weißen Community geltend gemacht, nicht im Hinblick auf das Verhältnis, das letztere mit der farbigen und der den Kolonien entstammenden Bevölkerung unterhielt; es hatte Geltung im Rahmen des heiligen Bezirks, nicht aber in der Beziehung zwischen heiligem und profanem Bereich: Die absolute Macht, die der weiße Herr über seine schwarzen und eingeborenen Sklaven (Ausgebeutete, Verschleppte, Dezimierte) ausübte, stellte kein Problem dar.

Es handelte sich jedoch nicht um einen Einzelfall. Als Fast-Zeitgenosse von Lord Acton bezog der linke Liberale John Stuart Mill klar Position gegen den Süden und für die Abschaffung der Sklaverei. Zur gleichen Zeit aber hatte er in einem Werk, das schon seinem Titel zufolge die Freiheit feiert *(On liberty)*, überhaupt keine Schwierigkeit damit, den »Despotismus« des Westens über die noch »unmündigen Rassen« theoretisch zu begründen. Diese seien gehalten, »absoluten Gehorsam« zu wahren, um auf dem Weg des Fortschritts voranzukommen. Lob der »Freiheit« einerseits und des »Despotismus« und des »absoluten Gehorsams« andererseits waren so wenig Grund für Verwirrung, dass John Stuart Mill in einem anderen, der Feier der »repräsentativen Regierung« und damit letztlich der Freiheit gewidmeten Werk zu diesem schrillen Schluss kam: Der »direkte Despotismus der entwickelten Völker« über die zurückgebliebenen ist bereits die »gängige Kondition«, aber sie muss zur »allgemeinen« werden. Oder Tocqueville. Mit souveräner Missbilligung äußert er sich anlässlich der »blutigen Katastrophe« von Santo Domingo, d.h. anlässlich der großen Revolution, die die Sklaverei beendet und das Entstehen des ersten Landes auf dem amerikanischen Kontinent erlebt hatte, das frei von dieser Geißel war. Bei anderer Gelegenheit schien Jefferson (der Präsident und Sklavenbesitzer, unbeugsamer Feind des Landes, das aus der Revolution der schwarzen Sklaven geboren war, der Politiker, der Napoleons Versuch, in Santo Domingo die Kolonialherrschaft und Sklaverei durch Terror wieder einzuführen, unterstützen wollte) für den liberalen Franzosen »der größte Demokrat« zu sein, »der je aus dem Schoß der amerikanischen Demokratie geboren wurde« (Vgl. Losurdo, 2010, 5.9 für Lord Acton, 1.1 u. 8.3 für J.S. Mill und 5.12 für Tocqueville). Auch wenn sie unterschiedliche politische Positionen einnehmen, stimmen Acton, Mill und Tocqueville doch in einem wesentlichen Punkt überein: Sie definieren und feiern die Freiheit oder die Demokratie, indem sie den Blick begrenzen auf die weiße Community und völlig von der Sklaverei oder der von dieser den Schwarzen und anderen als niedrig betrachteten Rassen auferlegten Terrordiktatur abstrahieren.

Das ist ein Kapitel der Geschichte, das noch nicht abgeschlossen, ja weit davon entfernt ist. Karl R. Popper hat internationalen Ruhm errungen und ist als Theoretiker der »offenen Gesellschaft« und Förderer eines »neuen Zugangs« im Rahmen des politischen Diskurses ins Pantheon des liberalen Westens aufgestiegen. Statt weiterhin zu fragen, »wer herrschen soll«, sollte ein anderes Problem angegangen werden: »Wie können wir politische Institutionen so organisieren, dass schwache oder unfähige Regierende daran gehindert werden, zu großen Schaden anzurichten«? (Popper, 1974, Bd. 1: 174f). Und so tritt der Theoretiker der »offenen Gesellschaft« dann im Rahmen internationaler Beziehungen auf, indem er ein Jahr nach dem ersten Golfkrieg mit Bezug auf die früheren Kolonien proklamiert: »Wir haben diese Staaten zu schnell und zu primitiv befreit«; es ist wie »einen Kindergarten sich selbst« zu überlassen. Deshalb ist die Frage »wer herrschen soll« alles andere als obsolet: Der Westen soll es tun. Und er ist nicht nur aufgerufen, die Macht über Länder wie Irak auszuüben; man darf China nicht aus den Augen verlieren, das »für uns undurchdringliche kommunistische China«. Die Länder, die sich selbst zu den ausschließlichen Interpreten der Zivilisation erklärt haben, dürfen nicht zögern, ihren Willen dem ganzen Planeten zu diktieren, sogar mit Hilfe von Waffen: »Wir dürfen hier nicht davor zurückschrecken, für den Frieden Krieg zu führen«, für die Realisierung der »*pax civilitatis*« auf Weltebene (Popper, 1992b u. 1992c). Der angeblich »neue Ansatz« erweist sich als Wiederholung des traditionellen, dem, wenn man sich im Rahmen des Westens auf das Problem der Einschränkung der Macht konzentrieren muss (wie ist der »Schaden« durch eventuelle »schlechte und inkompetente Regierende« zu begrenzen), auf Weltniveau das entscheidende Problem zugrunde liegt: »Wer soll regieren?« Für Popper gibt es keine Zweifel: Es ist der Westen, der Macht ausüben muss, und zwar im Grunde diktatorisch, indem er seine militärische Überlegenheit ausnützt und nicht eine Autorisierung durch den Sicherheitsrat der UNO abwartet, den der Theoretiker der »offenen Gesellschaft« überhaupt nicht erwähnt.

Bei Lord Acton, der bezüglich der weißen Community die Begrenzung der Macht forderte, gleichzeitig aber die von den Weißen ausgeübte absolute Gewalt über die schwarzen Sklaven für legitim hielt, sind leicht die Spuren jener »Herrenvolk-Demokratie« zu finden, die die Geschichte des liberalen Westens zutiefst durchzieht. Es wäre dumm, die großen Veränderungen, die inzwischen seit der weltweiten antikolonialen Revolution vonstatten gegangen sind, zu ignorieren oder zu unterschätzen. Und doch dauert darin, wie sich die »freie Welt« gebärdet, etwas fort von der »Herrenvolk-Demokratie«. Es ist gewiss kein totaler Bruch mit der Vergangenheit, die *white supremacy*, deren sich der Westen lange Zeit verheerend bedient hat, in eine *western supremacy* umzuinterpretieren, wo der Westen weiterhin das Prinzip der Gleichheit zwischen den Nationen und das Problem der Realisierung der Demokratie und des Rechtsstaats auf internationaler Ebene ignoriert.

Unglücklicherweise argumentiert so auch die westliche Linke, die in diesem Punkt unkritisch alle Beschränkungen der liberalen Tradition übernimmt. Für Norberto Bobbio gibt es, jedenfalls was die letzte Phase seiner Entwicklung angeht, keine Zweifel. Die Sache der Freiheit und der Demokratie vertreten die USA und ihre Verbündeten: Die z. B. in Südamerika durchgeführten Staatsstreiche, die ohne Billigung des UN-Sicherheitsrats ausgelösten Kriege, die auf dem ganzen

Planeten obsolet gewordene »Freiheit von Angst«, kurz: die Demokratie spielt in den internationalen Beziehungen überhaupt keine Rolle! Man könnte denken, dass für die radikale Linke die Dinge anders stünden, doch dem ist nicht so. Wenn Slavoj Žižek bezüglich China von »autoritärem Kapitalismus« (s. unten, VII.5) spricht, geht er implizit von einem Gegenteil zum irgendwie »demokratischen« Kapitalismus des Westens aus: Er argumentiert also wie Bobbio (und Popper). Und das ist umso erstaunlicher, als der slowenische Philosoph im Gegensatz zum italienischen auf einen wesentlichen Aspekt der US-Politik aufmerksam macht. Er berichtet von der Anweisung, die Henry Kissinger am Ende der Destabilisierung von Salvador Allendes Chile der CIA erteilt hat (»Macht, dass die Wirtschaft schreit vor Schmerz«), und unterstreicht, wie eine solche Politik erneut gegen das Venezuela von Chávez eingesetzt worden ist (Žižek, 2011: 130; 2012: 85). Davon abgesehen, dass der Anspruch, eine globale Diktatur mit allen Mitteln auszuüben, erkannt und bewiesen ist, spielt dieser überhaupt keine Rolle, wenn es darum geht, zwischen »autoritären« Ländern und solchen, die es nicht sind, zu unterscheiden.

Im Zentrum dieses Buches steht die ständig von der westlichen Linken umgangene Frage: Verkörpert die »freie Welt« wirklich die Sache der Freiheit? Ihre in Folge des im Kalten Krieg erreichten Sieges eingetretenen Veränderungen haben den mehr denn je problematischen, wenn nicht verlogenen Charakter dieser Selbstdarstellung aufgezeigt. Auf der anderen Seite hat jener Sieg die Opposition gegen die bestehende Ordnung entschieden verunsichert oder in Verwirrung versetzt. Lässt sich so der Erfolg der Hegemonie des (ökonomischen und politischen) Liberalismus und vor allem des Neokolonialismus erklären?

III.
Spektakelgesellschaft, Empörungsterrorismus und Krieg

1.
Von der Produktion der Gedanken zur Produktion von Emotionen

Allerdings reicht die Wende von 1989–91 nicht aus, die Schwäche zu erklären, die immer noch die westliche Linke kennzeichnet trotz der ökonomischen wie politischen Krise und der Reihe von Kriegen, die durch Verletzung des Völkerrechts entfacht wurden, deutlich neokolonialer Natur und Vorboten weit schlimmerer Katastrophen sind. Die Analyse ist zu vertiefen durch die Untersuchung der im Inneren der Metropole des Kapitals eingetretenen Ereignisse. Um sie zu verstehen, beginnen wir mit einer Beobachtung von Marx und Engels in den 40er-Jahren des 19. Jahrhunderts:

> Die Gedanken der herrschenden Klasse sind in jeder Epoche die herrschenden Gedanken, d.h. die Klasse, welche die herrschende *materielle* Macht der Gesellschaft ist, ist zugleich ihre herrschende *geistige* Macht. Die Klasse, die die Mittel zur materiellen Produktion zur Verfügung hat, disponiert damit zugleich über die Mittel zur geistigen Produktion, so daß ihr damit zugleich im Durchschnitt die Gedanken derer, denen die Mittel zur geistigen Produktion abgehen, unterworfen sind (MEW, 1955-89, Bd. 3: 46).

Natürlich kann diese Analyse nur für eine relativ stabile Lage gelten, und auch dann darf man nicht aus den Augen verlieren, dass es dazu auch eine in Opposition stehende, geheim entwickelte Ideologie der unteren Klassen gibt. Um den soeben zitierten Text aus der *Deutschen Ideologie* adäquat einzuschätzen, soll er einem zeitgenössischen Text aus *Demokratie in Amerika* gegenübergestellt werden, der die Situation in jenem Land, was die Presse angeht, folgendermaßen beschrieb:

> Die Herausgabe einer Zeitung ist ein einfaches und leichtes Unternehmen; wenige Abonnenten genügen dem Journalisten, um die Spesen zu decken: so übertrifft die Zahl der periodischen oder halbperiodischen Schriften in den Vereinigten Staaten jegliche Vorstellung. Die bedeutendsten Amerikaner geben als Grund für die geringe Macht der Presse diese unglaubliche Zersplitterung ihrer Kräfte an (Tocqueville, 1968: 221f).

Man muss nicht betonen, dass dieses Bild, womöglich schon damals, als es skizziert wurde, nicht ganz ungeschönt, überhaupt nichts mehr mit der heutigen Realität zu tun hat, die durch einen gigantischen Konzentrationsprozess gekennzeichnet ist, der der Großbourgeoisie realiter das Pressemonopol gesichert hat. Doch seit den Zeiten von Marx (und Tocqueville) kommt etwas Neues hinzu. Die *Deutsche Ideologie* bezog sich auf die Presse, auf die Produktion der »Gedanken« und die sofortige Unterdrückung der »Gedanken« der unteren Klassen.

Dagegen – bemerkte Gustave Le Bon Ende des 19. Jahrhunderts – müsse zur Kenntnis genommen werden: »Die Massen sind [...] weiblich«, irrational, und deshalb müsse man sich, um sie zu beeinflussen oder zu kontrollieren, auf die »Gefühle« stützen, auf »Suggestion«, und den Enthusiasmus fördern für »offenkundig ein wenig unbewusste Heroismen« oder für »Chimären, die Töchter des Unbewussten« (Le Bon, 1980: 63, 148, 56f). Seitdem stand im Zentrum des Kampfes um die Macht wohl die Kontrolle der Gedanken, aber vor allem die der Gefühle, und eine solche Kontrolle konnte erreicht bzw. aufrechterhalten werden, indem man sich in erster Linie des »Unbewussten« bediente. Eben deshalb solle man die Verfahren der kommerziellen »Reklame« anwenden: Ein Kandidat für eine Wahl oder ein von einer Regierung begonnener Krieg sollten exakt so propagiert werden wie »Schokolade«, nämlich durch systematische Wiederholung einer »schlichten und einfachen Behauptung, frei von jeder Überlegung und jedem Beweis« (ebd.: 159f). Die Verbindung von mehr oder weniger unbewusster Suggestion und obsessiver Wiederholung sollte es ermöglichen, die bereits an sich schon schwachen rationalen Widerstandskräfte der »Massen« auszuhebeln.

Die hier genial gefühlte Wende wurde mehr als ein halbes Jahrhundert später zur täglichen und wissenschaftlichen Praxis infolge des Zusammentreffens von Massenproduktion, Massenkonsum und kommerzieller Werbung mit dem Ziel, eben diesen Massenkonsum anzukurbeln. In den Jahren des Wiederaufbaus nach dem Krieg und des Wirtschaftswunders lenkte ein 1957 in den USA herausgekommenes sehr erfolgreiches Buch die Aufmerksamkeit auf ein unbekanntes und beunruhigendes Phänomen: »Die geheimen Verführer: der Griff nach dem Unbewussten von jedermann«, welch letzterer von der kommerziellen Werbung eingesetzt wurde und eine qualitativ neue Dimension erreicht hatte. Man musste die Realität sehen: »Unser tägliches Leben ist fortwährend Manipulationen unterworfen, von denen wir nichts merken«; das Sagen haben nun »geheime Verführer«, »Magier der Tiefe«, die damit befasst sind, »unbewusste Spezialeffekte« zu analysieren und hervorzurufen. Die »Erzeuger von Bildern waren zu dem Schluss gekommen, dass nur der Faktor Gefühl im Massenkommerz ausschlaggebend sei«; so »bedienen sich die schlausten Verführer stets der Schlüsselbegriffe und der Schlüsselbilder, um die erwünschten Reaktionen anzustacheln« (Packard, 1964: 13, 19, 50, 56, 32). Die Wende betraf nicht nur den Bereich des Massenkonsums. Die kommerzielle Werbung und die *public relations* spielten auch eine wichtige und entscheidende Rolle bei Wahlkämpfen und im politischen Leben an sich. Es drängte sich eine trostlose Schlussfolgerung auf: »Die Methode dient auf nationaler Ebene im Grunde dem Politiker, der auf den Wähler, der jeden Tag mehr wie der Pawlowsche Hund konditioniert wird, durch den massiven Einsatz von entsprechend manipulierten und wiederholten Symbolen einwirkt« (ebd.: 191 u. 14).

Die Politik, von der die Rede ist, herrscht vorwiegend noch innerhalb eines einzelnen Landes; die kommerzielle Werbung und die *public relations* haben die internationale Politik noch nicht vollkommen überzogen. Um diese spätere Wende zu verstehen, muss man einen Schritt zurückgehen. Einige Jahre bevor Le Bon seine *Psychologie der*

Massen veröffentlichte, wandte Otto von Bismarck, der Versuchung zu kolonialem Expansionismus verfallen, der vom Kaiserreich wie von den anderen westlichen Großmächten im Namen der Ausbreitung der Zivilisation und der Verteidigung der humanitären Prinzipien propagiert wurde, sich an seine Mitarbeiter: »Kann man nicht schaurige Details über Menschenquälerei auftreiben?« Auf der davon ausgelösten Woge moralischer Empörung wäre es dann leichter gewesen, den Kreuzzug gegen afrikanische und islamische Barbarei auszurufen und die internationale Rolle Deutschlands zu stärken. Der eiserne Kanzler kann als der erste Theoretiker »humanitärer Kriege« betrachtet werden, die Ende des 19. Jahrhunderts wie heute inspiriert waren von der Liebe zu Freiheit und Gerechtigkeit oder der Missbilligung für das Fortbestehen der Sklaverei im Nahen Osten und Afrika. Hier passt der berühmte Aphorismus von Nietzsche: »Und niemand lügt soviel als der Entrüstete« (*Jenseits von Gut und Böse*: 26, vgl. Losurdo, 2009, Kap. 32.2). Wenn Le Bon den Akzent von der Produktion der Gedanken auf die von Emotionen verschob, erkannte Bismarck in der Empörung die Emotion von entscheidender Bedeutung: Die künstliche Herstellung der Empörung und ihre Macht waren damit zum Instrument der internationalen Politik geworden.

Bismarck gedachte es zu nutzen, indem er die »Barbaren« ins Visier nahm, die Europa und der Westen unterwerfen und zivilisieren sollten durch Feldzüge, die von einer empörten Masse unterstützt würden. Doch in den USA, seit ihren Anfängen gewohnt, Kampagnen gegen die Eingeborenen als Kriege für Zivilisation und Religion zu führen, tendierte der Rückgriff auf Produktion und Manipulation von Empörung dazu, eine wesentliche Komponente kriegerischer Unternehmen überhaupt zu werden, egal, wer auch immer gerade als Feind ins Visier geriet. Der spanisch-amerikanische Krieg am Ende des 19. und zu Beginn des 20. Jahrhunderts wurde von Washington ideologisch vorbereitet mittels der Verbreitung von völlig erfundenen »Notizen«, die die Spanier beschuldigten, unbewaffnete Gefangene getötet und 300 kubanische Frauen massakriert zu haben (Millis, 1989: 60). So stieg die Empörung gegen einen Feind, der – tönte die Resolution des Kongresses vom 20. April 1898 – nicht zögerte, zu Mitteln zu greifen, die dem »moralischen Sinn des amerikanischen Volkes« als abstoßend erschienen und eine »Schande für die christliche Zivilisation« darstellten (in: Commager, 1963, Bd. 2: 5).

Eine weitere Steigerung erlebte man im Lauf des Ersten Weltkriegs, als Bismarcks geniale Eingebung vor allem gegen das Heimatland des eisernen Kanzlers angewendet wurde. Besonders eingängig war die Denunziation der den Deutschen zugeschriebenen Grausamkeiten: Diese hätten – so lautete die infame Anklage, die auch von englischen Intellektuellen ersten Ranges wie besonders Arnold Toynbee erhoben wurde – Frauen und sogar Kindern Gewalt angetan, Männer gepfählt und gekreuzigt, Zungen und Brüste abgeschnitten, Augen ausgestochen und ganze Dörfer niedergebrannt. Diese Infamien wurden nicht nur durch Augenzeugenberichte dokumentiert, sondern auch durch eindeutige Fotos: Diese aber waren das Resultat schlauer Manipulation, zu der die im Entstehen begriffene US-amerikanische Filmindustrie ihren geschickten Beitrag geleistet hatte, die in New Jersey die Szenen von den Grausamkeiten drehte, mit denen sich die deutschen Truppen in Belgien besudelt hätten! Vor allem zwei Details geben zu denken. Das der geschändeten Frauen und der abgeschnittenen Brüste verweisen auf die Vorstellungen, durch die die offizielle Ideologie in den USA die »sexuellen und rassischen Ängste« gegenüber den Indianern anzuheizen suchte. Dann sind da die »gekreuzigten« Männer, als wäre die traditionell den Juden zugeschriebene Praxis des Ritualmords auf die Deutschen übertragen worden (Losurdo, 2007, Kap. 5.1). In dem Maß, wie die Verschärfung der Konflikte zwischen »zivilisierten« Völkern die Vertreibung des Feindes aus der Zivilgesellschaft mit sich brachte, wurde gegen ihn zu einer Waffe gegriffen, die traditionell für den Kampf gegen die »Barbaren« reserviert war. Von allen bewussten wie unbewussten Botschaften wurde keine ausgelassen, welche den Grad der Empörung steigern könnte. Die »totale Mobilmachung« – die Parole, die in allen Ländern den Ersten Weltkrieg begleitete – ging Hand in Hand mit der totalen Manipulation, deren Zentrum die Herstellung und die Macht der Empörung bildeten. So verband sich die von Le Bon suggerierte Methode eng mit der von Bismarck angesprochenen: Die Hauptaufgabe der Kriegspropaganda war die unablässige Wiederholung von »Entdeckungen« und die unermüdliche Evokation von Bildern, die dank auch der Zuhilfenahme unbewusster Techniken eine mitreißende, unwiderstehliche Woge der Empörung gegen einen zu jeder Schandtat fähigen Feind auslösen sollte.

Ein weiterer Qualitätssprung macht sich seit dem Ende des Kalten Krieges bemerkbar, nicht nur, was die aktive und wesentliche Rolle angeht, die, wie wir sehen werden, die *public relations* beim Beginn oder der Führung eines Kriegs zu spielen haben. Nein, es geht um viel mehr: Die Produktion von Empörung dient nicht mehr nur dazu, das eigene Heer zu stärken und das feindliche zu demoralisieren. Dank Fernsehen, Handy, Computer, Social Media kann die spontane oder künstlich produzierte Empörung mit einer nie dagewesenen engmaschigen und durchdringenden Verbreitung rechnen, und das auch auf der Ebene der Kommunikationstechnologie stärkste Land kann sich ihrer bedienen, um das feindliche Land bereits von innen her zu destabilisieren. Im Vietnamkrieg haben die USA die Erfahrung gemacht, welch dramatischen Eindruck auf die öffentliche Meinung die durch das Fernsehen verbreiteten Bilder von Schlachten und gnadenlos bombardierten Städten und Dörfern hinterlassen. Damit kam den Strategen, besonders den US-amerikanischen, eine Frage in den Sinn: Was kann dabei herauskommen, wenn man ein auch auf multimedialer Ebene völlig wehrloses Land ins Visier nimmt und es mit einem noch nie gesehenen Sperrfeuer von (auch künstlich produzierten) Bildern bombardiert, geeignet, die Empörung der öffentlichen Meinung in seinem Inneren wie auch die auf internationaler Ebene anzuheizen?

Das ist eine Frage, auf die wir im Weiteren einzugehen versuchen. Indessen lassen sich zwei Schlüsse ziehen. Zum einen: In unseren Tagen spielt innenpolitisch die monopolistische Kontrolle, die die Großfinanz auf die Produktionsmittel der Gedanken und vor allem der Emotionen ausübt, eine bei weitem wichtigere Rolle als zu Zeiten von Marx. Zum anderen sind die heute herrschenden Machtverhältnisse auf internationaler Ebene zu beachten: Der von den USA bereitgestellte Militärapparat ist monströs und von noch nie dagewesener Macht. Das ist wohlbekannt und die Länder, die gezwungenermaßen mit der ständigen Drohung von Bombardierung, Krieg und Invasion leben, widmen dieser Tatsache wie auch die Friedensbewegungen die gehörige Aufmerksamkeit. Weniger bekannt ist ein anderes Faktum, das jedoch eng verbunden ist mit dem ersten: Es ist die entsetzliche Macht des multimedialen Feuerwerks, es ist der Terror der Empörung, auf die sich das Weiße Haus stützen kann, wenn es seine Militärinterventionen plant oder durchführt. Bevor die Bomber mit ihrer tödlichen Last aufsteigen, ist bereits eine intensive Desinformationskampagne im Gang, die den Feind so weit wie möglich isolieren und gegen ihn eine globale Woge moralischer Empörung hervorrufen soll. Ähnliche Überlegungen gelten Operationen, die darauf abzielen, das feindliche oder potentiell feindliche Land zu destabilisieren und in seinem Inneren den von Washington gewollten *regime change* zu fördern.

2.
Geschlossenheit des Westens und das Gesetz des Schweigens

Aber all das reicht noch nicht aus, das vom Westen (oder seinen herrschenden Klassen) errungene essentielle Monopol bei der Produktion der Gedanken und Gefühle zu erklären. In das bisher gezeichnete Bild muss auch die Änderung des Kräfteverhältnisses eingehen, die sich auf nationaler wie internationaler Ebene seit der Krise der sozialistischen und kommunistischen Bewegung ereignet hat. Eine ganze historische Periode hindurch haben sich im Umkreis jedes Landes auf irgendeine Weise die leiseren Töne der unteren Klassen, die marxistischen, sozialistischen und kommunistischen Parteien und Gewerkschaften den Trompetenstößen der herrschenden Klassen entgegengestellt. Und diese Töne haben lange immer wieder eine wichtige Rolle gespielt, trotz der fortschreitenden Konzentration der Informationsmittel in den Händen der Großbourgeoisie. Natürlich führten die beiden Parteien die mediale und multimediale Schlacht nicht mit gleichen Waffen. Auf materieller Ebene begünstigten die Kräfteverhältnisse eindeutig die reichen, herrschenden Klassen, doch zur Wiederherstellung des Gleichgewichts oder zu einer gewissen Reduzierung der Disproportion trugen die idealistischen Leidenschaften und der großmütige Einsatz einer kleineren oder größeren Zahl von Militanten bei. Die herrschende Ideologie stempelte die Parteizellen, Sektionen, Parteischulen, Zeitschriften, Kleinstzeitschriften und Flugblätter, die außerhalb der normalen Abläufe verteilt wurden, von Hand zu Hand gingen und weithin zirkulierten, als Synonym für Indoktrination ab. Doch all das stellte zugleich einen Zufluchtsort dar gegenüber dem ununterbrochenen multimedialen Bombardement, das die Besitzer des Reichtums, der Macht und der großen Informationsmedien in Gang gesetzt hatten. Ähnliches trug sich auf internationaler Ebene zu: Trotz der gewaltigen materiellen und multimedialen Überlegenheit des Westens war das Gegengewicht des »sozialistischen Lagers« und der kommunistischen Bewegung alles andere als irrelevant, und das war vor allem wichtig für die Dritte Welt, wo die antikoloniale Revolution im Gang war. Heute können sich nur noch die Trompeten der herrschenden Klassen Gehör verschaffen und indoktrinieren, indem sie die Produktion und die Verbreitung der Ideen und vor allem der Emotionen kontrollieren, und zu allem Überfluss sind sie nicht nur mächtiger und einflussreicher geworden, sondern tönen unisono, als bilden sie eine Art Chor.

Noch eine andere wichtige Veränderung, die sich international bemerkbar gemacht hat, ist zu beachten. Eine ganze Geschichtsepoche lang haben die Konflikte zwischen den kapitalistischen Großmächten wie alle internen Kämpfe der Bourgeoisie und der herrschenden Klassen den subalternen Klassen und Völkern wichtige »Bildungselemente« oder »Aufklärungs- und Fortschrittselemente« geliefert, wie es das *Kommunistische Manifest* formulierte (MEW, 1955-89, Bd. 4: 471), eine Beobachtung, die ins Schwarze traf. Unter Anklage gestellt von einer breiten internationalen öffentlichen Meinung wegen der Brutalität, mit der es den Krieg gegen die Buren geführt hatte (sie wurden massenhaft in Konzentrationslagern festgehalten, die den Horror des 20. Jahrhunderts ankündigten), reagierte Großbritannien mit einer Rede, die der Kolonialminister, Joseph Chamberlain, am 25. Oktober 1901 in Edinburgh hielt und die mit ihren Anspielungen auf Russland, Österreich, Frankreich und Deutschland zielte: »Die englische Regierung wird sich nie in die Nähe dessen begeben, was andere Nationen in Polen, dem Kaukasus, Bosnien, Tongking und dem Krieg von 1870 angestellt haben« (in: De Rosa, 1986: 303). Im Lauf des Ersten Weltkriegs machte Max Weber (1988: 354) aufmerksam auf die Schandtaten des Regimes der *white supremacy* in den Vereinigten Staaten, die trotzdem den Anspruch hätten, Deutschland Nachhilfe in Demokratie zu geben. Etwa zwanzig Jahre später entgegnete Kipling (1964: 123) trotz der Erfahrung ihrer Waffenbrüderschaft im Ersten Weltkrieg den USA, die die harte Unterdrückung der Unabhängigkeitsbewegung in Britisch-Indien kritisierten, indem er feststellte, dass sein Land keine Belehrungen in Moral annehmen könne von einem Volk, das »die Ureinwohner seines Kontinents mit einer bisher jeder anderen modernen Rasse unbekannten Durchführungsweise ausgelöscht« habe. In ihrem Wettstreit um die Hegemonie entlarven sich die Großmächte gegenseitig.

Heute hat dieses Element der Klarstellung und »Aufklärung« eine drastische Einschränkung erlebt. Gewiss, gleich nach dem Riss, der sich anlässlich des zweiten Golfkriegs 2003 offenbarte, als Frankreich sich gegen die Politik Washingtons und Londons gestellt hatte, hat ein renommierter Historiker, Barde der imperialen Mission früher Englands, nun der USA, das rebellische Land folgendermaßen ins Visier genommen:

> Jene, die heute im französischen Präsidenten Jacques Chirac die Inkarnation des Weltgewissens sehen, sollten über die Rolle Frankreichs in dieser albtraumhaften Episode [dem Völkermord an den Tutsi in Ruanda durch die Hutu] nachdenken. Es war Frankreich, das seit den frühen 90er-Jahren die von den Hutu dominierte Regierung von Juvenal Habyarimana militärisch unterstützte [...]. Es war Frankreich, das Truppen schickte mit dem Ziel, im Südwesten des Landes »Schutzzonen« für die Hutu zu sichern, unter denen sich welche befanden, die Massaker verübt hatten (Ferguson, 2005: 149).

Kurz: Frankreich, das 2003 den von Bush jr. und Tony Blair ohne Autorisierung durch den UN-Sicherheitsrat ausgelösten und auf Lügen gestützten Krieg (Massenvernichtungswaffen in den Händen eines Saddam, der danach fiebere, sie anzuwenden) als unmoralisches Blutvergießen denunzierte, war einige Jahre zuvor mitschuldig an einem schrecklichen Völkermord: Der Austausch von Anschuldigungen ließ die Empörung zwischen den beiden Ländern hin und her springen. Wenn überhaupt, stellt in unseren Tagen eine solche Polemik die Ausnahme dar: In der Regel werden die Kriege übereinstimmend gemeinsam begonnen, und bei ihrer Durchführung leisten sich die beiden Küsten des Atlantiks gegenseitig nicht nur militärische, sondern auch multimediale Hilfe.

Dank der von ihnen errungenen überwältigenden militärischen und technologischen Überlegenheit haben es die USA weitgehend erreicht, die kapitalistische Welt unter ihrer Ägide zusammenzuhalten; die europäischen Führer, die sich auf die Reise oder Wallfahrt nach Washington begeben, feiern im Allgemeinen den Westen als Ganzen, auch wenn sie sich nicht vor dem moralischen und politischen Primat Nordamerikas verneigen.

Abweichende Stimmen haben es schwer, sich Gehör zu verschaffen. Während das »sozialistische Lager« zusammenbrach, zeichnete ein Theoretiker der »Verwestlichung der Welt« folgendes Bild:

> Der Informationsmarkt ist quasi das Monopol von vier Agenturen: Associated Press und United Press (USA), Reuters (England) und France Press. Alle Radio- und Fernsehsender, alle Zeitungen der Welt sind auf diese Agenturen abonniert. 65% der weltweiten »Informationen« kommen aus den USA (Latouche, 1992: 29).

Ungefähr zehn Jahre später wurde die Lage zugunsten des Westens und seines Führungslandes vielleicht noch unausgeglichener:

> Die amerikanischen Fernsehprogramme und Filme decken Dreiviertel des Weltmarkts ab [...]. Die Sprache des Internets ist Englisch und ein Großteil des Geredes, das durch das weltweite Spinnennetz rauscht, hat seine Quelle in Amerika [...]. Hochschulabsolventen amerikanischer Universitäten lassen sich in den Regierungen fast aller Länder finden (Brzezinski, 1998: 38).

Um den verheerenden Effekt des heutigen Kräfteverhältnisses auf multimedialer Ebene zu erhellen, mag ein Beispiel genügen:

> Vor 2002 haben die *Los Angeles Times*, *New York Times*, *USA Today* und das *Wall Street Journal* siebzig Jahre lang das *waterboarding* [die Simulation des Ertränkens von Häftlingen] in 81 bis 96% der Fälle als Folter

beschrieben. Nach 2002, als die Vereinigten Staaten selbst damit begonnen hatten, *waterboarding* anzuwenden, haben diese Zeitungen es in weniger als 5 % der Fälle als Folter definiert (Thakur, 2014).

Die multimediale Macht schaffte es auf wundersame Weise, die Folter verschwinden zu lassen, derer sich das Führungsland des Westens bediente.

Trotz des Aufstiegs von China und den anderen Schwellenländern hat sich das Bild bezüglich der Produktion von Ideen und Gefühlen nicht wesentlich geändert. Umso mehr, als die Kontrolle über Informationen und Bilder und über die Produktion von Gedanken und Emotionen mit Hilfe flankierender politischer Maßnahmen weiter gestärkt wurde.

Das Heer von Wehrdienstpflichtigen, das seinerzeit zum Kämpfen nach Vietnam geschickt worden war, war offensichtlich nicht einverstanden mit der Aushebung und auch wegen dieser Widerspenstigkeit oft Quelle von Informationen und Aufsehen erregenden Zeugnissen über den Krieg und seine Schrecken. Es ist deshalb gut zu verstehen, dass das Wehrpflichtigenheer durch ein Berufsheer aus Freiwilligen und privaten *contractors* ersetzt wurde.

So kann das Herauskommen von Neuigkeiten unterdrückt werden. Bruchstücke der Wahrheit sickern schließlich wegen unvorhergesehener Lücken im Kontrollsystem durch; und auch ohne solche Lücken können wir uns etwas vorstellen unter der Wahrheit, die man hier mit allen Mitteln zu verbergen sucht, wenn wir nach den Gründen fragen, die eine wachsende Zahl von US-Soldaten und -Veteranen in den Selbstmord treiben. Es bleibt festzuhalten, dass das Kontrollsystem der Produktion und Verbreitung von Ideen und Emotionen eine völlig neue Rigidität und Effizienz erreicht hat.

3.
Rührung über Neugeborene und Entfesselung des Krieges

Natürlich gibt es noch Journalisten. Aber auch hier können die inzwischen eingetretenen bedeutenden Unterschiede nicht ignoriert werden. Journalisten, die »embedded« sind, einquartiert im Invasionsheer und in letzter Instanz von jenem abhängig, haben die traditionellen ersetzt. Es ist ein System, das im ersten Golfkrieg ausgearbeitet und mit Erfolg ausprobiert wurde, jenem Krieg, der nach den militärischen Spaziergängen bzw. schnellen Invasionen von Grenada 1983 und Panama 1989 das US-amerikanische Volk vom »Vietnamsyndrom« befreite und es, zumindest für einige Zeit, den Geschmack am Krieg zurückgewinnen ließ. Ein couragierter Journalist hat aufgedeckt, wie es zum »Sieg des Pentagons über die Medien« oder »die kolossale Niederlage der Medien durch die Arbeit der amerikanischen Regierung« gekommen ist (MacArthur, 1992: 208 u. 22).

1991 war die Situation für das Pentagon (und das Weiße Haus) nicht einfach. Es ging darum, ein Volk, auf dem noch die Erinnerung an Vietnam lastete, von der Notwendigkeit eines Kriegs zu überzeugen. Was tun? Verschiedene Tricks verringerten drastisch die Möglichkeit für Journalisten, sich mit Soldaten zu unterhalten oder direkt von der Front zu berichten. Nach Möglichkeit musste alles gefiltert werden: Der Gestank des Todes, das Blut, die Leiden und Tränen der Zivilbevölkerung durften nicht wie zu Zeiten des Vietnamkriegs in die Häuser der US-Staatsbürger (und der Bewohner der ganzen Welt) dringen. Aber das zentrale und viel schwerer zu lösende Problem war ein anderes: Man musste den Irak von Saddam Hussein dämonisieren, der sich noch einige Jahre zuvor in den Augen der USA große Verdienste erworben hatte, indem er den Iran angriff, der gerade aus der islamischen und antiamerikanischen Revolution kam und geneigt war, im Nahen Osten Proselyten zu machen. Die Dämonisierung wäre sehr viel effektiver ausgefallen, wenn das Opfer (Kuwait) sich zugleich engelhaft dargestellt hätte. Eine alles andere als leichte Operation, und nicht nur deshalb, weil die Unterdrückung jeglicher Art von Opposition in Kuwait hart und gnadenlos war. Da gab es noch Schlimmeres. Die niedersten Arbeiten hatten Migranten zu verrichten, einer »faktischen Sklaverei« unterworfen, die oft sadistische Formen annahm (s. oben, I.7).

Jedenfalls: Generös und märchenhaft belohnt, fand eine US-Presseagentur ein Heilmittel für alles. Sie lenkte die Aufmerksamkeit auf eine entsetzliche Einzelheit: Die irakischen Soldaten hätten Kuwaitern, die sich widersetzten, die »Ohren« abgeschnitten. Doch der Theatercoup dieser Kampagne war ein anderer: Die Invasoren seien in ein Krankenhaus eingedrungen und »hätten 312 Neugeborene aus ihren Brutkästen genommen und sie auf dem kalten Boden des Hospitals von Kuwait City sterben lassen« (MacArthur, 1992: 54). Immer wieder an die große Glocke gehängt von Präsident Bush sen., unterstrichen vom Kongress, von der seriösesten Presse und schließlich Amnesty International bestätigt, musste diese Meldung, so haarsträubend, aber auch so penibel, dass die genaue Zahl der Opfer angegeben werden konnte, einfach eine riesige Empörungswelle auslösen: Saddam war ein Monster, ja der neue Hitler; der Krieg gegen ihn war nicht nur notwendig, sondern dringend, und diejenigen, die sich ihm widersetzten oder gegen ihn opponierten, waren mehr oder weniger als bewusste Komplizen des Monsters oder des neuen Hitler zu betrachten! Die Meldung war offenbar eine bewusst produzierte und verbreitete Erfindung, aber gerade deshalb hat die Nachrichtenagentur ihr Geld verdient.

Die Rekonstruktion dieser Geschichte ist in einem Kapitel des hier zitierten Buches mit dem Titel »Reklame machen mit Babys« (*Selling Babies*) enthalten. In Wirklichkeit wurde nicht nur mit Babys Reklame gemacht. Genau am Beginn der Kriegsoperationen kam in der ganzen Welt das Bild eines Kormorans zur Verbreitung, der im sprudelnden Öl der Gruben ertrank, die der Irak verursacht hatte. Wahrheit oder Manipulation? War es Saddam, der die ökologische Katastrophe ausgelöst hatte, oder waren es seine Gegner? Und gab es tatsächlich Kormorane in dieser Gegend der Welt und in dieser Jahreszeit? Egal: Empört über und mobilisiert auch für ein nichtmenschliches Opfer, konnte das allgemeine Mitleid, umgeschlagen in sein Gegenteil, auf die Bomben, die auf Bagdad fielen, wie auf ein Feuerwerk schauen. Natürlich versuchte auch Bagdad selbst auf die Empörung einzuwirken, indem es sich anstrengte, schreckliche, von der »intelligenten« Bombe verursachte Bilder ziviler Opfer in den Westen gelangen zu lassen. Prompt kam aus Washington die Antwort zurück, erneut von einer unwiderstehlichen Macht medialen Feuers gestreut: Für dieses Massaker sei das irakische Regime verantwortlich, das Frauen und

Kinder im Inneren eines militärischen Ziels massakriert habe. War es eine wahrheitsgemäße Anklage? Allein sicher ist, dass der Strom des allgemeinen Mitleids, weiter angstvoll angewachsen durch das neue, dem zu liquidierenden Feind zugerechnete Verbrechen, erneut die Richtung änderte. Und so konnte das Werk systematischer Zerstörung durch Bomben (und anschließend ein nicht weniger todbringendes Embargo) unendlich weitergehen, ohne das gute Gewissen der Verantwortlichen und der Zuschauer zu beunruhigen.

4. *Psywar, Revolution in Military Affairs, Internet Wars*

Selling Babies: Es ist angebracht, auf diesen Ausdruck zurückzukommen. Gleichzeitig mit dem ersten Golfkrieg wurde in den USA ein Buch vorbereitet und publiziert, das, wobei es insbesondere vom Koreakrieg ausging, die zentrale Rolle von *Psywar*, also Psychokrieg, unterstrich und weiter seine Grundthese folgendermaßen klarstellte und dabei eine Reihe von Ratschlägen erteilte:

> Die Strategie des Psychokriegs impliziert Propaganda, willkürliche Lügen und Verdrehungen der Wahrheit, um das Denken und die internationale öffentliche Meinung gegen den Feind zu beeinflussen […]. Sie können Ihre Behauptungen mit Fotos von durch Bomben zerstörte Schulen und verletzte Kinder beweisen […]. Euer Feind ist als fettes Individuum dargestellt, das einen armen schmächtigen Jungen quält, als eine globale Macht, die ihre unbegrenzte Potenz illegal nutzt und dabei die anerkannten Standards internationaler Gepflogenheiten verletzt. Sie können versichern, dass seine Soldaten Berufssoldaten sind, die ohne Gewissensbisse töten. Sie massakrieren Zivilisten und setzen Bazillen und Giftgas ein. Sie planen, Sie mit Atombomben total auszulöschen. Kurz, es geht nicht darum, was »Wahrheit« ist: Sie sind ein braver Kerl und der Feind ist der Teufel, die Inkarnation des Todes (Pease, 1992: 6f).

Wie der vierten Umschlagseite zu entnehmen ist, war der hier zitierte Autor »Leiter der Advanced Systems Division des Generalstabs der Luftwaffe und Geheimdienstoffizier mit zwanzig Dienstjahren«. Es handelte sich also um eine einflussreiche Person, die sich nach Belieben im Inneren des von ihr realistisch beschriebenen und wärmstens empfohlenen Psychokriegsapparats bewegte. Und sie stellte ihren Text zusammen, während der erste Golfkrieg vorbereitet wurde bzw. im Gang war, und die in ihrem Lehrbuch zum Psychokrieg enthaltenen Empfehlungen passen perfekt zum Verhalten und zu den Funden des Pentagon und des Weißen Hauses. Das *Psywar*-Handbuch fordert, den Feind als »Satan« darzustellen, der bereit ist, sich auch an unschuldigen Kindern zu vergehen; nun, 1991 wurden die Truppen Saddams weltweiter Verachtung ausgeliefert, dass sie an die 312 Neugeborene aus ihren Brutkästen geholt hätten, um sie im Elend und der Kälte des Kinderkrankenhausfußbodens sterben zu lassen. Der von dem Handbuch konstruierte und in den Blick genommene Satan hatte vor, mit seinen Atombomben eine grenzenlose Menge von Unschuldigen zu vernichten: Genau das wurde Saddam anlässlich des zweiten Golfkriegs vorgeworfen im Lauf einer Propagandakampagne, die auf der drohenden Gefahr insistierte. Der »Satan« des *Psywar*-Handbuchs gab sich nicht damit zufrieden, sich an seinen Opfern mit Atombomben zu vergehen, sondern war ebenso bereit, auch ihm zur Verfügung stehende »Bakterien« und »Giftgas« einzusetzen: In seiner Rede von 2003 vor dem UN-Sicherheitsrat unternahm es Colin Powell, der US-Außenminister, zu beweisen, dass Saddam Hussein ein Arsenal von chemischen und biologischen Waffen bereithalte oder fieberhaft vorbereite.

Natürlich nutzen auch andere Länder den psychologischen Krieg. Tatsache aber bleibt: Die einzige Supermacht hat einen klaren Vorsprung auch auf diesem Gebiet und übertrifft jedes andere Land an moralischer Skrupellosigkeit. Zusätzlich zum bisher analysierten Handbuch gibt es zum Beweis Artikel, die in nicht des Antiamerikanismus verdächtigen Presseorganen erschienen und von beunruhigendem Inhalt sind. Vor einigen Jahren hörte man von einer Anthropologin der Universität des Staates Washington, Rebecca Lemov, die ein Buch veröffentlicht hatte, das »die unmenschlichen Versuche der CIA und einiger der größten Psychiater beschrieb, in den 50er-Jahren die Psyche der Patienten ›zu zerstören und zu rekonstruieren‹« (Caretto, 2006). Damit können wir eine Begebenheit verstehen, die sich in eben dieser Zeit ereignet hat. Am 16. August 1951 versetzten seltsame und alarmierende Vorkommnisse Pont-Saint-Esprit, »einen ruhigen und pittoresken Ort in Südostfrankreich«, in Aufregung. »Die Gegend wurde« nämlich »von einer mysteriösen Woge kollektiven Wahnsinns erschüttert. Mindestens fünf Menschen starben, Dutzende kamen in die Irrenanstalt, Hunderte wiesen Zeichen von Delirium und Halluzinationen auf [...]. Viele kamen in der Zwangsjacke ins Krankenhaus«. Das Geheimnis, das lange diesen unerwarteten Ausbruch von »kollektivem Wahn« umgab, scheint heute gelüftet: Es handelte sich, wie der *Corriere della Sera* enthüllt hat, um »ein von der CIA zusammen mit der Special Operation Division (SOD), der streng geheimen Einheit des US-Heeres von Fort Detrick in Maryland, durchgeführtes Experiment«; die CIA-Agenten »kontaminierten die in den Bäckereien der Gegend verkauften Baguettes mit LSD«, mit den geschilderten Resultaten (Farkas, 2010). Wir befinden uns in den ersten Jahren des Kalten Krieges: Zwar waren die Vereinigten Staaten Verbündete Frankreichs, aber gerade deshalb bot dieses sich besonders für Experimente des Psychokriegs an, die zwar das »sozialistische Lager« (und die antikoloniale Revolution) im Visier hatten, aber schwer in den jenseits des Eisernen Vorhangs liegenden Ländern durchgeführt werden konnten.

Die inzwischen eingetretene *Revolution in Military Affairs* (RMA) befindet sich in vollem Gang, und sie bezieht sich nicht nur auf die Luftfahrt, Raketen und militärische Systeme im engen Sinn. Einbezogen ist auch *Psywar*, dem heute das Internet, Mobiltelefone, Facebook, Twitter und Soziale Medien zur Verfügung stehen. Es beginnt ein neues Kapitel der militärischen und paramilitärischen Technologiegeschichte, der internationalen Beziehungen, des Krieges, und dieses Kapitel möchte ich anhand von US-amerikanischen und westlichen Autoren und Presseorganen analysieren, die alles andere als in Opposition zum herrschenden System angesiedelt sind. Bereits Ende der 90er-Jahre konnte man in der *International Herald Tribune* lesen: »Die neuen Technologien haben die internationale Politik verändert«; wer im Stande ist, diese zu kontrollieren, sieht seine Macht und seine Fähigkeit, schwächere und technologisch minder entwickelte Länder zu destabilisieren, maßlos zunehmen (Schmitt, 1997). Es ist eine neue Waffe entstanden, fähig, die Machtverhältnisse auf internationaler Ebene noch deutlicher zugunsten des Westens und seiner Hegemonialnation zu verschieben. Das ist für niemand mehr ein Geheimnis. Kürzlich hat in den USA ein König der Fernsehsatire wie John Stewart ausgerufen: »Aber warum schicken wir Heere los, wenn Diktaturen via Internet zu schlagen so einfach ist wie ein Paar Schuhe kaufen?« (in: Gaggi, 2010). In einer dem Außenministerium nahestehenden Zeitschrift wiederum lenkt ein Wissenschaftler die Aufmerksamkeit auf Chancen und Schwierigkeiten, die neuen Medien »als Waffen zu benützen« (*to weaponise*). Das ist eine Operation, die nicht einfach ist, wenn sie sich auf kurzfristig mit einem bestimmten Land verbundene Ziele konzentriert; besser ist es, langfristige zu verfolgen (Shirky, 2011: 31). Jedenfalls aber ist eine neue Waffe im Militärarsenal aufgetaucht.

Und es handelt sich um eine außergewöhnliche Waffe, die in erster Linie zur Destabilisierung des Feindeslands gedacht ist. Wie aus einem vom damaligen Verteidigungsminister Donald Rumsfeld unterzeichneten Papier von 2003 hervorgeht, hat »das Pentagon seit langem darüber nachgedacht, wie sich die durch die neuen Kommunikationsmittel bietenden Vorteile auf militärischer Ebene am besten nutzen ließen«. Im Blick sind nicht nur die traditionellen Schlachtfelder: Mittels »im Ausland mit psychologischen Operationen (kurz ›PsyOps‹) gestreuter Desinformation« ist es möglich, die innere Entwicklung des einen oder anderen Landes zu formen oder zu bestimmen. Also:

> Das Internet ist das bevorzugte Mittel der amerikanischen Desinformation geworden [...]. Verschiedene Operationen sind geplant: Vertreter des Staates, die Journalisten mit Informationen füttern, Truppen, die sich Psychooperationen widmen, die versuchen, die Gedanken und Überzeugungen des Feindes zu manipulieren, Hackerspezialisten, die versuchen, die Computernetze der Gegner zu zerstören [...]. Es sind auch Webseiten aufgetaucht mit purer Desinformation über afrikanische Politik und den Balkan, alle vom Pentagon herausgegeben (Masera, 2006).

Der Forschungs- und Entwicklungsbereich, in den USA über die zivile Technik hinaus eine tragende Säule der Militärtechnologie, ist dabei, auch den für *Internet Wars* und *PsyOps* bestimmten Apparat zu erweitern. Eine Gesellschaft hat Programme realisiert, »die es einem mit einer Desinformationskampagne Beschäftigten erlauben würden, gleichzeitig bis zu siebzig Identitäten anzunehmen (Profile in Netzwerken, Accounts in Foren etc.) und parallel zu benutzen: all das, ohne dass aufgedeckt werden könnte, wer diese virtuellen Marionetten führt«. Wer greift auf solche Programme zu? Das ist nicht schwer zu erraten. Die hier zitierte Zeitung, auch wieder nicht als antiamerikanisch verdächtig, präzisiert, dass die fragliche Firma »verschiedenen US-Regierungsstellen wie der CIA und dem Verteidigungsministerium ihre Dienste anbietet« (Formenti, 2011). Man wird an »das von der CIA durchgeführte Experiment« erinnert, das im Sommer 1951 »eine mysteriöse Welle von kollektivem Wahn« im französischen »stillen und pittoresken Ort« Pont-Saint-Esprit auslöste. Wir müssen uns fragen: dieser »kollektive Wahnsinn«, kann der nur pharmakologisch ausgelöst werden oder kann er heute auch das Resultat der Anwendung von »neuen Technologien« der Massenkommunikation sein? Weil er über Instrumente verfügen kann, die die Unterscheidung von Wahrheit und Manipulation unmöglich machen, ist der Psychokrieg unvergleichlich wichtig geworden. Man muss sich klar machen: »Internet und Mobiltelefone«, soziale Medien, »die Revolution in der Kommunikationstechnologie spielen inzwischen eine wichtige Rolle in der Geopolitik dieses Jahrhunderts«, bilden ein wesentliches Element der »Repräsentation der Macht« (Brzezinski, 2012: 31f u. 112).

Aber verkörpert das Internet nicht die individuelle Spontaneität an sich? So argumentieren nur die ganz Naiven (oder die ganz Skrupellosen). In Wirklichkeit wird das Internet – befindet Douglas Paal, der schon bei Reagan und Bush sen. in Dienst stand – »von einer NGO geleitet, die realiter ein Ableger des Wirtschaftsministeriums der Vereinigten Staaten ist« (Paal, 2010). Geht es nur um die Wirtschaft? Dazu bat die deutsche Wochenzeitung *DIE ZEIT* James Bamford, einen der wichtigsten Experten zum Thema der US-Geheimdienste, um Aufklärung: »Die Chinesen fürchten auch, amerikanische Firmen wie Google seien auf chinesischem Boden letztlich Instrumente der amerikanischen Geheimdienste. Ist das paranoid?« »Überhaupt nicht« ist die klare Antwort. So sind auch, fügt der Experte hinzu, »ausländische Organisationen und Institutionen infiltriert« von den US-Geheimdiensten, die allgemein Telefonverbindungen in jedem Winkel des Planeten abzuschöpfen fähig und als die größten Hacker der Welt einzuschätzen sind (Bamford, 2010). Es bestehen – betonen weiter in der *ZEIT* zwei deutsche Journalisten – keine Zweifel:

> Internetkonzerne sind ein Mittel der US-Geopolitik geworden. Früher bedurfte es mühsamer Geheimoperationen, um politische Bewegungen in fernen Ländern zu unterstützen. Heute reicht oft ein wenig Kommunikationstechnik aus dem Westen [...]. Der technische Geheimdienst der USA, die National Security Agency, baut eine ganz neue Organisation für Kriege im Internet auf (Fischermann / Hamann, 2010).

Man muss wohl kaum hinzufügen, dass dies alles voll bestätigt wurde durch die Enthüllungen von Snowden, der nicht zufällig zur Flucht gezwungen war und zu einem nicht ungefährlichen Leben.

Die von den neuen Waffen ins Visier genommenen Länder und Bewegungen schauen nicht einfach zu: Wie in jedem Krieg versuchen die Schwachen den Nachteil auszugleichen, indem sie von den Stärkeren lernen. Und deshalb regen sich letztere auf: »Wer im Libanon eher die neuen Medien und die sozialen Netzwerke beherrscht, das sind nicht dem Westen gegenüber freundliche politische Kräfte«, sondern die Hisbollah. Wie bei den ausgeklügeltsten Waffen im engeren Sinn würden die USA und ihre Verbündeten auch bei den neuen Technologien und den neuen Waffen der massenhaften Information/Desinformation gern das Monopol behalten, indem sie im Nahen Osten wie im Rest der Welt das Gesetz diktieren. Leider – lamentiert Moisés Naím, Direktor von *Foreign Policy* – hat es der Westen nicht mehr mit jenen »Internetpokerspielern von früher« zu tun. Die heutigen »schlagen mit gleichen Waffen zurück, betreiben Gegeninformation, vergiften die Brunnen« (Gaggi, 2010), eine echte Tragödie aus der Sicht der angeblichen Champions des Pluralismus! Der zaghafte Versuch, einen Alternativraum zu dem von der einzigen Supermacht verwalteten und monopolisierten zu schaffen, wird als »Brunnenvergiftung« angeprangert: Diejenigen, die bereits das grundlegende Monopol der Produktion von Ideen und Emotionen innehaben, sind darauf aus, es weiter zu stärken, indem sie diejenigen diskreditieren und einschüchtern, die sich irgendwie davor zu schützen suchen.

5. Von der Spektakelgesellschaft zum Spektakel als Kriegstechnik

Unter diesen Bedingungen »ist das Wahre ein Moment des Falschen« (Debord, 1992, These 9). Allerdings konnte sich der Autor dieser scharfen Beobachtung, die in einem berühmten, der Analyse der »Gesellschaft des Spektakels« gewidmeten Buch enthalten ist, nicht vorstellen, dass das Spektakel eine echte Kriegstechnik werden könnte. Obwohl es 1967 herauskam, einige Jahre nach Beendigung der algerischen Revolution, dem US-amerikanischen Invasionsversuch auf Kuba (Landung in der Schweinebucht) und der folgenden Krise wegen der Atomraketen (mit der gefährlichen Implikation eines globalen atomaren Holocaust) und während der US-Krieg gegen Vietnam wütete, war das hier erwähnte Buch völlig von der Überzeugung durchdrungen, dass die Welt in ihrem Wesen eine einheitliche sei. Man dürfe sich nicht von den offensichtlichen Widersprüchen täuschen lassen, die das »Gesamtspektakel« durchzogen und doch nun einmal zur »weltweiten Teilung der Aufgaben des Spektakels« gehörten (ebd., These 57). Bei der Bestimmung der Verbindung zwischen der Gesellschaft des Spektakels und dem Krieg hatte sich Le Bon, der auf die etwaige politisch-militärische Nutzung der den Beeinflussungstechniken der kommerziellen Werbung eigenen Techniken angespielt hatte, weiter vorgewagt: »Das Urbild des Massenhelden wird stets Caesarencharakter zeigen. Sein Helmbusch verführt sie, seine Macht flößt ihnen Achtung ein, und sein Schwert fürchten sie« (Le Bon, 1983: 89 u. 34). Und doch bleiben wir auch hier im Rahmen der Innenpolitik; die Pressetechnik hatte das Ziel, sich die Gunst der öffentlichen Meinung des Landes des Führers zu sichern, dessen Aufgabe darin bestand, sie zu verführen und zu manipulieren, und war noch kein Instrument des Angriffs auf ein gegnerisches oder feindliches Land und seine Destabilisierung geworden.

Eine Wende trat 1989 ein. Wenn auch weithin in Misskredit gebracht, war Nicolae Ceausescu in Rumänien noch an der Macht. Wie ihn stürzen? Die westlichen Massenmedien verbreiteten unter der rumänischen Bevölkerung drastisch Informationen und Bilder des in Timisoara von der Polizei auf Befehl Ceausescus begangenen »Genozids«. Was war wirklich passiert? Indem er sich der Analyse von Debord bezüglich der »Spektakelgesellschaft« bedient, hat ein italienischer Philosoph, Giorgio Agamben, die hier angeführte Begebenheit meisterhaft zusammengefasst:

> Zum ersten Mal in der Geschichte der Menschheit sind kaum begrabene oder auf Tischen in Leichenschauhäusern aufgereihte Körper eilig ausgegraben und gefoltert worden, um vor Fernsehkameras den Genozid zu simulieren, der das neue Regime legitimieren sollte. Was die ganze Welt auf den Bildschirmen als echte Wirklichkeit wahrnahm, war die absolute Unwahrheit; und obwohl die Fälschung deutlich war, war sie jedenfalls vom weltweiten Mediensystem als wahr authentifiziert, damit klar wäre, dass das Wahre nun nur noch ein Moment der notwendigen Bewegung des Falschen wäre. So werden Wahrheit und Falschheit ununterscheidbar und das Spektakel legitimiert sich nur durch das Spektakel.
>
> Timisoara ist in diesem Sinn das Auschwitz der Spektakelgesellschaft: wie gesagt wurde, dass es nach Auschwitz unmöglich ist, zu schreiben und zu denken wie davor, so wird es nach Timisoara nicht mehr möglich sein, einen Bildschirm wie vorher zu betrachten (Agamben, 1996: 67).

1989 war das Jahr, in dem der Übergang von der Gesellschaft des Spektakels zum Spektakel als Kriegstechnik sich weltweit manifestierte. Wenige Wochen vor dem Staatsstreich oder der »filmreifen Revolution« in Rumänien (Fejtö, 1994: 263) siegte am 17. November 1989 in Prag die »samtene Revolution« mit der Gandhi-Parole »Liebe und Wahrheit«. In Wirklichkeit spielte die Verbreitung der falschen Nachricht eine entscheidende Rolle, ein Student sei von der Polizei »brutal ermordet« worden. Zwanzig Jahre danach outet sich »ein Journalist und führender Dissident, Jan Urban« selbstgefällig als für die Manipulation Verantwortlicher: Seine »Lüge« habe das Verdienst gehabt, die Empörung der Massen und den Sturz des schon wankenden Regimes auszulösen (Bilefsky, 2009). Etwas ähnliches ereignete sich in China:

Am 8. April 1989 wurde Hu Yaobang, Sekretär der chinesischen KP bis zum Januar 1987, während der Zusammenkunft des Politbüros von einem Herzinfarkt heimgesucht und starb eine Woche später. Von der Menge auf dem Tienanmen-Platz (oder von denen, die sie aufwiegeln wollten) wurde dieser Tod mit dem schweren politischen Konflikt in Zusammenhang gebracht, der bei diesem Treffen ebenfalls ausbrach (Domenach / Richer, 1995: 550); in gewisser Weise wurde er als Opfer des Systems dargestellt, das dabei war zu kollabieren. In allen drei Fällen waren die Erfindung und der Vorwurf eines Verbrechens dazu bestimmt, eine Woge der Empörung auszulösen, die die aufständische Bewegung brauchte. Wenn man in der Tschechoslowakei und in Rumänien (wo der Sozialismus nach dem Vordringen der Roten Armee errichtet worden war) absolut erfolgreich war, scheiterte diese Strategie in der Volksrepublik China, die außer aus einer sozialistischen aus einer großen nationalen Revolution entstanden war. Und so wurde jenes Scheitern zum Ausgangspunkt eines neuen und noch massiveren Medienkriegs, der immer noch in Gang ist und von einer Supermacht ausgelöst wurde, die keine Rivalen, auch keine potentiellen Rivalen duldet.

Einige Jahre nach der Wende, die Timisoara oder »das Auschwitz der Spektakelgesellschaft« darstellte, begann die Auflösung oder eher Zergliederung Jugoslawiens. Gegen Serbien, das historisch der Vorkämpfer des Vereinigungsprozesses dieses multiethnischen Landes gewesen war, wurden in den Monaten vor den echten Bombardements aufeinander folgende Wellen von multimedialen Bombardierungen ausgelöst. Im August 1998 berichten ein US-amerikanischer und ein deutscher Journalist »von der Existenz von Massengräbern mit 500 toten Albanern, darunter 430 Kinder, in der Nähe von Orahovac, wo hart gekämpft wurde. Die Meldung wurde von anderen westlichen Zeitungen mit Nachdruck aufgegriffen. Aber das alles ist nicht wahr, wie es eine Beobachtermission der EU beweist (Morozzo Della Rocca, 1999: 17).

Dadurch geriet die ausgeklügelte Industrie der Lüge und der Empörung nicht in die Krise. Anfang 1999 begannen die westlichen Medien damit, die internationale öffentliche Meinung mit Fotos von am

Grunde eines Abhangs aufgehäuften Toten zu bearbeiten, teilweise enthauptet und verstümmelt; die Bildunterschriften und die Artikel, die die Bilder begleiteten, behaupteten, es handele sich um unbewaffnete, von Serben massakrierte albanische Zivilisten.

> Das Massaker von Racak ist entsetzlich, Verstümmelungen und abgeschlagene Köpfe. Es ist eine ideale Szene, um die Verachtung der internationalen öffentlichen Meinung zu erregen. Etwas erscheint seltsam an den Umständen des Gemetzels. Die Serben töten normalerweise ohne zu Verstümmelungen zu greifen [...]. Wie der Bosnienkrieg lehrt, sind Beschuldigungen über Übergriffe auf Körper, Folterspuren und Enthauptungen eine verbreitete Waffe der Propaganda [...]. Möglicherweise haben nicht die Serben, sondern albanische Guerillakämpfer die Körper verstümmelt (ebd.: 249).

Vielleicht waren die Körper der Opfer eines der unzähligen Zusammenstöße bewaffneter Gruppen später einer Behandlung unterzogen worden, die den Anschein einer eiskalten Exekution und des Ausbruchs bestialischer Wut erwecken sollte, wessen sofort das Land angeklagt wurde, das sich die NATO zu zerstören anschickte (Saillot, 2010: II-8).

Die Inszenierung von Racak war nur der Gipfel einer hartnäckigen und erbarmungslosen Desinformationskampagne. Einige Jahre zuvor hatte es die Bombardierung des Marktes von Sarajevo der NATO ermöglicht, sich als höchste moralische Instanz aufzuspielen, die es sich nicht erlauben konnte, die serbischen »Grausamkeiten« ungestraft zu lassen, und zwar nur die serbischen. Heute kann man bis in den *Corriere della Sera* hinein lesen, dass »es sich um eine Bombe recht zweifelhafter Herkunft gehandelt hat, die das Unheil auf dem Markt von Sarajevo angerichtet und dadurch das Eingreifen der NATO ausgelöst hat« (Venturini, 2013). Vor diesem Hintergrund erscheint uns Racak heute wie eine Art Wiederholung von Timisoara, eine Wiederholung einige Jahre später.

Jedenfalls blieb auch in diesem Fall der Erfolg nicht aus. Der bekannte Philosoph, der in seinem ursprünglich 1990 veröffentlichten Essay von einem »Auschwitz der Spektakelgesellschaft« gesprochen hatte, reihte sich fünf Jahre später in den herrschenden Chor ein, indem er manichäisch gegen »das plötzliche Abgleiten der führenden Klassen der Ex-Kommunisten in extremsten Rassismus (wie in Serbien mit einem Programm der ›ethnischen Säuberung‹)« wetterte (Agamben, 1995: 134f). Nachdem er die neue Situation, die nach der Inszenierung von Timisoara eingetreten war (»es wird nicht mehr möglich sein, einen Fernsehbildschirm anzuschauen« wie früher), treffend zusammengefasst hatte, machte er sich nun mit der westlichen Fernsehindustrie der Lüge und Empörung gemein, als sei nichts geschehen; nach seiner scharfen Analyse der tragischen Ununterscheidbarkeit von »Wahrheit und Fälschung« im Rahmen der Gesellschaft des Spektakels, endete er unfreiwillig bei deren Bestätigung, indem er voreilig die Version (oder die Kriegspropaganda) übernahm, die das von ihm vorher als Hauptquelle der Manipulation bezeichnete »Weltmediensystem« verbreitete; nachdem er die Reduktion des »Wahren« auf »ein Moment der notwendigen Bewegung des Falschen« denunziert hatte, betrieben von der Spektakelgesellschaft, beschränkte er sich darauf, einen Anschein philosophischen Tiefgangs diesem »Wahren« zuzuerkennen, das doch auf einen »Moment der notwendigen Bewegung des Falschen« reduziert war.

Andererseits führt uns ein wesentliches Element des Jugoslawienkriegs mehr als Timisoara zum ersten Golfkrieg zurück. Es geht um die Rolle der *public relations*:

> Miloševic ist ein scheuer Mensch, er liebt die Öffentlichkeit nicht, tritt nicht gern auf und hält nicht gern Reden vor Publikum. Bei den ersten Anzeichen des Auseinanderdriftens von Jugoslawien scheint Ruder & Finn, eine PR-Agentur, die 1991 für Kuwait gearbeitet hatte, an ihn herangetreten zu sein, um ihre Dienste anzubieten. Ihr wurde ablehnend beschieden. Ruder & Finn wurde hingegen sofort von Kroatien, den Muslimen von Bosnien und den Albanern des Kosovo für 17 Millionen Dollar im Jahr angestellt, um das Image der drei Gruppen zu schützen und zu fördern. Und sie lieferte gute Arbeit!
>
> James Harf, Direktor von Ruder & Finn Global Public Affairs, versicherte in einem Interview: Wir haben in der öffentlichen Meinung Serben und Nazis zu einer Einheit machen können […]. Wir sind Profis. Wir haben eine Arbeit zu erledigen und tun das. Wir werden nicht für Moral bezahlt« (Toschi Marazzani Visconti, 1999: 31).

Kommen wir nun zum zweiten Golfkrieg: In den ersten Februartagen 2003 zeigte der US-Außenminister Colin Powell auf der Bühne des UN-Sicherheitsrats Bilder von mobilen Laboratorien zur Produktion von chemischen und biologischen Waffen, über die der Irak verfüge. Wenig später setzte der britische Premierminister Tony Blair noch einen drauf: Saddam war nicht nur im Besitz von Atomwaffen, sondern hatte bereits Pläne zu ihrem Gebrauch ausgearbeitet und war fähig, sie »innerhalb von 45 Minuten« zu aktivieren (Ferguson, 2005: 159). Und wieder stellte das Spektakel mehr noch als nur ein Vorspiel zum Krieg bereits dessen ersten Akt dar, indem es sich des Empörungsterrorismus bediente, genährt von einer durchschlagenden Multimediakampagne, gegen einen Feind, von dem sich das Menschengeschlecht dringend befreien müsse.

Doch das Arsenal der benutzten oder gebrauchsfertigen Lügenwaffen war damit bei weitem nicht erschöpft. Mit dem Ziel, »den irakischen Führer in den Augen des eigenen Volkes zu diskreditieren«, nahm die CIA sich vor, »in Bagdad einen Filmausschnitt zu verbreiten, in dem enthüllt würde, Saddam wäre schwul. Das Video hätte den irakischen Diktator beim Sex mit einem Jungen zeigen sollen. Es sollte aussehen, als sei es von einer versteckten Kamera aufgenommen worden, als handele es sich um eine heimliche Beobachtung«. Es wurde auch über den Vorschlag nachgedacht, »die Übertragungen des irakischen Fernsehens mit einer fingierten Sondermeldung der Nachrichten zu unterbrechen, die die Ankündigung enthielt, Saddam habe abgedankt und die gesamte Macht sei von seinem gefürchteten und gehassten Sohn Udai übernommen worden« (Franceschini, 2010).

Wenn das Böse in seinem ganzen Schrecken vorgeführt und gebrandmarkt werden muss, dann muss das Gute in seinem ganzen Glanz auftreten. Im Dezember 1992 landeten US-Marinesoldaten am Strand von Mogadischu. Genau genommen landeten sie zweimal dort, und die Wiederholung der Operation war nicht unvorhergesehenen militärischen oder logistischen Schwierigkeiten geschuldet. Es ging darum, der Welt zu zeigen, dass die Marines nicht nur militärische Eliteeinheit, sondern zuallererst eine wohltätige und karitative

Organisation wären, die dem von Not und Hunger heimgesuchten somalischen Volk Hoffnung und Lächeln zurückbrachten. Die Wiederholung der Spektakellandung sollte ihre fehlerhaften und falschen Details verbessern. Ein Journalist, der Zeuge war, erklärte:

> Alles, was derzeit in Somalia geschieht und in den kommenden Wochen passieren wird, ist eine militärisch-diplomatische Show [...]. In der bizarren Nacht von Mogadischu hat in der Tat eine neue Epoche in der politischen und Militärgeschichte begonnen [...]. Die »Operation Hoffnung« war nicht nur die erste direkt von Fernsehkameras aufgenommene Militäroperation, sondern sie war geplant, konstruiert und durchgeführt wie eine Fernsehshow (Zucconi, 1992).

Mogadischu war das Pendant zu Timisoara. Wenige Jahre nach der Darstellung des Bösen (der Kommunismus, der schmachvoll abdankte) folgte die Darstellung des Guten (das US-Imperium, das triumphal als Wohltäter auftrat).

Damit sind die konstitutiven Elemente des Spektakelkriegs und seines Erfolgs deutlich geworden. Unter dem Strich ist die von Debord oder in seiner Nachfolge durchgeführte kritische Analyse der Spektakelgesellschaft, auch wenn sie brillant scheint, impressionistisch und ungenau, weil sie weiter von der irrtümlichen Unterstellung der weltweiten Einheit einer solchen Gesellschaft ausgeht. Deshalb kann die Manipulation, die primär imperiale Manipulation ist, grundsätzlich unwidersprochen durchgeführt werden, so unwidersprochen sogar, dass sie sich bisweilen nicht einmal verstecken muss. Im Sommer 2009 war in einer seriösen italienischen Zeitung zu lesen:

> Seit einigen Tagen kursiert auf Twitter ein Bild unsicherer Herkunft [...]. Wir haben ein Foto von tiefer Symbolkraft vor Augen: Eine Seite unserer Gegenwart.
>
> Eine Frau mit schwarzem Schleier, die ein grünes Shirt und Jeans trägt: Extremer Orient und Okzident in einem. Sie steht allein da, den rechten Arm hoch gereckt, die Faust geballt. Gegenüber die stattliche Schnauze eines SUV, aus dessen Dach ernst Mahmud Ahmadinedschad aufragt. Dahinter die Leibgarden.
>
> Auffallend das Spiel der Gesten: von hoffnungsloser Provokation das der Frau, mystisch das des iranischen Präsidenten.

Es handelte sich also um »eine Fotomontage«, die sicherlich als »mögliche Wahrheit« daherkam, um das Ziel zu erreichen, »die Ideen und Überzeugungen« möglichst effektiv »zu konditionieren« (Trione, 2009). Doch der Verfasser des zitierten Artikels hütete sich wohlweislich davor, die Manipulation zu verdammen.

Ebenfalls im Sommer 2009 verbreiteten die neuen Medien im Iran und alle Informationsmedien im Westen das Bild eines schönen Mädchens, das von einer Kugel getroffen worden war: »Sie beginnt zu bluten, verliert das Bewusstsein. In diesen Sekunden oder wenig später ist sie tot. Keiner kann sagen, ob sie ins Kreuzfeuer geraten oder absichtlich getroffen worden ist«. Aber die Suche nach der Wahrheit war das Letzte, was man tat. Das Wesentliche war etwas ganz Anderes: »Nun hat die Revolte einen Namen: Neda«. Endlich konnte man die ersehnte Nachricht verbreiten: »Die unschuldige Neda gegen Ahmadinedschad«; oder: »eine tapfere Jugend gegen ein niederträchtiges Regime«. Und die Botschaft wirkte unwiderstehlich: »Es ist unmöglich, im Internet kalt und objektiv das Video von Neda Soltani anzuschauen, die kurze Sequenz, wo der Vater der Jugendlichen und ein Arzt das Leben der 26-jährigen Iranerin zu retten versuchen« (Kreye, 2009). Auch in diesem Fall handelte es sich um eine in allen Details (grafisch, politisch, psychologisch) ausgeklügelte, genau durchdachte und abgewogene Operation mit dem Ziel, die iranische Führung, gegen die seit kurzem schon Israel und der Westen einen Krieg androhten und vorbereiteten, zu diskreditieren und möglichst verhasst zu machen. Noch einmal hatte sich die Gesellschaft des Spektakels in ein Spektakel verwandelt, das gleichzeitig eine kriegerische Operation oder eine solche der Kriegsvorbereitung war.

Spektakel und Krieg dauern an. Anlässlich der vom Westen und der NATO gegen das Libyen Gaddafis ausgelösten Medien- und Militärkampagne sprach eine italienische geopolitische Zeitschrift von »strategischem Gebrauch der Fälschung«, die vor allem durch »die beunruhigende Geschichte der falschen Massengräber« bestätigt worden ist (Dottori, 2011: 43f).

Von Libyen nach Syrien. Am Anfang der Krise berichtete die syrische Nachrichtenagentur *SANA* von der Beschlagnahme von »mit Blut gefüllten Plastikflaschen«, die genutzt wurden, »gefälschte Amateurvideos« von toten und verwundeten Demonstranten herzustellen (Trombetta, 2011). Wenig später wurden die Toten und Verwundeten mit dem Auflodern eines immer verheerenderen Bürgerkriegs und internationalen Konflikts schließlich allzu real und zahlreich. Doch welche Rolle haben die Manipulation und die Produktion von Empörung in dieser Tragödie gespielt bzw. in welchem Ausmaß haben die Flaschen mit Kunstblut dazu beigetragen, Ströme von echtem Blut fließen zu lassen?

Während der Bürgerkrieg in Syrien seit einem Jahr tobte, veröffentlichte *La Repubblica* in Italien einen mit Fotos und Bildunterschriften versehenen Artikel, der der von den Medien ausposaunten Version sogleich die inzwischen aufgetauchte Wahrheit folgen ließ (von mir hervorgehoben):

> 15. März 2011. Offizieller Beginn der Revolte, Demonstrationen in der Stadt Dara'a. Die Opposition behauptet, gegen die Festnahme einiger junger Leute, Verfasser regimefeindlicher Graffiti, zu demonstrieren. *Aber keiner ist bisher diesen jungen Leuten begegnet.* […] 6. Juni. Amina, »ein lesbisches Mädchen in Damaskus«, ist vom syrischen Geheimdienst entführt worden. Die Meldung erscheint in internationalen Medien. Wenige Tage später enthüllt ein britischer Journalist die Identität der Bloggerin. *In Wirklichkeit ist es ein männlicher Amerikaner*, der *von der Schweiz aus* schreibt. 8. August. Das Foto von acht toten Frühgeborenen in Brutkästen, umgekommen durch einen Stromausfall, geht um die Welt. Das in Ägypten aufgetauchte Original des Fotos: Es sind *in einem Brutkasten schlafende Neugeborene.* […] Februar. Der Direktor der »Syrischen Beobachtungsstelle für Menschenrechte« ist von London aus die Hauptquelle für Meldungen über Syrien. Die Aktivisten räumen selbst ein, dass der angebliche Direktor *Rami Abdel Rahman nicht existiert* (Stabile, 2012).

Etwa zwei Jahre später zeigte der *Corriere della Sera* ein herzzerreißendes Bild, das auf Twitter zirkulierte: »ein Baby schläft zwischen den Gräbern seiner vom (syrischen) Regime getöteten Eltern«. Es handelte sich um eine weitere Fälschung (Frattini, 2014). Doch die Manipulationen, die schließlich als solche auffliegen, bilden nur die Spitze des gewaltigen Eisbergs, der immer größer wird: Die Lügenindustrie ist inzwischen integraler Bestandteil der Kriegsmaschine.

Doch der eben zitierte Journalist der *Repubblica* verdarb seine verdienstvolle Arbeit mit einem sowohl banalen wie die Wahrheit verdunkelnden Kommentar: Es waren (und sind) immer beide Parteien, die den Medienkrieg führen! Wer könnte je in Zweifel ziehen, dass Krieg ein Aufeinandertreffen zweier Parteien voraussetzt? Bei dieser Banalität stehenzubleiben, würde jedenfalls nicht nur bedeuten, die Wahrheit nicht auszusprechen, sondern sie zu verbiegen. Auch was den medialen Krieg angeht, müssen die Kräfteverhältnisse analysiert werden, indem man zwischen Großmächten auf der einen und einem kleinen und im Wesentlichen ungeschützten Land auf der anderen Seite unterscheidet, zwischen Angreifern und Angegriffenen: Weil sie vom Westen unterstützt worden waren, konnten die »Rebellen« auch auf dem Feld der Produktion der Fälschung, ihrer Verbreitungsmöglichkeit und Streuung in alle Himmelsrichtungen mit großer Überlegenheit auftreten. Vor allem gibt das Detail der Neugeborenen und Bettchen zu denken. Wir kennen es schon aus dem ersten Golfkrieg und es gehört unbestreitbar zu den wirksamsten Mitteln der US-amerikanischen und westlichen PR, des Psychokriegs und der Spektakelgesellschaft als Kriegstechnik.

6.
Auswahl und Lenkung der Entrüstung

Der Ort der Wahrheit ist nicht die einzelne Aussage, sondern die Argumentation, deren Verkettung und Kohärenz zu untersuchen ist: Diese These und Warnung von Hegel scheinen heute wichtiger denn je zu sein, wo die Wahrheit mehr noch als auf eine einfache, elementare Aussage auf eine Wahrnehmung reduziert ist, die unmittelbar und unumkehrbar sein möchte, in Wirklichkeit aber durch ein, wenn nicht bewusst manipuliertes, so doch jedenfalls sorgfältig und funktionell ausgewähltes Bild hervorgebracht wird. In diesem Sinn, um es mit Debord zu sagen, ist in der Gesellschaft des Spektakels (und vor allem in der Gesellschaft, die das Spektakel in eine Kriegstechnik umformt), falls noch Raum ist für »das Wahre«, das Wahre nur »ein Moment des Falschen«. Die Bilder (aus ihren Betten geschleuderte Säuglinge, der im Öl erstickende Kormoran, die angeblichen Massengräber etc.) sollen als »rauchende Colts« daherkommen; ab da ist es niemand mehr erlaubt, die Gefährlichkeit des Feindes in Frage zu stellen, und niemand gestattet, sich dem Kampf gegen das Böse zu widersetzen oder ihn zu behindern. Wir haben gesehen, dass es das explizite und erklärte Ziel des *Psywar* ist, den Gegner als Inkarnation des Satans zu brandmarken. Mit dem Internet und den neuen Medien gewinnt diese Technik mörderische Kraft: »Der Kampf wird zunächst dargestellt wie ein Duell zwischen dem Stärkeren und dem wehrlos Angegriffenen und dann flugs in eine Konfrontation zwischen dem absolut Guten und Bösen verwandelt«. Hierbei produzieren die neuen Medien, weit davon entfernt, ein Instrument der Freiheit zu sein, deren Gegenteil. Wir haben eine Manipulationstechnik vor uns, die »die Entscheidungsfreiheit der Zuschauer stark beschneidet«; »die Räume für eine rationale Analyse werden auf das Äußerste beschränkt, indem insbesondere der emotionale Effekt der schnellen Abfolge der Bilder ausgenutzt wird« (Dottori, 2011: 43f). Das genau macht den multimedialen Terrorismus der Empörung aus.

Auch wenn das soweit klar ist, verdient doch der Prozess, der dazu führt, dass Empörung als tödliche Waffe funktioniert, eine weitere Untersuchung. Damit sie ihre ganze destruktive Kraft aufbieten kann, muss sie kanalisiert und in eine bestimmte, genau festgelegte Richtung gelenkt werden. Nehmen wir den Krieg gegen Jugoslawien, gegen ein Land, das damals gewiss nicht die einzige Krisenregion der Welt war. Nicht weit davon entfernt führte die Türkei, ein NATO-Land, die »Genozidkampagne« gegen die Kurden, die 1992 begonnen hatte, weiter fort (Johnson, 2001: 34). Vielleicht noch schlimmer war das, was sich in Afrika zutrug. In einem neueren Buch hat ein Niederländer, der auch unmittelbarer Zeuge der Ereignisse war, geschrieben: »Seit 1998 sind allein im Kongo auf Grund des Krieges mindestens drei, wenn nicht fünf Millionen Menschen gestorben« (Reybrouck, 2012: 518). Die hier angesprochenen Ereignisse gehörten zu dem, was nach dem Vorbild des großen, vor allem europäischen Kriegs 1914-1918 als »Großer Afrikanischer Krieg« bezeichnet wurde: Der Horror kulminiert in Ruanda im Massaker der Hutu an den Tutsi. Wir haben gesehen, wie ein berühmter britischer Historiker die von Frankreich geleistete Unterstützung der Mörder unterstrichen hat. Doch die anderen westlichen Länder haben sich anlässlich dieses »unzweifelhaften Falles von Genozid« oder der »desaströsesten Verletzung der Menschenrechte« der 90er-Jahre nicht viel besser verhalten. Der von mir zitierte Historiker spricht bezüglich der USA von »beschämender Nachlässigkeit angesichts eines weit gravierenderen Genozids als alles, was auf dem Balkan passiert ist«. In Wirklichkeit konfrontiert uns »die amerikanische Weigerung, die Radiosendungen der« in das Massaker verwickelten »Hutu zu stören« (Ferguson, 2005: 148-150) mit etwas total anderem als einem simplen Akt der Fahrlässigkeit.

Doch der essentielle Punkt ist ein anderer. Die auch auf multimedialer Ebene dem Großen Afrikanischen Krieg vorbehaltene Unaufmerksamkeit erlaubte es, den Blick auf den Balkan zu fokussieren, auf die Gegend, wo man die bewaffnete Intervention vorbereitete. Das war der erste Akt der Auswahl einer geballten Ladung an Empörung, aber nicht der letzte. Die Tragödien, die in jenen Jahren über Jugoslawien und Ex-Jugoslawien hereinbrachen, sind zahlreich. Bei der Suche nach Verständnis für die Gründe können wir folgende Frage nicht übergehen: War die Auflösung dieses – aus dem Ersten Weltkrieg hervorgegangenen, jedoch im Lauf eines denkwürdigen Widerstandskampfes und der nationalen Befreiung gegen die nazifaschistische Aggression konsolidierten und dadurch sogar zu einem Führungsland der Dritten Welt gewordenen – (multiethnischen, multikulturellen und multireligiösen) Landes, war eine solche Zergliederung nur hausgemacht? Bereits in einem 1991 publizierten Buch sah ein Journalist der *New York Times* hoffnungsvoll voraus, dass Jugoslawien sich »politisch fragmentieren« und in »eine Konföderation echter Autonomie für die Republiken« umwandeln würde. Dies würde Länder wie Deutschland oder Frankreich veranlassen, sich einzumischen, um »sich eine Vorherrschaft in diesen Märkten« und in dieser Region zu sichern (Burstein, 1991: 400). Es handelte sich nicht um die Spekulation eines einzelnen politischen Beobachters. Zur gleichen Zeit erfolgten Unternehmungen und erste Schritte zum Erreichen des erwähnten Ziels. Geben wir noch einmal dem von mir häufig zitierten britischen Historiker das Wort: »Es war der deutsche Außenminister Hans-Dietrich Genscher, der, euphorisch durch die Leichtigkeit, mit der sein Land 1990 die Wiedervereinigung erreicht hatte, die Auflösung der jugoslawischen Republik mittels einer überstürzten Anerkennung der Unabhängigkeit Sloweniens und Kroatiens im Herbst des Folgejahres beschleunigte« (Ferguson, 2005: 144). Diese Initiative hatte Polemiken und Spannungen im Inneren Europas und des Westens hervorgerufen, doch alles wurde abgestritten und verdrängt, als es darum ging, die Empörung der öffentlichen Meinung der Welt auf ein einziges Ziel zu lenken.

Auch was den Wunsch betrifft, die Aufmerksamkeit ausschließlich auf Jugoslawien zu konzentrieren, war es keine einfache Aktion. Die wirkliche Situation im Land stellte ein beträchtliches Hindernis für die Kriegsvorbereitung dar; in Serbien, erinnerte ein Artikel in *La Stampa* kurz nach dem Beginn des NATO-Bombardements, »ist die Zahl der Flüchtlinge die höchste in Europa: Mehr als 700.000 Menschen« (Zaccaria, 1999), aus ihrer Heimat Vertriebene, meist aus der Krajina (auf Initiative der kroatischen Machthaber, unterstützt, gehätschelt und bewaffnet vom Westen). Diese Tragödie nahmen die NATO und ihr multimedialer Apparat nicht zur Kenntnis: es wurde ein neuer Akt der Selektion der Aufregung und Empörung nötig. Alles musste sich auf das Kosovo konzentrieren, aber das reichte nicht: »Es ist noch nicht lang her, da waren es die Kosovo-Albaner, die die Serben des Kosovo unterdrückten und eine schreckliche ethnische Säuberung durchführten« (Rosenfeld, 1999). Genauer: diese Repression hatte offenbar noch nicht aufgehört, sie traf weiterhin die »serbischen Bewohner« in den von der UCK kontrollierten Zonen (Morozzo Della Rocca, 1999: 18). All das musste verschwiegen oder verdrängt werden, um ein absolut manichäisches Bild des sich in jener Region abspielenden Konflikts liefern zu können und die Serben, gemäß den bekannten Vorschriften des Psychokriegs, als eine Masse von Erzbösewichtern darzustellen.

Mit der UCK treffen wir auf eine Organisation, die die Revolte begonnen hatte. Handelte es sich um eine friedliche Revolte? Eine seriöse italienische Zeitung nahm die Notiz der *Washington Post* auf und berichtete, dass die UCK mit der Waffe in der Hand männliche Flüchtlinge zwischen achtzehn und fünfzig zwang, sich in Ausbildungslager zu begeben (Battista, 1999). Somit haben wir bewaffnete Banden vor uns oder eine Armee, deren Mitglieder alles andere als freiwillig rekrutiert worden waren. Dieser Organisation erlaubte die NATO, die Familien der Flüchtlinge, die sie angeblich schützen und retten wollte, außerhalb jeglicher Legalität zu terrorisieren. Wie viele kosovarische Jugendliche sind von der UCK getötet worden? Darüber schweigen die Informationsmedien wie sie auch über die zahllosen Kosovaren albanischer Abstammung schweigen, die als »Kollaborateure« von der dem Westen teuren Guerilla massakriert wurden.

Was geschah nach der Zerstückelung Jugoslawiens? In *Foreign Affairs* kann man lesen, dass einem Bericht des Europarats zufolge »der Premierminister des Kosovo, Hashim Thaçi, und seine politischen Bündnispartner ›eine starke Kontrolle über den Handel mit Heroin und anderen Narkotika‹ ausüben und wichtige Positionen in ›der Struktur des im Kosovo tätigen mafia-artig organisierten Verbrechens‹ inne haben« (Naím, 2012: 104). Schon während des Kriegs gab es einen lebhaften Handel, doch das scheint ziemlich harmlos zu sein gemessen an anderen Praktiken, die von den durch die NATO unterstützten Kriegern ausgeübt wurden: »Eine Fabrik in Ripe, Zentralalbanien, von den Männern der UCK in einen Operationssaal umgewandelt, als Patienten serbische Kriegsgefangene: Ein Schlag in den Nacken vor der Entnahme ihrer Nieren, Komplizenschaft ausländischer Ärzte« (vermutlich westlicher) (Gergolet, 2010).

Ausgerechnet diese zynische und erbarmungslose Organisation lieferte ihren westlichen Herren eine wertvolle Hilfe, eine umfassende moralische Empörung gegen die zu bekämpfende Regierung in Belgrad auf den Weg zu bringen:

> Die UCK weiß, dass sie nicht fähig ist, die Serben allein zu besiegen. Man verwendet die Technik, die Serben zu provozieren, indem man Polizisten und Zivilisten tötet in der Erwartung, dass sie mit einer solchen Brutalität und Missachtung der Zivilbevölkerung reagieren, damit, wie es oft geschieht, die NATO oder die Amerikaner zu einer Intervention getrieben werden (Morozzo Della Rocca, 1999: 16f).

Am Vorabend der bereits geplanten Bombardements wurde die Konferenz von Rambouillet organisiert mit dem offiziellen Ziel, zwischen den streitenden Parteien zu vermitteln. In Wirklichkeit kam ein unerhörtes Ultimatum heraus. Kürzlich hat ein wichtiger Historiker es mit jenem nach dem Attentat von Sarajevo, also am Vorabend des Ausbruchs des Ersten Weltkriegs von Österreich an Serbien gerichteten verglichen. Das letztere Ultimatum, im Sommer 1914 von der (durch die Unterstützung des Wilhelminischen Deutschlands gestärkten) kaiserlichen Regierung Österreichs ausgegeben, wurde mit gutem Grund zu seiner Zeit und auch heute noch als Feigenblatt verstanden, das mehr schlecht als recht die bereits gefallene Entscheidung, Feuer an die Lunte zu legen, verdecken sollte. Und doch war dieses Ultimatum von 1914 weit milder als das 85 Jahre danach: »Es war im Gegensatz zu Rambouillet nicht die Forderung nach völliger Unterwerfung des serbischen Staats«. »Kissinger hatte zweifellos Recht, als er Rambouillet als ›eine Provokation, einen Vorwand, die Bombardierung zu beginnen‹, beschrieb« (Clark, 2013: 456f).

Die unterbliebene Kapitulation Belgrads erlaubte es dem Westen, den Dämonisierungsprozess des Gegners auf die Spitze zu treiben, der nun in Form einer weiteren Steigerung gegenüber früher angeklagt wurde, an »Genozid«, ja einem neuen »Holocaust« schuld zu sein. Darauf entgegnete Claude Lanzmann, Regisseur der Dokumentation *Shoah*:

> Die Intellektuellen suchten nicht einmal in den schlimmsten Zeiten des Algerienkriegs bei diesem Verweis auf den Holocaust Zuflucht, als die Kämpfer des FLN in Massen getötet und gefoltert wurden und weite Teile des Landes komplett entvölkert waren. So auch anlässlich des Vietnamkriegs, als hunderte Dörfer und Wälder und Reisfelder etc. dem Erdboden gleichgemacht waren […]. Dieser ständige Rückgriff auf den Holocaust [im Jugoslawienkrieg] war eine Methode, jegliche Diskussion abzuwürgen. Es war verboten, das Wort zu ergreifen! Die Diskussion war beendet! (in: Gibbs, 2009: 218).

Der Empörungsterrorismus in Aktion! Der Vergleich des Feindes mit Satan gemäß dem bekannten Handbuch des *Psywar* hörte mit dem Beginn des Bombardements gewiss nicht auf. »Die Dämonisierung

Miloševics ist notwendig für die Fortsetzung der Luftangriffe« (Cohen, 1999): Es war die Einlassung eines US-amerikanischen Journalisten, klang aber wie eine Direktive des Pentagon. Ein italienischer General und Stratege erwiderte: »Für die Demokratie besteht ein Zwang, den Gegner zu dämonisieren, um die öffentliche Meinung auf Linie zu bringen« (Jean, 1999). Im Übrigen war es der Sprecher der NATO selbst, Jamie Shea, der explizit erklärte: »Das ist der am meisten medienbestimmte Krieg des 20. Jahrhunderts, und ich will ihn kämpfen, indem ich mein Bestes gebe« (in: Di Feo, 1999).

Und so konnten die Bombardierungen zügig weitergehen. Trotz allem verzögerte sich die Kapitulation des attackierten und im Grunde wehrlosen Landes. Um die Pattsituation, die entstanden war, zu überwinden, »wurde der Luftkampf« der westlichen Regierungen »auf zivile Ziele ausgedehnt«. Insgesamt entsprach »die Anzahl der von der NATO getöteten Zivilisten«, darunter nicht wenige Opfer von »Streubomben«, die nach dem offiziellen Ende der Feindseligkeiten explodierten, in etwa derjenigen der von den Serben getöteten »albanischen Kosovobewohner« (Ferguson, 2001: 413). Mit dem Unterschied – ist hinzuzufügen –, dass es sich im zweiten Fall um einen blutigen Bürgerkrieg zwischen den beiden Parteien handelte, im ersten dagegen Piloten zu treffen gewesen wären, die von der Luftabwehr praktisch nicht erreicht werden konnten.

Haben die Bombardements wenigstens dazu gedient, das Ende der ethnischen Gewalt zu erreichen und die Konten zu bereinigen? Mehr als eineinhalb Jahre nach dem Triumph der angeblich humanitären Mission lenkte ein italienischer Journalist die Aufmerksamkeit auf eine »tragische Neuigkeit« bzw. »eine erschütternde, aber unbestreitbare Tatsache, welche Quelle man auch nutzt«, nämlich: »Im Kosovo haben die ›Toten des Friedens‹ die Kriegstoten überholt« (Zaccaria, 2001). Inzwischen wurde die Zerstückelung Jugoslawiens zu Ende gebracht und ein neuer, mehr oder weniger »unabhängiger« Staat mit einer gigantischen US-amerikanischen Militärbasis im Zentrum war geboren; gleichzeitig verstärkte der siegreiche Abschluss des »humanitären Kriegs« das stolze Selbstbewusstsein des Westens, der unwiderstehliche Champion in Sachen Menschenrechte zu sein.

7.
»Evidenz« der Bilder und souveräner Gebrauch der Kategorien

Die Kampagne gegen das Libyen Gaddafis konfrontiert uns mit einer bezeichnenden Variante des »humanitären Kriegs«. Anfangs verlief diese nach dem bereits analysierten Schema. Es ging an erster Stelle darum, die Realität zu entstellen, indem man zunächst das angepeilte Ziel durch ein Bombardement der Empörung isolierte und dann mit echten Bomben. Natürlich mangelte es 2011 im Nahen Osten nicht an Situationen und Verhaltensweisen, die dazu angetan waren, humanitäre Sorgen und moralische Entrüstung hervorzurufen. Ohne Unterbrechung dauerten auf der einen Seite der koloniale Expansionismus und die »Ethnokratie« Israels an, und auf der anderen Seite das Martyrium des palästinensischen Volkes, das einer militärischen Besetzung von einer in der bisherigen Geschichte nie gesehenen Dauer unterworfen war: Seine Angehörigen waren (und sind) ständig dem Risiko ausgesetzt, verhaftet oder in einem Lager eingesperrt bzw. außerrechtlicher Exekution unterworfen zu werden – das Ganze souverän beschlossen vom Besatzer. Die Versuche, den Sicherheitsrat dazu zu bringen, seinen Tadel oder seine Sorge auszudrücken, scheitern am Veto der USA. In diesem Fall wurde sogar eine schwache Kritik ohne militärische, ökonomische und diplomatische Konsequenzen von Washington als unerträglich empfunden.

Aber die libysche Krise kam an einen Wendepunkt, während die Truppen Saudi-Arabiens in Bahrain zur Unterstützung der von den lokalen Autoritäten ausgelösten harten Repression intervenierten. Darüber gab es ein aussagekräftiges Zeugnis in der *International Herald Tribune:*

> In den letzten Wochen habe ich Leichen von Demonstranten gesehen, die aus nächster Nähe erschossen worden waren, ich habe ein Mädchen gesehen, das sich vor Schmerzen wand, nachdem es geschlagen worden war, ich habe Rettungswagenbesatzungen gesehen, die verprügelt worden waren, weil sie versucht hatten, Demonstranten zu retten.

Und weiter:

> Ein Video aus Bahrain scheint Sicherheitskräfte zu zeigen, die aus wenigen Metern Entfernung einem unbewaffneten Mann mittleren Alters eine Tränengaspatrone auf die Brust schießen. Der Mann fällt auf den Boden und versucht, wieder aufzustehen. Da schießen sie eine Patrone auf seinen Kopf.

Und das ist noch nicht alles: »In den letzten Tagen laufen die Dinge viel schlechter«. Mehr noch als in der Repression wird die Gewalt bereits im täglichen Leben sichtbar: die schiitische Mehrheit war gezwungen, ein Regime der »Apartheid« zu erdulden. Zur Stärkung des Repressionsapparats dienten (und dienen) »ausländische Söldner« und US-amerikanische »Panzer, Waffen und Tränengas«. Entscheidend war (und ist) die Rolle der USA, wie der Journalist der *International Herald Tribune* erläutert, indem er von einer für sich selbst sprechenden Episode berichtet:

> Vor einigen Wochen wurde mein Kollege von der *New York Times*, Michael Slackman, von Sicherheitskräften Bahrains gefangen genommen. Er hat mir erzählt, dass sie Waffen auf ihn richteten. Aus Angst, sie würden schießen, zog er seinen Pass heraus und rief, er sei amerikanischer Journalist. Ab diesem Moment schlug die Stimmung unerwartet um; der Anführer der Gruppe kam heran und gab Slackman die Hand, wobei er mit Wärme ausrief: »Keine Angst! Wir lieben die Amerikaner!« (Kristof, 2011).

In der Tat war und ist in Bahrain die Fünfte US-Flotte stationiert. Folglich musste dem Schweigen über Israel notwendig das über die Beziehung zu Bahrain und Saudi-Arabien folgen. Ablenkungen waren nicht erlaubt. Vorrangig hatte die humanitäre Aufgabe sich ausschließlich auf den in Libyen stattfindenden Konflikt zu konzentrieren.

Hier nun kam der zweite Akt des *Psywar* zum Einsatz, die manichäische Darstellung des Konflikts in dem nordafrikanischen Land. Trotz allem stieß sich schließlich der Glorifizierungsprozess der Anti-Gaddafi-Rebellen an der Realität. Hier und da stellte die westliche Presse unter den Rebellen die Anwesenheit von an den islamischen Fundamentalismus gebundenen Gruppen fest, die heftige Gegner der aus der antikolonialen Revolution hervorgegangenen Frauenemanzipation waren. In einer seriösen US-amerikanischen Zeitung konnte man noch mehr lesen: »Die Rebellen haben kriegsgefangene Schwarzafrikaner getötet, weil sie Söldner seien«; ins Visier genommen wurden auch schwarze Afrikaner, die nichts mit dem Konflikt zu tun hatten und dennoch gelyncht oder von den Schiffen, die von den europäischen Regierungen ersucht worden waren, die Zivilbevölkerung zu evakuieren, ins Meer geworfen wurden (Pelham, 2011: 77). Ja, bestätigte eine ebenfalls nicht anzuzweifelnde Quelle, getötet wurden auch »unbewaffnete afrikanische Migranten, die von Gaddafi-Gegnern mit Söldnern im Dienst seines Regimes verwechselt wurden« (Dottori, 2011: 45).

Tatsächlich verhielten sich die Rebellen auch gegenüber Libyern im engeren Sinn ziemlich diskussionswürdig, wie sich jedenfalls aus einer Korrespondenz des *Corriere della Sera* schließen lässt: »In der allgemeinen Verwirrung auch Fälle von Plünderung. Am deutlichsten zu sehen im Gasthaus El Fadeel, wo [die Rebellen] Fernseher, Decken, Matratzen weggeschleppt und die Küche in einen Müllhaufen, die Flure in schmutzige Biwaks verwandelt haben« (Cremonesi, 2011a).

Was dann die den Soldaten des Heeres von Gaddafi vorbehaltene Behandlung angeht, beschränke ich mich darauf, einen weiteren am 26. August 2011 in der *International Herald Tribune* veröffentlichten Artikel zu zitieren:

> In einem Lager im Zentrum von Tripolis sind die von Kugeln durchsiebten Körper von mehr als dreißig Pro-Gaddafi-Kämpfern gefunden worden. Mindestens zwei waren mit Plastikhandschellen gefesselt, und das lässt vermuten, dass sie exekutiert worden sind. Von diesen Toten sind fünf in einem Feldlazarett gefunden worden; einer lag auf einer Trage in einem Krankenwagen, mit einem Gurt angeschnallt und noch mit einem intravenösen Tropf im Arm (Fahim / Gladstone, 2011).

Wie man sieht, mangelte es wahrhaftig nicht an empirischem Material, das die manichäische Darstellung des Konflikts Lügen strafte, doch dieses wurde ohne Skrupel gelöscht oder verheimlicht: Es galt, um jeden Preis das Dogma zu verbreiten, wonach der Verantwortliche für jede Infamie der »Diktator« sei, den der Westen aus moralischer Pflicht zu bombardieren und zu töten habe.

Vor allem galt es, die Tatsache zu verheimlichen, dass die westlichen Geheimdienste augenscheinlich ohne Erlaubnis des UNO-Sicherheitsrats in Libyen weit vor der Aufdeckung der »Grausamkeiten« Gaddafis zu Gang waren. Der *Sunday Mirror* vom 20. März 2011 enthüllte, dass schon seit »drei Wochen Hunderte« britische Soldaten am Werk waren, Angehörige eines der raffiniertesten und am meisten gefürchteten Militärverbände der Welt (Special Air Service – SAS); unter ihnen befanden sich »zwei aufgrund ihrer Zerstörungsfähigkeit ›Smash‹ genannte Spezialeinheiten« (Hamilton, 2011). Die Aggression hatte also bereits begonnen, erst recht dadurch, dass mit den Hunderten britischen Soldaten »kleine Gruppen der CIA« im Rahmen einer »breiten westlichen, im Geheimen agierenden Kraft« zusammenarbeiteten, beauftragt von der »Obama-Regierung« – immer noch »vor dem Ausbruch der Feindseligkeiten am 19. März« –, die »Rebellen zu beliefern und die Armee Gaddafis auszubluten« (Mazzetti/Schmitt/Somaiya, 2011: 1). Es waren umso bedeutendere Operationen, als sie in einem bereits aufgrund seiner Stammeskultur und der alten Spaltung zwischen der Region Tripolis und der Kyrenaika labilen Land durchgeführt wurden. Und darüber hinaus ging es um Operationen, die eine lange Geschichte hatten: Nach dem *Observer* waren die britischen Geheimdienste schon 1996 darauf aus, den »Oberst Gaddafi zu töten«, und um dieses Ziel zu erreichen, zögerten sie nicht, »beträchtliche Geldsummen an eine Al-Kaida-Zelle in Libyen auszuschütten« (Bright, 2002). Und vierzehn Tage später war es – wie diesmal die *International Herald Tribune* enthüllt – die Obama-Regierung, die ihre Hoffnung »auf eine Kugel oder eine Rakete« setzte, »die den vierzig Jahren der Regierung des Diktators ein Ende bereiteten« (Sanger, 2011: 8).

All diese Informationen wurden, wenn sie trotz allem durchsickern konnten, von der endlosen Masse geschönter Berichte, propagandistischer Verlautbarungen und Desinformation erstickt und neutralisiert. Nur einer begrenzten Zahl von Personen, größten Teils nicht geneigt, kritischen Gebrauch davon zu machen, waren Ausschnitte der oben zitierten Wahrheit zur Kenntnis gelangt; grundsätzlich war die offizielle manichäische Darstellung des Konflikts unumstritten. Um die steigende Empörung zum Kochen zu bringen und den seit langem ersehnten und vorbereiteten Krieg losbrechen zu lassen, fehlte nur die *smoking gun.*

Passend und rechtzeitig verbreitete sich das Gerücht eines neuen Verbrechens von Gaddafi, der beschuldigt wurde, seine Soldaten mit Viagra vollgestopft zu haben, damit sie leichter Vergewaltigungen am laufenden Band vollziehen könnten. Die »Nachricht«, möglicherweise der erotischen Fantasie ihrer Erfinder geschuldet, wurde schnell als lächerlich angesehen; andererseits ließen sich aber keine Massengräber finden. Die Zeit drängte, und so kam es, dass die Spektakelgesellschaft als Kriegstechnik Alarm schlug über einen drohenden »Genozid«: das Regime schicke sich an, diesen gegen Bengasi und die Zivilbevölkerung überhaupt in Gang zu bringen. Das bewiesen die »terroristischen« Bombardierungen. Jedenfalls sickerte auch in diesem Fall das eine oder andere Stück Wahrheit schließlich durch die Korrespondenzen mutiger oder nur unaufmerksamer Journalisten. Blättern wir in *La Stampa* vom 1. März 2011: »Es stimmt, möglicherweise hat es gar kein Bombardement gegeben« (Ruotolo, 2011). Änderte sich die Lage in den folgenden Tagen radikal? Der *Corriere della Sera* berichtete am 18. März aus Tobruk: »Und wie es an anderen Orten, wo die Luftwaffe [des Libyens von Gaddafi] eingegriffen hat, schon vorkam, waren es allenfalls überraschende Warnungen. ›Sie wollten abschrecken. So viel Theater, und kein Schaden‹, sagte uns am Telefon ein Sprecher der provisorischen (Rebellen-)Regierung« (Cremonesi, 2011b). Es waren also die »Opfer« selbst, die den »Genozid« abstritten, der gegen sie gerichtet war und im Westen zur Rechtfertigung des »humanitären« Kriegs dienen sollte.

Doch deshalb hörte die Interventionskampagne nicht auf. Sie erreichte im Gegenteil ihren Höhepunkt am 20. März 2011, als der *Corriere della Sera* das Beweisfoto eines Flugzeugs zeigte, das brennend vom Himmel über Bengasi stürzte. Sowohl die Bildunterschrift wie der Artikel erklärten, dass es sich um einen »Jäger« im Kampf gegen das Regime handele, gesteuert von einem »der erfahrensten Piloten« des Rebellenlagers und getroffen von »Boden-Luft-Raketen Gaddafis« (Cremonesi, 2011c). Also verfügten die Aufständischen, alles andere als waffenlos, über ausgeklügelte Angriffswaffen und qualifiziertes militärisches Personal. All das hätte die Kriegsideologie der NATO, die ihre Bombardements als humanitäre Operation zur Rettung einer unbewaffneten Zivilbevölkerung vor einem drohenden Massaker ausgab, in Schwierigkeiten bringen müssen. Doch nun kam »die reine und einfache Behauptung« zum Zug, »frei von jeglicher Überlegung und jedem Beweis«, wie Le Bon empfohlen hatte: Nun erfolgte die Wiederholung des Dogmas der Kriegsideologie, nicht die Wiederholung oder Wiedergabe des Fotos des getroffenen Rebellenflugzeugs, das jenes Dogma deutlich widerlegt hätte. Und so wurde das offenbar falsche, jedenfalls von einer nie gesehenen Macht der Manipulation unangreifbar gemachte Dogma aufrechterhalten. Als kraftlos erwiesen sich jene vereinzelten Stimmen, die zur Vernunft aufriefen: »Rebellen-Kombattanten« – gab ein Jurist in der Kolumne der *Frankfurter Allgemeinen Zeitung* zu Protokoll – »sind keine Zivilisten, auch wenn sie wenige Stunden vorher noch Bäcker, Schuster oder Lehrer waren« (Merkel, 2011). Es ergab also keinen Sinn – unterstrich der US-amerikanische Philosoph Michael Walzer –, von »einer humanitären Intervention zur Verhinderung eines Massakers« zu sprechen (Lau, 2011).

Die multimediale Feuerkraft des Westens und der NATO zeitigte Ergebnisse, die sich nicht einmal Le Bon hätte vorstellen können; es gelang, eine These durchzusetzen, die nicht nur ohne »Beweis« war, sondern gegen die als »Beweis« das Foto des von einem der »erfahrensten« Piloten der Rebellen gesteuerten Kriegsflugzeugs stand. Nach dem Eingreifen der NATO blieb jedenfalls Libyen total verteidigungsunfähig und unbewaffnet zurück gegenüber seinen Feinden, die es straflos bombardierten und dabei Tausende Libyer (zumeist Zivilisten) töteten, ohne fürchten zu müssen, selbst getroffen zu werden. Dennoch galt das in Washington und den europäischen Hauptstädten proklamierte Dogma weiter, weil es eben ein Dogma war. Mit anderen Worten: Wie gegen die echten Bombardierungen blieb das Libyen Gaddafis machtlos gegen das westliche multimediale Bombardement und den willkürlichen westlichen Gebrauch der Begriffe.

8.
Die zwei Kriegsfunktionen der Spektakelgesellschaft

Am Vorabend eines mehr oder weniger »humanitären« Kriegs löst das vorhergehende multimediale Bombardement in der Regel das aus, was man den »CNN-Effekt« getauft hat: Ein beträchtlicher Teil der US-amerikanischen (und westlichen) Bevölkerung fordert den Einsatz von Bomben und Raketen oder ist bereit, ihm zuzustimmen, um die Barbaren zu bestrafen oder zu eliminieren, deren Verbrechen das Fernsehen unmittelbare und unwiderlegbare Evidenz verliehen hat. Die kriegerische Komponente der Spektakelgesellschaft ist damit deutlich geworden. Es geht nicht mehr darum, den Konsumenten zu überzeugen, die eine oder andere »Schokolade« zu kaufen oder eher diesen als jenen Kandidaten zu wählen wie bei Le Bon. Das Ziel besteht darin, hat ein US-amerikanischer Wissenschaftler, Harold Lasswell, angemerkt, »den Ungehorsam der Individuen im Brennofen des Kriegstanzes einzuschmelzen«, »Tausende, ja Millionen menschliche Wesen zu einer Masse aus Hass, Wollen und Hoffnung zu amalgamieren«, also zu »Kriegsbegeisterung« (Losurdo, 2008, Kap. 5.2). Eben dieses Ziel wird heute mit anderen Ideologien und Mitteln als früher verfolgt. Es hätte wenig Sinn, den Opfergeist und die Bereitschaft zum letzten Opfer zu beschwören wie in den beiden Weltkriegen: Das ist überflüssig und sogar obsolet geworden, wo die NATO heute ihre neokolonialen Kriege führen kann, ohne um die Unversehrtheit ihrer Piloten fürchten zu müssen, und wo heute das militärische Personal des Westens statt an ein traditionelles Heer mehr an ein Exekutionskommando erinnert. Es geht auch nicht darum, an Patriotismus zu appellieren, was ein ziemlich dürftiges Echo auslösen dürfte und auch in Widerspruch stünde zum von den Förderern der »humanitären« Interventionen propagierten Universalismus und Internationalismus. Es handelt sich im Gegenteil darum, den wachsenden Abwechslungsreichtum und die Raffinesse der Medien zu nutzen, um gegen den jeweils zu schlagenden Feind eine derart mächtige Welle der Empörung auszulösen, dass ihr niemand widerstehen kann und eine letztlich terroristische Unterdrückung ermöglicht wird: die Verbannung aus der

»internationalen Gemeinschaft« und dem Menschengeschlecht steht nicht nur dem Feind, sondern auch den Neutralen oder Unschlüssigen bevor, kurz allen, die sich aus dem einen oder anderen Grund nicht der herrschenden Meinung und Macht anschließen.

Man könnte sagen, dass in den im Nahen Osten seit 1991 geführten neokolonialen Kriegen die Spektakelgesellschaft eine doppelte Rolle spielt: einerseits nährt sie den Empörungsterrorismus gegen den Feind; andererseits lässt sie die gegen diesen in Gang gesetzten Bombardierungen wie ein im Grunde unschuldiges und gar unterhaltsames Spiel aussehen, indem sie die Zehntausende Toten und Verwundeten, die Zerstörung ziviler Infrastrukturen und die oft unzählbare Masse der Flüchtlinge völlig ausblendet. Wir haben gehört, dass Prinz Harry, Zweitgeborener der britischen Königsfamilie, in Afghanistan endlich zu seiner Feuertaufe gekommen ist, indem er auch den einen oder anderen Feind getötet hat. Er hat seine Mission von Bord eines Apache-Hubschraubers aus erfüllt, also ohne viel zu riskieren. Verständlich, dass er »alles wie ein Spiel« empfunden hat. Ist es ein Spiel, das, was häufig vorkommt, »Kollateralschäden« unter der Zivilbevölkerung verursacht hat? Wie seine Kameraden mag es der Prinz nicht, sich beunruhigende Fragen zu stellen: »Harry erzählt, dass zwischen den einzelnen Missionen Langeweile drohte; zum Glück gab es Videospiele, wo man den Joystick im Prinzip wie im Apache bedient«. Die auf ein Spiel reduzierte Kriegsmission trug allerdings dazu bei, ein früheres Spiel vergessen zu lassen. Da hatte sich der Prinz in der Uniform des Afrika-Corps und mit dem Hakenkreuz fotografieren lassen (Sabadin, 2013; Gallo, 2013). Die Spektakelgesellschaft reduziert die heutigen Kriege wie auch die vergangenen, die Kriege Englands (und der NATO) wie die des Dritten Reichs auf ein Spiel.

Will man ein früheres Beispiel für die doppelte Funktion der Spektakelgesellschaft finden, muss man in den Süden der USA zwischen dem 19. und dem 20. Jahrhundert zurückgehen, als das Regime der *white supremacy* wütete. Die fast immer zu Unrecht der Vergewaltigung einer weißen Frau angeklagten Schwarzen wurden auf finsterste und dreckigste Art dargestellt. An dieser Kampagne nahm die lokale Presse aktiv teil, die gleichzeitig Datum, Stunde und Ort der für das Monster vorbereiteten Hinrichtung bekanntgab: und so schritt man von der ersten Funktion der Spektakelgesellschaft (der Entmenschlichung und Dämonisierung des Opfers) zur zweiten Funktion fort. Der Hinrichtung wohnte eine beträchtliche Menge bei: Männer, Frauen (oft mit kleinen Kindern auf dem Arm), Kinder, denen die Schule einen Tag frei gegeben hatte, Zuschauer auch von weit her, die bisweilen für diesen Anlass zusätzlich angehängte Eisenbahnwaggons nutzen konnten. Vor dem Gnadenstoß und bevor es den Tod als Befreiung begrüßen konnte, unterlag das Opfer einer nicht enden wollenden Tortur, darunter Kastration oder diverse Verstümmelungen. Doch all das war unterhaltsam oder gar erheiternd für das breite Publikum: die zweite Funktion der Spektakelgesellschaft konnte auch eine absolut abstoßende Gewalttätigkeit auf ein Spektakel reduzieren. Wie die vom Regime der *white supremacy* getöteten Afroamerikaner wurde auch Gaddafi beschuldigt, für Vergewaltigung, ja Massenvergewaltigung verantwortlich zu sein: Damit erreichte die Dämonisierung ihren Höhepunkt. Und so wurden die Zerstörung eines ganzen Landes und seiner zivilen Infrastrukturen sowie der Tod von Zehntausenden Libyern zu einem Spektakel, dem Abermillionen Menschen beiwohnten, die ruhig und zufrieden zwischen dem einen oder anderen Happen Frühstück, Mittag- oder Abendessen die Bilder verfolgten.

So geriet auf dem Weg von der ersten zur zweiten Funktion der Spektakelgesellschaft der an Gaddafi vollzogene Lynchmord selbst zu einem Spektakel und erregte keinerlei Abwehrbewegung. Die pädagogische Funktion der beiden hier miteinander verglichenen Spektakelhinrichtungen ist dieselbe oder eine ziemlich ähnliche: Es ging oder geht darum, die Unwiderstehlichkeit des Regimes der »weißen« oder »westlichen Überlegenheit« zu unterstreichen (nicht zu vergessen, dass zusammen mit Gaddafi auch nicht wenige Afrikaner, die das Unglück hatten, schwarz zu sein, den Lynchmord erleiden mussten). Heute wissen wir, dass die gegen Gaddafi erhobene Anklage der Vergewaltigung genauso glaubwürdig ist wie seinerzeit die gegen die Afroamerikaner; auch ist bekannt geworden, dass es eben diese dank der Unterstützung durch den Westen siegreichen Rebellen waren, die eine herausragende Rolle bei der »systematischen Vergewaltigung«

spielten, sei es in Libyen, sei es zum Nachteil gefangener und sexueller Sklaverei unterworfener kurdischer Frauen in Syrien (vgl. oben, I.5 u. I.8).

Trotz alledem und trotz der katastrophalen Lage im heutigen Libyen gibt es hohe Vertreter der NATO, die erklären, stolz zu sein auf die geleistete Arbeit; wir fühlen uns an den seinerzeit von den Anführern des Ku-Klux-Klan geäußerten Stolz erinnert. Indem er die pädagogische Funktion der Spektakelhinrichtung verstärkt, ist der Stolz der Sieger integrierender Bestandteil der Spektakelgesellschaft und des Spektakels als Kriegstechnik.

9. Hollywood und die Nation, die die Moral gepachtet hat

Natürlich ist Manipulation alles andere als ein neues Phänomen, aber die Entwicklungen der Technologie auf der einen und der angewandten Psychologie auf der anderen Seite verleihen dem manipulativen Vorgehen heute eine Fülle, Tiefe und Fähigkeit zu ihr wie nie zuvor. Das Sprachrohr der neuen Epoche totaler Manipulation konnte keines der beiden Länder oder Regime sein, die Gegenstand der klassischen Totalitarismustheorie waren. Trotz unbestreitbarer Kontrolle der Informationsmittel und unerbittlicher Unterdrückung von Dissidenz war die UdSSR Stalins doch gehemmt durch Rücksichtnahme auf die Doktrin. Um Legitimität zu erlangen, musste die Macht demonstrieren, dass sie in der Innen- wie in der internationalen Politik in Übereinstimmung mit der Lehre der Klassiker und dem ursprünglichen revolutionären Programm vorging: Wie mühsam und hoffnungslos dieser Versuch auch gewesen sein mag, resultierte daraus doch ein Element der Kritik des Bestehenden, das ständig mit einem ambitionierten, emphatischen und letztlich unerreichbaren Modell verglichen wurde; jedenfalls blieb wenig oder gar kein Raum für unterschwelliges Vorgehen, das das am tiefsten reichende und effektivste ist.

Was Deutschland betrifft, setzte es im Ersten Weltkrieg seine ganze Kraft auf die militärische Stärke. Nach der Niederlage führte ein Schriftsteller wie Ernst Jünger seine Enttäuschung darauf zurück, dass sein Land es in keiner Weise verstanden habe, der von den Feinden initiierten ideologischen Offensive etwas entgegenzusetzen. Doch die implizite Warnung wurde vom Dritten Reich nicht wirklich ernst genommen. Goebbels und der nazistische Propagandaapparat waren sich mehr der Wichtigkeit des ideologischen Faktors auf innenpolitischer als auf internationaler Ebene bewusst und verstanden nicht ausreichend, dass bei Konflikten zwischen den Großmächten die globale öffentliche Meinung ins Spiel gekommen war, dass der Appell an Ideen und vor allem Gefühle, die den Feind dämonisieren konnten, wesentlich geworden war. Andererseits musste der Versuch, die koloniale Tradition wiederzubeleben und zu radikalisieren, als bereits die Emanzipationsbewegung der Kolonialvölker begonnen hatte, einen enormen Widerstand auf Weltebene auslösen.

Zwar ließ das Dritte Reich der Zerstückelung der Tschechoslowakei eine Pressekampagne vorausgehen, die ein Licht auch auf die heutige Kriegspropaganda wirft. Schauen wir in den *Völkischen Beobachter*, die Zeitung der Nazipartei. Wir finden einige Titel: »Tschechische Soldaten üben Scheibenschießen auf deutsche Bewohner des Sudetenlandes«, »Wie lange noch werden die Sudetendeutschen wie Jagdbeute behandelt?« (9. August 1938). »Blut, Tod und Leiden der Sudetendeutschen« (13. August 1938). Auch hier ist der Versuch augenfällig, Empörung gegen die Opfer hervorzurufen, die anzugreifen Hitler sich anschickte: Doch wie improvisiert und dilettantisch wirkt all dies gegenüber den wissenschaftlichen Kampagnen der PR und den ausgefeilten heutigen Techniken!

Es ist nicht schwer zu verstehen, dass das prädestinierte Sprachrohr der Epoche der totalen Manipulation das Land war und ist, das als Moral- und Religionskriege deklarierte Kriege gegen »wilde« und »heidnische« Rothäute und gegen das katholische und »papistische« Mexiko und Spanien geführt hat. Im Lauf des 20. Jahrhunderts hat dieses Land seine Intervention im Ersten Weltkrieg durch den Mund Wilsons als einen »heiligen Krieg, ja den heiligsten aller Kriege« propagiert und gefeiert, und es hat seine Teilnahme am Zweiten Weltkrieg durch die Feder Eisenhowers als »Kreuzzug« dargestellt; wie den Vorkämpfer einer heiligen Mission hat es sich auch gesehen und immer wieder im Lauf des Kalten Kriegs präsentiert (vgl. Eisenhower, 1948; Losurdo, 2011, Kap. 6.12 u. Kap. 3.6). Das moralische und religiöse Paradeland ist, auch dank Hollywood, zur Avantgarde der Spektakelgesellschaft und des Spektakels als Kriegstechnik geworden.

Der Aufstieg der USA in die Rolle einer Weltgroßmacht und dann der einzigen Supermacht ist seit vorangegangenen Kriegen gekennzeichnet durch den Einsatz von Vorstellungen und Bildern, die darauf abzielen, den Terrorismus der Unmittelbarkeit und Empörung zu stimulieren:

a) 1898: Der Krieg gegen Spanien wurde von Washington als Antwort auf die Versenkung des US-Kreuzers Maine im Hafen von Havanna präsentiert, möglicherweise ein Unfall, wobei es auch keine Schuldbeweise gegen die Spanier gibt. Wer konnte der Woge der Empörung widerstehen, die durch die Erwähnung der infolge eines meuchlerischen Akts getöteten US-amerikanischen Matrosen erzeugt wurde, die Tat eines Feindes, dem schon durch seinen »Papismus« und grundsätzliches »Heidentum« jegliche Infamie vertraut ist?
b) 1917: Die Intervention im Ersten Weltkrieg war offenbar eine Reaktion auf die Versenkung des Dampfers Lusitania (man verschwieg den von diesem durchgeführten Waffentransport, um nur von den unglücklichen Passagieren zu sprechen). Und wieder waren Verachtung und Kriegsfuror in Folge eines so gut nachgezeichneten Kriegsverbrechens unwiderstehlich. Umso mehr, als die Barbarei des deutschen Feindes bereits breit bewiesen war durch schreckerregende Bilder, die in New Jersey kursierten und die wilhelminischen Truppen dabei zeigten, wie sie im mörderisch besetzten Belgien grundlos Kinder und Frauen töteten und sich damit amüsierten, jenen Unglücklichen die Brüste abzuschneiden.
c) 7. Dezember 1941: Japanischer Angriff auf Pearl Harbor. Er war durchaus vorhersehbar: Wenig mehr als vierzig Jahre zuvor war das Reich der aufgehenden Sonne ähnlich gegen das zaristische Russland vorgegangen; andererseits hatte das von den USA eingerichtete Embargo die Regierung in Tokio in einen unhaltbaren Zustand gebracht, der sie in der Tat zwang, zwischen Kapitula-

tion und damit Verzicht auf ihre expansionistischen Ziele und dem Kriegseintritt zu wählen. Nach nicht wenigen Historikern war der Angriff von F.D. Roosevelt vorausgesehen (und vielleicht sogar provoziert) worden; jedenfalls verlor er keine Zeit, den 7. Dezember 1941 als »ein von Infamie« einer meuchlerischen Aggression »gezeichnetes Datum« abzustempeln, die zu allem Überfluss ausgelöst wurde, als die US-Regierung damit beschäftigt war, »den Frieden im Pazifik zu erhalten zu versuchen«. Diese letzte Behauptung war eine klare Lüge: Die Kriegsvorbereitung war nun auf beiden Seiten fieberhaft. Jedenfalls war, was die USA angeht, das Ergebnis der schlauen Behandlung der Krise und der alleinigen Schuldzuweisung an Tokio ein »nationaler Adrenalinstoß, eine Fusion von Wut, Energie und Prinzipien in einer Einheit ohne gleichen« (Bruce, 1995: 24-29).

d) August 1965: Ein mutmaßlicher, unverständlicher nordvietnamesischer Angriff im Golf von Tongking auf eine Einheit der mächtigsten Militärmarine der Welt lieferte Washington den Vorwand, ein systematisches und terroristisches Bombardement des Landes zu beginnen, das als verantwortlich für die nicht zu rechtfertigende Aggression gebrandmarkt wurde. Es handelte sich um eine Inszenierung, deren Lügencharakter heute allgemein bekannt ist.

IV.
Von Truman bis 1973 und von 1989 bis heute – Zwei Serien von Staatsstreichen

1.
Ein Empörungsterrorismus in der Vergangenheitsform

Außer im Präsens lässt sich der Terrorismus der Empörung auch in der Vergangenheitsform durchkonjugieren. Es ist möglich, an einem wahren oder falschen, jedenfalls exakt und passend ausgewählten Bild sozusagen ein Gegenbild festzumachen, ein feindliches Potential, einen Feind, der diskreditiert oder, genauer gesagt, dem Gespött der internationalen öffentlichen Meinung zum Fraß vorgeworfen werden soll. Beim jährlichen Gedenken an die Tragödie vom Tienanmen-Platz Anfang Juni wiederholen die westlichen Medien unvermeidlich das Foto eines jungen Chinesen, der sich unbewaffnet mutig einem Armeepanzer entgegenstellt. Welche Botschaft das haben soll, ist klar: Der da die Anmaßung und den Despotismus in Frage stellt, ist ein Mitkämpfer für die Freiheit, deren der Westen sich unaufhörlich rühmt und die nur im Westen ihre Wahlheimat finden kann.

Doch ist das alles wirklich so evident? Ist tatsächlich kein Platz für Zweifel und Nuancen? Ist der Wunsch, ein wenig nachzudenken, bevor man die manichäische Botschaft, die vorgeschlagen wird oder sich aufzudrängen versucht, verinnerlicht und sich zu eigen macht, nur das Synonym für eine sophistische Haltung und Taubheit gegenüber Gründen der Moral? Der Terrorismus der direkten Wahrnehmung und der Indignation liegt auf der Lauer. Wer der Falle entgehen will, täte gut daran, kurz abzuwarten und sich einige Fragen zu stellen, bevor er zu einem nicht nur voreiligen, sondern oft anmaßend von außen vorgegebenen Schluss kommt. Auch wenn man sich nur an die jüngste Zeit halten will, gibt es unzählige Fotos, die als Symbol für Gewalt und Grausamkeit auftauchen könnten. Die großen Medien hätten bei der Suche nach Bildern, die geeignet sind, das moralische Gewissen der Menschheit zu wecken oder wach zu halten, nur die Qual der Wahl: Sie könnten die Erniedrigungen, Schikane und Quälereien der im US-Gefängnis in Abu Ghraib festgehaltenen Iraker in Erinnerung rufen; oder sie könnten das ausgemergelte Gesicht der (ohne Prozess) in Guantánamo Gefangenen wiedergeben, die sich in einem Hungerstreik befinden, der von den Gefängnisautoritäten durch menschenverachtende Zwangsernährung abgebrochen und von den westlichen Medien weitgehend ignoriert wurde. Oder, wenn es etwas Härteres sein darf, warum nicht diesen »Rebellen« zeigen, der die aus dem Körper eines Soldaten des verhassten und vom Westen bekämpften Regimes gerissene Leber verspeist?

Sollen wir uns ausschließlich auf die Ereignisse vom Tienanmen-Platz konzentrieren? Nehmen wir zur Kenntnis, dass bereits eine erste Auswahl stattgefunden hat. Doch hier kommt die zweite. Bei eben diesen Ereignissen könnte man auf ein im Internet zirkulierendes Foto von einem Soldaten zurückgreifen, der von Demonstranten bei lebendigem Leib verbrannt und dann an einem Stahlträger aufgehängt wurde. Wollen wir dieses warum auch immer selten zugängliche Foto in Betracht ziehen? Um dem Nachdenken einen winzigen Raum einzuräumen, indem wir auf visuelles Material verzichten, könnte man sich auf die Beschreibungen der *Tienanmen Papers* stützen, die im Westen infolge einer angeblich geheimen Operation mit großem Getöse veröffentlicht worden und als endgültiger Beweis für die Infamien gefeiert worden sind, die das in China herrschende Regime vergeblich zu verbergen sucht. Dank dieser Lektüre geraten wir in unerwartete Umstände und Details:

> Plötzlich kam ein junger Mann angerannt, hat etwas in einen Panzerspähwagen geworfen und ist verschwunden. Kurz darauf sah man grüngelben Rauch aus dem Fahrzeug quellen, während die Soldaten heraus-

> kamen, sich auf die Erde legten und sich sterbend an den Hals griffen. Jemand sagte, sie hätten Giftgas eingeatmet. Aber den Offiziellen wie den Soldaten gelang es trotz ihrer Wut, die Selbstkontrolle zu wahren.

Es würde ausreichen, die Aufmerksamkeit auf die Krämpfe und den Todeskampf der vom Giftgas getroffenen Soldaten zu richten, um die Richtung der Mitleids- und Empörungsströme radikal zu ändern: Das Mitleid würde sich der Volksbefreiungsarmee zuwenden (die es trotz allem fertig brachte, »Selbstbeherrschung zu wahren«), die Empörung bekämen die Demonstranten ab, die nicht nur alles andere als unbewaffnet sind, sondern willens, auf etwas Chemiewaffen Ähnliches zurückzugreifen. Lesen wir weiter:

> Mehr als 500 Fahrzeuge der Armee sind an Dutzenden Kreuzungen in Brand gesteckt worden [...]. Auf der Chang'an-Straße hielt ein Militärfahrzeug mit Motorschaden an, und zweihundert Aufständische haben den Fahrer angegriffen und totgeschlagen [...]. An der Cuiwei-Kreuzung hat ein Wagen, der Soldaten transportierte, verlangsamt, um einen Zusammenstoß mit der Menge zu vermeiden. Da hat eine Gruppe von Demonstranten damit begonnen, Steine gegen ihn zu werfen, Molotow-Cocktails und Fackeln, wobei er sich in einem bestimmten Moment auf die linke Seite neigte, weil einer seiner Reifen platt war durch die Nägel, die die Aufständischen ausgestreut hatten. Dann haben die Demonstranten irgendwelche Gegenstände angesteckt und sie gegen das Fahrzeug geworfen, dessen Tank explodierte. Alle sechs Soldaten sind in den Flammen gestorben (Nathan / Link, 2001: 435 u. 444f).

Bleiben wir bei dieser letzten Episode: Soldaten sehen sich in dem Moment zum Tod verurteilt, wo sie versuchen, das Leben und die Gesundheit ihrer Angreifer zu erhalten. Also ein weiteres mögliches Symbol für menschliche Grausamkeit, die jedoch nicht die in China herrschende KP verkörpert hätte, sondern die vom Westen gehätschelten und unterstützten »Dissidenten«.

Aber stellen wir uns vor, dass, warum auch immer, die Figur des jungen Chinesen, der sich dem Panzerwagen entgegenstellt, als besonders emblematisch zu betrachten ist. Gut, eine solche Fotografie ist Teil einer Sequenz. Wie reagiert der Fahrer auf den jungen Unbewaffneten, der ihn herausfordert: Überfährt und zerquetscht er ihn, mäht er ihn mit dem Maschinengewehr um oder weicht er ihm vielmehr aus? Hierzu geben die *Tienanmen Papers* einem Mitglied der Pekinger Führung das Wort:

> Wir haben alle Bilder von dem jungen Mann gesehen, der den Panzerspähwagen blockiert. Unser Wagen ist mehrfach ausgewichen, aber er stand stets da mitten auf der Straße, und auch als er versucht hat, hinaufzuklettern, haben die Soldaten sich zurückgehalten und nicht auf ihn geschossen. Das sagt viel! Wenn die Militärs geschossen hätten, wäre das Echo ganz anders gewesen. Unsere Soldaten haben die Anweisungen der Partei perfekt ausgeführt. Es ist erstaunlich, dass sie es geschafft haben, in solch einer Situation Ruhe zu bewahren! (ebd.: 486).

Wenn es möglich wäre, von der Beharrlichkeit des jungen Unbewaffneten bei seiner Herausforderung des Fahrers Kenntnis zu nehmen, und von der entsprechenden Beharrlichkeit, die der Fahrer aufwendet, um das Leben und die Unverletztheit des Herausforderers zu schützen, dann würden sich vielleicht der Respekt, die Sympathie und die Bewunderung des Betrachters nicht nur in eine Richtung wenden. Eines ist sicher: Durch die Wiedergabe des jungen Mannes, der den Panzerwagen herausfordert, und durch die Eliminierung des Bildes des Fahrers, der dabei ist, zu vermeiden, dass er ihn überfährt, gelangen die westlichen Medien zu einer dritten Auswahl. Und damit ist das als Emblem der Tragödie vom Tienanmen aufgetauchte Foto, alles andere als für unmittelbare Evidenz zu stehen, weder authentisch, noch hat es einen an sich evidenten Inhalt. Es ist nicht unmittelbar, weil es das Ergebnis einer so genauen Auswahl ist, dass man von einer dreifachen sprechen kann. Und es hat nicht einen für sich sprechenden Inhalt, weil es trotz der gezielten und mehrfachen Selektion, die es hinter sich hat, bei genauem Hinsehen und genauer Einordnung einen völlig anderen, ja womöglich jenem entgegengesetzten Inhalt haben könnte, den die herrschende Ideologie ihm zuschreibt: Zeigt in entsprechenden Situationen auf besetztem palästinensischem Gebiet ein israelischer (und westlicher) Fahrer eine Selbstbeherrschung wie der chinesische?

In den letzten Jahren haben unerwartete und seriöse Stimmen dafür gesorgt, ein neues Licht auf die Ereignisse vom Tienanmen-

Platz zu werfen. Der frühere deutsche Kanzler Helmut Schmidt hat daran erinnert, dass das militärische Eingreifen in Peking aufgrund einer nicht mehr tragbaren Situation, deren Ende nicht absehbar war, beschlossen wurde (die Demonstranten blockierten die Tätigkeit der Regierung und lehnten jeglichen Kompromiss ab). Vor allem: Die Soldaten, die die Ordnung wiederherstellen sollten, »haben zunächst Ruhe bewahrt, doch sie wurden mit Steinen und Molotow-Cocktails angegriffen und haben sich mit den Waffen, die sie hatten, gewehrt« (Schmidt, 2012). Und diese Version der Vorkommnisse wird indirekt vom damaligen US-Botschafter in Peking bestätigt: Der Rückgriff auf die Truppen wurde erst beschlossen, als »die Regierung schließlich keine anderen Optionen mehr hatte außer einem militärischen Angriff«. Aber es handelte sich um eine deutlich widerwillig getroffene Entscheidung: Die ersten Soldaten, die den Platz räumen sollten, »erinnerten mehr an einen Kinderkreuzzug als an eine militärische Strategie«. Es waren »unbewaffnete Truppen«. Auf der anderen Seite »hatte eine zornige Menge zehn Militärfahrzeuge zerstört«. Die Soldaten mussten sich zurückziehen. Der US-Militärattaché, General Jack Leide, konnte mit professioneller Zufriedenheit kommentieren: Das Fiasko der Volksbefreiungsarmee war »eine chinesische Version des Rückzugs von Napoleon aus Moskau« (Lilley, 2004: 309 u. 311f). Ein erneuter Versuch, den Platz zu räumen, war unausweichlich, doch einen entscheidenden Punkt sollte man nicht aus den Augen verlieren: »Deng hat kein Massaker angeordnet«. Im Rahmen des Möglichen suchte er, ein Blutvergießen zu vermeiden oder auf ein Minimum zu reduzieren. In der Tat sprechen die vom damaligen US-Botschafter beschriebenen Szenen für sich: Ein Soldat, der aus seinem Kettenfahrzeug springt, um nicht »lebendig verbrannt« zu werden, oder Studenten, »die Benzinkanister dabei hatten, versuchten in der Nordecke des Platzes die Armeefahrzeuge anzuzünden, wurden aber von den Soldaten festgehalten« (ebd.: 316, 318 u. 320).

Wenn die westlichen Medien mindestens einmal im Jahr wieder das Bild zeigen, mit dem wir uns hier beschäftigen, beklagen sie zugleich die von den chinesischen Machthabern ausgeübte Zensur. In der Tat strengen diese sich vergeblich an bei dem Versuch, die Bilder vom »Vorfall auf dem Tienanmen-Platz« zu verbannen. Doch hier stellt sich die vielleicht beunruhigendere Frage: Ist es die chinesische Zensur, die die Wahrheit immer weiter manipuliert, oder die offenbar fehlende Zensur, deren sich der Westen rühmt? Im ersten Fall haben wir es zweifellos mit einer Verstümmelung der Wahrheit zu tun: ein Teil wird abgeschnitten. Im zweiten Fall, weit davon entfernt, abgetrennt zu werden, wird jenes Stück, jene Fotografie, das Resultat eines dreifachen Auswahlprozesses, ständig gezeigt und herausgestrichen, womit diese Wahrheit nur ein Moment des Gesamtfalschen ist. Schlimmer noch, solche Wahrheit ist nun integrierender Bestandteil nicht nur des Falschen, sondern einer Fälschung, die darauf abzielt, die Reflexion und rationale Argumentation zu besetzen und wie einen Pawlowschen Reflex eine Empörung zu erzeugen, die manipuliert und geeignet ist, für schändliche Ziele instrumentalisiert zu werden. Da ist bereits die erste Kriegsfunktion der Spektakelgesellschaft am Werk (die Dämonisierung des Feindes oder der feindlichen Macht), während die zweite bereit steht, die Reduzierung der im Namen der humanitären Sache der Menschenrechte ausgeübten Gewalt auf ein Spektakel. Möglicherweise wird ein zukünftiger Historiker die Bilder von dem jungen Chinesen, der sich dem Panzerwagen entgegenstellt, neben die Bilder oder »Notizen« einordnen, die sich auf die Versenkung des Kreuzers Maine, des Dampfers Lusitania und die bei Pearl Harbor versenkten oder im Golf von Tonkin »angegriffenen« Schiffe beziehen; und vielleicht wird dieser Historiker nach der einem Bild immanenten Ladung an Gewalt fragen, das vorgibt, die Verdammung der Gewalt als solche zu repräsentieren.

2.
Der »aufgeklärte Despotismus« am Tienanmen-Platz

Die Wahrheit des Bildes des jungen Mannes, der sich dem Panzer entgegenstellt, ist nur ein Moment des Gesamtfalschen. Durch den Terrorismus der unmittelbaren Wahrnehmung und Empörung hat das Bild das Ziel, Reflexion und Nachfrage zu verhindern: Wenn nicht für die Sache der Gewaltlosigkeit, stand dann die Bewegung vom Tienanmen-Platz eindeutig für Demokratie? Nicht wenige der Demonstranten schauten mit Sympathie und Bewunderung auf Zhao Ziyang. Bevor er in die Spitze der chinesischen Führung aufstieg, »war er bekannt geworden durch die Unterdrückung der letzten Turbulenzen der radikalen Linken« in Sichuan; in der Krise vom Frühjahr 1989 befürwortete er »eine ›neo-autoritäre‹, paternalistische und technokratische Richtung« (Domenach / Richer, 1995: 697 u. 550). Es handelte sich um einen als Vertreter des »aufgeklärten Despotismus« bekannten und (in gewissen chinesischen und internationalen Kreisen) geschätzten führenden Politiker (Minqi Li, 2008: XI). Ohne Zweifel: »Zhao war kein Demokrat. In jenen Jahren arbeitete er daran, die Marktwirtschaft mit eiserner Faust durchzusetzen«. In dem aktuellen Aufruhr erkannte und suchte er seine große Chance:

> Die »Massen« hatten zu einem Gutteil eine Demonstrationserlaubnis von Reformkräften der chinesischen KP und wurden mit Autos und Bussen der Fabriken, der Behörden und Ministerien zu den Manifestationen gebracht. Genauso war den Studenten logistische Hilfe von Funktionären und Zhao-Ziyang-nahen Privatunternehmern angeboten worden (Ferraro, 2001).

Zhao Ziyang – unterstreichen zwei US-amerikanische Autoren – kann »vielleicht als der am meisten philo-amerikanische chinesische Führer in der jüngeren Geschichte angesehen werden« (Bernstein / Munro, 1997: 39). Doch was bewunderte er an den Vereinigten Staaten und was schätzte die US-Führung an ihm? War es die Liebe zur Freiheit oder eher neoliberaler Dezisionismus, der, ganz im Gegenteil drauf und dran war, auch auf »neoautoritäre« bis hin zu »despotischen« Maßnahmen zurückzugreifen, was die Sympathie zwischen den beiden Parteien hervorrief?

Und hier noch eine letzte Frage: War der Aufstand vom Tienanmen-Platz ein völlig China-internes Ereignis? Ein Kolloquium bringt Aufklärung. Als sich einige Zeit nach der Tragödie die Abgesandten von Präsident Bush sen. nach Peking begaben, um mit Deng Xiaoping zu konferieren, beschwerte der sich bei ihnen darüber, dass sich herausgestellt habe, dass die USA »tief« in die Ereignisse vom Tienanmen-Platz »verwickelt« seien, und fügte hinzu: »Um aufrichtig zu sein, das konnte bis zum Krieg führen« (Kissinger, 2011: 418f). Der so sprach, war ein für seinen Pragmatismus und seine Besonnenheit bekannter Politiker, kein »profilierter« Theoretiker in der internationalen Szene, der zu allem in diesem Moment jegliches Interesse hatte, die Beziehungen zu Washington wiederherzustellen, auch, um der diplomatischen und kommerziellen Isolation zu entkommen. Und derjenige, der von dieser Erklärung berichtet, ist ein Vertreter der *Realpolitik*, der kein Bedürfnis verspürt, eine derart harte Anklage zurückzuweisen, und der über keine polemische Antwort seitens der US-amerikanischen Gesprächspartner des chinesischen Führers berichtet.

Es wurde Deng nicht nur nicht widersprochen, sondern seine Auffassung der Tatsachen ist heute indirekt durch einen seriösen Zeugen bestätigt. Es handelt sich um den damaligen US-Botschafter in China. Er erinnert sich, dass in jenen Tagen »zehn Räume der Botschaft von mehr als hundert Kugeln getroffen wurden«, abgefeuert von der chinesischen Armee, die – so die Version der Leitung in Peking – dabei war, einen »Heckenschützen« zu jagen, »der einen Soldaten einer sich zurückziehenden Kolonne getötet hatte«. Der Botschafter berichtet, sofort nach der Schießerei kommentiert zu haben: »Ich denke, dass die Chinesen versucht haben, uns eine Botschaft zu schicken« (Lilley, 2004: XII). Mag sein, aber welche?

Wir können es aus anderen Details dieses Zeugenberichts ableiten. Während sich die Konfrontation zwischen Studenten und chinesischer Regierung verschärfte, kontaktierte der »Militärattaché« in der US-Botschaft in Peking »seine Kollegen in den Botschaften von Australien, Großbritannien, Kanada, Frankreich, Deutschland und Japan« und arbeitete eng mit ihnen zusammen. Mit welchem Ziel?

> Sie teilten sich die Stadt in Sektoren auf und teilten untereinander bei Patrouillen erhaltene Informationen. Ende Mai richteten die Militärattachés der diversen Botschaften als Antwort auf die Abschwächung der Krise rund um die Uhr Horchposten an zuvor ausgewählten Stellen der Stadt ein. Mit Weitsicht machte sich General Jack Leide, der Militärattaché der amerikanischen Botschaft daran, die Erlaubnis zu erhalten, in Hotels Zimmer für die US-Kontrolleure zu mieten, und er bekam sie.

> Außer einem Zimmer im Fuxingmen-Hotel im Westteil der Stadt buchten wir zwei nebeneinanderliegende Zimmer im Hotel Peking unmittelbar im Nordosten des Tienanmen-Platzes, was uns eine direkte Sicht auf den Platz erlaubte. Darüber hinaus stattete Leide seine Männer mit aus dem Ausland eingeschmuggelten *Walkie-talkies* aus. Das war eine Verletzung des diplomatischen Protokolls, weil es innerhalb Chinas den diplomatischen Vertretungen nicht erlaubt ist, ihre privaten Kommunikationsapparate zu behalten, aber bei dieser Verletzung habe ich mich trotzdem wohlgefühlt (ebd.: 306).

Zielte die von den Militärattachés der wichtigsten (westlichen oder pro-westlichen) Länder vorgenommene Aktivität, ermöglicht dank verbotener und auf Befehl eines »weitsichtigen« US-Generals illegal eingeführter Apparate nur darauf ab, die Krise direkt zu verfolgen, oder auch darauf, sie zu beeinflussen? Indem es die »ausgezeichnete« Kenntnis des Mandarin einiger seiner Mitglieder nutzte, »hatte unser (US-amerikanisches) diplomatisches Team in Peking solide Verbindungen zu Mitgliedern der Armee, der Studentenbewegung und der Klasse der Intellektuellen hergestellt«; und diese Verbindungen waren geeignet, beträchtliche »Dividenden« abzuwerfen (ebd.: 314 u. 306). Was konnten aus der Beziehung zu Mitgliedern und Teilen des chinesischen Heeres hergeleitete »Dividenden« sein?

Wie die Umschlagklappe seines Buches erhellt, hat der Autor dieses Augenzeugenberichts »etwa dreißig Jahre in der CIA in Tokio, Taiwan, Hongkong, Laos, Bangkok, Kambodscha und Peking gedient, bevor er Anfang der 80er-Jahre ins Außenministerium eintrat und eine brillante diplomatische Karriere begann«. War es ein Einzelfall, dass ein Diplomat mit ausgewiesener Erfahrung als CIA-Agent hinter sich die eben erwähnten hektischen Aktivitäten leitete? In jenen Tagen war auch Gene Sharp in der chinesischen Hauptstadt (Engdahl, 2009: 93), der Theoretiker der »Farbenrevolutionen«. Ein weiterer Zufall? Und wie soll man dann erklären, dass, immer noch zur selben Zeit, Winston Lord, der frühere Botschafter in Peking und wichtige Berater des späteren Präsidenten Clinton, nicht müde wurde zu wiederholen, dass der Fall des kommunistischen Regimes in China »eine Frage von Wochen oder Monaten« sei (Bernstein/Munro, 1997: 95)?

Und wozu diente die Fälschung der »Titelseite der ›Volkszeitung‹«, des offiziellen Organs der chinesischen KP (Nathan / Link, 2001: 324), und wer war verantwortlich für eine so ausgeklügelte Operation, die die herrschende Partei und den Staat als solchen in zwei sich gegenüberstehende Fraktionen hätte spalten können?

Es kommt einem die Warnung Deng Xiaopings in den Sinn, weder widersprochen von Kissinger, noch von einem Mitglied der US-Delegation: Die USA waren verantwortlich für eine Operation, die »zum Krieg führen konnte«. Worin konnte diese Operation bestehen, dieser *casus belli*, wenn nicht im Versuch eines von außen dirigierten Staatsstreichs mit dem Ziel, den möglicherweise »proamerikanischsten chinesischen Führer« an die Macht zu bringen, jenen, der bereitstand, sich auf einen »aufgeklärten Despotismus« nach neoliberalistischer Tonart zu stützen? Im Nachhinein betrachtet, erscheinen die Vorfälle vom Tienanmen-Platz von 1989 wie die Generalprobe der als »Farbenrevolutionen« getarnten Staatsstreiche, die in den Jahren danach folgen sollten.

3.
Kalter Krieg und die erste Welle der Staatsstreiche

Meine Lesart mag Anstoß erregen, aber sie spiegelt sich im politischen und ideologischen Klima, das im Westen mit dem Ausbruch des Kalten Krieges entstand. Auf Basis der am 12. März 1947 vom US-Präsidenten Harry S. Truman vorgetragenen Doktrin, die seinen Namen erhalten sollte, war es nötig, der vom kommunistischen Totalitarismus ausgehenden »direkten oder indirekten Aggression« entgegenzutreten und damit auch der »mit angeblich politischer Infiltration« voran gebrachten Aggression (in: Commager, 1963, Bd. 2: 524f). Hierbei waren bereits der von den Kommunisten aufgebotene politische Einfluss und ihre Überzeugungsfähigkeit Synonyme für »Infiltration« und »Aggression«. In Staatsdokumenten warf Truman ihnen vor, Vertreter eines »neuen fanatischen Glaubens« zu sein (in: G. Smith, 1994: 66). Auf der anderen Seite des Atlantiks nahm ein weiterer kalter Krieger, nämlich Winston Churchill (1974: 7800 u. 7809), in zwei Interviews vom 25. und 31. März 1949 einen beredten Vergleich zwischen Nazismus und Kommunismus vor: Der erste war weniger gefährlich, da er sich »nur auf das stolze *Herrenvolk* und antisemitischen Hass« stützen konnte; nicht so der zweite, der auf »eine Kirche kommunistischer Adepten zählen konnte, deren Missionare sich in allen Ländern aufhalten« und in jedem Volk. Kommunistische Militante wurden unter Anklage gestellt, nicht weil sie gewaltsam von außen eindrangen wie die Soldaten der nazistischen Armee, sondern weil sie wie Missionare innerhalb eines Landes zu ihrem Glauben bekehrten. Diese »Missionare« musste man um jeden Preis neutralisieren: »In den Ländern Lateinamerikas befürworten die Vereinigten Staaten das Verbot der kommunistischen Parteien« (G. Smith, 1994: 15). So frei sie auch sein mochten, wurden von Kommunisten oder ihren echten oder vorgeblichen Verbündeten gewonnene Wahlen a priori durch die Truman-Doktrin delegitimiert. Und tatsächlich vollzog Washington einen Staatsstreich nach dem anderen gegen demokratisch gewählte Führer. Man denke an den Iran 1953 und Guatemala 1954: Es war der Beginn einer langen Serie von Militärputschen, die an erster Stelle die Ordnung im »Hinterhof« der USA, aber auch in anderen Teilen der Welt wieder festigen sollten. Nach vor einigen Jahren zugänglich gemachten US-amerikanischen Dokumenten stand am Vorabend der Wahlen in Italien vom April 1948 die CIA bereit, im Fall eines Sieges der Linken sezessionistische Bewegungen in Sardinien und Sizilien zu unterstützen (Molinari, 1999). Unabhängig vom Ergebnis und dem demokratischen Charakter der Wahlen musste Italien als Ganzes oder zumindest teilweise unter der Kontrolle Washingtons bleiben.

Solche Staats- und Handstreiche waren 1950 explizit durch George F. Kennan, den großen Theoretiker der »Containment«-Politik, durchgespielt worden: Die Kommunisten bewiesen eine außerordentliche Fähigkeit, die Massen anzuziehen, zu begeistern und zu organisieren; um solche Gefahr abzuwehren, bedürfe es drastischer und exemplarischer Maßnahmen, »Zwangsmaßnahmen, die andere Regierungen das Risiko begreifen ließen, durch exzessive Toleranz gegenüber antiamerikanischen Aktivitäten unsere Feindschaft zu erregen« (in: G. Smith, 1994: 69f).

Bezeichnenderweise äußerte sich 1961 während eines Kolloquiums in Wien John F. Kennedy nach dem ruhmlosen Abenteuer in der Schweinebucht, dem Invasionsversuch ins Kuba Fidel Castros, gegenüber Chruschtschow über die Erfolge und die Dynamik der kubanischen Revolution: Die USA könnten kein Regime ertragen, das ihre Hegemonie in der »westlichen Hemisphäre« angreife, in einer »Region von vitalem Interesse« für sie, wie die UdSSR keine »proamerikanische Regierung in Warschau« toleriert hätte. Es war eine Rede, die, weit davon entfernt an den Universalismus zu appellieren, diesen kritisierte; wenn man den nuklearen Holocaust verhindern wolle, müsse man die Aufmerksamkeit mehr als auf den Willen der Völker auf die Erhaltung des »bestehenden Gleichgewichts der Kräfte« richten; es könnten nur Wechsel toleriert werden, die »die Bilanz der Macht in der Welt nicht veränderten« (Schlesinger jr., 1967: 338).

In der Tat geschah zwölf Jahre später zur Stabilisierung des »Weltmachtgleichgewichts«, das sich geändert hatte durch freie Wahlen, die in Chile Salvador Allende an die Macht gebracht hatten, 1973 der von den USA schon drei Jahre davor, also unmittelbar nach der Einsetzung des demokratisch gewählten Präsidenten, vorbereitete Staatsstreich: Wie in seinen Memoiren Richard Helms berichtet, damals CIA-Direktor, war »Nixon von der Idee besessen, Chile zu verlieren, wie Kennedy Kuba verloren hatte« (Chierici, 2013: 42). Der Sturz und der Tod Allendes schloss den Zyklus der von der Truman-Doktrin inspirierten und 1953 im Iran mit dem Sturz und dem Exil Mossadeghs, auch er demokratisch gewählt, begonnenen Staatsstreiche. In der hier betrachteten Periode haben wir eine Serie von Staatsstreichen vor uns, die nicht nur von Washington geplant und umgesetzt wurden, sondern geplant und ausgeführt auf der Grundlage einer genauen Theorie, die Kissinger mit der gewohnten zynischen Klarheit so formuliert hat: »Ich sehe keinen Grund dafür abzuwarten, dass ein Land marxistisch wird, nur weil sein Volk unverantwortlich ist« (in: Chierici, 2013: 39).

Dann begann eine Übergangsphase. Noch Ende der 70er-Jahre proklamierte Jimmy Carter, »die Menschenrechte sind die Seele unserer Außenpolitik«, doch das hinderte ihn nicht daran, den Schah von Persien (der durch einen Staatsstreich, der das Resultat demokratischer Wahlen weggefegt hatte, an die Macht gekommen war) mit geradezu emphatischen Worten zu loben: »Das ist eine große Ehre für Euch, Majestät, für Eure Führerschaft und für den Respekt, die Bewunderung und die Liebe, die Euer Volk für Euch pflegt«. Wir befinden uns in Teheran am Abend des 31. Dezember 1977. Wenige Monate später grassierte die revolutionäre Agitation, und der Schrecken der Repression brach aus. Carter eilte sich, mit dem Schah zu telefonieren, um ihn »der engen und freundschaftlichen Beziehung zwischen dem Iran und den Vereinigten Staaten zu versichern, und wie wichtig es sei, dass die Allianz zwischen dem Iran und dem Westen fortgesetzt werde«. Danach ließ die Revolte eines ganzen Volkes die schreckliche Diktatur wanken, ohne Carter besonders zu beeindrucken; am 12. Dezember 1978 erklärte er: »Ich rechne fest damit, dass der Schah die Macht im Iran behält [...]. Der Schah hat unsere Unterstützung und kann auf uns zählen« (T. Smith, 1994: 241 u. 259). Fast zur gleichen Zeit fand auch in Nicaragua eine radikale Wende statt; doch der Sturz der Somoza-Diktatur löste keinerlei Enthusiasmus in Washington aus, zumal die neuen Führer den Makel hatten, statt in Richtung der USA (d.h. des Landes, das verantwortlich war für die Einsetzung des blutigen Despotismus der Somoza-Dynastie in Nicaragua) mit Sympathie nach Kuba zu schauen. Auch in diesen Jahren wurde das Prinzip demokratischer Legitimation durch freie Wahlen unter Teilnahme mehrerer Parteien hochgehalten mit Blick vor allem auf Kuba und die kommunistische Welt, wobei man letztlich gut darauf achtete, die Verbündeten und Vasallen des Imperiums nicht in Gefahr zu bringen.

4.
Seit 1989: Die zweite Welle der Staatsstreiche

Erst in der letzten Phase des Kalten Kriegs, nachdem die kommunistische Bewegung ihre Anziehungs- und Wachstumskraft schwinden sah, erhoben die USA zusammen mit dem freien Markt die »freien Wahlen« (und die Respektierung der »Menschenrechte«) zum allgemeinen Prinzip der Legitimität politischer Macht und schrieben sich selbst die

Mission zu, freien Markt und Demokratie auch mit Waffengewalt zu exportieren.

Mit Bezug vor allem auf den Zusammenbruch des Sozialismus in Osteuropa sprach man von einer »dritten Welle« der Demokratisierung nach einer ersten, die sich zwischen dem 19. und dem 20. Jahrhundert entwickelt hatte, und einer zweiten in den Jahren, die unmittelbar auf den Zweiten Weltkrieg folgten (Huntington, 1995: 38-48). Es besteht kein Zweifel, dass sich auch in Osteuropa, im früheren »sozialistischen Lager«, das von Wahlen mit der Teilnahme mehrerer konkurrierender Parteien ausgehende Prinzip demokratischer Legitimation durchgesetzt hat. Aber die Demokratie kann vielfältige Formen annehmen und für sehr unterschiedliche politische Projekte und Führer stehen, und um die von diesen bevorzugte Lösung zu begünstigen oder zu behindern, haben die USA und die EU nicht gezögert, auf Gewalt zurückzugreifen. Es ist legitim, hier über eine zweite Welle der vom Westen ausgehenden Staatsstreiche zu sprechen, nach der ersten, die wir auf das Ende des Kalten Kriegs haben folgen sehen. In Osteuropa fällt diese zweite Welle der Staatsstreiche weitgehend mit der »dritten Welle« der Demokratisierung zusammen.

1990 gewannen in Bulgarien trotz der Drohung ökonomischer Vergeltung und des expliziten Eingreifens von Seiten der USA in die Wahlkampagne (der Botschafter war auf der Tribüne der Wahlversammlung der Washington nahen Partei gut zu sehen) die Ex- oder Postkommunisten der bulgarischen sozialistischen Partei die Wahlen: Ihr Resultat wurde jedoch durch vom Westen angetriebene, finanzierte und legitimierte Straßenaufstände annulliert. Es war ein Szenario, das sich im Folgejahr in Albanien wiederholte (Blum, 2003: 466-474).

Erhellend ist vor allem, was im wichtigsten Land Osteuropas passierte. In den letzten Monaten oder Lebensjahren der Sowjetunion trafen zwei Demokratisierungsprojekte aufeinander. Das erste, von Gorbatschow initiierte (das dann allerdings mit Kapitulation endete), wurde schließlich vom zweiten besiegt. Die Gallionsfigur des zweiten Projekts, Jelzin, wurde entscheidend vom Westen unterstützt, der stark an der Durchführung massiver und schneller Privatisierungen interessiert war, die den USA und der EU enorme ökonomische und politische Vorteile gesichert hätten. Der Triumph des neuen Führers musste aber die Machtprobe von 1993 bestehen: Am 21. September dieses Jahres löste der Präsident (Jelzin) in offenem Widerspruch zur vor kurzem erlassenen russischen Verfassung das Parlament auf, das vergeblich versuchte sich zu widersetzen, und dann zuerst bombardiert und schließlich dank des Eingreifens von Spezialeinheiten und Panzern planiert wurde.

Zehn Jahre später war Georgien dran: Die sogenannte Rosenrevolution vom November 2003 entwickelte sich im Grunde ähnlich wie das bereits von Bulgarien und Albanien bekannte Szenario. Nur eine Variante ist erwähnenswert: Schewardnadse, der Führer, der stürzen sollte, war angeklagt, sich missbräuchlich bereichert zu haben und Besitzer einer recht luxuriösen Villa in Baden-Baden zu sein, deren unablässig vorgezeigtes Foto in Wirklichkeit ein Fund aus dem Internet war. Der schlaue Rückgriff auf die Fälschung reichte nicht aus, das erhoffte Wahlresultat zu erzielen: Für die Lösung des Problems sorgte ein erneut vom Westen ermutigter und legitimierter Aufruhr.

Wie aus seriösen Studien hervorgeht, ist die Rolle der USA und der EU bei den sogenannten Farbenrevolutionen notorisch; eine überlegene imperiale Macht hatte sich durchgesetzt (Losurdo, 2015, Kap. 9.2). Schon jeweils die Wahl einer bestimmten Farbe verweist zurück auf die in den ersten Nachweltkriegsjahren von den US-Strategen der »heimlichen Verführung« und des Color Research Institute durchgeführten Studien (Packard, 1964).

Wir haben eine Serie von akkurat geplanten Staatsstreichen vor uns. Das ist auch durch die jüngsten Ereignisse in der Ukraine gesichert. In diesem Land hatte bereits die »Orange Revolution« von 2004 die Teilnahme von »zu vielen Nichtregierungsorganisationen der Vereinigten Staaten« erlebt (Romano, 2013). Neun Jahre später gab es eine Replik. Seit der zweiten Hälfte des Novembers 2013 wurde die Ukraine, die es gerade abgelehnt hatte, einen Vertrag zu ihrer Aufnahme in die EU (und in die NATO) zu unterschreiben, von massiven Protestveranstaltungen erschüttert. Schon am 3. Dezember sprach eine ausgewiesen proatlantische italienische Zeitung von einem gerade ablaufenden »Staatsstreich«. Nicht ohne Grund war das Epizentrum des Protests Kiew, außer Reichweite der östlichen Regionen, die klar in Opposition zu der Umwälzung standen, die in der Hauptstadt vorbereitet wurde, im Zentrum der Macht, die es zu stürzen galt:

> Absperrungen und Besetzungen wichtiger öffentlicher Gebäude sind Teil eines ausgearbeiteten Plans, der die Regierung *wie ein Staatsstreich* stürzen soll. Die Repression durch die Lederhelme der Polizei wurde aufgebauscht, um die Werbetrommel in den Medien der halben Welt zu rühren. Und hinter der »spontanen« Revolte im Namen Europas stehen nationalistische Gruppen, die starke Paten unter den polnischen Nachbarn und im mächtigen Deutschland haben […]. Im Zentrum der Hauptstadt sind Barrikaden errichtet worden. Das Rathaus ist besetzt und im Hauptquartier der Gewerkschaften ist ein »Komitee des revolutionären Widerstands« eingerichtet worden. Gruppen von durchtrainierten Jugendlichen in schwarzen uniformartigen Lederjacken organisieren die nächsten Handlungen […]. Die »Weiße Garde« der Aufständischen könnte die schlecht bezahlten Polizisten der Westukraine auf ihre Seite ziehen (Biloslavo, 2013).

Hinterher wurde die These vom »Staatsstreich« von einem hochrangigen Diplomaten im Wesentlichen bestätigt (Romano, 2014: 115). In keinem anderen Land, so demokratisch es auch wäre, wären die Gewalttaten der Demonstranten, die explizit und erklärtermaßen versuchten, das Funktionieren der Institutionen unmöglich zu machen, die Lebensnerven der Regierung zu blockieren und einen Regimewechsel durchzusetzen, toleriert worden. Umso mehr, als sich die Aufständischen bei ihren Angriffen auf Polizeikräfte mit Knüppeln und Molotow-Cocktails auf »Gruppen von durchtrainierten Jugendlichen« in »Uniform« stützten, auf Trupps oder Trüppchen, die sich von einer ziemlich beunruhigenden Ideologie inspirieren ließen: ja, wie die Großpresse selbst schließlich einräumte, waren deren Helden die ukrainischen Nationalisten, die einige Jahrzehnte zuvor mit den Nazis im Krieg gegen die Sowjetunion und gegen den jüdisch-bolschewistischen Feind sowie bei der mörderischen Jagd nach Juden kollaboriert hatten (Valli, 2014). Trotz alledem wurde jedes Vorgehen der Ordnungskräfte in Kiew vom Westen a priori als Gewalt abgestempelt, die gegen friedliche, nicht gewalttätige Demonstranten unzulässig sei, folglich

Gewalt, gegen die Washington und Brüssel sich autorisiert fühlten, mit ökonomischen Sanktionen anzugehen. Vertreter ersten Ranges der USA und der EU eilten nach Kiew, um die Demonstranten bzw. Aufständischen zu ermutigen. Ihre Empörung über die »Gewalt«, deren sich die ukrainische Regierung bediente, und zwar nur die ukrainische Regierung, drückte auch die NATO aus, eine Organisation, die allgemein dafür bekannt ist, dem Prinzip der Gewaltlosigkeit verpflichtet zu sein!

All das lief nach einer präzisen und festgelegten Regie ab: Es galt, die Macht zu blockieren und die Rückkehr zur Normalität zu verhindern, es galt, das Chaos und die Unsicherheit möglichst lang hinzuziehen. Schon unzufrieden auf Grund ihrer prekären ökonomischen Situation, würden die Polizeikräfte der (westlichen) Ukraine sich über das Unvermögen ihrer Regierenden klar werden und über die Nutzlosigkeit, sich paramilitärischen Banden entgegenzustellen, die Straffreiheit und den Schutz der Herren der Welt genossen.

Das ist eine Technik des Staatsstreichs, die schon in den 30er-Jahren von einem großen Intellektuellen des 20. Jahrhunderts genau beschrieben wurde:

> Wenn kleine bewaffnete Gruppen gleichzeitig öffentliche Gebäude, Regierungspalast, Poststellen, Bahnhöfe, Radio etc. besetzen, läuft das gesamte bestehende Verteidigungssystem Gefahr, paralysiert zu werden. Die amtierende Regierung hört damit auf, als offizielle Autorität zu erscheinen, die die Schlüsselstellen und -organe des Staates kontrolliert, während die Autorität der Aufständischen daran geht, sich als legitime darzustellen. Nicht nur, aber auch wenn die alte Regierung versucht, Widerstand zu leisten, ist sie nun der wesentlichen Instrumente dafür beraubt, besonders der Kommunikationsmittel. Ein Teil der Regierenden ist gefangen genommen, während der andere orientierungslos und verunsichert nicht weiß, wie er handeln und die Kräfte sammeln soll (Aron, 1998: 193).

Es ist eine Ironie der Geschichte: Diese Analyse wurde vor allem mit Blick auf die Oktoberrevolution entwickelt, die ja seit den Anfängen gezwungen war, sich mit den Großmächten, die bereits in Russland stark vertreten waren und über kurz oder lang ins Land der Sowjets eingedrungen wären, auseinanderzusetzen. Doch trotz seiner Intentionen erhellt Raymond Arons Analyse meisterhaft die Technik, die die »Farbenrevolutionen« leitet, echte Staatsstreiche, die nicht zufällig die Unterstützung der weltweit dominierenden Macht auf ökonomischem, multimedialem, politischem und militärischem Gebiet genießen dürfen.

In der Ukraine des Februar 2014 ließ der ersehnte *regime change* trotz sorgfältiger und verbissener Vorbereitung auf sich warten. Genau da tauchten Heckenschützen auf, die wiederholt in die Menge (und in Wirklichkeit auch auf die Ordnungskräfte) schossen und zahlreiche Opfer verursachten. Angesichts eines solchen Massakers konnte der Empörungsterrorismus all seine Effekte entfalten, indem er die Masse zusätzlich antrieb und den auf den Westen gestützten Aufständischen zugestand, der wankenden Regierung den finalen Stoß zu versetzen und die Macht zu erobern. In den Tagen unmittelbar nach dem Staatsstreich konnte man in der Westpresse euphorische Kommentare lesen, die die Idee einer Wiederholung der soeben in Kiew abgeschlossenen Operation in Moskau schmackhaft machten; und vielleicht war das Evozieren eines solchen Szenarios auch der Anstoß für Russland für eine harte Antwort auf politischer und militärischer Ebene.

Es war eine durch die Revolte der russischsprachigen Regionen der Ukraine hervorgerufene Reaktion, die verärgert über den *regime change* waren und alarmiert durch die Rolle, die massiv russophobe und faschistoide Kräfte spielten, und es war auch eine Verteidigungsreaktion gegen eine Expansion der NATO in Osteuropa, die, zusammen mit dem Vordringen des Schutzschildes, darauf abzielt, Moskau mit dem Schrecken des nuklearen Erstschlags zu belegen.

Doch kehren wir ins Kiew vom Februar 2014 zurück. Gleich nach dem Staatsstreich vom Maidan geschah etwas Neues und Unerwartetes. Im Internet begann ein Telefongespräch zu zirkulieren, möglicherweise von den Russen abgehört, aber von nachgewiesener Authentizität: Der Außenminister von Lettland, Urmas Paet, teilte der Außenverantwortlichen der EU, Catherine Ashton, mit, dass es auf der Grundlage von in seinem Besitz befindlichen Informationen mit der Opposition, d.h. Protagonisten des Staatsstreichs, verbundene Elemente waren, die das Feuer gleichzeitig auf Demonstranten und Sicherheitskräfte eröffneten. Man hätte empörte Reaktionen aus Washington und Brüssel erwartet, doch die beeilten sich, die neuen Regierenden anzuerkennen, ohne Erklärungen zu verlangen oder indiskrete Fragen zu stellen.

Andererseits gab es Vorläufer dieser zynischen *Realpolitik*. Anfang 1991 war Litauen, damals integraler Bestandteil der Sowjetunion, von Demonstrationen der Unabhängigkeitsbewegung erschüttert worden. Am 13. Januar des Jahres hatten in Vilnius, der Hauptstadt des Landes, von Gorbatschow geschickte Spezialeinheiten des Innenministeriums eingegriffen, um die Kontrolle über den Fernsehsender wiederzuerlangen. Der harte Zugriff hatte vierzig Tote zur Folge: Jedenfalls war (und ist) das die offizielle Version des »Blutsonntags von Vilnius«. Es handelt sich allerdings um eine per Gesetz sanktionierte Version: Wer sie in Zweifel zieht, kann angeklagt werden, wie es 2001 dem Präsidenten der »Sozialistischen Volksfront« passierte, der beschuldigt wurde, er habe die These vertreten, es seien nicht russische Polizisten gewesen, die das Feuer auf die Demonstranten eröffnet hätten, sondern litauische Agents provocateurs, die den Empörungsterrorismus entfachen wollten, den sie brauchten, um sich die Unterstützung der internen wie der internationalen öffentlichen Meinung zu sichern und der Sezessionsbewegung zum Sieg zu verhelfen (Hofbauer, 2011: 245ff).

All das lässt den Gedanken aufkommen, dass die Zuhilfenahme von Provokateuren gängige Praxis bei Operationen des *regime change* ist, sobald Manipulationen und Lügen sich als nicht ausreichend erweisen. Jedenfalls wirft die im November 2013 und dem Februar des Folgejahres in der Ukraine angewandte Regie im Nachhinein ein Licht auf die vorhergehenden Staatsstreiche oder entsprechende Versuche. Es ist eine Regie, die ihre ersten Versuche bereits auf dem Tienanmen-Platz unternahm: Wir hatten alles andere als friedliche Demonstrationen vor uns, stark unterstützt vom Ausland, die sich auf unbestimmte Zeit hinzogen und versuchten, das normale Funktionieren der Institutionen zu blockieren in der Erwartung oder Hoffnung, dass der bereits wankende – so dachte man zumindest in Washington – Staats- und Regierungsapparat zerreißen werde durch den Zusammenbruch des Sozialismus, der sich in Osteuropa abzeichnete, und durch die Verbreitung der vom westlichen Propagandaapparat genährten These auch in China, dass nämlich der Triumph des Kapitalismus unvermeidbar sei.

Auf den Sieg des Staatsstreichs in Kiew folgte die »Jagd auf Russophile«: Das berichtete dieselbe westliche Presse, die ansonsten bei ihrer These blieb, in der Hauptstadt der Ukraine habe die Gewaltlosigkeit über die Gewalt triumphiert. Da kommt einem das Kampfflugzeug im Besitz der libyschen Aufständischen in den Sinn, die der Westen wider jede Evidenz weiterhin als unbewaffnet und friedlich charakterisierte.

5. Belgrad 2000: Vom Krieg zum Staatsstreich

Bisher blieb Jugoslawien unberücksichtigt, das eine detailliertere Analyse verdient. Wir haben bereits gesehen, welche Rolle insbesondere Deutschland bei der Auflösung (oder Zerstückelung) des Balkanlandes gespielt hat. Doch um endgültig die Oberhand in Belgrad zu gewinnen, brauchte der Westen 1999 einen Krieg und im Jahr darauf einen Staatsstreich.

Sehen wir, was 2000 geschehen ist im, in Folge der im Jahr zuvor von der NATO ausgelösten Bombardierungen, verwüsteten und auch politisch geschwächten Jugoslawien. In den Tagen und Wochen vor den Wahlen berichtete die US-Presse zufrieden von den Schwierigkeiten, die Miloševic bei der Entwicklung seiner Wahlkampagne vorfand: »Aus Angst, ermordet zu werden, zeigt sich der 58jährige Präsident selten in der Öffentlichkeit und nur, um vor seinen Gefolgsleuten kurze Reden über die Übel des Faschismus zu halten« (J. Smith, 2000). Es handelte sich nicht um eingebildete Sorgen. Was jedenfalls die schwächsten Länder angeht, weiß jeder Führer, der in Washington in Ungnade gefallen ist, sei es Castro, Gaddafi oder Saddam Hussein, dass er sich täglich in jeder Minute vor den Ränken und von der CIA orchestrierten Mordversuchen in Acht nehmen muss. In Jugoslawien selbst hatten sich nach dem Ende der Bombardements Attentate und mysteriöse Exekutionen ereignet. Für etwas Licht in diesem Geheimnis sorgte ein anderer US-amerikanischer Journalist: Es wird keinen Frieden auf dem Balkan geben, bis nicht Miloševic »korrumpiert oder besiegt oder in einem Sarg von der Macht abgezogen ist« (Hoagland, 2000).

Dem vom »Internationalen Gerichtshof« gesuchten »Kriegsverbrecher« wurde schließlich außer seiner Freiheit ein Haufen Geld angeboten, unter der Bedingung, versteht sich, dass er sich dem Willen der Herren der Welt beuge. Ansonsten... Über eine einzelne Persönlichkeit hinaus war es ein ganzes Volk, das unter Beschuss gehalten wurde, und nicht nur durch die Drohung mit der Fortsetzung eines zerstörerischen Embargos bis zum Äußersten: »Die Vereinigten Staaten schickten wenige Tage vor der Wahl einen Flugzeugträger in die Adria, sie waren quasi schon zum Schlimmsten bereit« (Biloslavo, 2000). Es gab aber auch Schmeicheleien. Wenn es politisch korrekt wählte, würde das jugoslawische Volk vom Embargo und der Todesgefahr durch Hunger und Kälte befreit; auch werde ihm großzügig dabei geholfen, die Zerstörungen und Wunden zu heilen, die ihnen von eben denen geschlagen worden waren, die sich als vom Himmel gesandte Retter aufspielten.

Wie schwerwiegend und infam sie auch sein mochten, reichten Erpressungen und Drohungen allein nicht aus für einen Triumph des Willens der NATO. Man wollte eine »Umwälzung«. Versuchen wir sie zu rekonstruieren, indem wir uns ausschließlich auf ausgewiesen antikommunistische und atlantische Zeitungen und Zeitschriften berufen. Beginnen wir mit dem *Il Giornale*, einer ultrareaktionären italienischen Zeitung, die aus eben diesem Grund nicht das Bedürfnis verspürte, vorsichtig mit ihren Worten zu sein. Schon die Überschrift war von unvergleichlicher Deutlichkeit: »So hat Amerika in kurzer Zeit den Anti-Slobodan erfunden« (d.h. den Anti-Miloševic). Doch schauen wir uns den Inhalt ungekürzt an (man beachte, dass es um einen Artikel geht, der noch vor der formellen Bestätigung des Triumphs von Vojislav Koštunica erschienen ist):

> Im Hintergrund der Revolte, die das Regime von Slobodan Miloševic zu stürzen droht, kann eine von den USA geschickt ausgeführte Operation der Pressionen und der Einmischungen nicht unbemerkt durchgehen. Washington hatte schon 20 Milliarden Lire in klingenden Dollarmünzen geschickt, um die erfolglosen Demonstrationen des vergangenen Jahres anzuheizen, und amerikanische Quellen versichern, dass in den letzten Monaten weitere 70 Milliarden Lire bereitgestellt worden sind. Bevor DOS, das Wahlbündnis von 17 Anti-Miloševic-Parteien, den Sieger der Präsidentschaftswahl gebiert, sind seine Führer, angefangen mit Zoran Djindjic, wiederholt von den Westlern in Montenegro, Ungarn oder direkt in London zum Rapport bestellt worden. Dank dieser Gipfel ist Bargeld geflossen und oft in Serbien gelandet in Koffern, die Schmuggler aus Rumänien und Ungarn kommend transportierten. Die Dollarnotenbündel werden benutzt, um Fax, Computer und Fotokopierer für die Propaganda zu besorgen [...]. Zu all dem kommt ein System von unabhängigen Radiosendungen, das errichtet wurde, um Serbien zu umzingeln (ebd.).

Das bedarf wohl keines Kommentars. Die zum Schaden Jugoslawiens ins Werk gesetzte Einkreisung ging weit über das Radio hinaus. Noch einmal zufrieden *Il Giornale:* »Niemand hat die verzweifelten Vorwürfe des serbischen Informationsministers, Goran Matic, beachtet, der überzeugt ist, dass Agenten der NATO ›in Uniformen des Bundesheeres unser Land infiltrieren, um den Eindruck zu erwecken, die Soldaten stünden auf der Seite dessen, der Tumulte organisieren will‹« (ebd.). Mehr im Schatten, jedoch jeden Moment bereit zum Eingreifen, war, wie wir wissen, die Luft-See-Streitmacht der USA eingetroffen.

Wie man sieht, war der Wahlkampf zu Gunsten Koštunicas wirklich gewaltig. Wäre die Wahl trotz allem verloren worden, dachte kein Mensch in Washington oder den anderen westlichen Hauptstädten daran, sich an die Spielregeln und die »formelle« Demokratie zu halten. Immer noch berichtet die hier genutzte journalistische Quelle, dass bereits »britische Spezialkräfte« am Werk waren und enorme Summen bereitgestellt wurden, um die Liquidation Miloševics zu Ende zu bringen, des Mannes, der es gewagt hatte, die NATO herauszufordern.

Die Dollars (oder Pfund Sterling oder DM), die reichlich flossen, dienten »aber zur Finanzierung ausgeklügelter Meinungsumfragen, durchgeführt von der Agentur, die auch Bill Clinton nutzte«. Das hier gebrauchte Adjektiv sollte zu denken geben. Es ist hier nicht die Rede von an sich schon schwierigen Umfragen, sondern von »ausgeklügelten«, die als solche in der öffentlichen Meinung die Überzeugung verbreiten sollten, dass das Ergebnis bereits absehbar sei: »Wenige Stunden nach Schließung der Wahllokale ist Koštunica als Sieger bezeichnet worden, aber es erschien unpassend, dass vor allem die Engländer und die Amerikaner dies als vollendete Tatsache ansahen«. Perplex und »zurückhaltend« zeigte sich auch der »Professor« selbst, der von der NATO zum »neuen Staatschef Jugoslawiens« ernannt worden war. Also ist »der auf Koštunica ausgeübte Druck, sich selbst zum Präsidenten zu erklären«, verständlich, zumal er mit »unmittelbarer internationaler Anerkennung« rechnen konnte (ebd.).

An diesem Punkt kamen, um die Partie definitiv zu beenden, Demonstrationen und Gewalttätigkeiten auf der Straße dazwischen. Geben wir nun zwei US-Journalisten das Wort:

> Ein aufmerksamer Blick auf die Revolte enthüllt eine Planung, die eine genaue Wahl der Ziele umfasst, die Durchdringung des geheimen Übertragungssystems der Polizei, die Rekrutierung von kräftigen, aber abtrünnigen Polizeibeamten und Fallschirmspringern außer Dienst bis zur Entsendung eines Repräsentanten nach Budapest, um die US-Regierung auf dem Laufenden zu halten (Erlanger / Cohen, 2000).

Der starke Mann des Tages, vor allem beliebt in Washington, war der später ermordete Zoran Djindjic, der sich am Vorabend der Revolte »mit dem früheren Chef des Geheimdienstes« traf. Und so gingen Beamte mit wichtigen Machtpositionen zur »demokratischen« Opposition über. Und sie nahmen diesen Standortwechsel wohlweislich nicht vor, um edlen Idealen zu folgen, sondern, wie gut informierte Quellen enthüllen, um weit substantiellere Ziele zu realisieren: »Um ihr Leben zu retten. Und ihren Besitz, ein bisschen Geld. Vielleicht auch sich die Freiheit zu sichern« (Ash, 2000: 13). Die Überzeugungsarbeit verstand es also gut, Erpressungen, Drohungen und Korruption einzuflechten. Alles nach einem sehr präzisen »Drehbuch« (Biloslavo,

2000), das noch sehr nützlich werden könnte. »Wenn das in Serbien geschehen konnte, warum dann nicht in Birma? Und warum nicht in Kuba?« (Ash, 2000: 14).

6. Teheran 1953 und 2009: Ein gelungener und ein missglückter Staatsstreich

In denselben Tagen, als die westlichen Geheimdienste ihren Triumph in Belgrad feierten, berichtete *Le Monde diplomatique* über die Veröffentlichung eines Berichts über den Staatsstreich im Iran 1953 durch die CIA, den diese in Zusammenarbeit mit britischen Geheimdiensten organisiert und verübt hatte. Am 4. April des Jahres »erhielt die Sektion der CIA in Teheran eine Million Dollar, dazu bestimmt, ›den Sturz Mossadeghs mit jedem Mittel herbeizuführen‹«, vorrangig aber »auf ›quasi legale‹ Art«. Ohne Zögern wurden die einzelnen Schritte der Operation in Gang gesetzt. Vor allem war es nötig, sich weit gestreuter Korruption zu bedienen: »Ende Mai 1953 wird die CIA-Sektion autorisiert, ca. 11.000 Dollar die Woche zu investieren, um sich die Mitarbeit der Parlamentarier zu sichern«; beträchtliche Summen gehen auch an die »religiösen Führer«. An diesem Punkt konnte auch »die Pressekampagne gegen Mossadegh« beginnen, die dadurch umso effektiver geriet, dass sie mit »Geheimaktionen« und Attentaten durchsetzt war, die bisweilen der Linken unterstellt wurden, um das Klima der Unsicherheit und Verwirrung zu verschärfen. Kurz gesagt, das Zerbröckeln der gesellschaftlichen Basis, die die Regierung Mossadegh trug, der sich schuldig gemacht hatte, indem er den anglo-amerikanischen Ölfirmen auf die Füße getreten war, endete mit gewalttätigen Straßendemonstrationen, die schließlich zur Besetzung »der Radiosender und anderer Schlüsselpunkte« führten. Nach der in dem CIA-Bericht enthaltenen Definition waren die Demonstrationen, die 1953 im Iran stattfanden, »halbspontan« (Gasiorowski, 2000); von »organisierter Spontaneität« sprach dagegen die *International Herald Tribune* bezüglich der »Revolte« gegen Miloševic 47 Jahre später (Erlanger / Cohen, 2000). Wir haben es mit einer gut bewährten Staatsstreichtechnik zu tun.

Doch nun sollen die Ereignisse von 1953 mit denen, die sich – beides im Iran – 56 Jahre später abspielten, verglichen werden. Die Präsidentschaftswahlen vom 12. Juni 2009 brachten nicht die von Washington und Brüssel erhofften Ergebnisse, sodass sogleich »Wahlbetrug« unterstellt wurde. Der das in Zweifel zog und den Vorwurf lächerlich machte, war unter anderen der brasilianische Präsident Lula. Die *Washington Post* selbst schrieb, dass es keinen einzigen haltbaren Beweis für die These von Wahlmanipulationen gebe: So sprach alles dafür, dass der von Ahmadinedschad errungene »klare Sieg« echt sei. Tatsächlich bescheinigten ihm die am Vorabend der Wahlen von der Agentur *Reuters* verbreiteten Prognosen einen noch eindeutigeren Vorsprung als den, den er dann tatsächlich erreichte (Dimaggio, 2000: 293). Doch in überwältigender Mehrheit schenkten die Medien ausschließlich den führenden Politikern des Westens, vor allem den US-amerikanischen und britischen, Aufmerksamkeit, d.h. glaubten nur den Politikern, die bei der Vorbereitung des zweiten Golfkriegs ohne Zögern bezüglich der gebrauchsfertigen Massenvernichtungswaffen Saddams schamlos gelogen hatten. Es entwickelte sich daraufhin eine hysterische Medienkampagne, die den Kandidaten und die Partei, die im Iran verloren hatten, aufhetzte und mobilisierte und sie dazu trieb, Neuwahlen, oder genauer: die »Korrektur« des Resultats der vorhergehenden Wahlen zu fordern.

Es war also ein Staatsstreichversuch, vorbereitet mit der gewohnten Skrupellosigkeit und Anzahl der Mittel. Die einzige bemerkenswerte Neuheit war die Verlagerung des Akzents von den traditionellen Presseorganen auf die neuen Medien: Es war »eine Gruppe von Experten« am Werk, »die das Außenministerium aufgestellt hatte, um die iranische Blogger-Szene zu untersuchen«. Die Kriegsmaschine zur Destabilisierung des Feindeslandes war perfekt geschmiert und niemand war es erlaubt, dem Hindernisse in den Weg zu legen, nicht einmal unwillkürlich. An einem bestimmten Punkt »hat ein hoher Vertreter des Außenministeriums eine E-Mail an die Verantwortlichen von Twitter geschickt mit der Forderung, den Termin für die vorgesehenen (und in diesem Moment nicht opportunen) Wartungsarbeiten an der Website, die die iranischen Proteste gestört hätten, zu verschieben«; der Empfehlung wurde sofort entsprochen (Morozov, 2011: 13 u. 10). Endlich konnte man den »Iran mit Breitband bombardieren«. Unter den verbreiteten Bildern, die den Terrorismus der Empörung auslösen sollten, war dasjenige einer jungen, wegen so gut wie nichts festgenommenen Aktivistin, »verletzt, entstellt, getötet und dann zur Märtyrerin der Bewegung geworden«. Es war eine »Ente« wie so viele andere (ebd.: 20 u. 18), aber, wie so viele andere, von großer Wirksamkeit. Auf der anderen Seite wurde der geschlagene Präsidentschaftskandidat, Mir Hossein Mussawi, obwohl er seinerzeit zur Leitungsgruppe der iranischen Revolution gehört hatte, von den westlichen Medien als »iranischer Gandhi« stilisiert und gefeiert (Losurdo, 2015, Kap. 9.1). Die verlogene Darstellung des Konflikts erreichte damit ihren Höhepunkt.

Nichts wurde ausgelassen bei der Vorbereitung des Staatsstreichs, der den *regime change* bewirken und die totale Vorherrschaft des Westens im Mittleren Osten sichern sollte. Doch den Strategen Washingtons lachte nicht das Glück des Sieges. Die historische Erinnerung spielte eine ungünstige Rolle für sie: Im Iran blieb man misstrauisch, weil die beiden Länder, die sich als die Champions der Demokratie gebärden (USA und Großbritannien), vorne mit dabei waren, als 1953 die Demokratie geschleift wurde, um die grausame Autokratie des Schahs zu installieren (Morozov, 2011: 10).

7.
Von der Militärdiktatur zum »demokratischen Protektorat«

Die wahre Natur der »Farbenrevolutionen«, d.h. der zweiten Welle der vom Westen ins Werk gesetzten Staatsstreiche, dürfte damit klar sein; es geht nun darum, bleibende und unterschiedliche Elemente gegenüber der ersten Welle zu analysieren. Es ist festzuhalten, dass auch nach dem am Ende des Kalten Kriegs errungenen Triumph für Washington die Rückkehr zum Alten in keinem Fall ausgeschlossen ist, wenn die Umstände es erfordern. 1991 wurden gegen die Militärs in Algerien keine Vorwürfe erhoben, als sie den

Wahlsieg der Islamischen Heilsfront (FIS) kassierten. 2006 (und in den Folgejahren) taten die USA in Übereinstimmung mit Israel und »gemäßigteren« Palästinenserparteien alles dafür, das Ergebnis freier Wahlen, die der Hamas den Sieg gebracht hatten, zu kippen. Im Sommer 2013, jedenfalls anfangs, begrüßte der Außenminister John Kerry den Staatsstreich, der in Ägypten den demokratisch gewählten Präsidenten Mursi gestürzt und in den Kerker gebracht hatte, als vielversprechenden Übergang zur Demokratie. Wechseln wir vom Nahen Osten nach Lateinamerika. Als im April 2002 ein Militärputsch in Venezuela Präsident Hugo Chávez stürzte, der demokratisch gewählt und von breitem Konsens des Volkes getragen war, hatten die Vereinigten Staaten (und ihre Verbündeten und Vasallen) keine Schwierigkeit damit, ja beeilten sich, das Geschehene anzuerkennen und waren dann enttäuscht über den massiven Volksaufstand, der die Flucht der Putschisten und die Wiedereinführung der Demokratie bewirkte. Am 28. Juni 2009 wurde in Honduras der demokratisch gewählte Präsident Manuel Zelaya, der im Verdacht stand, mit Sympathie auf das Venezuela von Chávez zu schauen, von putschenden Armeeangehörigen festgenommen und nach Costa Rica deportiert. Es kam eine Rüge aus Washington, die jedoch nur kurz aufrechterhalten wurde und schnell der Normalisierung der Beziehungen mit den neuen Herrschern Platz machte. Was Russland angeht, haben wir die Zustimmung zum Angriff auf das Parlament gesehen, den Jelzin führte. Wie auch immer die von den USA jeweils eingenommene Haltung beurteilt werden mag, war sie jedenfalls nicht von Respekt für das Prinzip der Wahlentscheidung oder demokratischer Regeln bestimmt.

So viel, was die Kontinuität mit der Vergangenheit betrifft; nun zur Diskontinuität. Der mit Gewalt, aber ohne Zuhilfenahme des klassischen militärischen Staatsstreichs durchgeführte Regimewechsel weist einige wiederkehrende Charakteristika auf:

a) Die jeweils ins Visier genommene Macht wird zunächst durch eine internationale Kampagne isoliert, kriminalisiert und destabilisiert, dann mit einem finalen Stoß gestürzt dank der Gewalt, die wohl von unten und offenbar von innen kommt, jedoch, auf finanzieller wie organisatorischer Ebene unterstützt, letzten Endes von außen und von oben (vom Westen) angewandt wird: das zeigte sich in Bulgarien, Albanien und Georgien.

b) In der Endphase ihrer Vorbereitung oder am Vorabend ihres Ausbruchs sind die Staatsstreiche der zweiten Welle wie die humanitären Kriege mit Macht stimuliert durch eine Lüge oder eine Inszenierung oder eine blutige Provokation, die den Empörungsterrorismus auf die Spitze treiben und den Druck für den Todesstoß erhöhen sollen: Man denke an die pharaonische Villa in Georgien, die Schewardnadse angedichtet wurde, an die wenn auch erfolglosen 2009 im Iran angewandten Manipulationen oder an die ungeklärte, aber entscheidende Rolle, die die Heckenschützen 2014 im Februar in der Ukraine spielten.

c) Die ausschlaggebende Gewalt von unten (und in Wirklichkeit von oben und von außen) bleibt weitgehend unbemerkt und erregt normalerweise keinen Skandal, wenn sie vom Westen legitimiert wird, der souverän entscheidet, wann Wahlen ordnungsgemäß sind und Gewalt legitim ist.

Über die Neuartigkeit der Taktik hinaus (skrupelloser Einsatz der neuen Medien im Lauf von *Psywar* und *PsyOps*) muss man sich der politischen Neuerungen der zweiten Welle bewusst sein. Während sich die von der kommunistischen Bewegung ausgehende Anziehungskraft mehr denn je entwickelt hatte, mündete die erste Welle der von den USA initiierten Staatsstreiche in der Regel in Militärdiktaturen, die vor dem Druck der öffentlichen Meinung abgeschirmt waren; die zweite hingegen, ausgelöst von einem Westen, der nun seine absolute Überlegenheit in *soft-power*-Begriffen verbreiten kann (neben der *hard power*), führt meist zur Einrichtung unter der Protektion Washingtons oder Brüssels (die sich das Recht sichern, die Legitimation zu widerrufen) stehender Demokratien; das führt zur Errichtung »protegierter Demokratien« oder »demokratischer Protektorate«.

Allgemeiner gesagt, zielt die derzeit vom Westen verfolgte Politik darauf ab, die ganze Welt in einen »freien Markt« zu verwandeln und in eine »Demokratie«, die als »freier politischer Markt« angelegt ist, offen für Waren, für »Werte«, für die überwältigende mediale Überlegenheit der USA und ihrer Verbündeten. Angesichts des deutlichen

Primats, dessen er sich weiterhin auf allen Ebenen erfreut, und der gesammelten außerordentlichen Erfahrung seiner Geheimdienstnetze, seiner PR-Agenturen, der von ihm geförderten oder beherrschten NGOs, seiner »geheimen Verführer«, seiner »Magier des Unbewussten«, seiner Botschaften, die seit langem versiert darin sind, in die inneren Angelegenheiten anderer Länder einzugreifen, ist der Westen voll Zuversicht auf seinen Sieg. Umso mehr als der Westen dank der Kontrolle über den IWF, die Weltbank und die internationalen ökonomischen und Finanzzentren befreundete Regierungen mächtig begünstigen und die als feindlich und unzuverlässig angesehenen in größte Schwierigkeiten bringen kann. Der Westen behält sich allgemein das Recht vor, souverän über die Ordnungsgemäßheit von Wahlen, die Berechtigung von Straßenprotesten und Eingriffen der Polizei oder das Eintreten des Ausnahmezustands, der den Einsatz von Gewalt unvermeidlich macht, zu entscheiden. Schließlich kann er Staatsoberhäuptern und Regierungsmitgliedern, Ministern und Beamten des Staats- und Verwaltungsapparats mit der Überführung an den Internationalen Strafgerichtshof drohen oder ihnen Straffreiheit versprechen (oder garantieren) (vgl. unten, VI.3).

Zwei Fälle seien als emblematisch angeführt. In den unmittelbar auf den Triumph der USA im Kalten Krieg folgenden Jahren stellte ein renommierter russischer Intellektueller, der bis zur Wende von 1989 ein unerschrockener Dissident gegenüber dem kommunistischen Regime war, fest, sein Land werde in der Tat gerade zu einer »Kolonialdemokratie« gemacht (Sinowjew, 1994). Tatsächlich hatte die ungezügelte Privatisierung oder die private Aneignung der Staatsökonomie nicht nur die Enteignung der Volksmassen zum Vorteil eines kleinen Kreises von Privilegierten mit sich gebracht, sondern auch die Enteignung der russischen Nation: Ein beträchtlicher Teil ihres immensen Energieeigentums war in die Hände von Plutokraten, Kleptokraten und Multinationalen gefallen, die ihren Bezugspunkt in letzter Instanz in Washington oder Brüssel hatten. Die USA und die EU konnten die Situation in Russland umso leichter kontrollieren, als dessen trinkfreudiger Präsident nicht immer in der Lage war, etwas anzustreben oder zu wollen. Es war eine vom Westen wärmstens begrüßte »koloniale Demokratie« bzw. ein »demokratisches Protektorat« im Gang. Der Westen dagegen beklagte sofort, demokratische Prinzipien würden mit Füßen getreten, als Wladimir Putin sich daran machte, die Souveränität des Landes wiederzuerlangen; und dieser Vorwurf wurde nicht dadurch abgeschwächt, dass der neue Führer demokratisch gewählt war, eine weit breitere Zustimmung des Volkes genoss, versuchte, in gewissem Maß die sozialen und ökonomischen Rechte wiederherzustellen und vor allem, im Gegensatz zu Jelzin, seine Macht nicht mittels der Bombardierung des Parlaments festigte.

Den zweiten emblematischen Fall liefert die Ukraine. Am Vorabend des Staatsstreichs traten Washington, Brüssel und Berlin in einen Wettstreit darüber, wer der neue Führer des Landes sein sollte; der Streit war hektisch, nicht frei von Bitterkeit und Tiefschlägen, doch keine der Kapitalen zog das Recht des Westens in Zweifel, den Führer zu bestimmen, indem man offen oder heimlich in die inneren Angelegenheiten eines Landes eingriff, das souverän hätte sein sollen, und indem man eine Opposition finanzierte, ermutigte und über das zu Tuende belehrte, eine Opposition, die gewiss nicht vor Gewalt zurückschreckte und sich wie eine Gegenmacht organisierte, ja als einzige, insofern von USA und EU abgesegnet, legitime Macht; alles nach den Regeln des »demokratischen Protektorats«.

Dieser letztere Begriff umfasst mehr als die Kategorie »Kolonialdemokratie« und ist zudem weit zweckmäßiger. Die Länder, die gezwungen sind, das »demokratische Protektorat« zu erdulden, können je nach Kräfteverhältnissen, geografischer und geopolitischer Lage, unterschiedlichsten Umständen mehr oder weniger deutlicher Abhängigkeit unterworfen sein: In bestimmten Fällen grenzt die ökonomische Abhängigkeit an den Verzicht auf monetäre Souveränität (der US-Dollar ersetzt die lokale Währung); politische »Zusammenarbeit« kann zur mehr oder weniger direkten Teilhabe von US-amerikanischen oder internationalen Experten an der Regierung des Landes führen; die militärische »Zusammenarbeit« kann die Zustimmung des einen oder anderen Landes zur Errichtung von Militärbasen oder der Teilnahme von Soldaten an den neokolonialen Kriegen der USA und der NATO bedeuten. Es bleibt dabei, dass nur der Westen über demokratische Legitimität entscheiden kann. Unter der Oberfläche, kaum wahrnehmbar, aber stets präsent, bleibt die Drohung mit Gewalt: Gegen von ihnen selbst exkommunizierte Länder und Regime wahren Washington und Brüssel sich für immer das Recht, auch ohne Autorisierung durch den UN-Sicherheitsrat verheerende Embargos oder gleich echte Kriege loszutreten.

8.
Plutokratie, Demokratie, Demokratie in den internationalen Beziehungen

Es ist ein Paradox: Der Westen ist entschlossen, mit Waffengewalt die Demokratie zu exportieren, wo intern gerade die Stimmen zunehmen, die den Weg der Demokratie zu einer »Plutokratie« beklagen. Auch wenn man diesen Umstand als irrelevant betrachten und sich mit einer »Minimaldefinition« von Demokratie begnügen mag, ist trotzdem zu beachten, dass selbst eine »minimale« Demokratie problematisch oder unmöglich geworden ist, weil es in den internationalen Beziehungen keine Demokratie gibt. In den großen Nachrichtenblättern ist zu lesen, dass 1996 massives finanzielles Eingreifen des Westens, besonders Frankreichs und Deutschlands, in Russland die Rückkehr der Kommunisten an die Macht verhindert hat: »Es waren die Franzosen und die Deutschen und nicht, ohne davon zu wissen, die Russen (die es erst jetzt wissen), die Boris Jelzin an der Macht gehalten haben«, der bei Umfragen auf einen völlig unbedeutenden Prozentsatz der Stimmen kam (Chiesa, 2009).

Ich habe hier als Beispiel eine unter den vielen finanziellen Einmischungen angeführt, aber auch die politischen Einmischungen dürfen nicht vergessen werden: Wir haben Diplomaten und westliche Regierende gesehen, wie sie schwerwiegend in die inneren Angelegenheiten des einen oder anderen Landes eingreifen, indem sie für eine bestimmte politische Kraft gegen eine andere Partei ergreifen. Ob ökonomischer oder politischer Natur, Einmischungen können statt direkt auch durch Nichtregierungsorganisationen ausgeführt werden, die weitgehend vom Westen kontrolliert sind, der Partei ihrer Wahl große finanzielle und humane (Berater, PR-Agenturen etc.) Ressourcen zur Verfügung stellen und somit in nicht mehr rückgängig zu machender Weise die Wahlergebnisse verfälschen und die normale demokratische Dialektik stören.

Es wäre Aufgabe der Medien, eine solche Dialektik zu wecken oder zu reanimieren. Doch die Analyse der Staatsstreiche zeigt, dass diese regelmäßig mit der Korrumpierung der Journalisten beginnen: Man denke vor allem an Iran 1953 und Chile 1973, d.h. den ersten und den letzten Staatsstreich der ersten Welle; in beiden Fällen waren Fernsehen, Radio und Presseorgane von einem aus den USA und Großbritannien kommenden Geldstrom überschwemmt und so zur Unterstützung der putschenden Opposition bewegt worden. Was die zweite Welle der Staatsstreiche angeht, dürfte heute klar sein, welche wesentliche Rolle (z.B. in Georgien) die von den internationalen Zentren der politischen, ökonomischen und multimedialen Macht in Bewegung gesetzte Lügenindustrie gespielt hat; und es ist auch bekannt, dass 2009 im Iran die neuen Medien sich als sehr empfänglich für die Anregungen aus dem Weißen Haus gezeigt haben.

Normalerweise tragen auch repräsentative Institutionen und Gewerkschaften zur Wiederbelebung der demokratischen Dialektik bei. Doch weder die einen noch die anderen bilden einen Schutz gegen putschistische Manöver: Man denke an die 1953 vom Klang von Dollar und Pfund überzeugten iranischen Abgeordneten, den demokratisch gewählten Präsidenten zu stürzen; oder an die, ebenfalls durch Geld bewirkte, direkte Zusammenarbeit der Gewerkschaft der LKW-Fahrer mit den chilenischen Putschisten und der CIA.

Zusammenfassend hat die Plutokratie also auch eine internationale Dimension. Die Vorherrschaft der Großfinanz (die jedenfalls bis zu diesem Moment in westlichen und dem Westen zuneigenden Ländern konzentriert ist) macht die Entwicklung echter demokratischer Verhältnisse im Inneren der schwächsten Länder problematischer denn je. Und diese Schlussfolgerung drängt sich umso mehr auf, wenn wir uns die politische oder politisch-militärische Dimension des Problems ansehen: 2000 war es in Jugoslawien für Miloševic fast unmöglich, seinen Wahlkampf zu führen, aus – auf alles andere als auf Paranoia gegründeter – Angst, Opfer eines von den im Land operierenden westlichen Geheimdiensten durchgeführten oder orchestrierten Attentats zu werden.

Damit kommen wir zum wesentlichen Punkt, den ich an einem Beispiel erläutern will. Das Jahr 1990 erlebte das Ende der ersten und vom Beispiel Kuba *inspirierten* sandinistischen Regierung in Nicaragua unter Ortega. Was war passiert? In den Jahren davor war dem Land von Seiten der Reagan-Regierung eine ökonomische und militärische Blockade auferlegt worden, die auch die Häfen des kleinen und ungeschützten mittelamerikanischen Landes verminen wollte und Terrorismus und Guerilla gefördert, finanziert und bewaffnet hatte. Dem allem gegenüber sah sich die sandinistische Regierung gezwungen, begrenzte Mittel der Einschränkung gegen die Aggression von außen und deren innere Unterstützer zu ergreifen. Da war es an den USA, sich zu Verteidigern der vom »Terrorismus« mit Füßen getretenen Menschenrechte aufzuspielen und ihre multimediale Feuermacht einzusetzen, um den Feind zu diskreditieren und zu dämonisieren. Wenn ökonomische Strangulierung und ideologischer Kreuzzug die soziale Basis der Zustimmung zur sandinistischen Regierung haben erodieren lassen, so ließen militärischer Druck und (von den USA genährter) Terrorismus der *Contras* den Willen und die Fähigkeit zum Widerstand erlahmen. Den letzten Akt stellten die von einem US-freundlichen Kandidaten gewonnenen Wahlen dar. Es ist richtig, dass Ortega 2006 wieder Präsident von Nicaragua wurde, jedoch auf der Grundlage eines »gemäßigteren« Programms, nun von Washington toleriert (das sich noch immer das letzte Wort vorbehält). Dadurch löst sich die Frage nicht in Luft auf, die anlässlich der Wahlen von 1990 zu stellen ist: Können Wahlen als »freie« betrachtet werden, die auf finanzieller und multimedialer Ebene durch ein gigantisches Ungleichgewicht charakterisiert sind und durch offene und einschüchternde Intervention eines sehr starken Nachbarn, Wahlen, in deren Verlauf ein Volk bedroht wird, im Fall einer »falschen« Entscheidung zum Ziel einer neuen ökonomischen Blockade oder einer weiteren militärischen Aggression zu werden? Nicht zufällig bezeichnete Roosevelt die »Freiheit von Furcht« als eine Vorbedingung der Demokratie.

Es ist nicht klar, wie der Triumph der Plutokratie sich in den entwickelten kapitalistischen Ländern vermeiden oder in Frage stellen lässt. Eines aber ist sicher: Wie der emblematische Fall Nicaraguas zeigt, blockiert das Fehlen von Demokratie in den internationalen Beziehungen den Beginn oder die Entwicklung der inneren Demokratie in der überwiegenden Mehrzahl der Länder. Jedenfalls sind die, die sich als Vorkämpfer der allgemeinen Sache der Demokratie aufspielen, eben jene, die Appelle für die Demokratisierung der internationalen Beziehungen ungehalten ablehnen!

Unglücklicherweise genießen die selbsternannten Vorkämpfer der Demokratie weiterhin großen Kredit bei der westlichen Linken, die oft auf Basis des Gesetzes des Stärkeren intern oder international durchgeführte oder versuchte Staatsstreiche als demokratische Revolutionen begrüßt hat.

V. Die Konstruktion des imperialen Universalismus

1. Vom Protektionismus in Handel und Ideologie zum Imperialismus des Freihandels und der Menschenrechte

Bohrend, drängend, ja ultimativ klingen die von Washington ausgehenden universalistischen Appelle in ihrer ständigen Wiederholung: Viele glauben gar, eine solche Politik stelle eine Konstante dar in der Geschichte der USA. Doch es könnte keine voreiligere und falschere Schlussfolgerung geben! In Wirklichkeit haben wir es mit einem Land zu tun, das lange das Modell für ökonomischen und politisch-ideologischen Protektionismus war. Was den ersten Punkt angeht, mag es genügen Folgendes zu bedenken: Um ihre nationale Industrie zu entwickeln, zögerte die Union um die Mitte des 19. Jahrhunderts nicht, selbst den (blutigsten) Sezessionskrieg und den Zusammenstoß mit den Südstaaten in Betracht zu ziehen, die unter hohen Schutzzöllen litten, welche ihrerseits den Aufschwung der Industrie des Nordens ermöglichten, jedoch den Export der Agrarprodukte des Südens ziemlich erschwerten.

Was den politisch-ideologischen »Protektionismus« betrifft, zeigt dieser sich klar in der Monroe-Doktrin. Die Regierenden von Washington proklamierten der Welt gegenüber: Entschlossen, uns aus den Konflikten Europas herauszuhalten, welche Interessen, Ideologien oder Werte auch immer im Spiel sein mögen, haben wir in keinem Fall vor, von »*unserer* Politik« abzurücken, wie wir auch keine Einmischungen dulden in »*unsere* Rechte«, »*unseren* Frieden« und »*unsere* Sicherheit«, in »*unser* Glück« in »*dieser* Hemisphäre« »*unseres*

Kontinents«, wo »völlig andere Verhältnisse herrschen«; wir werden jeden Versuch verhindern, die Neue Welt mit dem europäischen »politischen System«, das »wesentlich anders als das amerikanische ist«, zu kontaminieren (in: Commager, 1963, Bd. 1: 236f). In diesem feierlichen Dokument, das sich voll und ganz um den Kult der nicht umkehrbaren amerikanischen Eigenart dreht, ist kein Raum für universelle Werte; nicht zufällig begann man im Süden die Sklaverei der Schwarzen als »peculiar institution« zu bezeichnen, die in fremden Augen eigenartig scheint und jedenfalls nicht zur Debatte gestellt werden konnte, ohne das Volk, das diesen Ausdruck erfunden hatte, seiner unverzichtbaren Identität zu berauben. Die USA waren so wenig am Universalismus interessiert, dass sie Mitte des 19. Jahrhunderts, während sie unter expliziter Berufung auf die Monroe-Doktrin die europäischen Mächte vor jeglicher Einmischung in die inneren Angelegenheiten des amerikanischen Kontinents warnten (G. Smith, 1994: 24), in Texas, das sie im Mexikokrieg an sich gerissen hatten, wieder die Sklaverei einführten.

Der Kult der Eigenart ist keine Sache, die im 19. Jahrhundert zu Ende ging. 1928 legte der Präsident Herbert Hoover in seinem Lob des »amerikanischen Systems« oder »unseres amerikanischen politischen und ökonomischen Systems« viel Wert darauf, dass dieses »grundsätzlich von allen anderen der Welt abweiche«. Man dürfe den »rauen Individualismus« (*rugged individualism*) und den »Geist des amerikanischen Volkes« nicht verwechseln mit »einer europäischen Philosophie diametral entgegengesetzter Doktrinen, Doktrinen unter dem Zeichen des Paternalismus oder des Staatssozialismus« (wie sie Sowjetrussland bzw. der Weimarer Republik eignen) (in: Schlesinger jr., 1973a: 2229ff). Man könnte dem entgegenhalten, dass das nur die Ansicht der Republikanischen Partei war, der Hoover angehörte, aber so ist es nicht. Nehmen wir einen der zwei berühmtesten demokratischen Präsidenten in der Geschichte der USA, der für den vollendetsten Universalismus stehen müsste. Doch Woodrow Wilson stand, wiewohl er das Eingreifen seines Landes in den Ersten Weltkrieg im Namen der Verbreitung der Demokratie in der ganzen Welt (und der daraus folgenden Verwirklichung des ewigen Friedens) verkaufte, niemand darin nach, den »amerikanischen Geist« (also den wahren Sieger des Kriegs) zu feiern, die »amerikanischen Prinzipien« und den »echten authentischen Amerikanismus« (Wilson, 1927, Bd. 2: 12, 1 u. 509). Als der Völkerbund gegründet wurde, setzte Wilson die Einfügung des Artikels 21 durch, der die Unverletzlichkeit der Monroe-Doktrin festschrieb und in letzter Instanz das Protektorat der USA über Lateinamerika mit dem Resultat, dass »die Autorität des Bundes nur für eine Hälfte der Welt galt, die ›östliche‹«, nicht für die westliche Hemisphäre (G. Smith, 1994: 30f). Doch auch diese Lösung endete mit einer Blockade durch den Senat, der mehr denn je entschlossen war, die Vermischung der von Gott erwählten Nation mit der Masse der profanen Nationen zurückzuweisen.

Wenn im Lauf des Wahlkampfs von 1936 das Programm der Republikaner F. D. Roosevelt bezichtigte, das »amerikanische System« zu verraten, erklärte das demokratische Programm seinerseits, »mit der Wiederherstellung der amerikanischen Lebensart« (*American way of living*) und dem »authentischen Amerikanismus« fortfahren zu wollen (Commager, 1963: 354, 358 u. 361). F. D. Roosevelt in eigener Person rief beim Loben »unseres amerikanischen Systems« und bei der Kritik an Jefferson, der sich zu sehr von den »revolutionären Theorien der Franzosen« habe beeinflussen lassen, seine Landsleute auf, sich nicht nur dem Kommunismus, sondern »jedem anderen fremdem ›ismus‹« entgegenzustellen (Roosevelt, 1941: 28 u. 30; Schlesinger jr., 1959-65, Bd. 3: 638).

Angesichts dieser Voraussetzungen versteht man gut, dass man sich im Rahmen der politischen Tradition der nordamerikanischen Republik beim Delegitimieren oder Exkommunizieren einer politischen Strömung des Adjektivs *un-american* bedient, während die Begriffe *American* und *Americanism* für die Beschwörung der Ideale gebraucht werden, die ein authentischer und verantwortungsbewusster US-Bürger zu vertreten hat, und der politischen Programme, die er verwirklichen soll. Während eines großen Teils der US-amerikanischen Geschichte wurde auch das, was aus Europa kam, als *un-american* gebrandmarkt; so ausgrenzend und besorgt war der Kult um die »amerikanische« Eigenart. In der Periode von der Französischen Revolution bis zur McCarthy-Zeit waren alle radikaldemokratischen und kommunistischen Strömungen als *un-american* verschrien und ihre Anhänger wurden verfolgt, weil sie das glücklicherweise durch *exceptionalism*, durch ein heiliges und exklusives Schicksal also gesegnete Land kontaminieren und infizieren könnten; zu Zeiten des Kalten Krieges bespitzelte, entließ, inhaftierte und verfolgte die McCarthy-Doktrin nicht nur die Kommunisten, sondern alle, die unter Verdacht standen, unamerikanische Ideen zu vertreten und damit vom authentischen Amerikanismus abzuweichen.

Eine ganze Ära hindurch schwenkte Washington also nicht nur nicht das Banner des Universalismus, sondern dachte im Namen der Verteidigung der Monroe-Doktrin in Lateinamerika über den Sturz von Regierungen nach, lieferte das Programm für ihn und setzte ihn um, Regierungen, die demokratisch gewählt waren und unter Beachtung dessen, was heute als universelles Prinzip zur Legitimierung der Macht ausgegeben wird. Erst in der letzten Phase des Kalten Kriegs änderte sich der Rahmen radikal: Die sozialistischen Länder und die kommunistische Bewegung verlieren auch auf ideologischer, politischer und propagandistischer Ebene gravierend an Macht, und dies öffnet einen neuen, riesigen Raum für den imperialen Universalismus. Ab da werden die US-Präsidenten, Demokraten wie Republikaner, nicht müde, die Stärke des freien Marktes und der Demokratie zu rühmen, zu deren Durchsetzung auf Welt- und »Universal«-Ebene sie sich das Recht vorbehalten, indem sie sich diplomatischen Drucks, ökonomischer Einschränkungen oder gleich militärischer Intervention bedienen. Auf diese Weise schlägt der anfängliche kommerzielle und politisch-ideologische Protektionismus um in den Imperialismus des freien Marktes und der Menschenrechte.

2. Vom westlichen Polytheismus zum Monotheismus der Werte

Die Geschichte Europas ist unterschiedlich, auch Europa selbst ist alles andere als unilinear. Gleich nach dem Ersten Weltkrieg, der das Aufeinandertreffen der wichtigsten Länder Europas und des Westens in einer tödlichen Schlacht erlebt hatte, zog Max Weber folgende Bilanz:

> Wie man es machen will, »wissenschaftlich« zu entscheiden zwischen dem Wert der französischen und der deutschen Kultur, weiß ich nicht. Hier streiten eben auch verschiedene Götter miteinander, und zwar für alle Zeit. [...] Und über diesen Göttern und in ihrem Kampf waltet das Schicksal, aber ganz gewiß keine »Wissenschaft«. Es läßt sich nur verstehen, was das Göttliche für die eine und für die andere oder: in der einen oder der anderen Ordnung ist (Weber, 2002: 500f).

Der kaum beendete gigantische Konflikt war weit mehr als eine Material- und geopolitische Schlacht. Die großen europäischen und westlichen Mächte gingen bei ihrem Zusammenprall von unterschiedlichen »Werten«, ja gar untereinander unvereinbaren »Gottheiten« aus. Von *Glaubenskrieg* gegeneinander hatte der Deutsche Werner Sombart gesprochen. Dieser Ansicht waren auch die Feinde Deutschlands, jedenfalls nach der Einlassung des Engländers Leonard Hobhouse zu urteilen, der gesagt hatte: »Europa erlebt sein Martyrium, Millionen Menschen sterben im Dienst falscher Götter, weitere Millionen im Widerstand gegen diese«. Was waren das für gegensätzliche Werte und Gottheiten? Für den heutigen Leser mag es verblüffend sein, dass es zwischen 1914 und 1918 hauptsächlich Deutschland war, das sich als Wächter des Wertes der individuellen Würde und Freiheit gab. Um es mit Georg Simmel zu sagen, war der »Individualismus« etwas »vom deutschen Wesen ganz Untrennbares«. Ganz anders Frankreich, das sich – wie dieses Mal Max Scheler erklärt – durch einen »alterlebten Konventionalismus und Aberglauben an den absoluten allmächtigen Staat auch bis ins Menschliche hinein« auszeichne; andererseits waren auch in England die »Niederhaltung«, ja die »Erstickung« des »geistigen Individuums« am Werk (Vgl. zu all dem Losurdo 1992, 12.1 u. Losurdo 1997, 14.11 u. 14.12). Von der Gegenseite wurde Deutschland als Inkarnation eines alten Reiches dargestellt, als unverbesserlicher Feind der Werte von Demokratie und Frieden, die hingegen eifersüchtig von den Ländern der antideutschen Koalition gehütet wurden (zu der allerdings auch das bis 1917 zaristische Russland gehörte).

Wie man sieht, scheint das, was wir heute Westen nennen, zerrissen gewesen zu sein und weit davon entfernt, als einheitlicher Wächter universeller Werte aufzutreten. Erst mit Beginn des Kalten Kriegs ändert sich das Bild. Aber nicht sofort. Noch 1953 berief sich Churchill, weil er hoffte, durch die Warnung vor der vom sowjetischen und östlichen Kommunismus ausgehenden Gefahr etwas vom britannischen Imperium retten zu können oder wenigstens seinem Land eine privilegierte Rolle zu sichern, in einem Brief vom 5. April an den amerikanischen Präsidenten Eisenhower auf die »Einheit der englischsprachigen Welt« (*unity of the English-Speaking world*) und unterstrich deren wichtige Rolle innerhalb Englands »mit seinen 80 Millionen Einwohnern englischer Zunge« (in: Boyle, 1990: 34), anstatt an den Westen als solchen zu appellieren. Mit der Verfestigung der unwidersprochenen Hegemonie der USA wurden Aussagen à la Churchill umso mehr obsolet, als sie in den Jahren, in denen sich die antikolonialen Revolutionen und die Revolte der »farbigen Völker« entwickelten, nur als kontraproduktiv erscheinen konnten.

Ab diesem Moment verschwinden der Polytheismus der Werte und der Gegensatz zwischen diversen, sich widersprechenden Gottheiten völlig; all das macht Platz für den Westen als essentiell einheitliches Subjekt und einheitlichen Wächter über die universellen Werte. Natürlich erscheint ein solcher Anspruch problematisch im Licht der schrecklichen Geschichte, die der westliche Kolonialismus geschrieben hat. Schließlich machte das Schule, was wir den Trick von Hannah Arendt nennen könnten. *Die Ursprünge des Totalitarismus* beschreiben ohne Nachsicht die Missetaten des Kolonialismus, der z. B. schuld daran ist, »die eingeborene Bevölkerung (des Kongo) von 20 bis 40 Millionen 1890 auf 8 Millionen im Jahr 1911 reduziert« zu haben. Verantwortlich für diese Vernichtungspolitik ist Leopold II., König von Belgien, der sich jedoch damit in einem Gegensatz zu »allen politischen und moralischen Prinzipien des Westens« bewegt habe (Arendt, 1989: 257 u. 259, Fn). Auf historiografischer Ebene handelt es sich dabei um eine ziemlich seltsame Meinung: Die Tragödie des Kongo ist doch wohl keine einmalige Angelegenheit im Rahmen der kolonialen Expansion des Westens; die Kongolesen haben kein schlimmeres Schicksal erlitten als die Ureinwohner Nordamerikas, Australiens, Neuseelands etc. Doch dank dieses Tricks oder Entsühnungsritus oder dank dieser Selbstdeutung a priori, konnte der Westen sich immerhin als privilegierten und alleinigen Interpreten der universellen Werte gebärden.

2002, als schon die Hölle von Guantánamo existiert und der zweite Golfkrieg vorbereitet wird, gibt Präsident Bush jr. bekannt: »Es existiert ein System von Werten, für die es keine Kompromisse geben kann: es sind von Gott gegebene Werte« (in: Ferguson, 2005: 105), und sie werden gehütet von den monotheistischen Religionen, und zwar besonders vom jüdisch-christlichen Monotheismus. Hier macht klarer denn je der Polytheismus der Werte Platz für einen Wertemonotheismus.

3. Heiliger Kalender und Kontrolle des historischen Gedächtnisses

In Westeuropa, das von einem stürmischen Säkularisationsprozess überrollt wird, ist die traditionelle Religion, der die Menschenrechte entstammen sollen, dabei, Platz zu machen für eine Zivilreligion der Menschenrechte, die ihrerseits explizit behauptet, in der Tradition der jüdisch-christlichen Religion zu stehen. Auf dieser Basis ist die Übereinstimmung an den beiden Küsten des Atlantiks einfach: Der Westen proklamiert nicht nur die Allgemeingültigkeit der Religion der Menschenrechte, sondern bestimmt auch ihren heiligen Kalender.

Jedes Jahr am 11. September wird in den USA wie im letzten Winkel der Welt feierlich des Anschlags auf die Zwillingstürme gedacht. Es ist richtig, die unschuldigen Opfer eines kriminellen terroristischen Angriffs zu ehren. Doch waren die Opfer einer Tragödie, die Jahrzehnte zuvor ebenfalls an einem 11. desselben Monats in Chile den Tod zu säen begann, weniger unschuldig und weniger des Respekts würdig? Es geschah im Jahr 1973, dass ein blutiger, von General Pinochet inszenierter, von Washington inspirierter und vorangetriebener Staatsstreich sich gegen den demokratisch gewählten Präsidenten des Landes, Salvador Allende, entlud und gegen dessen gesamtes Volk.

Wäre es nicht interessant, nach einer eventuellen Verbindung zwischen diesen zwei tragischen Ereignissen zu fragen, die am selben Tag im selben Monat, wenn auch durch ca. drei Jahrzehnte getrennt, stattfanden: Gibt es eine Beziehung zwischen dem Anspruch der USA, in Chile und Lateinamerika und überall in der Welt den Ton anzugeben, und dem schrecklichen Attentat, das die Zwillingstürme traf? Zugleich mit der Erinnerung an die chilenische Tragödie ist auch diese Frage verschwunden, die sich aus jener hätte ergeben können. Das Resultat: Der 11. September wird ein heiliges Kalenderdatum einer Zivilreligion, das international festgesetzt wird, sich aber allein und exklusiv auf den Einsturz der Zwillingstürme in den USA bezieht; und es handelt sich um ein heiliges Datum, das nicht nur die Opfer ehren soll, sondern darüber hinaus das Land, in dem sie den Tod gefunden haben.

Um dieses seltsame Vorgehen der herrschenden Ideologie zu rechtfertigen, könnte man sagen, dass 1973 gegenüber 2001 eben ein zu weit zurückliegendes Datum ist. Wenden wir unsere Aufmerksamkeit anderen Ereignissen zu, die in ein bestimmtes Jahr, hier 1989, fallen. Gleich denken wir alle an China und die Repression vom Tienanmen-Platz. Gibt es keine anderen erinnerungswürdigen und tragischen Ereignisse in diesem Jahr? Wir haben hier schon vom »Auschwitz der Spektakelgesellschaft« gehört, das sich in Rumänien abspielte, als Ende 1989 »zum ersten Mal in der Geschichte der Menschheit« Leichen ausgegraben und verstümmelt wurden, um einen Genozid vorzutäuschen, die moralische Entrüstung zu schüren und in eine wohlüberlegte und kalt vorgegebene Richtung zu lenken. Sollte nicht ab und an das Gedenken wachgerufen werden an diese Infamie, an diesen Rückgriff auf derart skrupellose Manipulationstechniken, dass sie nicht einmal die Toten aussparen, und die so ausgeklügelt sind, dass sie die Lüge zu einer überzeugenden und unwiderlegbaren Wahrheit machen? Sollte nicht vor der Gefahr gewarnt werden, gerade die sensibelsten moralischen Überzeugungen hilflos den Manövern zynischer Drahtzieher zu überlassen? Die Daten des heiligen Kalenders, den der Westen und an erster Stelle die USA zunehmend bestimmen, zielen klar nicht darauf ab, kritisches Bewusstsein zu entwickeln.

Man wundert sich also nicht mehr über das Schweigen, das über zwei Tragödien gewahrt wird, die sich ebenfalls im Jahr der Gnade 1989 ereignet haben. Während das Jahr sich dem Ende zuneigte, fand die US-Invasion in Panama statt, der intensive Bombardements vorausgingen, ohne Kriegserklärung, ohne Ankündigung und ohne Autorisierung durch den UN-Sicherheitsrat: Dicht bewohnte Viertel wurden in der Nacht von Bomben und vom Feuer überrascht. Hunderte, eher vielleicht Tausende starben, zum größten Teil »Zivilisten, Arme, Farbige«; mindestens 15.000 waren obdachlos: wie ein US-amerikanischer Wissenschaftler anmerkt, handelt es sich um »die blutigste Episode« in der Geschichte des kleinen Landes (Buckley, 1991: 240 u. 264). Hierdurch schafften sich die USA den von ihnen selbst eingesetzten Diktator und Drogenhändler vom Hals, der inzwischen undiszipliniert geworden war. Bleiben wir auf dem amerikanischen Kontinent, nur ein wenig weiter südlich. Am 27. Februar 1989 gingen Caracas und andere Städte Venezuelas auf die Straße gegen drastische neoliberalistische Maßnahmen des damaligen Präsidenten Carlos Andrés Pérez, die einen Großteil der Bevölkerung zum Hungern zwangen. Die Repression war drastisch, Hunderte oder Tausende starben: Es war der »Caracazo«, die Knüppelei von Caracas. Bezüglich der Bevölkerung war das, was in Panama und Venezuela geschah, weit blutiger als das, was ebenfalls 1989 in China stattfand; doch die Zivilreligion der Menschenrechte, die den Westen glorifizieren und seine Feinde mit Schande eindecken soll, hält nur den 4. Juni jenes Jahres für des Gedenkens würdig, als Panzer den Tienanmen-Platz einnahmen.

Um den doppelten Standard und den Zynismus, die die beschriebene Religion seit 1989 auszeichnen, zu belegen, machen wir einen Zeitsprung von mehr als dreißig Jahren zurück. Wir sind jetzt im Jahr 1956. Fast in den gleichen Tagen ereignen sich in Europa die sowjetische Invasion Ungarns und im Nahen Osten der englisch-französisch-israelische Angriff auf Ägypten. Man muss wohl nicht erwähnen, dass regelmäßig, feierlich und ausschließlich nur das erste Vorkommnis evoziert wird. Dieses war der Beweis für den unheilbaren kommunistischen »Machiavellismus«: So liest man es bei Bobbio, der überhaupt keine Notwendigkeit dafür sieht, auf das zweite zentrale Ereignis von 1956 Bezug zu nehmen, das doch mit dem ersten eng zusammenhing (Bobbio, 1990: 114f). Nach dem Zusammenbruch des »sozialistischen Lagers« und dem Ende des Kalten Kriegs haben die ungarischen Behörden die Toten durch die Unterdrückung des Aufstands von 1956 auf 2.500 geschätzt (Vannuccini, 1996: 17). Wie viele Opfer forderte der englisch-französisch-israelische Krieg gegen Ägypten? Es scheint nicht so, als würde man sich im Westen anstrengen, sie zu beziffern und ihrer zu gedenken. Doch es gäbe wenigstens ein Motiv, die Erinnerung an diese Ereignisse aufzufrischen. Es handelte sich um einen kolonialen oder neokolonialen Krieg, der mit einem ungesühnten Kriegsverbrechen zu Ende ging, dessen sich die israelische Invasionsarmee schuldig machte: »Etwa 300 (ägyptische) Gefangene wurden kaltblütig hingemetzelt mit hinter dem Rücken gefesselten Händen« (Cremonesi, 1995).

Wollen wir den Tienanmen-Platz als Symbol für den gewaltfreien Kampf gegen die Macht und gegen den asiatischen Despotismus begreifen? Warum dann nicht auch ein Wort verlieren über das, was als südkoreanischer Tienanmen bezeichnet wurde und sich fast genau neun Jahre zuvor in einem Land abgespielt hat, das faktisch ein US-Protektorat war? Der Rückentext eines diesem Ereignis gewidmeten Buches von Chalmers Johnson fasst es folgendermaßen zusammen:

> Im Mai 1980 hat die südkoreanische Armee willkürlich und extrem brutal Hunderte unbewaffnete Zivilisten in der Stadt Kwangju massakriert. Die Opfer protestierten gegen die Militärregierung im Land und forderten Demokratie. Hochrangige Regierungsmitglieder der USA wussten von diesem Gemetzel, taten aber nichts, um ihm zuvorzukommen und suchten dann zu verbergen, worum sie sich nicht gekümmert hatten. Keiner von ihnen ist je für sein Verhalten zur Rechenschaft gezogen worden. Die amerikanischen Medien arbeiten zusammen bei der absoluten Verschleierung dieser Verbrechen gegen die Menschlichkeit (in: Scott-Stokes / Lee Jai Eui, 2000).

Derselbe US-Autor hat beobachtet, dass in Kwangju unter den wachsamen Augen der US-amerikanischen, in diesen Jahren nicht zufällig von »CIA-Beamten« geführten Botschaft »möglicherweise ein weit größeres Gemetzel« verübt wurde »als das von den chinesischen Kommunisten auf dem Tienanmen-Platz 1989 durchgeführte« (Johnson, 2001: 48f).

Doch gehen wir noch weiter zurück, weiterhin in Asien. Anfang 1947 übte die Guomindang-Armee nach ihrer Flucht vom chinesischen Festland, wo die Kommunisten den Sieg errungen hatten, nach ihrer Landung in Taiwan gegen die revoltierenden Einwohner der Insel Repressalien aus, die ca. 10.000 Tote forderten (Lutzker, 1987: 178). Wir sprechen erneut von China, diesmal aber nicht die (aus einer großen antikolonialen Revolution hervorgegangene) Volksrepublik China betreffend, sondern die von den USA mit dem Ziel, den kompletten Sieg dieser Revolution zu verhindern und die Wiedervereinigung des großen asiatischen Landes zu blockieren, aus der Taufe gehobene chinesische Republik. Die hier angesprochene Repression ist bei weitem blutiger als die, an die jedes Jahr feierlich erinnert wird. Wie soll man einen so beklagenswerten doppelten Standard beurteilen?

Klar ist Folgendes: Die Gedenktage und Riten des vom Westen festgesetzten heiligen Kalenders gehen auf eine manipulierte Zivilreligion zurück. Da ist nicht einmal Platz für einen Gedenktag für den schwersten »Politmord« des 20. Jahrhunderts und vielleicht der Weltgeschichte: das von den indonesischen Generälen unter Anleitung der CIA verübte Massaker an Hunderttausenden des Kommunismus beschuldigten oder verdächtigten Personen. An Kommunisten hat man sich als Henker zu erinnern, niemals als Opfer!

4.
Die Zerstörung der Identität der potentiellen Feinde

Den Kalender der Feiertage festzulegen bedeutet, sich die Kontrolle über das historische Gedächtnis zu sichern, und eine solche Kontrolle, mittels Entrüstungsterrorismus durchgesetzt und auf die Vergangenheit angewendet, ist ein wesentlicher Bestandteil der umfassenden Macht, die der Aspirant auf die Weltherrschaft anstrebt. Seit je ist die Eroberung eines Landes ein Unterfangen, das weit mehr als die rein militärische Dimension einschließt. Wenn wir insbesondere an die Welt des Kolonialismus denken, entsteht ein solides und dauerhaftes Machtverhältnis nur dann, wenn es auf der Zerstörung der Geschichte, der kulturellen Identität und der Selbstachtung des unterworfenen Volkes beruht, sodass letzteres zur Beute von Selbsthass (Autophobie) wird und danach strebt, teil zu haben an der Identität des Siegers, und sei es nur auf subalterne Weise. Es geht nicht um etwas, das mit der Überwindung des klassischen Kolonialismus zu Ende gegangen und auf die eigentliche Kolonialwelt beschränkt wäre.

Emblematisch ist hier die Geschichte Russlands, das im Lauf der Jahrhunderte zwischen den Bedingungen eines unterworfenen Landes und dem Status einer (oft expansionistischen) Großmacht oszilliert hat. Nach der Niederlage im Ersten Weltkrieg und dem Zusammenbruch der zaristischen Autokratie schien das Pendel in Richtung Aufsplitterung, Balkanisierung und Kolonisierung des Landes zu schwingen. Es war die Sowjetmacht, die all dem ein Ende setzte, indem sie dem Volk seine Selbstachtung und den Sinn für Identität und die nationale Würde zurückgab. Und auf dieser Grundlage wurde der Hitlersche Versuch vereitelt, in Osteuropa Lebensraum zu finden oder eine Art ›Wilden Westen‹, der sich zwecks der Errichtung eines »germanischen Indien« oder eines Kolonialimperiums kontinentalen Typs unterwerfen ließe.

Andererseits ist Sowjetrussland von Beginn an gekennzeichnet durch das Aufkommen von Tendenzen, die einem nationalen Nihilismus zuneigen oder ihn objektiv fördern: Im Namen des »Klassenkampfes« und des »Internationalismus« möchten diese all das zerstören, was nicht authentische »proletarische Kultur« (*Proletkult*) ist, bis hin zur russischen Sprache, die als Ausdruck einer auf Ausbeutung beruhenden Gesellschaft angesehen wird und als letztlich dazu bestimmt, unter der Flutwelle der sozialistischen Revolution zu verschwinden. Obwohl Lenin und Stalin hart dagegenhielten, verschwanden solche Tendenzen nie ganz. Als Chruschtschow 1956 anlässlich des XX. Parteitags der KPdSU Stalin als Synonym für angeborenen Wahnsinn brandmarkt, gerät die Sowjetunion in eine paradoxe und unhaltbare Lage: Der Bolschewismus bzw. seine zwei »radikalsten« Strömungen hatten das vorrevolutionäre Russland, seine Kultur und sogar seine Sprache en bloc und ohne zu differenzieren diskreditiert; analog verfuhr der neue Kurs mit den drei Stalin-Jahrzehnten, d.h. mit der längeren Periode des aus der Oktoberrevolution hervorgegangenen Landes. Nicht mehr fähig, mit der rivalisierenden Supermacht Schritt zu halten im Zug der Rüstung, und nun auch noch ihrer Geschichte, Identität und Selbstachtung beraubt, konnte die Sowjetunion nur schwer der gewaltigen Offensive der USA und des Westens in der letzten Phase des Kalten Krieges standhalten. Es war eine desaströse Niederlage: Eine Zeit lang war es Washington, wo die politische Ökonomie Russlands beschlossen wurde; es waren die US-amerikanischen PR-Agenturen, die Inhalte und Formen von Jelzins Wahlkampf ausarbeiteten; es schien, dass auf den Prozess der Entindustrialisierung der Kontrollverlust über den riesigen nationalen Besitz an Energie folgen solle; eine Zeit lang wurde als einzige beachtenswerte Kultur jene betrachtet, die sich (kritiklos) am Westen und seiner Führungsmacht orientierte und die mit einem Überangebot an Mitteln von Stiftungen und »NGOs« propagiert wurde, die von eben diesem Westen und seiner Führungsmacht großzügig finanziert wurden.

Was Russland betreffend ein weitgehend zufälliges Ergebnis war, wird nun zu einem von den Strategen in Washington bewusst und hartnäckig verfolgten Programm im Kampf gegen China. Nun hat man es allerdings mit einer tausendjährigen Kultur zu tun, die den von außen kommenden Herausforderungen zu widerstehen, sie zu absorbieren oder zu bändigen gewusst hat, bis das tragische »Jahrhundert der Erniedrigung« kam, das mit den Opiumkriegen begann. In diesem Fall ist also nicht so viel Raum für nationalen Nihilismus, zumal die chinesische KP auf der Woge einer gigantischen antikolonialen und nationalen Revolution an die Macht kam.

Im Lauf des 20. Jahrhunderts gab es gleichwohl Momente, in denen China auf der Suche nach den tieferen Gründen für die »Erniedrigungen« seine Geschichte mehr oder weniger gänzlich in Frage stellte, auch die weiter zurückliegende. Das begann mit der Bewegung des 4. Mai 1919: Zusammen mit dem japanischen Imperialismus, der nun in der Lage war, den Platz des westlichen Imperialismus zu besetzen, nahm diese Bewegung gnadenlos Konfuzius und den Konfuzianismus ins Visier, d.h. die Kultur, die seit 2500 Jahren die Geschichte des großen asiatischen Landes prägte. Später ereignete sich mit der Kulturrevolution eine Art Wiederholung in radikalerer Form, als – ähnlich wie im Sowjetrussland des *Proletkults* – zusammen mit Konfuzius und dem Konfuzianismus alles, was nicht authentisch »proletarisch« war, zum Gegenstand des Gespötts (und manchmal des Bildersturms) wurde. Doch auch im Lauf dieser Jahre wurden weiterhin die Werke Maos gedruckt, studiert und verehrt, voll von Verweisen auf die Klassiker der tausendjährigen chinesischen Kultur, beginnend mit Sun Tsu, dem großen Strategen und Kriegstheoretiker im 6./5. Jahrhundert v.u.Z., der mit Gewinn studiert und auch im Lauf des Widerstandskriegs gegen den japanischen Imperialismus zitiert wurde.

Es gibt aber doch eine Möglichkeit, die Identität Chinas zu zerstören zu versuchen: So versteht sich das US-amerikanische und westliche Bemühen, die große Revolution und die daraus entstandene chinesische Volksrepublik zu delegitimieren, indem en bloc ihre beiden Geschichtsperioden, nämlich die von der Persönlichkeit Maos dominierte und jene, die darauf mit der Machtübernahme von Deng Xiaoping folgte, kriminalisiert und dämonisiert werden. Letzterer hat hunderte Millionen Menschen von Hunger und bitterster Armut befreit. Um es mit den Worten eines großen westlichen Staatsmanns zu sagen (der dabei vor allem die ökonomische Dimension vor Augen hat): Er »ist der erfolgreichste kommunistische Führer der Weltgeschichte« (Schmidt, 2012). Und ein seriöser US-Wissenschaftler fragt sich: »Gibt es im 20. Jahrhundert einen anderen Führer, der mehr dafür getan hätte, das Leben einer so großen Anzahl an Personen zu verbessern? Gibt es einen anderen Führer in diesem Jahrhundert, der einen so großen und dauerhaften Einfluss auf die Weltgeschichte genommen hat?« (Vogel, 2011: 690). Auf eine solche Persönlichkeit konnte die chinesische Nation also ziemlich stolz sein; und man versteht den Wunsch, Deng Xiaoping an einer Laterne des Tienanmen-Platzes aufzuknüpfen, ein Ansinnen derer, die damit beschäftigt sind, die chinesische Volksrepublik ihrer Geschichte, ihres Selbstbewusstseins und ihrer

Identität zu berauben. Wenn an die Tragödie erinnert wird, die sich auf diesem Platz abgespielt hat, bringt der Terrorismus der Unmittelbarkeit und der Entrüstung regelmäßig das Foto Deng Xiaopings oder einen Kommentar über ihn mit dem Panzer zusammen, dem sich der unbewaffnete Demonstrant entgegenstellt; das Schweigen über die dreifache Reduktion, die diesem Bild zugrunde liegt, begünstigt die Entfaltung der unterschwelligen Wirkung.

Diese Operation wäre nicht komplett ohne eine Kriminalisierung und Dämonisierung Mao Zedongs. Trotz seiner großen, unübersehbaren Verdienste. Geben wir das Wort noch einmal dem früheren Kanzler der Bundesrepublik Deutschland: »Er hat China nach eineinhalb Jahrhunderten der Kolonisierung wiederhergestellt« (Schmidt, 2012). Und während er das tat, hat er wirksam weltweit zur Ausrottung des Kolonialismus beigetragen und zur Beendigung eines Geschichtskapitels, das gekennzeichnet war vom Triumph des Rechts des Stärkeren, von der Unterwerfung und der de facto Sklaverei der schwächeren Nationen, dem Raub ihrer Ressourcen, rassischer Arroganz und Infamie, dem Einsatz genozidaler Praktiken. Der Hauptvorwand für die *damnatio memoriae* des Gründers der Volksrepublik China ist der Große Sprung von 1958/59: Aufgrund auch von unvorhergesehenen natürlichen Kalamitäten und in einem ungünstigen und feindlichen Kontext (zu dem von Anfang an gnadenlos von den USA und dem Westen praktizierten Embargo kam der Bruch mit der UdSSR und den anderen sozialistischen Ländern hinzu) scheiterte der Versuch, die Entwicklung der Produktivkräfte stürmisch zu beschleunigen, um das chinesische Volk ein für alle Mal aus Elend und Armut zu befreien, traurig und tragisch; daraus entstanden eine hoffnungslose Massenhungersnot und Hungertod riesigen Ausmaßes. Ausgehend von diesem nicht bestreitbaren Datum nimmt die Propagandamaschine der herrschenden Ideologie recht schnell Fahrt auf: Sie übertreibt die Dimension der Tragödie, wandelt einen schweren politischen Fehler in ein internationales Verbrechen um, brandmarkt den Gründer der chinesischen Volksrepublik als Kriminellen, ja gar größten Kriminellen der Geschichte, schreit schließlich empört auf, dass China ihn immer noch verehrt.

In diesem Fall sind die Manipulationen so zahlreich und so geartet, dass es nicht genügt, nur eine aufzugreifen. Natürlich ist es richtig, zu unterstreichen, dass die Tragödie, auf die der Große Sprung hinauslief, nicht beabsichtigt war (Schmidt, 2012). Doch man muss viel weiter gehen. Die Hungerkatastrophe hat China nicht erst seit der Machtübernahme durch Mao (der im Gegenteil verzweifelt versucht, ihr Einhalt zu gebieten) begleitet, sondern seit dem Angriff durch den Kolonialismus des Westens. Es genügt, das neue Buch eines der bekanntesten US-Politikers zu lesen: Am Vorabend der Opiumkriege »betrug das BIP Chinas fast das Siebenfache des BIP Großbritanniens« (Kissinger, 2011: 44). Etwa zehn Jahre später rief der Hungertod weder Überraschung noch Empörung hervor: der Tod war alltäglich geworden. Insgesamt können wir, wenn wir die Jahre »1850 bis 1950«, also ungefähr das »Jahrhundert der Erniedrigung«, das vom ersten Opiumkrieg und dem Einbruch des Kolonialismus bis zum Sieg der antikolonialen (und sozialistisch geprägten) Revolution von 1949 reicht, untersuchen und uns die Katastrophen vergegenwärtigen, die diese große historische Krise charakterisieren (militärische Invasionen, Aufstände, »Naturkatastrophen«), zu dem Schluss kommen: Es handelt sich möglicherweise um die blutigste Periode der Weltgeschichte (vgl. unten, VI.9).

Die Hungertragödie in China ist nicht nur zum Großteil das Resultat kolonialistischer Aggression, sondern wurde oft bewusst verfolgt oder als Drohung genutzt. Bereits 1793 gab der Gesandte der englischen Krone, Lord George Macartney, bekannt: Sollten ihre Forderungen abgewiesen werden, sei die Regierung in London dank ihrer Seemacht imstande, zumindest den Küstenregionen des Reichs der Mitte den »absoluten Hunger« aufzuzwingen (in: Kissinger, 2011: 43). Mehr als eineinhalb Jahrhunderte später wird das neue China, das der japanischen Okkupation und einem noch keineswegs beendeten Bürgerkrieg verwüstet entkommen ist, zum Ziel militärischer Drohungen und des von den USA in Gang gesetzten ökonomischen Kriegs. Die Regierung Truman verfolgte ein einfaches, klares Ziel: Durch die Ausnutzung auch der »Unerfahrenheit der Kommunisten auf dem Gebiet der urbanen Ökonomie« galt es, der chinesischen Volksrepublik »die

Plage« eines »allgemeinen Lebensstandards auf oder unter dem Existenzniveau« aufzuerlegen, das »ausweglose« Land in eine »ökonomische Katastrophe« zu führen, »in ein Desaster« und den »Kollaps« (Zhang, 2001: 20 ff, 25 u. 27). Noch Anfang der 60er-Jahre rühmte sich ein Mitarbeiter der Regierung Kennedy, Walt W. Rostow, des von den USA erreichten Triumphs, es geschafft zu haben, die ökonomische Entwicklung Chinas mindestens »um Jahrzehnte« zu verlangsamen (ebd.: 250).

Mit ihren vielfältigen Manipulationen wirft die übliche Dämonisierung Maos seit dem Großen Sprung eine Frage auf, die elementar sein könnte: Ist die zweifellos nicht beabsichtigte schreckliche Hungersnot, die auf das politische Experiment folgte, ausschließlich dem kommunistischen chinesischen Führer anzulasten oder auch und vor allem denen, die ein verheerendes Embargo betrieben? Pointierter gefragt: Wiegt die Verantwortung dessen, der durch Unerfahrenheit in der ökonomischen Verwaltung und politisches Abenteurertum eine Katastrophe hervorgerufen hat, schwerer oder die Verantwortlichkeit jener, die gezielt, sich der »Unerfahrenheit« des Feindes bewusst und sich der eigenen Erfahrenheit rühmend, diese Katastrophe gewollt und provoziert haben? Entsprechende Fragen sind auch legitim und notwendig bezüglich des Tienanmen-Platzes: Welche Rolle haben in der Tragödie die US-Einmischungen gespielt, und hatten sie das Ziel, eine Versöhnung oder einen Kompromiss zwischen den zwei gegnerischen Parteien zu erleichtern oder unmöglich zu machen? Wünschte Washington ein Blutvergießen (um das von einer kommunistischen Partei regierte Land zu diskreditieren) zu verhindern oder zu provozieren? Lagen den US-Einmischungen, die laut Deng Xiaoping die Gefahr eines Krieges mit China bargen, die Gesundheit und das Leben der Menschen mehr am Herzen oder der ersehnte finale Sturm auf das, was von der kommunistischen Bewegung in der Welt noch übrig war?

Der Westen nimmt zwar Anstoß daran, doch der gegenwärtige chinesische Präsident Xi Jinping hat gezeigt, dass er den realen Einsatz im Spiel wohl verstanden hat, als er sein Land aufforderte, den »historischen Nihilismus« abzulehnen, und zwar sowohl was Mao Zedong als auch Deng Xiaoping angeht.

5. Selbstbeweihräucherung und Förderung des Selbsthasses (Autophobie) im feindlichen Lager

Die Zerstörung der Geschichte, der kulturellen Identität und der Selbstachtung eines Volkes wäre unvollständig, wenn dem unterworfenen oder zu unterwerfenden Volk nicht auch das Recht auf moralische Entschädigung für das von ihm durch eine mehr oder weniger lange Geschichtsepoche erlittene Unrecht genommen würde. Das »Jahrhundert der Erniedrigung«, von dem die chinesischen Führer gern sprechen, umfasst die von einem Volk mit uralter Kultur erlebte Infamie, einem Volk, das seit den auf moralischer Ebene wahrlich abstoßenden Opiumkriegen von jeder der imperialistischen Mächte nacheinander angegriffen wurde. In kurzer Zeit wurde es durch fortschreitende Entmenschlichung auf die niedrigste Stufe der rassischen Hierarchie versetzt, gemeinsam mit einem anderen Volk, das seit langem bevorzugtes Opfer des Kolonialismus und des mit diesem verbundenen Rassismus war. Wenn Ende des 19. Jahrhunderts an bestimmten öffentlichen Parks der Südstaaten der USA geschrieben stand: »Eintritt verboten für Hunde und Schwarze (*Niggers*)«, verteidigte in Shanghai die französische Konzession ihre Reinheit, indem sie gut sichtbar das Schild anbrachte: »Eintritt verboten für Hunde und Chinesen« (Losurdo, 2010, Kap. 10.3). 1882 wurde in den USA der *Chinese Exclusion Act* verabschiedet: dazu gedacht, die von den chinesischen Migranten ausgehende Vermischung zu verhindern, wurde er umgehend zum Modell auch für die europäischen Vorkämpfer der Rassenreinheit. Nachdem China 1900 die von den zeitgenössischen verbündeten imperialistischen Mächten ausgehende Strafexpedition erlitten hatte, wurde es dann nach der japanischen Invasion zum Opfer eines der schlimmsten Gräuel des Zweiten Weltkriegs und der gesamten Weltgeschichte. Dafür stehen nicht nur die Sexualsklaverei, der man die Frauen unterwarf, die sogenannten *Trostfrauen*, die gezwungen wurden, die Soldaten des Reichs der aufgehenden Sonne zu »trösten«, und das berüchtigte Massaker von Nanking von 1937. Darüber hinaus ist der Prozess der Entmenschlichung zu bedenken, der einen seltenen Gipfel erreichte: Chinesen wurden zum lebenden Ziel von japanischen Soldaten, die sich im Bajonettangriff übten; außerdem wurden sie bisweilen als Versuchskaninchen für Vivisektionen und andere grausame Experimente wie solche mit bakteriologischen Waffen gebraucht und geopfert. Den Verantwortlichen und den Mitgliedern der berüchtigten Einheit 731, diesen Kriegsverbrechern, garantierten die USA Straffreiheit im Tausch gegen die Überlassung aller gesammelten Daten: Im Rahmen des Kalten Kriegs, der vor der Tür stand, hatten nun neben den atomaren Waffen auch bakteriologische Gewicht.

Dem chinesischen Volk das Recht auf moralische Wiedergutmachung für diese Scheußlichkeiten zuzuerkennen, hieße, dass sich die Schuldigen, der Westen also und vor allem Japan, das ja dazu noch ein Verbündeter der USA ist, einer Selbstkritik unterziehen müssten; auf der anderen Seite könnte eine solche Wiedergutmachung im chinesischen Volk den Stolz darüber wecken, dass es imstande war, durch eine große Revolution eine tragische Periode seiner Geschichte zu beenden und sich dank hartnäckiger Anstrengung und eines langen Lernprozesses wieder auf einen Weg zu begeben, der zur Wiedererlangung der früheren Größe führt. Das Recht auf Wiedergutmachung dem großen asiatischen Land gegenüber anzuerkennen, würde bedeuten, auf das Ziel zu verzichten, seine Identität und Selbstachtung zu untergraben. Doch wie es scheint, ist das ein Ziel, auf das man nicht verzichten kann.

In Japan sind immer noch ein Friedhof wie auch ein Schrein Ziel einer Pilgerreise, die neben den Überresten von im Krieg gefallenen Soldaten auch die derjenigen enthalten, die für die besagten Gräuel verantwortlich waren und vor einem Tribunal in Tokio (dem asiatischen Äquivalent zu Nürnberg) angeklagt, verurteilt und der Kriegsverbrechen schuldig gesprochen wurden. Zu diesem Friedhofsschrein begab sich zur Ehrerweisung Junichiro Koizumi, Premierminister 2001 bis 2006, und dorthin begibt sich auch der derzeitige Premierminister Shinzo Abe. Die Regierung und die Unterstützer des letzteren tun sich heute damit hervor, die schreckliche Vergangenheit wegzuwischen. Wenn es schon nicht total zu verleugnen ist, kann das Massaker von Nanking doch auf eine nicht sonderlich große Sache reduziert werden; die Sexsklavinnen werden zu gewöhnlichen Prostituierten, es verschwindet gar die Invasion Chinas: Das sei ein kontroverser Begriff, halten die japanischen Führer dagegen. Es gibt keine Woge der Empörung, die doch leicht zu erwarten gewesen wäre; der Westen lässt sich nicht aus der Fassung bringen: Der von ihm festgelegte heilige Kalender hält die Tragödie des chinesischen Volkes nicht für besonderer Aufmerksamkeit würdig.

Moralische Entschädigung wird auch auf andere Weise verhindert. In der US-Presse kann man Artikel lesen, die folgende Grundthese vertreten: Unter dem Strich ist die Anzahl der in China durch den Angriff des Reichs der aufgehenden Sonne verursachten Opfer niedriger als die, die auf die schreckliche Hungersnot Ende der 50er-Jahre zurückging. Nach einer solchen Logik wäre Kriminellen ein gutes Stück weit Absolution zu erteilen: Die zahlreichen Straßenunfälle fordern doch mehr Opfer als ein einzelner Mörder! Doch wir wollen einen Vergleich, der dermaßen unterschiedliche Größen miteinander konfrontiert, trotzdem ernst nehmen. In diesem Zusammenhang könnten wir Pearl Harbor als unbedeutende Bagatelle betrachten: »Der Tag der Schande« (mit den Worten F.D. Roosevelts) ist eine ziemliche Nichtigkeit gegenüber dem Sezessionskrieg, der den USA mehr Opfer abgefordert hat als beide Weltkriege zusammen. Aber vielleicht hat es wenig Sinn, sich auf logischer Ebene mit der Widerlegung von Argumenten zu befassen, die allein darauf abzielen, China moralische Wiedergutmachung vorzuenthalten.

Ist dieses Ziel erst einmal erreicht, gibt es keine Hindernisse mehr, dem moralischen Terror der Empörung die Schleusen zu öffnen, der Mao an das Bild eines Opfers der großen Hungersnot bindet und Deng an das Bild des Panzers vom Tienanmen-Platz. Der unterschiedlichen Kriminalisierung der Gründungsväter der chinesischen Volksrepublik korrespondiert die blendende Verklärung der Gründungsväter der USA, die in das Pantheon erhoben werden, das den Helden der Freiheit reserviert ist. Um mehr Vorsicht walten zu lassen und sich weniger manichäisch zu verhalten, sollte man darüber nachdenken, dass Washington, Jefferson und Madison allesamt Sklavenhalter waren. Doch die herrschende Ideologie verweigert die Abrechnung mit solch einer Tatsache; und unglücklicherweise verhält man sich bis in die Hochkultur hinein entsprechend.

Nach Arendt war die Einrichtung der Sklaverei Ende des 18. Jahrhunderts, zur Zeit der Gründung der USA also, eine von allen akzeptierte Selbstverständlichkeit. Doch selbst ein Historiker, der sich explizit damit beschäftigt, die imperiale Mission der nordamerikanischen Republik zu feiern, weiß, dass diese »zu einem beträchtlichen Teil von Sklavenhaltern« gegründet wurde »zu einer Zeit, als die Bewegung zur Abschaffung der Sklaverei auf beiden Seiten des Atlantiks schon ziemlich weit entwickelt war« (Ferguson, 2011: 129). Der aus der Revolte der Kolonisten hervorgegangene Staat bewegte sich in gegenläufiger Tendenz zur Grundströmung. Und er blieb für die folgenden Jahrzehnte dabei, als er sich hartnäckig an das Institut der Sklaverei hielt, das im Gegensatz dazu in Santo Domingo unter der Woge der Französischen Revolution und in einem Großteil des spanischsprachigen Lateinamerika durch die Woge der antispanischen Revolution abgeschafft worden war.

Die berühmte Philosophin geht noch weiter in ihrer Umdeutung der USA: »Kolonialismus und Imperialismus der europäischen Nationen« sind »das große Verbrechen, in das Amerika nie verwickelt war« (Arendt, 1959: 46). In diesem unglaublich verzerrten Bild ist kein Platz für den Krieg gegen Mexiko und dessen Zerstückelung, für die Kolonisierung und Annexion Hawaiis, für die Eroberung der Philippinen und für die Unterdrückung der Unabhängigkeitsbewegung, die unerbittlich durchgeführt wurde und bisweilen explizit Anleihen machte bei den mörderischen Praktiken, die man seinerzeit im Laufe der Feldzüge gegen die Indianer angewandt hatte. Damit sind wir bei der eklatantesten Verdrängung: Der Enteignung, Deportation und Dezimierung der Ureinwohner, um sich das Land anzueignen, das oft dank der Arbeit von schwarzen, aus Afrika im Verlauf einer Überfahrt mit sehr hoher Todesrate deportierten Sklaven kultiviert wurde. Dieses Kapitel der Geschichte hat nicht zufällig Hitler inspiriert, der in den »Eingeborenen« Osteuropas zu enteignende und zu dezimierende Indianer ausmachte, um die Germanisierung der eroberten Gebiete zu ermöglichen, während die Überlebenden dazu bestimmt waren, wie die schwarzen Sklaven im Dienst der weißen Herrenrasse zu arbeiten; und dieses Kapitel der Geschichte, das den Zeitraum des kolonialen Expansionismus des Westens umfasst und dessen ganzen Horror einschließt, hätte nach Arendt, zumindest was seine US-amerikanische Anfangsphase angeht, nichts mit der Geschichte des Kolonialismus zu tun!

Bestärkt also sogar durch die hohe Kultur kann die nordamerikanische Republik sich dem Selbstlob überlassen und weitermachen mit ihrer manichäischen Gegenüberstellung USA versus Volksrepublik China, dem Rivalen oder potentiellen Feind, der mit Selbsthass zu belegen ist, um leichter vom imperialen Universalismus besiegt werden zu können.

6.
Der Kriegssyllogismus des imperialen »Universalismus«

Der imperiale Universalismus benutzt eine Art Syllogismus des Krieges: Es gibt universale Werte; der Westen ist ihr Interpret und exklusiver Wärter und damit Träger des Rechts, solch universale Werte zu exportieren, unter Umständen auch mit Hilfe eines von ihm souverän erklärten Kriegs. Dieser Kriegssyllogismus, der hinter den militärischen Interventionen und Destabilisierungsmanövern gegenüber den der neokolonialen, imperialen Macht zu unterwerfenden Ländern steckt, ist am naivsten von Präsident Bush jr. formuliert worden. Nachdem er die Existenz eines »Systems von Werten« proklamiert hatte, die keine menschliche Schöpfung seien, sondern eine Ganzheit von »gottgegebenen Werten«, schloss er beseelt: Das ist die Voraussetzung »unserer Außenpolitik«, »unserer Militäraktion« (in: Ferguson, 2005: 105). Es sind also Werte von so deutlicher und zweifelsfreier Universalität, dass sie unmittelbar auf Gott zurückgehen; sie verkörpern sich im Westen (und ganz besonders in seinem Führungsland); damit sind Kriege, die weltweit zur Verbreitung der »von Gott gegebenen Werte« geführt werden, in letzter Instanz als heilige Kriege zu betrachten. In einer ausgefeilteren Sprache ist dieser Kriegssyllogismus im Westen quasi zu einem Gemeinplatz geworden, auch wenn kein Syllogismus auf logischer wie historischer Ebene jemals mehr holperte.

Schauen wir uns an, was als Hauptprämisse betrachtet werden könnte: Es gibt universelle Werte. Durchaus, aber welche? Nicht einmal der Westen ist sich darüber einig. Man denke an Schwangerschaftsabbruch, eine Praxis, die für einige Ausdruck für das unveräußerliche Recht der Frau ist, autonom über sich und ihren eigenen Körper zu verfügen, und für andere ein Synonym für den totalen Entzug der Rechte des Embryos. Entsprechende Betrachtungen könnte man über die Euthanasie anstellen. Oder über die Todesstrafe, die in den USA gilt, aber in Europa regelmäßig und bisweilen scharf verurteilt wird.

Lassen wir also delikate Gewissensprobleme, die die allgemeine Weltanschauung und in gewisser Weise die Religion betreffen, beiseite. Nehmen wir uns die Themen vor, die unmittelbar zur Politik in ihrer Alltagsdimension gehören. Z. B. die Frage des Waffentragens: Ist das tatsächlich, wie viele in den USA glauben, ein unveräußerliches Menschenrecht oder bringt es im Gegenteil ein inakzeptables Aufopfern von menschlichem Leben auf dem Altar der Profite der Rüstungsindustrie mit sich, wie es eine sehr breite öffentliche Meinung diesseits des Atlantiks sieht?

Damit zu den »sozialen und ökonomischen Rechten«: Gehören sie zum Erbe der vom Westen gehüteten allgemeinen Werte? Wir haben gesehen, dass die von F. D. Roosevelt angesprochene »Freiheit von Not« von Hayek als den Werten und der westlichen Tradition gegenüber fremd und konträr skandalisiert wird sowie als Ausdruck für den Einfluss, den die östliche (oder asiatische) »marxistische russische Revolution« ausgeübt hat. Müssen wir also denjenigen, der vier Amtszeiten hintereinander zum Präsidenten der Führungsmacht eben dieses Westens gewählt wurde, aus dem authentischen Westen ausschließen oder den 1974 mit dem Nobelpreis für Ökonomie ausgezeichneten Vater des Neoliberalismus und Ideengeber für die Wirtschaftspolitik eines anderen »großen« US-Präsidenten, nämlich Reagans? In Europa fehlt es nicht an denen, die es vorziehen würden, Hayek auszuschließen, doch bliebe es auch weiterhin ziemlich schwierig, dessen These bezüglich der Rolle, die die kommunistische Bewegung bei der

Propaganda und Realisierung der »sozialen und ökonomischen Rechte« gespielt hat, zu widerlegen.

Ähnlich wie Hayek argumentierten in den 90er-Jahren nicht wenige berühmte Persönlichkeiten des politischen Kosmos der USA. Wir lesen etwa die Erklärung: »Amerika bleibt die einzige globale und universale Gesellschaft der menschlichen Geschichte«. Es ist nötig, »den Werten und den Prinzipien, die die amerikanische Gesellschaft einzigartig auf der Welt gemacht haben, ihre Kraft zurückzugeben« und Schluss zu machen »mit dem unterstützenden Staat, der die menschliche Natur verletzt und Bürger zu Klienten gemacht hat, indem er sie einer Bürokratie und Regeln unterworfen hat, die im Gegensatz stehen zur Arbeit, zur Familie, zum individuellen Wohlergehen und den Eigentumsrechten«. Anstatt reformiert zu werden, müsse der *Wohlfahrtsstaat* abgeschafft werden (Gingrich, 1995). Hier scheint der Westen zerrissener denn je: Die US-amerikanischen Werte wurden als Gegenposition zum europäischen Sozialstaat definiert sowie gegen die in der von der UNO 1948 angenommenen *Allgemeinen Erklärung der Menschenrechte* sanktionierten »sozialen und ökonomischen Rechte«. Wenn wir uns diesen letzten Punkt vergegenwärtigen, war der authentische Westen, nach Gingrich in den USA verkörpert, die Antithese des Universalismus oder zumindest der *Allgemeinen Erklärung der Menschenrechte.* Ähnlich unterstreicht Brzezinski (1998: 39) dasselbe Konzept: »Der Alte Kontinent sollte die amerikanische Wirtschaft nachahmen, die rauer und leistungsorientierter ist«, und sich deshalb vom »Sozialstaat« abwenden.

Zur gleichen Zeit sprach ein französischer Erfolgsautor mit Blick auf beide Küsten des Atlantiks explizit von zwei gegensätzlichen »Wertesystemen«, in diesem Fall aber, um Europa gegenüber den USA zu rühmen, für die es charakteristisch sei, unglücklicherweise »dazu zu tendieren, im Arbeitslosen, wenn nicht einen unverbesserlichen Faulpelz, so zumindest ein Individuum zu sehen, dem der Mut gefehlt hat, sich den Bedingungen des Arbeitsmarktes anzupassen«, also einen Versager (Albert, 1991: 26 u. 13). Dieser Form von Sozialdarwinismus stand das europäische Modell des Kapitalismus gegenüber, das auf der »sozialen Marktwirtschaft« gründete, auf Solidarität, ein Modell mit der Möglichkeit, »vom Geldwert unterschiedene soziale Werte« zur Geltung zu bringen, »Ungleichheiten« zu reduzieren und in einem gewissen Grad soziale »Sicherheit« zu realisieren (ebd.: 138, 123 u. 169). Es ging um ein Modell, das europäische oder das »rheinische« – wie es hier definiert wurde –, das nicht das »Gemeininteresse« aus dem Auge verlor, ohne deshalb aber dem »Kollektivismus« oder der »zentralisierten Wirtschaft« gegenüber nachsichtig zu sein; es war ein Modell, das mittels »einer gelungenen Synthese zwischen Kapitalismus und Sozialdemokratie« eine »›soziale‹ Marktwirtschaft« realisierte (ebd.: 145f). Es ist festzuhalten, dass diese eben ausgeführte Ideologie nicht die eines einsamen Intellektuellen war. In seinem Kommentar zur Revolte der Schwarzen in Los Angeles erklärte der französische Präsident Mitterrand, dass sie »das Resultat« einer »extrem konservativen, ökonomisch liberalen politischen Theorie« darstelle und einer fehlenden, in Europa im Gegensatz dazu ziemlich präsenten Sozialgesetzgebung (in: Benedetto, 1992).

Es waren die Jahre, in denen sich Europa in gewisser Weise in einem euphorischen Zustand befand: Der Zusammenbruch des »sozialistischen Lagers« und die tiefe Demütigung Russlands eröffneten ihm einen enormen Raum für Zuwachs und Ausdehnung nach Osten; die Schwierigkeiten des Einigungsprozesses waren noch nicht abzusehen und der Aufstieg der Schwellenländer und die außerordentliche Wiedergeburt Chinas zeichneten sich noch nicht deutlich ab. Unter diesen Umständen bildete der Alte Kontinent sich ein, eine geopolitische Rolle ersten Ranges zu spielen, und zögerte folglich nicht, dem Verbündeten jenseits des Atlantiks den moralischen und politischen Primat streitig zu machen. Für einen gewissen Zeitraum räumte, auch innerhalb des Westens, der Monotheismus der Werte noch einmal den Platz für einen Polytheismus. Danach kamen merkliche Veränderungen und die Einheit des Westens verfestigte sich wieder unter der Führung Nordamerikas. Doch zwischen den beiden Atlantikküsten blieb das unterschiedliche Herangehen an die Frage des Sozialstaats und der sozialen und ökonomischen Rechte relevant, auch wenn mit Blick auf die Schwellenländer und besonders China der Monotheismus der Werte seinen Höhepunkt erreichte und als aggressiver Universalismus auftrat.

Was soll man unter allgemeinen Werten verstehen? Der heute im Westen herrschende Diskurs interpretiert das Allgemeine als Synonym von Unverzichtbarem an jedem Ort und unter allen Umständen. Doch eine solche Auffassung wurde Ende des 18. Jahrhunderts von keinem geringeren als Adam Smith abgelehnt. Dieser bemerkt, dass die Sklaverei leichter unter einer »despotischen Regierung« unterdrückt werden kann als unter einer »freien« mit ihren ja allein den weißen Besitzenden vorbehaltenen Repräsentativorganen. In diesem Fall ist die Lage der schwarzen Sklaven desperat: »Jedes Gesetz wird von ihren Patronen gemacht, die niemals eine für sie selbst nachteilige Maßnahme durchgehen lassen«. Und deshalb ist »die Freiheit des freien Mannes der Grund der großen Unterdrückung der Sklaven [...]. Und angenommen, dass diese die Mehrheit der Bevölkerung stellen, wird sich niemand, der mit Humanität ausgestattet ist, Freiheit wünschen in einem Land, in dem diese Institution errichtet worden ist« (A. Smith, 1982: 452f u. 182). Und in der Tat wurde die Sklaverei viele Jahrzehnte später im Süden der Vereinigten Staaten nur in Folge eines blutigen Krieges und der von der Union auf Kosten der Sezessions- und Sklavenhalterstaaten errichteten Militärdiktatur abgeschafft; als die Union auf die eiserne Hand verzichtete, sahen die Weißen darin wieder die Anerkennung der lokalen Selbstverwaltung, doch die Schwarzen fielen in eine halbsklavische Lage zurück.

Für Smith stellen nicht nur die Freiheit der Schwarzen, sondern auch das *self government* und die Ablehnung der »despotischen Regierung« allgemeine Werte dar; nur in einer konkreten historischen Situation, in der bestimmte allgemeine Werte in Konflikt mit anderen geraten, sollte seiner Meinung nach eine Skala der Prioritäten festgelegt werden. Man könnte sagen, dass heutzutage ein Land wie Kuba entsprechend vorgeht: Jahrhundertelang zuerst der spanischen Kolonialherrschaft und dann dem US-Protektorat ausgesetzt, 1961 Opfer eines Invasionsversuchs, belagert und bedroht von einer Supermacht, die in der Vergangenheit mehrfach versucht hat, den Leader der rebellischen Insel zu ermorden, ist Kuba in der Tat gezwungen, aus den diversen allgemeinen Werten eine Prioritätenliste festzulegen, an deren Spitze natürlich der auch an sich schon universale Wert der Unabhängigkeit und nationalen Würde steht. Ähnliche Betrachtungen könnte man für andere Länder anstellen.

Ein berühmter zeitgenössischer US-Philosoph aber wendet bei seinen Überlegungen über den Vorrang der Freiheit gegenüber der Gleichheit auf das von ihm formulierte Prinzip eine wichtige Einschränkungsklausel an, indem er es nämlich nur »jenseits eines minimalen Einkommensniveaus« als schlüssig betrachtet (Rawls, 1982: 441). Das ist eine Formulierung, die wie eine Rechtfertigung der besonders von den Lenkern der chinesischen Volksrepublik verfolgten Politik klingt; diese haben bisher den Akzent mehr auf das Recht auf Leben und die Freiheit von Not von hunderten Millionen von Menschen gelegt – Werte, deren Universalität schwer zu bestreiten ist – als auf Demokratisierung, auf die sie, wie sie erklären, jedoch nicht verzichten wollen und deren universelle Eigenschaft sie nicht leugnen, auch wenn es heute um eine Universalität gehe, die aufgefordert sei, nationale Besonderheiten zu respektieren. Auch nach auf ökonomischem Gebiet erreichten spektakulären Erfolgen müssen die chinesischen Führer zwei Gefahren bzw. zwei mögliche Gefahren, die es anzugehen gilt, im Auge behalten: Die von der Supermacht in Gang gesetzte militärische Umzingelung, die alles tut, in dem großen asiatischen Land jedwede Sezessionsbewegung und jede mögliche Dissidenz zu ermuntern; und die Disproportion, die darin besteht, ein Fünftel der Menschheit ernähren zu müssen, wiewohl man auf Weltebene nur 7 % an kultivierbarer Fläche und Süßwasser zur Verfügung hat.

Wenn schon nicht die von den kubanischen oder chinesischen (oder vietnamesischen etc.) Politikern festgelegten Prioritäten zur Diskussion gestellt werden können, dann doch immerhin die Zeiten zur Realisierung der diversen universellen Werte, aber vielleicht müssten die Anführer des demokratischen Kreuzzugs, die in den USA bei der ersten Gelegenheit das Prinzip und den universellen Wert der *rule of law* weitgehend eingeschränkt haben, wie Guantánamo, die Praxis der *rendition*, der illegalen Entführung von Personen, die des Terrors verdächtigt werden, und die wöchentliche »kill list« Obamas zeigen, weniger Überheblichkeit demonstrieren.

7. Universalismus oder exaltierter Ethnozentrismus?

Das Konzept der Allgemeinheit, das dem gegenwärtigen Diskurs eignet, ist falsch. Aber noch viel absurder ist der Anspruch, den Westen zu deren privilegiertem und ausschließlichem Interpreten zu machen. Auch wenn man die Warnung von Rawls ignorieren und sich nur auf die Freiheit konzentrieren will, wie sie der liberalen Tradition entspricht, wollen wir schauen, welches Los der Presse- und Meinungsfreiheit im Lauf des Jugoslawienkriegs beschieden war. In der Nacht vom 23. auf den 24. April 1999 zerstörten auf Beschluss einer von den Kommandospitzen vorbereiteten und geforderten Aktion US-amerikanische und europäische Flugzeuge das Gebäude des serbischen Fernsehens und töteten und verletzten Dutzende Journalisten und Angestellte, die dort arbeiteten. Das war kein Einzelfall: »Im möglicherweise für die Rebellenfront schwierigsten Moment ging die NATO beim Versuch, Gaddafis Propaganda zu stoppen, dazu über, das Gebiet von Tripolis schwer zu bombardieren«; die Bomben trafen dieses Mal das libysche Fernsehen, das damit mittels der Zerstörungen und der Tötung der Journalisten zum Schweigen gebracht wurde (Cremonesi, 2011d). Solches Verhalten verletzte nicht nur die Genfer Konvention von 1949, die willentliche Angriffe auf die Zivilbevölkerung verbietet, sondern trat auch die Pressefreiheit mit Füßen bis hin zum Todesurteil für jugoslawische und libysche Fernsehjournalisten, die sich dadurch schuldig gemacht hatten, dass sie nicht die Meinung der Spitzen der NATO teilten und darauf beharrten, die Aggression gegen ihr Land zu verurteilen.

Die Antwort, die die führenden Politiker und Militärs des Westens wie auch die Pflichtverteidiger des Imperiums auf all das zu geben belieben, ist bekannt: Indem sie für Miloševic oder Gaddafi eintreten (und damit indirekt für deren »Genozid«-Politik), beließen es die serbischen und libyschen Journalisten nicht dabei, eine Meinung zu äußern, sondern stifteten zu einem Vergehen an, begingen also ein Verbrechen. Es wäre eine Gelegenheit gewesen, über die Rolle der Presse und der Medien im Allgemeinen zu diskutieren: Worin besteht die Grenze, die die Meinungs- und Informationsfreiheit vom Aufruf zu einem Verbrechen trennt? Nur ein Beispiel: Es besteht kein Zweifel, dass die Titelseiten der Zeitungen, das Radio und das chilenische Fernsehen, die sich am Vorabend des 11. September in den Dienst der CIA begeben hatten und von ihr großzügig bezahlt worden waren, eine kriminelle Rolle bei dem Putsch gespielt haben und mitverantwortlich geworden sind für die Verbrechen des Regimes, das von Augusto Pinochet und den Regierenden in Washington errichtet worden war (Chierici, 2013: 39). Diese Debatte hat nie stattgefunden. Hätte sie das, hätten die serbischen Journalisten, bevor sie getötet wurden, ihren Anklägern entgegenhalten können: Als für Verbrechen verantwortlich hätten in ihrer überwiegenden Mehrheit die westlichen Journalisten abgestempelt werden müssen; sie rechtfertigten oder feierten nämlich die Aktion der NATO (die gegen Jugoslawien ohne Billigung des UNO-Sicherheitsrats in Gang gesetzt worden war und folglich internationalem Recht widersprach) und ihre Bombardements (oft mit angereichertem Uran), die systematisch die zivile Infrastruktur zerstörten und unschuldige Menschen, Frauen und Kinder nicht schonten. Und entsprechend, nur ein klein wenig anders hätten die libyschen Journalisten vor ihrem Tod argumentieren können.

Der Debatte zog man den Griff zur Bombe vor, in letzter Instanz den Rückgriff auf das Exekutionspeloton. Es ist am Westen und an der NATO, die über den stärksten militärischen (und medialen) Apparat verfügen, souverän zu entscheiden, was eine Meinung ist und was ein Vergehen; die Schwächsten können ihre Meinung nur auf eigenes Risiko und eigene Gefahr äußern. Was soll man von einer »Redefreiheit« halten, die von den Herren der Welt souverän gerade dann gestoppt werden kann, wenn sie nötig wäre, nämlich anlässlich von Kriegen oder schweren Konflikten?

Beim Thema Rede- und Pressefreiheit gibt es Folgendes zu bedenken: Zu den berühmtesten Journalisten der Gegenwart zählen Julian Assange, der mit WikiLeaks unter anderem einige von US-amerikanischen *contractors* im Irak begangene Kriegsverbrechen ans Licht gebracht hat, und Glenn Greenwald, der auf das weltweite, von den USA errichtete Spionagenetz aufmerksam gemacht hat: Der erste, prompt eines sexuellen Übergriffs angeklagt und in Angst, auf die andere Seite des Atlantiks ausgeliefert zu werden, hat sich in die Botschaft von Ecuador in London geflüchtet; der zweite scheint, obwohl keinerlei juristischer Maßnahme unterworfen, in Schrecken versetzt und »lebt« in Rio de Janeiro, »indem er ständig die Wohnung und die Telefon- und E-Mail-Daten wechselt« (Molinari, 2013b). Hinzuzufügen ist, dass die Quelle des erstgenannten Journalisten (Bradley – heute Chelsea – Manning) bis vor kurzem im Gefängnis saß, während die Quelle des zweiten (Edward Snowden) sich offenbar, obwohl er nach Moskau geflüchtet ist, nicht sicher fühlt und eine Art Untergrundleben führt.

Ein Wert der klassischen liberalen Tradition ist auch die Rechtsstaatlichkeit. Diejenigen Terrorismusverdächtigen, die außergerichtlicher Exekution durch tödliche Drohnen ausgesetzt sind, oder die in Guantánamo eingekerkerten »Barbaren« kommen nicht in ihren Genuss. Deren Lage zwischen 2002 und 2003 ist von westlichen, jeglichem Antiamerikanismus abholden Journalisten folgendermaßen beschrieben worden: Die Gefangenen sind weggesperrt ohne Prozess, ohne jede Verteidigungsmöglichkeit und ohne mit ihren eigenen Verwandten kommunizieren zu können. Sie sind gezwungen, in »einem Zwinger für Menschen« zu leben, besser: zu vegetieren. Bzw. noch schlimmer: Nur ein Sadist würde einen Hund der »glühenden Hitze von Blechzellen« aussetzen. Dazu kommen Folterungen: »Ich muss ganze Tage stehen«, »ich muss ganze Tage knien«, »ich muss es tagelang in schmerzhaften Positionen aushalten«, »Blindheit durch eine schwarze Kapuze«, »Schlafentzug durch ›Bombardierung‹ mit Licht«. Diesem Inferno suchen die Gefangenen durch Selbstmord zu entkommen, und diesem Inferno waren auch zwei Greise von 88 bzw. gar 98 Jahren und einige Kinder zwischen 13 und 15 Jahren unterworfen (vgl. Losurdo, 2011, Kap. 6.2). Auch wenn man »Barbaren« davon ausnimmt, so haben doch auch die in der »kill list« aufgeführten US-Staatsbürger nichts vom Schutz der *rule of law*.

Dem hier gezeichneten Bild kann man widersprechen, indem man hervorhebt, dass in anderen, nicht im Westen liegenden Ländern schlimmere Verhältnisse für Pressefreiheit und Rechtsstaatlichkeit herrschen, oder indem man auf die Größe der Gefahr, die seit dem

11. September 2001 auf den USA lastet, verweist. Doch sind wir sicher, dass der höhere Grad an Schutz der Freiheit und an Garantie des Rechtsstaats in den USA nicht in erster Linie von einer relativ günstigeren geopolitischen und militärischen Situation abhängt? Es handelt sich um ein Land, das vor Invasion und Invasionsgefahr geschützt ist und sich vor dem Anschlag auf die Zwillingstürme für unverwundbar gehalten hat. Nicht zufällig auf den 11. September, einen Anschlag, der nicht besonders schwer wiegt im Vergleich mit den Invasionen, die die UdSSR oder China erlitten haben, folgten Maßnahmen zur Einschränkung der Freiheit und eklatanten Verletzung des Prinzips der Rechtsstaatlichkeit.

Doch der Anspruch des Westens und seines aktuellen Hegemons, sich als Champion der allgemeinen Werte, an erster Stelle desjenigen der Freiheit zu gebärden, ist alles andere als neu; und nicht erst seit heute erweist sich dieser Anspruch als in jeder Hinsicht unglaubwürdig. Schon 1809 rühmte Jefferson die USA als »ein Reich der Freiheit« und als ein Modell für die ganze Welt. Als er das äußerte, war er ein Sklavenhalter und persönlich skrupellos genug, die Sklaven, die ja durch Familienbande zusammengehörten, getrennt zu verkaufen wie einzelne Waren. Auf enger politischem Gebiet war er voll Stolz damit befasst, die Protagonisten der großen Revolution, die in Santo Domingo auf Haiti die Sklaverei der Schwarzen abgeschafft und das Entstehen des ersten Landes auf dem amerikanischen Kontinent ohne diese Einrichtung und Schande erlebt hatten, einem verheerenden Embargo zu unterwerfen und sie »dem Hungertod auszuliefern«. Doch all das hinderte Jefferson nicht daran, sich selbst und sein Land als Vorreiter des Wertes der Freiheit zu präsentieren (Losurdo, 2011, Kap. 8.3 u. 5.8).

Springen wir nun ca. acht Jahrzehnte weiter. Als zwischen 1880 und 1886 die Freiheitsstatue errichtet wurde, die die Bucht von New York beherrscht und Anregung und Mahnung für die ganze Welt sein sollte, wütete über die Schwarzen ein Terrorsystem der *white supremacy*, während die Rothäute definitiv vom Angesicht der Erde vertrieben waren. Und wieder rief die Diskrepanz zwischen Ideologie auf der einen und Realität der sozialen und rassischen Verhältnisse auf der anderen Seite keinerlei Verlegenheit hervor.

Kommen wir nun in die Gegenwart. Bei Antritt seiner ersten Präsidentschaft vertrat Clinton die Sentenz: Amerika ist »die älteste Demokratie der Welt«, es »muss die Welt weiterhin führen«; »unsere Mission ist zeitlos«. Die den USA bereits zu ihrer Gründungszeit zugewiesene Bescheinigung, demokratisch zu sein, ging mit Schweigen über den Genozid an den Ureinwohnern und die Sklaverei der Schwarzen hinweg (die immerhin 20% der Gesamtbevölkerung ausmachten). Wir haben eine Vision vor uns, die von Präsident zu Präsident weitergereicht wird; doch von welcher Universalität kann ein Land zeugen, das dabei bleibt, sich als »älteste Demokratie der Welt« zu feiern, wobei es in Wirklichkeit das schreckliche Los, das es den Kolonialvölkern bzw. den Völkern kolonialer Herkunft zugefügt hat, als irrelevant betrachtet? Und es geht dabei nicht um etwas, das abgeschlossen ist und der Vergangenheit angehört. Die USA behaupten, im 20. Jahrhundert als Interpreten vor allem des allgemeinen Wertes der Freiheit eine rein positive Rolle gespielt zu haben. Nur: Vor einigen Jahren hat die in Guatemala eingesetzte »Wahrheitskommission« die CIA beschuldigt, der Militärdiktatur wirkungsvoll dabei geholfen zu haben, »Akte des Genozids« zum Schaden der indigenen Maya zu begehen, die beschuldigt wurden, mit den Opponenten des von Washington geschätzten Regimes sympathisiert zu haben (Navarro, 1999). Man könnte viele weitere Beispiele anführen – andere Länder Lateinamerikas, Vietnam etc. Tatsache ist, dass »Demokratie« weiterhin in alles anderer als allgemeiner Art definiert und gefeiert wird und stets unter Abstraktion des Schicksals, das den Kolonialvölkern und denen kolonialer Abstammung bereitet wurde. Offenbar gelten die hier bezüglich seiner Hegemonialmacht entwickelten Betrachtungen für den Westen in seiner Gesamtheit.

Zusammengefasst: Die Anmaßung eines einzelnen Landes und einer einzelnen Kultur (jedes und jede für sich mit entsprechenden Stärken und Schwächen, mit ruhmreichen und beschämenden Seiten), die Inkarnation des Universalen zu sein, ist nicht Synonym für Universalität, sondern deren Negation. Die aktuelle internationale Lage ist von einem Grundwiderspruch charakterisiert: Auf der einen Seite werden die Notwendigkeit und das Faszinierende des Universalismus verbreitet, auf der anderen Seite maßt sich ein Land an, sein privilegierter und einziger Interpret zu sein, ein Land, das sich selbst als von Gott »erwählte Nation« darstellt oder als einzige »unverzichtbare Nation« und »Außergewöhnlichkeit« für sich beansprucht; mit anderen Worten ist das Land, das mit besonderem Eifer das Panier des Universalismus schwenkt, dasjenige, das einen höchst verstiegenen Ethnozentrismus verkörpert.

Dem in einem gewissen Maß auch, über seinen Hegemon hinaus, vom Westen als Ganzem erhobenen Anspruch auf »Außergewöhnlichkeit« wird nicht einmal von der Hochkultur widersprochen. Nehmen wir den Philosophen, dessen Denken mit folgendem Slogan zusammengefasst werden könnte: Universalismus oder Barbarei! Ja, Leo Strauss, um den es hier geht, verbindet das Lob des Universalismus stillschweigend mit dem Lob des »westlichen Menschen« (Strauss, 1998b: 323). Als wäre das eins! Und das ist noch nicht alles: In seiner Hommage an den »Geist des Westens« präzisiert er, dass es dabei »besonders um den angelsächsischen Westen« gehe (Strauss, 1999: 358). Wir haben hier zwei aufeinanderfolgende Reduktionen des Universalismus vor uns, zuerst auf den Westen, dann auf den »angelsächsischen Westen«. Als dritte Reduktion kommt dann noch der Schritt vom »angelsächsischen Westen« zur »amerikanischen Lebensweise«. Aber wie wird das Letzte erklärt? Strauss unterstreicht »den Unterschied zwischen einer in Freiheit entstandenen Nation, die dem Prinzip anhängt, dass alle Menschen gleich geschaffen sind, und den Nationen des alten Kontinents, die gewiss nicht in Freiheit geboren sind« (Strauss, 1998a: 43f). Aus diesem hagiografischen Bild sind die Ausrottung der nordamerikanischen Indianer wie auch die Versklavung der Afroamerikaner und das Terrorregime der weißen Vorherrschaft, das die eigentliche Sklaverei ersetzte und noch in den ersten Jahrzehnten des 20. Jahrhunderts wütete, ausgeblendet. Zu allem nimmt Strauss sein Preisen gerade in jenen Jahren vor, als die Vereinigten Staaten auf dem amerikanischen Kontinent (und in anderen Teilen der Welt) Militärdiktaturen stützten oder errichteten, gewalttätig nach innen, aber auf internationaler Ebene dem Großen Bruder gegenüber gehorsam.

Bei genauem Hinsehen ist der hier hochgehaltene »Universalismus« nichts anderes als die Wiederverarbeitung des Entstehungsmythos, der die Geschichte der USA schon immer begleitet, gefeiert als die »Stadt auf dem Hügel«, die der ganzen Welt ein Beispiel ist, als das Land, dem die Vorsehung deutlich sein »Schicksal« zugewiesen hat, als von Gott »erwählte Nation«. Verständlicherweise hat Strauss den US-amerikanischen Neokonservatismus und die von ihm im Namen des Exports der Demokratie und der erneuten Verstärkung dieses universalen Werts ausgelösten Kriege inspiriert.

Damit geben wir das Wort dem Theoretiker der Offenen Gesellschaft, der, ausgehend vom Sieg der Entente im Ersten Weltkrieg, folgendermaßen zum Lobpreis des Westens (aus dem Deutschland willkürlich ausgeschlossen wird) fortfährt:

> Die westliche Ideologie [...] entsprach der Wahrheit. Der Westen kämpfte für den Frieden: er erreichte ihn in jenem Europa, das seit dem Anfang der menschlichen Geschichte stets geschunden war von Kriegen, und er erreichte ihn quasi überall, wo die Westeuropäer Einfluss gehabt hatten (Popper, 1992a: 94).

Die Umgestaltung des Westens (der passenderweise ohne das Deutschland von Wilhelm II., abgesehen von Hitler, auszukommen hat) ist so blendend, dass seine eigenen Kolonialunternehmungen, so blutig sie auch waren, tatsächlich als ein Beitrag zur Sache des Friedens angesehen werden. Wer mit solchen Worten ein einzelnes Land feiern würde, würde zu Recht eines delirierenden Chauvinismus geziehen, doch es ändert sich auch nichts, wenn der Heiligenschein anstatt ein einzelnes Land ein einzelnes zivilisiertes Territorium krönt.

Neben Hayek ist Ludwig von Mises Gründungsvater und Autor, auf den sich der heutige Neoliberalismus bezieht. Sehen wir uns an, wie er vorgegangen ist, als er sich mit einem peinlichen Kapitel der liberalen Tradition konfrontiert sah. Es geht um das Kapitel, in dem J.S. Mill (1981: 130) die Opiumkriege rechtfertigte und als Kreuzzüge für die Freiheit feierte: »Das Verbot, Opium nach China zu importieren«, verletzt »die Freiheit [...] des Käufers« mehr noch als »die des Produzenten oder Verkäufers«. Anstatt sich von dieser reißerischen

Verteidigung der britischen Staatsdrogenhändler zu distanzieren, betonte Mises: »Dass es in der Sicht der Liberalen nicht erlaubt ist, selbst dem Handel mit Giften Hindernisse in den Weg zu legen, sodass jeder dazu aufgefordert ist, sich aus freier Wahl von für seinen Körper schädlichen Vergnügungen fernzuhalten, all das ist nicht so schlimm und vulgär, wie es sozialistische und anglophobe Autoren vorgeben«. Wie für J.S. Mill waren für Mises die Protagonisten der Opiumkriege Vorkämpfer des allgemeinen Wertes der Freiheit und der »freien Wahl« des Konsumenten. Allerdings hatte sich drei Jahre vor der Veröffentlichung des hier zitierten Texts der Triumph der Prohibition in eben den USA vollzogen, die der Prophet des Neoliberalismus besonders schätzt. Doch schien er China nicht autorisieren zu wollen, in das Land einzudringen, das sich gegen den freien Handel mit alkoholischen Getränken stellte. Und doch war er geneigt, in den Mafiabossen Missionare der Freiheit zu sehen, die ihrerseits auch, wie die britischen Soldaten einige Jahrzehnte zuvor, angestrengt damit beschäftigt waren, das Prinzip der Freiheit des Konsumenten zu betonen und die freie Zirkulation einer in diesem Fall relativ verbreiteteren Konsumware (Alkohol) als Opium. Somit ist die beschworene Universalität der Normen eine Einbahnstraße; ihre Anwendung zu diktieren, ist das Recht des Stärkeren. Die Schwierigkeit oder Unmöglichkeit, allgemeine Regeln zu formulieren und anzuerkennen und in universalen Begriffen zu denken, wird damit klar, und klarer noch ist die Tendenz, als Universalismus das auszugeben, was in Wahrheit exaltierter Ethnozentrismus ist.

8.
Demokratischer Eifer und zynische *Realpolitik*

Und damit kommen wir zum Schluss des Kriegssyllogismus, welcher nämlich den Westen autorisiert, die allgemeinen und unwiderruflichen Werte, deren Wächter er sei, zu verbreiten, auch mit Hilfe von Gewalt, ob es sich nun um ökonomischen oder echten Krieg handelt. Es ist ein Schluss, der auf unterschiedliche Art angefochten werden kann. Man kann das Konzept Demokratie problematisieren. Beispielsweise trieft die italienische wie die internationale Presse von Artikeln oder Meinungen, die bemüht sind, Israel zu feiern oder zumindest zu rechtfertigen: Immerhin, versichert man, ist es das einzige Land des Nahen Ostens, in dem es noch Meinungsfreiheit, Versammlungsfreiheit und Rechtsstaatlichkeit gibt und in dem ein demokratisches Regime waltet. Doch von all dem bleiben die Palästinenser ausgeschlossen. Damit zeichnen sich zwei einander widersprechende Ansätze ab: Legitimiert die Demokratie, deren Israel sich rühmt, die Ausbeutung palästinensischer Erde, die Einsetzung eines militärischen Besatzungsregimes auf Kosten der Ausgebeuteten und das Recht, über Leben und Tod von Widerständlern zu entscheiden, wiewohl die über das palästinensische Volk ausgeübte Kolonialherrschaft Israels Anspruch, eine Demokratie zu sein, spottet? Die gleiche Frage können wir uns bezüglich der USA und des Westens als Ganzem stellen: Autorisiert sie die Demokratie, deren sie sich rühmen, jeden Staat, den sie aus eigener Macht als Paria-Staat (oder Schurkenstaat oder undemokratisch) definieren, zu bombardieren oder zu zerstückeln, seine Bevölkerung zu Hunger oder Tod zu verurteilen, oder ist dies alles eine Demonstration für den undemokratischen Charakter derjenigen, die einen weltweiten Despotismus ausüben wollen?

Man kann den Schluss aus dem Kriegssyllogismus auch mit dem Hinweis auf den doppelten Standard bestreiten, der von den selbsternannten Siegern des weltweiten Triumphs der Demokratie vertreten wird. Man denke an das Land, das lang der Feind Nr. 1 des Westens gewesen ist (und es schnell wieder werden könnte), den Iran: Trotz allem ist das aktuelle Regime mit seinem Mehrparteiensystem und seiner lebhaften politischen Dialektik weit demokratischer als das des Schah, das ihm vorausging und von den USA und Großbritannien installiert wurde, nachdem sie durch einen Staatsstreich Mohammad Mossadegh gestürzt hatten, den demokratisch gewählten Premierminister, der die demokratischen Regeln achtete und ein glühender Verehrer Gandhis war. Auch wenn wir uns ausschließlich auf die Gegenwart beschränken wollen: Selbst wo er mit dem Albtraum eines Krieges leben muss (der im Übrigen in Form des Cyberwar und mit der Ermordung von Experten bereits begonnen worden ist), kann der Iran schwerlich als autoritärer und theokratischer als Saudi-Arabien betrachtet werden, das von den diversen Regierungen in Washington diplomatisch gestützt und bis an die Zähne bewaffnet wird.

So stichhaltig und unbestreitbar die üblichen Einwände gegen den Schluss des hier analysierten Kriegssyllogismus auch sein mögen, haben sie den Fehler, sich nicht der prinzipiellen Frage zu stellen: Erleichtert oder behindert der Westen mit seiner Politik die Ausbreitung der Demokratie? 1787, am Vorabend der Verabschiedung der Bundesverfassung, stellte Alexander Hamilton fest, dass die Einschränkung der Macht und die Errichtung des Rechtsstaats in zwei Inselstaaten erfolgreich war, in Großbritannien und den USA, die dank des Meeres vor der Bedrohung durch die rivalisierenden Mächte geschützt waren. Wäre das Projekt der Union gescheitert und wäre auf ihren Ruinen ein dem auf dem europäischen Kontinent bestehenden analoges System entstanden, so wären auch in Amerika die Phänomene des stehenden Heeres, einer starken Zentralmacht und schließlich der Absolutismus zu Tage getreten: »Wir würden allem Anschein nach binnen kurzer Zeit in unserem ganzen Land dieselben Instrumente der Tyrannei gefestigt finden, die die Alte Welt ruiniert haben« (The Federalist, Art. 8).

Wenn nicht die US-amerikanischen (und westlichen) Staatslenker diesen Satz kennen, so kennen ihn auf jeden Fall ihre Berater und sollten nicht davon absehen, seine Weisheit zu beherzigen. In der Tat hat Nordamerika, wiewohl vom Atlantik wie vom Pazifik geschützt, jedes Mal, wenn es sich zu Recht oder zu Unrecht gefährdet fühlte, eine mehr oder weniger drastische Verstärkung der Exekutive vorgenommen und eine mehr oder weniger starke Einschränkung der Versammlungs- und Meinungsfreiheit. Das gilt für die Jahre unmittelbar nach der Französischen Revolution (als deren Anhänger auf amerikanischem Boden von den vorgesehenen harten Maßnahmen der *Alien and Sedition Acts* betroffen waren), für den Sezessionskrieg, den Ersten Weltkrieg, die Große Depression, den Zweiten Weltkrieg, den Kalten Krieg und für die Lage, die nach dem Anschlag auf die Zwillingstürme entstanden ist.

Um ein besonders eklatantes Beispiel herauszugreifen – was war mit den traditionellen liberalen Freiheitsrechten nach dem Erlass des *Espionage Act* am 16. Mai 1918? Auf seiner Basis konnte man bis zu zwanzig Jahren Kerker verurteilt werden, wenn man sich »illoyal, unehrerbietig, vulgär oder schädlich über die Vereinigten Staaten oder über die Verfassung der Vereinigten Staaten oder über die Land- und Seestreitkräfte der Vereinigten Staaten oder über die Flagge [...] oder über die Uniform des Heeres oder der Marine der Vereinigten Staaten« geäußert hatte (Commager, 1963, Bd. 2: 146). Doch sehen wir, wie das andere für die liberale Tradition repräsentativste Land der Unabhängigkeitsrevolte in Nordirland in den 70er-Jahren des 20. Jahrhunderts begegnet ist: Großbritannien stellte ein Geheimdienstcorps auf, dessen Mitglieder »über eine Dauerlizenz zur Tötung von Zivilisten« verfügten (International New York Times, 2013a). Die aktuell von der Aggression des Westens betroffenen oder bedrohten früheren Kolonialländer laufen Gefahr von Schlimmerem; man kann sich also nicht wundern, dass die Lenker dieser Länder dem Ausnahmezustand zu begegnen suchen, indem sie der Regel der Machtbeschränkung, die die Klassiker des Liberalismus für eine normale Situation verkündeten, wenig oder keine Beachtung schenken.

Wenn die führenden Politiker in Washington (und Brüssel) ihren Kreuzzug für die Demokratie wirklich ernst nähmen, würden sie auf jede Art versuchen, Ruhe in der Geopolitik und das Sicherheitsgefühl jener Länder zu fördern, die sie, wie sie erklären, zu einer demokratischen Entwicklung hinführen wollen. Doch sie verhalten sich genau umgekehrt. Man braucht nicht auf der vor einem halben Jahrhundert auf die Schläfe Kubas und seiner Führer (in diesem Fall fast im Wortsinn) gerichteten Pistole zu insistieren. Aber nehmen wir den Fall Chinas: Nach ihrer Intervention im Bürgerkrieg, die die Vollendung seiner nationalen Einigung verhindern sollte, haben die Vereinigten Staaten mehrfach mit der Atombombe gedroht. Das große asiatische Land war im Lauf der letzten Phase des Kalten Kriegs de facto Verbündeter der USA. Doch kaum war dieser zu Ende, hat die einzige Supermacht – wie ein Wissenschaftler, der Berater des Vizepräsidenten Dick Cheney war, in aller Ruhe erkannte – mit ihren See- und Luftstreitkräften »ungestraft« und ohne Skrupel »den Luftraum und territoriale Gewässer Chinas angegriffen« (Friedberg, 2009: 20f). In unseren Tagen sind diese Verletzungen schwieriger geworden, und deshalb gibt es den »pivot«, die Verlagerung des Gros des gigantischsten Militärapparats, den die Geschichte je gesehen hat, in den Pazifik.

Man könnte sagen, dass die Politiker von Washington die Lektion Hamiltons perfekt verstanden haben, aber nur um sie in ihr Gegenteil verkehrt anzuwenden: Eine Situation geopolitischer Ruhe ist die Voraussetzung für die Entwicklung des Rechtsstaats und der Demokratie? Nun gut, die immer weitergehende Verstärkung der Militärbasen und eine wachsende Zahl an Flugzeugen und Kriegsschiffen können für China, auf dem in der Tat weiterhin die Drohung eines Atomangriffs lastet, der so verheerend wäre, dass es nicht auf ihn reagieren könnte, nur Grund zur Beunruhigung sein; unter diesen Bedingungen wird die Entwicklung der Demokratie unmöglich oder jedenfalls problematisch, doch umso mehr Kraft gewinnt dann der von den USA und ihren Verbündeten verkündete demokratische Kreuzzug!

Ruhe in der Geopolitik, auf die Hamilton die Aufmerksamkeit lenkt, ist nur eine wesentliche Bedingung für die Entwicklung von Rechtsstaatlichkeit und Demokratie; die zweite ist, dass es keine schlimmen inneren Konflikte gibt und man geschützt ist vor einem Zustand weit verbreiteter und desperater Armut. Dessen waren sich die Gründerväter der USA bewusst, die wie auf einen Albtraum auf die europäischen Metropolen schauten und auf deren zerlumpte, hungrige und aufrührerische Plebs. Ohne Zweifel können sich Rechtsstaat und Demokratie in einem Land in extrem elender Lage schwer halten. Diese für jeden, der ein wenig mit historischer oder soziologischer Analyse vertraut ist, offensichtliche Wahrheit wurde neuerdings wieder von Rawls unterstrichen, dem zuvor zitierten US-amerikanischen Philosophen: Der Vorrang der Freiheit gilt nur für ein Land, das über ein bestimmtes (nicht zu niedriges) Einkommensniveau verfügt. Und wieder scheinen die Führer in Washington diese Lektion von hinten aufzuzäumen. Mit der expliziten Erklärung ihrer Vertreter nahm die Regierung Truman, indem sie das Embargo gegen die Volksrepublik China dekretierte, sich nicht nur vor, den Lebensstandard »unter das Existenzminimum« zu bringen, sondern auch »Volksunruhen« und eine »chaotische Lage«, »Desaster« und »Kollaps« zu provozieren (Zhang, 2001: 20ff). Eine solche Politik wurde für eine lange Zeit durchgehalten und lang wurde China mit dem Beschluss von Maßnahmen gedroht, die »das wirtschaftliche Äquivalent zu einem Atomangriff« darstellten (vgl. unten, VI.1). Bei näherem Hinsehen hat sich die Situation allerdings auch heute nicht völlig geändert: China lebt weiter unter der Androhung einer Seeblockade oder einer Blockade der Energieversorgung mit buchstäblich katastrophalen Folgen für die Ökonomie und die Einwohner des bevölkerungsreichsten Landes der Erde sowie vor allem für die eigene öffentliche Ordnung. Also wieder nach Hamilton: Immer wenn »die Aufrechterhaltung des öffentlichen Friedens« in Gefahr ist, sei sie durch »Attacken von außen« bedroht oder durch »potentielle innere Revolten«, gilt es, eine solche Lage mit starker Macht anzugehen, letztlich auch »ohne verfassungsgemäße Fesseln« (The Federalist, Art. 23).

Dass sie auf den nach und nach ins Visier genommenen Ländern einen schrecklichen Zerstörungs- und Tötungsapparat lasten lassen, notfalls versuchen, sie dem Hunger auszuliefern, und sich daran zu machen, sie von innen zu destabilisieren, ist, als ob die Helden des demokratischen Kreuzzugs alles dafür täten, den wirklichen Erfolg der Demokratie unmöglich zu machen: Naivität oder zynische *Realpolitik*? An diese Frage kann man eine zweite anschließen: In Nordamerika hat die Bedrohung durch den Terrorismus zur Zuflucht bei Guantánamo, der wöchentlichen »kill list«, der totalen Überwachung und der Praxis der *rendition* geführt. Was würde wohl aus der Demokratie, wenn es in Umkehr der jetzigen Verhältnisse China wäre, das die USA mit mächtigen Militärbasen umgäbe und belagerte, während es bei jedem internen Konflikt in die Glut bliese und gleichzeitig die Drohung eines verheerenden, endgültigen Atomangriffs oder zumindest einer Seeblockade, die das ganze Land in Hunger und Verzweiflung stürzen könnte, über ihnen schweben ließe?

Wir haben westliche Analytiker und Strategen gesehen, die sich in gewisser Weise über die »Cyber-Trottel« lustig machten, also jene, die die Propaganda über die »Spontaneität« des Internet völlig ernst nehmen, ohne der geopolitischen Dimension des Netzes Rechnung zu tragen (s. oben, III.4). Tatsächlich entwickelt sich auf politischer Ebene gerade eine Dialektik vergleichbar jener, die sich deutlich auf militärischer Ebene vollzieht. Auch hier nimmt der Westen einen doppelten Standard zu Hilfe und erklärt, die Verbreitung von Massenvernichtungswaffen stoppen zu wollen; tatsächlich aber setzt er alles daran, sie zu ermöglichen. Wären der Irak Saddams und das Libyen Gaddafis angegriffen worden, wenn sie eine glaubwürdige Abschreckung in Form atomarer oder chemischer Waffen zur Verfügung gehabt hätten? Eine analoge Betrachtung kann man bezüglich der Demokratie anstellen, als deren Vorstreiter die USA und die EU sich aufführen. Im Gegensatz zu den verbreiteten Mythen der Ideologie und der herrschenden Macht, die unterstellen, die fehlende Demokratie habe zu Miloševics tragischem Ende geführt, war es umgekehrt. In Zitaten journalistischer Quellen von nachgewiesen atlantischer Glaubwürdigkeit haben wir gesehen, dass es 2000 in Jugoslawien »17 Anti-Miloševic-Parteien« gab, die über Berge an Dollar verfügten, über ausgeklügelte Technik, Berater und Agenten, und von den Drohungen, Erpressungen und den vom Westen in Gang gesetzten Desinformations- und Destabilisierungskampagnen profitieren konnten (vgl. oben, IV.5). Es war die Demokratie, die das Aufgebot an Übermacht, an imperialistischer Arroganz und schließlich den Staatsstreich in Chile 1973, Jugoslawien 2000 und Venezuela 2002 möglich machte. Welchen Schluss man daraus auch ziehen mag, so muss eine bittere Wahrheit ins Auge gefasst werden: Wenn sie voreilig und naiv ausgeführt wird, kann die Demokratisierung eines Landes grünes Licht bedeuten für Destabilisierungs- und Putschmanöver und zum Triumph der weltweiten Diktatur des Imperialismus beitragen. Es ist die Bestätigung dafür, dass dem demokratischen Glaubensbekenntnis überhaupt nicht zu trauen ist, wenn es nicht vorrangig für die Demokratisierung der internationalen Beziehungen kämpft.

9. »Universalismus« oder »Exzeptionalismus«?

Die Tragödie und der Horror zweier Weltkriege haben unter den Völkern der Welt ein verbreitetes Verlangen nach der Einrichtung einer internationalen und transnationalen Ordnung aufkommen lassen. Doch warum stößt dies auf solche Schwierigkeiten? Das größte Hindernis stellt verständlicherweise das Land dar, das den Anspruch auf »Exzeptionalismus«, auf eine Sonderstellung erhebt: Wie am Beginn der Moderne der Versuch, das Adelsprivileg abzuschaffen, vom Konservatismus als Synonym für närrische plebejische Gleichmacherei geschmäht wurde, so trifft heute der Versuch, das Prinzip der Gleichheit zwischen den Nationen zu stärken und die Demokratie in den internationalen Beziehungen zu verwirklichen, auf den Widerstand derer, die nicht auf das imperiale Privileg des »Exzeptionalismus« verzichten wollen, dem sogar ein theologischer Hintergrund zugeschrieben wird.

Am Ende des Ersten Weltkriegs und bereits zur Zeit seiner Gründung wurde der Völkerbund wegen seines universalistischen Anspruchs verlacht, nachdem er in sein Statut einen Artikel aufgenommen hatte, der die Legitimität und Unverletzlichkeit der Monroe-Doktrin sanktionierte. Das Ergebnis war, dass ein ganzer Kontinent (Lateinamerika) der Jurisdiktion des Völkerbundes entzogen wurde. Genauer gesagt: Das Prinzip der Gleichheit zwischen den Nationen, das das einzig mögliche Fundament einer transnationalen Organisation demokratischen Typs bildet, wurde doppelt verletzt. Indem er den Siegermächten des Ersten Weltkriegs das »Mandat« oder die »heilige Pflicht« übertrug, die Völker zu führen, die noch nicht auf der Höhe der »modernen Zivilisation« waren, unterstrich der Artikel 22 die koloniale Unterscheidung zwischen Völkern, die würdig waren, sich als unabhängiger Nationalstaat zu konstituieren, und solchen, die das nicht waren; also die Festschreibung der Legitimität der Monroe-Doktrin. Indem er die Völker Lateinamerikas realiter in die Kolonialwelt versetzte, legte Artikel 21 eine weitere Ungleichheit fest: Nur die USA waren, auch theoretisch, der Kontrolle des Völkerbunds nicht unterworfen. Nicht zufällig forderte das Dritte Reich später, vor allem durch Carl Schmitt, das Recht, in Osteuropa seine eigene Monroe-Doktrin zur Geltung zu bringen.

In den folgenden Jahrzehnten hat Washington sein Verhalten nicht geändert. Als am 27. Juni 1986 der Strafgerichtshof von Den Haag die Aggressionsakte zum Schaden des sandinistischen Nicaragua verurteilte, die unter Leitung Washingtons ausgeführt worden waren bis hin zur Verminung der Häfen des kleinen mittelamerikanischen Landes, beeilte sich die Regierung Reagan, das internationale Tribunal nicht anzuerkennen und ihm die Zuständigkeit abzusprechen. Etwas Ähnliches ereignete sich auch in unseren Tagen bezüglich des Internationalen Strafgerichtshofs: Die Vereinigten Staaten unterstützen und unterstreichen, dass nicht einmal ein Staatschef, wenn er schwerer Straftaten schuldig ist, sich seiner Rechtsprechung entziehen kann, unbeschadet dessen, dass von diesem Gericht kein US-amerikanischer Soldat oder *contractor* belangt werden kann!

Beim Beschluss und der Verlängerung des Embargos gegen Kuba nahm der US-Kongress nicht nur keine Notiz vom Votum der Vollversammlung der UNO, die fast einmütig das Ende jener Maßnahme forderte, sondern verabschiedete eine Bestimmung, die auch Drittländer treffen sollte, die sich durch die Verletzung des Embargos »schuldig« gemacht hatten.

Wir kennen bereits das Verhältnis zwischen Washington und dem Sicherheitsrat: Als nützlich und wertvoll wird er betrachtet, wenn er die Entscheidungen des Weißen Hauses legitimiert, um urplötzlich zu einem überflüssigen und hinderlichen Vehikel zu mutieren, sobald er mit solchen Entscheidungen nicht übereinstimmt. Wer am häufigsten zum Vetorecht greift, das sind die USA, doch wenn andere Länder dies tun, ist klar, dass sie beweisen, unsensibel für die »universalen« Werte zu sein, die eben hochzuhalten sind, ohne dass man sich vom Formalismus internationaler Legitimität behindern lassen müsste!

Schließlich lässt sich das Misstrauen und die Feindseligkeit gegenüber der UNESCO (der Organisation der UNO für Bildung, Wissenschaft und Kultur) nicht abstreiten: Sie wird von Washington verdächtigt, zu sensibel gegenüber den Erfordernissen der Dritten Welt, also der früheren Kolonien, zu sein.

Fördern die Vereinigten Staaten die Sache des Universalismus wenigstens auf der Ebene der Ökonomie? Zweifellos essentiell war ihre Rolle bei der Verabschiedung der Beschlüsse von Bretton Woods 1944, die aus dem in Gold konvertiblen Dollar die Leitwährung für den Warenaustausch machte. Als sie jedoch durch den Vietnamkrieg in Schwierigkeiten gerieten, haben sie am 15. August 1971 nicht gezögert, die Konvertibilität des Dollars in Gold aufzuheben. Und zwar durch souveränen, einseitigen Beschluss: nicht grundlos sprach man anlässlich dessen vom größten ökonomischen Coup der Geschichte!

Und wie steht es mit der Welthandelsorganisation (World Trade Organization, WTO), die den freien Markt fördern soll? Auch in diesem Fall steht die von den USA bei ihrer Gründung gespielte Rolle außer Frage. Doch was passiert heute? Angesichts des schnellen Aufstiegs Chinas und seiner zunehmenden Potenz als Handelsmacht ist Washington, um einen auch auf ökonomischer Ebene möglichen Rivalen »einzuhegen«, in der Tat dabei, der WTO ihren Inhalt zu nehmen, um an ihre Stelle eine Art ökonomischer NATO zu installieren. Jedenfalls hören die USA nicht auf, sich als exklusive Interpreten und Wächter der »Demokratie« und des »freien Marktes« aufzuführen: eben darin besteht der Imperialismus der Menschenrechte und des freien Marktes. Und ein derartiger Imperialismus ist das Synonym für chauvinistische Arroganz und gewiss nicht für Universalismus!

Unglücklicherweise gibt die westliche Linke weiterhin etwas auf die »universalistischen« Anmaßungen des Imperialismus, indem sie oft »humanitäre Kriege« unterstützt oder sich als unsicher und zögerlich dabei erweist, sich ihnen zu widersetzen.

VI. Vom Kolonialismus zum Neokolonialismus: Diskontinuität und Kontinuität

1. Ein langer Kampf

Der imperiale Universalismus hat kein Problem damit, Kriege zu rechtfertigen und zu feiern, die selbst im Westen bestimmte Kreise und Presseorgane, wiewohl der herrschenden Macht verbunden, letzten Endes als neokoloniale Kriege betrachten. War der Kolonialismus denn mit dem Erreichen der Unabhängigkeit seitens der Kolonien nicht ein für alle Mal verschwunden? Bei genauerem Hinsehen allerdings erweist sich der Kampf zwischen Kolonialismus und Antikolonialismus als sehr langwierig, sodass er auch in unseren Tagen noch lange nicht zu Ende ist.

Von Anfang an stieß die Politik der Unterwerfung der Völker auf den Widerstand ihrer Opfer. Doch eine ganze historische Epoche hindurch hatte es solcher Widerstand mit desperaten Kräfteverhältnissen zu tun und erreichte infolgedessen nur begrenzte und keine dauerhaften Resultate. Man denke, um ein Beispiel aus der Geschichte Lateinamerikas zu nehmen, an die Serie von Aufständen, die 1780/81 in der Revolte von Túpac Amaru gipfelte, einem Nachfahren der alten Inkaherrscher, der versuchte, die Schwarzen für seine Sache zu gewinnen, indem er auch sie aus den Fesseln der Sklaverei befreite. Ausgehend vom Süden Perus grassierte die Revolte in Bolivien und Argentinien, bevor sie grausam niedergeschlagen wurde. Glücklicher ging mehr als ein Jahrzehnt später die Revolution der schwarzen Sklaven aus, die in Santo Domingo auf Haiti mit der Errichtung eines unabhängigen und – als erstes auf dem amerikanischen Kontinent – von der Geißel der Sklaverei befreiten Landes endete. Doch dieser Sieg wurde mittels einer Politik diplomatischer und militärischer Einkreisung sowie ökonomischer Strangulierung von der international vorherrschenden Sklaverei und vom Kolonialismus drastisch eingeschränkt und begrenzt. Infolge dieser (von Frankreich, Großbritannien und den USA betriebenen) Politik wechselte Haiti von der echten »politischen Annexion« zur »ökonomischen Annexion« – um es mit den von Lenin (1975, Bd. 23: 36) benutzten Kategorien zu sagen – bzw. von der unmittelbaren und expliziten Kolonialherrschaft zur neokolonialen. In den folgenden Jahrzehnten wurde die Ansteckungsgefahr, die von der siegreichen Revolution der schwarzen Sklaven von Santo Domingo ausging, neutralisiert, indem man der befürchteten Revolution von unten mit einer »passiven Revolution« von oben zuvorkam: Die Sklaverei der Schwarzen wurde von der weißen Macht zunächst in den britischen Kolonien und dann unter anderen Umständen in den USA (mit dem Sezessionskrieg) abgeschafft. Und so kam es dazu, dass die Substanz der weißen Kolonialmacht landesintern und auf Weltebene gewahrt wurde. Erst zwischen dem Ende des 19. und den ersten Jahren des 20. Jahrhunderts fand eine Reihe von antikolonialen Revolutionen statt, die dazu angetan waren, die ganze Welt zu interessieren: Lateinamerika (Kuba und Mexiko), Afrika (Sudan), Asien (die Philippinen mit zunächst der Revolte gegen die spanische und dann gegen die US-amerikanische Herrschaft; China mit dem »Boxeraufstand« und dann dem Sturz der Mandschu-Dynastie), der Nahe Osten (Persien), Europa (Irland, das sich im Lauf des Ersten Weltkriegs gegen die Regierung von London erhob).

All diese Revolutionen traten getrennt voneinander ein: Es waren Lenin und der bolschewistische Oktober, die theoretisch und politisch die Bilanz zogen aus der Wende, die sich abzeichnete, und an die »Sklaven der Kolonien« appellierten, sie sollten sich erheben und das Kolonialsystem auf Weltebene radikal in Frage stellen. Es handelte sich nun nicht mehr um rein lokale Revolten, sondern um eine Herausforderung von weltweiter Tragweite. Es erhob sich also die erste Welle von Revolutionen und antikolonialen Bewegungen. Oft geleitet und beeinflusst von kommunistischen Parteien, wenn sie in Ländern wie China und Indien eine beträchtliche Größe aufwiesen, machten sich solche Bewegungen in jedem Winkel der Welt bemerkbar.

Zwei deutlich unterschiedliche Antworten wurden dazu genutzt, dieser Welle zu begegnen. Während sie ihre klassischen kolonialen Besitzungen schützten, profitierten Großbritannien und Frankreich von der Niederlage und Auflösung des Osmanenreichs, um sich weitere anzueignen. Sie nahmen sich Irak respektive Syrien, bezogen sich dabei aber auf ein neues Legitimationsprinzip, nämlich das vom Völkerbund sanktionierte, das den Kolonialmächten die Aufgabe zuschrieb, die ihnen gegenwärtig anvertrauten Völker zu zivilisieren. Die Vereinigten Staaten verhielten sich ähnlich: Ohne auf die »politische Annexion« der Philippinen zu verzichten, brachten sie den Völkerbund zur Anerkennung der Legitimität der Monroe-Doktrin, die allerdings in der Neuinterpretation von Theodore Roosevelt einige Jahre zuvor den USA »die internationale Polizeigewalt« in Lateinamerika übertrug, das damit auf den Rang einer Halbkolonie des nordamerikanischen Großen Bruders herabgestuft wurde.

Recht verschieden davon waren die Reaktion des Dritten Reichs, des Reichs der aufgehenden Sonne und des faschistischen Italien, die in ihrer Verachtung für die Verlockungen des Neokolonialismus wieder die klassische Kolonialtradition aufgriffen und radikalisierten. Sie radikalisierten sie so weit, dass sie Länder und Völker unterwerfen und versklaven wollten, die bis dahin im Rahmen der »zivilen« Welt oder zumindest an deren Rändern angesiedelt waren. Auf Basis dieser Logik engagierte sich Hitler für die Errichtung seines kontinentalen Reichs in Osteuropa zum Nachteil der Slawen und die japanischen Militaristen versuchten, China (die älteste Zivilisation der Welt) von einer Halbkolonie des internationalen Kapitalismus in direkten eigenen Kolonialbesitz umzuwandeln. Mussolini seinerseits annektierte das wohl letzte Stück Afrika, das noch mehr oder weniger unabhängig war, nämlich Äthiopien, aber gleichzeitig suchte er, sein Reich auf den

Balkan auszudehnen, indem er einmarschierte und sogar Griechenland (das Land, das als Wiege der westlichen Zivilisation betrachtet wird) zu unterwerfen versuchte.

Die Niederlage, die die drei Führungsländer des Faschismus und die besonders barbarische Form der Wiederbelebung der kolonialen Tradition erlitten, markierte den Anfang der zweiten Welle der antikolonialen Revolution. Der Versuch, neue Räume für Expansionismus zu öffnen, war gescheitert, und so wankte nun die klassische Kolonialherrschaft, die »politische Annexion« im engeren Sinn; die Stunde des Neokolonialismus hatte geschlagen. Das nahmen die USA, die eine in drei Punkten formulierte Politik ausarbeiteten, sehr wohl wahr: a) räumten sie den Philippinen die Unabhängigkeit ein und stellten sich im Gegensatz zu Europa als das Land dar, das keine koloniale Vergangenheit hatte (als stellten die Ausbeutung und Dezimierung der Ureinwohner und die Deportation, Versklavung und fortdauernde Unterdrückung der Schwarzen auch nach der formellen Aufhebung der Sklaverei nicht zwei der schrecklichsten Seiten des Kolonialismus dar!); b) suchten sie auf Biegen und Brechen, die traditionelle direkte Kolonialherrschaft in eine indirekte und in letzter Instanz von Washington hegemonial geführte umzuwandeln; c) brachten sie eine äußerst gewalttätige Offensive in Gang gegen die großen Revolutionen, die danach strebten, sich mit dem Kolonialismus im engen Sinn auch den Neokolonialismus jeder Art vom Hals zu schaffen, also Schluss zu machen mit politischer wie ökonomischer Annexion. Das zeigte sich folgendermaßen: Intervention im chinesischen Bürgerkrieg und der fortwährende Versuch, die chinesische Volksrepublik, die das Zentrum der weltweiten Antikolonialbewegung geworden war, aus der UNO auszuschließen; das Massaker von 1965 an Hunderttausenden Kommunisten im Indonesien Sukarnos, das nicht zufällig einige Jahre zuvor die Konferenz von Bandung ausgerichtet hatte und einen wichtigen Bezugspunkt für die Dritte Welt und den Kampf gegen den Neokolonialismus darstellte; der barbarische Krieg gegen Vietnam und Kambodscha, die wiederholten Interventionen in Lateinamerika, Afrika, dem Nahen Osten. Es handelte sich um ein weltweites Aufeinandertreffen, das den Zusammenbruch des traditionellen Kolonialsystems mit sich brachte und seinen Höhepunkt am 25. Oktober 1971 fand, als die chinesische Volksrepublik trotz des Widerspruchs der USA vor allem dank der Unterstützung der Länder der Dritten Welt in die UNO und den Sicherheitsrat aufgenommen wurde.

Die Geschichte des Kalten Kriegs war in weiten Teilen die Geschichte der Konfrontation von Kolonialismus und Antikolonialismus. Das hatte Mao gut verstanden, der bei einem berühmten Treffen mit Anna Louise Strong im August 1946 zu folgendem Schluss kam:

> Zweifellos bereitete »der amerikanische Imperialismus« alle notwendigen Instrumente für einen Angriff auf die Sowjetunion vor, doch unterdessen profitierte er vom Kriegsklima, um seine »Militärbasen« auszuweiten, die Kontrolle sei es über die »kolonialen und halbkolonialen«, sei es über die »anderen kapitalistischen Länder« zu verstärken, wobei die letzteren ihre kolonialen und neokolonialen Besitzungen unter amerikanische Kontrolle geraten sahen. Selbst »das ganze britische Imperium« suchten die USA »unter ihre Kontrolle zu bringen« (Mao Zedong, 1969-75, Bd. 4: 94ff).

Damit war klar und präzise die Politik Washingtons beschrieben. Bevor sie die Unabhängigkeit erreichten, waren die Philippinen gezwungen, die Errichtung von US-amerikanischen Militärbasen sowie ökonomische Maßnahmen zu akzeptieren, die zu einer »Verzögerung der Industrialisierung« und des Erreichens wirklicher ökonomischer Unabhängigkeit beitrugen (Albertini, 1966). Etwa zehn Jahre später nutzten die USA bewusst die von den klassischen Kolonialmächten (Großbritannien und Frankreich, denen sich Israel angeschlossen hatte, das selbst mit einem Expansionismus klassischen Typs beschäftigt war) hervorgerufene Suez-Krise: Mit der Verabschiedung der Eisenhower-Doktrin vom 9. März 1957 wurde »das gesamte Gebiet des Nahen Ostens« »vital« für die »nationalen Interessen« des doch ziemlich weit entfernten Nordamerika; die Kontrolle über eine Zone von großer strategischer Wichtigkeit ging so von Großbritannien und Frankreich auf die Vereinigten Staaten über (die weiterhin Komplizen und Beschützer des israelischen Expansionismus blieben). Nachdem sie bereits die kapitalistische Welt unter ihrer Führung vereinigt und ihre ökonomische und militärische Kontrolle über formal unabhängige, in Wirklichkeit aber neokolonialer Herrschaft unterworfene Länder verstärkt hatten, schienen die USA zur Zeit des Triumphs am Ende des Kalten Krieges im Begriff zu sein, ein Weltreich zu errichten.

2. Die dritte Etappe des Kampfes zwischen Kolonialismus und Antikolonialismus

In jenen Jahren frohlockten die Sieger des sich am Horizont abzeichnenden Weltreichs: Der Westen hatte nicht nur über den »Kommunismus« triumphiert, sondern auch über die »Dritte-Welt-Ideologie«, d. h. über die Kampfbewegung, deren Anführer die Länder waren, die zusammen mit der politischen Unabhängigkeit auch die ökonomische erlangen, also außer dem klassischen Kolonialismus auch den Neokolonialismus abschütteln wollten. Die Niederlage der Dritten Welt erschien so radikal, dass wichtige Kultur- und Politikerkreise des Westens eine Rehabilitierung und explizite Feier des Kolonialismus (bis hin zum Imperialismus) in Gang setzten. (Zum ideologisch-politischen Klima der Jahre unmittelbar nach dem Sieg des Westens im Kalten Krieg vgl. Losurdo 2016, 10.1).

Nichts konnte oder durfte der Realisierung des westlichen oder genauer: des US-amerikanischen Weltreichs im Weg stehen. Selbst der frühere Supermacht-Gegner aus den Jahren des Kalten Krieges strebte danach, eine Halbkolonie Washingtons zu werden. Dieses war imstande, weithin eine ökonomische und ideologische Kontrolle über Russland auszuüben, in das es NGOs und »Missionare« unterschiedlicher Art einschleuste mit dem Auftrag, eine Nation zu missionieren und zu kontrollieren, die nun an dem Punkt angekommen war, den Sinn für ihre eigene Identität zu verlieren.

Vom Gesichtspunkt des Weißen Hauses aus gesehen war auch die Situation in China ziemlich vielversprechend. Die Reformen Deng Xiaopings schienen neue und recht lohnende Räume für das ökonomische und politische Eindringen der USA zu öffnen. Dann kam im Frühjahr 1989 die Krise vom Tienanmen-Platz, die den Triumph der nun einzigen Supermacht auch in dem großen asiatischen Land zu besiegeln schien.

In Lateinamerika feierte die Monroe-Doktrin neue Triumphe. Bereits 1983 hatte Reagan die Marines nach Grenada geschickt, um eine Ansteckung durch Kuba zu blockieren. 1989 war Panama an der Reihe mit der Invasion. Der Protagonist dieses neuen Unternehmens war Bush sen., der ein Jahr später sich eines noch größeren Triumphs rühmen konnte. Es fanden Wahlen im sandinistischen Nicaragua statt, das seit Jahren einem nicht erklärten, deshalb aber nicht weniger blutigen Krieg unterworfen war: Washington hatte die bewaffneten Banden der *Contras* in Marsch gesetzt, eine ökonomische und militärische Blockade verfügt und die Häfen vermint. Schon ausgeblutet und erschöpft, mehr als einmal mit dem Messer an der Kehle, in einer Situation, wo alles die Unwiderstehlichkeit der nun alleinigen Supermacht evozierte, entschied das Volk von Nicaragua mehrheitlich, dass Widerstand gegen die Aggression keinen Erfolg mehr haben würde, und vertraute also die Macht der pro-US-amerikanischen Partei an, indem es sich der Monroe-Doktrin unterwarf. Doch all das reichte Washington noch nicht. Im Juli 1991, als die UdSSR in Agonie dahintrieb, gab Bush sen. bei seiner Abreise nach Moskau Erklärungen ab, die die Titelzeile einer der wichtigsten italienischen Tageszeitungen folgendermaßen zusammenfasste: »In Moskau werde ich den Kopf von Castro fordern«. Der Journalist gab dann die Sichtweise des US-Präsidenten wieder: Die Präsenz eines kommunistischen Regimes »achtzig Meilen vor unseren Küsten ist untragbar« (Caretto, 1991). Und wieder wurde die Monroe-Doktrin bemüht, die den Höhepunkt ihres spektakulären Triumphs erreicht zu haben schien.

Um das internationale Szenario zu vervollständigen, muss man sich schließlich vor Augen halten, dass der Tod Marschall Titos 1980 auf dem Balkan neue Räume öffnete für eine Intervention des Westens und der USA, in unmittelbarer Nähe Russlands, dem einige US-Analytiker und Strategen die endgültige Auflösung prophezeiten.

Wohl hatte 1979 in Teheran eine Revolution mit stark antiamerikanischen Untertönen gesiegt; doch sehr gelegen kam, dass dann der vom Irak Saddam Husseins ausgelöste Krieg gegen den Iran stattfand, wobei Saddam unter dem wohlwollenden Blick der USA nicht gezögert hatte, weithin von chemischen Waffen Gebrauch zu machen. Das Ergebnis war Ausblutung und Schwächung beider Gegner und das weitere Erstarken Israels (und der USA) im Nahen Osten.

Der Durchmarsch des Imperiums schien also unaufhaltsam: Tatsächlich hatte mit der radikalen geopolitischen Wende, die sich zwischen 1989 und 1991 ereignete, die dritte Etappe des Kampfes zwischen Kolonialismus und Antikolonialismus begonnen. Wir können es so zusammenfassen: Die erste Etappe reicht von der Oktoberrevolution (und dem von Lenin an die Sklaven der Kolonien gerichteten Appell zur Rebellion) bis Stalingrad und bis zur in Europa und Asien dem (vom Dritten Reich, vom Reich der aufgehenden Sonne und Mussolini-Italien vorangetriebenen) Projekt zugefügten Niederlage, dem Projekt nämlich, die koloniale Tradition wiederzubeleben und zu radikalisieren, indem sie auch in Ländern mit gefestigter, alter oder sehr alter Zivilisation wie Polen, Russland, China oder den Balkanländern durchgesetzt werden sollte. Die zweite Etappe geht von Stalingrad bis zum Sieg der USA und des Westens im Kalten Krieg und zeitigt einerseits den Zusammenbruch des klassischen Kolonialismus und andererseits den tückischen Beginn des Neokolonialismus. Die dritte Etappe beginnt mit dem Ende des Kalten Kriegs (und der Niederlage der UdSSR und des sozialistischen Lagers) und ist noch in Gang. Während sich in den ersten Jahren dieser Etappe noch der umfassende Triumph des Neokolonialismus und des US-Imperiums abzuzeichnen schien, ist das Bild, das die internationale Lage heute zeigt, ziemlich verändert.

Ein Vierteljahrhundert nach 1989, dem (mit der Panama-Invasion) Beginn einer Reihe von voll entwickelten neokolonialen Kriegen, können wir ausgehend von Lateinamerika eine erste Bilanz ziehen. Zweifelsohne auf großen Widerstand gestoßen ist der Versuch, die Monroe-Doktrin wieder zu altem Glanz zu bringen, die in unseren Tagen nicht mehr nur von Kuba, sondern noch immer von einer ganzen Zahl von Ländern der »westlichen Hemisphäre« radikal in Frage gestellt wird. Wohl haben die USA auf dem Balkan nach der Zerstückelung Jugoslawiens die gewaltige Militärbasis Camp Bondsteel errichten können; doch vielleicht war es gerade der im Krieg vom

Frühjahr 1999 erlangte Triumph, der (am Ende desselben Jahres) den Aufstieg Wladimir Putins in Moskau begünstigte und beschleunigte. Er stärkte wieder die Kontrolle Russlands über seinen Energiebesitz und stoppte das Hineinrutschen des großen europäisch-asiatischen Landes in eine neokoloniale Abhängigkeit vom Westen. In Asien ist die Niederlage Washingtons noch deutlicher und eklatanter: Es hoffte, China in eine Halbkolonie zu verwandeln (s. unten, VII.1), doch jenes hat seine Unabhängigkeit nicht nur auf politischer, sondern auch auf ökonomischer und technologischer Ebene enorm vorangebracht, wodurch es zu einem immer stärkeren Gegengewicht der allein verbliebenen Supermacht wird.

Leider gibt es eine (wichtige) Region der Welt, wo die Vereinigten Staaten und ihre Verbündeten in letzter Zeit einen deutlichen Erfolg verbuchen können, nämlich den Nahen Osten. Sehr schwer wiegen die menschlichen und gesellschaftlichen Kosten dafür, doch dass es ein Erfolg ist, ist nicht abzustreiten. Wodurch wurde er möglich?

3.
Ein ökonomisch-technologisch-juristischer Neokolonialismus

Die Effekte der Veränderung der Kräfteverhältnisse, die auf die geopolitische Wende von 1989–91 folgte, liegen offen vor aller Augen. Wie ein bekannter US-Politiker und Stratege bemerkte, zeigte sich seit dem Ende des Zweiten Weltkriegs (also am Anfang der zweiten Etappe des Kampfes zwischen Kolonialismus und Antikolonialismus) eine »wachsende Unruhe« unter den Kolonialvölkern: »Nationale Befreiung wurde ihr Schlachtruf, während auf ideologischer und sogar militärischer Ebene die sowjetische Unterstützung die Unterdrückung zu teuer machte«, umso mehr, als es »dem Volkskrieg« gelang, wirksam gegen die technologische Überlegenheit des Westens Front zu machen. Vorbei waren die Zeiten, in denen im Zusammenstoß zwischen Eingeborenen auf der einen und erobernden Großmächten auf der anderen Seite die Verluste in »einem Verhältnis von 100 zu 1« standen zum Nachteil der ersten (Brzezinski, 2012: 14 u. 34).

In der Tat besiegelte der »Volkskrieg« (den vor allem Mao Zedong analysiert hatte, nachdem er dem japanischen Imperialismus und dem US-amerikanischen Versuch, zur Unterstützung der Guomindang zu intervenieren, eine harte Lektion erteilt hatte) auch den Sieg der antikolonialen Revolution in Vietnam. So erklärt sich das »Vietnamsyndrom«, das eine Zeit lang den Interventionismus Washingtons blockiert hat. Als sich die Krise des »sozialistischen Lagers« abzeichnete und hereinbrach, veränderte sich das Bild radikal: Die desaströse Niederlage, die die kommunistische Bewegung, Hauptinspirator der antikolonialen Bewegung, erlitt, brachte die politischen Voraussetzungen für den »Volkskrieg« zum Verschwinden; auf der entgegengesetzten Seite erfolgte eine Blitzheilung vom »Vietnamsyndrom«. Bezeichnenderweise fand im Jahr 1989, das für den Anfang der radikalen geopolitischen Wende steht, der Krieg der USA gegen Panama statt, während das Jahr 1991, als die Sowjetunion sich auflöste und die geopolitische Wende ihr Ende fand, auch den Ausbruch des ersten Golfkriegs erlebte und den Beginn einer Serie von (mehr oder weniger kolonialen) Kriegen im Nahen Osten, deren Ende bisher nicht abzusehen ist.

Doch um diese Wende zu verstehen, reicht es nicht, auf die Veränderung des internationalen politischen Rahmens zu verweisen. Es ist ein anderer Umstand, dem wir Rechnung tragen müssen und den es von der Vergangenheit her zu analysieren gilt. Als sich 1840 die englischen Kriegsschiffe vor den Küsten und Städten Chinas zeigten, verfügten die Angreifer über die Feuerkraft von etlichen Hundert Kanonen und konnten weithin Zerstörung und Tod säen, ohne befürchten zu müssen, von der feindlichen Artillerie, deren Reichweite ziemlich beschränkt war, geschlagen zu werden. Es war der Sieg der Kanonenboot-Politik: Sie beschränkte sich nicht mehr nur darauf, solche Völker zu treffen, die häufig über keine ausgesprochene staatliche Organisation verfügten, sondern überrollte eine tausendjährige Zivilisation und einen Staat, der im Lauf seiner Geschichte eine außerordentliche Stabilität vorweisen konnte. Das große asiatische Land war gezwungen zu kapitulieren, und von da an das »Jahrhundert der Erniedrigungen« zu erleiden.

Heutzutage hat die sogenannte *Revolution in Military Affairs* (RMA) für zahlreiche Länder der Dritten Welt eine Situation geschaffen, die derjenigen ähnlich ist, die China anlässlich der Opiumkriege erlebte. Beim Angriff auf das Libyen Gaddafis hat die NATO Abertausende Bombardements durchführen können und hat nicht nur keinen Verlust erlitten, sondern nicht einmal einen solchen riskiert. Es ist ein Faktum: Das neue technologisch-militärische Missverhältnis kurbelt wieder die kolonialistischen Ambitionen und Versuchungen des Westens an, der es, wie sein exaltiertes Selbstbild und sein falsches Bewusstsein fortgesetzt zeigen, ablehnt, wirklich Rechenschaft über seine Geschichte abzulegen. Und es geht nicht nur um Flugzeuge, Kriegsschiffe und Satelliten: Noch deutlicher ist der Vorteil, auf den Washington und seine Verbündeten zählen können, was die Kapazität des multimedialen Bombardements betrifft.

Der riesigen Disproportion der Kräfte (auf militärischer und multimedialer Ebene) korrespondiert eine doppelte Rechtsprechung, die einen tiefen Graben aushebt zwischen Völkern in kolonialen oder halbkolonialen Verhältnissen auf der einen und »zivilisierten« Völkern und Kolonialmächten auf der anderen Seite. Dieses doppelte Recht ist unmittelbar sichtbar in Palästina: Obwohl sie systematisch internationales Recht verletzen, profitieren die Siedler umfassend von der *rule of law* und von Finanzierungen und Erleichterungen aller Art, die ihnen ihre Regierung in Tel Aviv garantiert; die ihres Landes illegal beraubten Palästinenser hingegen können durch souveränen Beschluss der politischen und militärischen Besatzungsmacht eingesperrt und getötet werden.

Doch die doppelte Rechtsprechung reicht weit über Palästina hinaus: Sie ist ein integrierender Bestandteil des alten wie des neuen Kolonialismus. Um diesen Punkt zu erläutern, gehen wir zurück zum ersten Opiumkrieg, der 1842 mit dem Vertrag von Nanking zu Ende ging. Es war der erste der »ungleichen Verträge«, d.h. mit Waffengewalt aufgezwungen. Im Jahr darauf waren die Vereinigten Staaten an der Reihe. Auch sie schickten Kanonenboote, um ein ähnliches Resultat wie das von Großbritannien zu erreichen, ja sogar mehr. Der Vertrag von Wanghia (in der Nähe von Macao) von 1843 sanktionierte für in China lebende US-amerikanische Staatsbürger das Privileg der Exterritorialität: Auch wenn sie gewöhnlicher Straftaten schuldig waren, waren sie nicht gehalten, sich vor der chinesischen Gerichtsbarkeit zu verantworten. Natürlich galt das Privileg der Exterritorialität nicht gegenseitig, war also nicht wirksam für chinesische Bürger, die in den Vereinigten Staaten lebten: Das eine war die Masse der kolonialen Sklaven, etwas ganz anderes die Länder und Völker, die die Zivilisation verkörperten.

Und heute? Man sollte die Rolle des Internationalen Strafgerichtshofs beachten. Es springt unmittelbar ins Auge, dass seiner Rechtsprechung auch Staatschefs unterliegen. Das gilt jedoch nicht nur für US-Regierungsmitglieder nicht, sondern auch nicht für US-Bürger und nicht für die Soldaten und Söldner mit Sternen und Streifen, die in der ganzen Welt stationiert sind.

Die Immunität gilt nicht nur für die USA. Vor einiger Zeit lenkte ein Jurist der Universität von Kalifornien die Aufmerksamkeit auf einen wichtigen Punkt: »Auf Basis des Gründungsstatuts des Internationalen Strafgerichtshofs sind schwere Verletzungen der Genfer Konvention einschließlich der Ansiedlung von Zivilisten in besetzten Territorien als Kriegsverbrechen zu betrachten«. Warum also wurde Israel nicht vor Gericht gestellt? (Bisharat, 2013). Es war nicht schwer, auf diese Frage zu antworten: Im November des Vorjahres waren die Palästinenser, die forderten, wenigstens mit Beobachterstatus, aber nicht als Vollmitglied der UNO anerkannt zu werden, vom britischen Außenminister William Hague aufgefordert worden, »auf die Mitgliedschaft im Internationalen Strafgerichtshof zu verzichten«, um Tel Aviv zu beruhigen (Caprara, 2012). Wie steht es also mit dem internationalen Charakter des Gerichtshofs?

Die doppelte Rechtsprechung ist zwar evident, doch um ihre ganze Reichweite zu verstehen, ist es nützlich zu analysieren, was anlässlich des Krieges gegen Libyen passiert ist. Dort haben wir britische und US-amerikanische Agenten dabei gesehen, wie sie die Revolte anheizten und Gaddafi töteten, indem sie sich bei dieser Gelegenheit einer großzügig finanzierten Al-Kaida-Zelle bedienten (s. oben, III.7). Es handelte sich um Verbrechen, die vom Internationalen Strafgerichtshof verfolgt werden konnten. Doch durch eine wunderbare Metamorphose hatten sich die potentiellen Beschuldigten in Richter oder potentielle Richter verwandelt. Am 26. Februar 2011 enthüllte *The Guardian*: »Britische Offizielle sind dabei, libysches Personal von hohem Rang zu kontaktieren, um es in die Enge zu treiben: Muammar al-Gaddafi im Stich lassen oder zusammen mit ihm den Prozess gemacht bekommen für Verbrechen gegen die Menschlichkeit« (Wintour/Borger, 2011). Weit davon entfernt, ein Tribunal *super partes* zu sein, fungieren in diesem Fall der Internationale Strafgerichtshof und die Drohung, ihn zu bemühen, als Kriegsinstrument in Diensten der westlichen Großmächte und der mit ihnen verbündeten »Rebellen«. Wenn man überhaupt von einem Tribunal sprechen will, haben wir es hier mit einem kolonialistischen »Tribunal« zu tun wie jene, die vom Ku-Klux-Klan gegen die zuerst »einem Prozess unterzogenen« und dann grausam gelynchten Schwarzen errichtet wurden. In der Tat wurde Gaddafi, nachdem er rechtzeitig einem Urteil unterworfen worden war, als gerade die Bombardements der NATO über seinem Land wüteten, gefangen genommen, gefoltert und gelyncht von »Rebellen«, die sich weiterhin der Informationen und der Kollaboration der NATO bedienten, insbesondere der französischen Geheimdienste.

Jedenfalls zeigte sich deutlich eine doppelte Jurisdiktion: Abgesehen vom Tod durch Bombardierungen, die klar über das Mandat der UNO (das auf den Schutz von Zivilisten beschränkt war) hinaus und bis zur systematischen Zerstörung von Syrte (der Geburtsstadt und letzten Hochburg Gaddafis) gingen, liefen die libyschen Bürger Gefahr, sogar mit einer lebenslänglichen Freiheitsstrafe belegt zu werden ausgerechnet von denen, die sie angriffen. Auf der anderen Seite waren die Bürger des Landes, das hier Regie führte und als höchste Instanz des Kriegsunternehmens auftrat, explizit der Rechtsprechung des Internationalen Strafgerichtshofs entzogen; das galt realiter auch für andere Vertreter des Westens, die ihrer selbst so sicher waren, dass sie gegen die Feinde, die Widerstand wagten, die Drohung erhoben, es erwarte sie eine schwere Strafe von Seiten des »internationalen« Tribunals. Vom Faktum der Immunität profitierten also die für einen

Krieg Verantwortlichen, der nicht nur ein Aggressionskrieg war, sondern auch die Normen des internationalen Rechts verletzte, weil er nicht zwischen Soldaten und Zivilbevölkerung unterschied. Damit sah sich ein beliebiger ziviler libyscher Beamter ohne irgendeine Beziehung zum Repressionsapparat vor eine Erpressung gestellt: Kapitulation oder Pranger und Verlust der Freiheit für ziemlich lange Zeit oder den Rest des Lebens.

Die Opfer, die der Internationale Strafgerichtshof bevorzugt im Visier hatte, waren politische Führer bis hin zu normalen Bürgern der früheren Kolonien, vor allem der afrikanischen. Der damalige Präsident der Afrikanischen Union, der Äthiopier Hailemariam Desalegn, hatte nicht Unrecht, als er (im Herbst 2013) die »rassistische Jagd« beklagte, die vom sogenannten Internationalen Strafgerichtshof eröffnet worden war.

Die doppelte Rechtsprechung ist wohlgemerkt ein globales Phänomen. Eine Resolution der Parlamentarischen Versammlung der NATO vom November 1998 forderte selbige auf, eine über die traditionelle, einer Antwort auf »Aggression« hinausgehende neue Aufgabe wahrzunehmen: Das Militärbündnis sollte »darauf vorbereitet sein, in Fällen zu handeln, in denen der Sicherheitsrat der Vereinten Nationen verhindert wäre, seinen internationalen Aufgaben nachzukommen, Frieden und internationale Sicherheit zu garantieren« (in: Zolo, 2000: 86). In der Folge hat sich die NATO das Interventionsrecht auch unabhängig von jeglicher Bedrohung des »Friedens« und der »internationalen Sicherheit« zugeschrieben, und zwar jedes Mal, wenn es nach ihrer souveränen Ansicht nötig wurde, dem Eintreten einer schweren humanitären Krise zuvorzukommen oder sie zu lösen. Damit sind die Mitglieder der westlichen Allianz zu einem *ius ad bellum* befugt, das nicht der Billigung des UNO-Sicherheitsrats und dem internationalen Recht unterliegt; das gilt nicht für die anderen Mitglieder der internationalen Gemeinschaft. Die doppelte Rechtsprechung, die hier ein weiteres Mal hervortritt, betrifft nicht nur Staaten: Nur die Bürger der NATO-Mitgliedsländer haben etwas von *freedom from fear*, der »Freiheit von Angst«, während dieses essentielle Menschenrecht den Bürgern der Länder vorenthalten bleibt, die außerhalb der erwählten atlantischen Gemeinschaft stehen und deshalb fortwährend der Gefahr einer Aggression ausgesetzt sind, die im Normalfall die Atlantische Allianz anregt.

Wir können die entstandene Situation verstehen, wenn wir die Geschichte der Kolonialtradition analysieren. 1900, am Ende des Kriegs gegen Spanien, gab es in den USA nicht Wenige, die auf eine echte Annexion Kubas drängten (ein Bestreben, das auf Jefferson zurückging). Doch das hätte ein spürbares Anwachsen jener schwarzen Bevölkerung mit sich gebracht, die in Nordamerika bereits von den Anführern des Regimes der *white supremacy* als unerträgliche Belastung empfunden wurde. Die Lösung, die man anwandte, bestand in wirtschaftlicher Annexion, verstärkt durch eine Militärbasis in Guantánamo und einen Kuba aufoktroyierten Vertrag, der (mit dem »Platt Amendment«) den Vereinigten Staaten das Recht zuerkannte, jedes Mal auf der Insel zu intervenieren, wenn nach ihrer Auffassung die öffentliche Ordnung und die Sicherheit des Eigentums und der Freiheit in Gefahr seien. Das ist in letzter Instanz das Modell, an das sich der Westen und sein Führungsland in ihrer Beziehung zum Rest der Welt zu halten versuchen. Es ist, als suche man heute indirekt, weltweit oder allgemein soweit wie möglich, das »Platt Amendment« zur Geltung zu bringen, das F.D. Roosevelt 1934 fallen ließ (aus Zwang, den Aufstieg der patriotischen und antiimperialistischen Bewegung in Kuba in Rechnung zu stellen).

Wir müssen daran denken, was nach Lenin (1956-72, Bd. 20: 442) ein grundlegendes Charakteristikum des Imperialismus ist: der Anspruch der Großmächte, »in der ›eigenen‹ Nation die ›Musternation‹ zu sehen«, indem sie sich selbst »das *ausschließliche* Privileg auf staatliche Konstituierung« zuschreiben und es den Barbaren der Kolonien oder Halbkolonien verweigern. Es ist evident, dass die NATO-Länder, indem sie sich das Recht nehmen, die Souveränität anderer Staaten für obsolet zu erklären, sich eine erweiterte und imperiale Souveränität zuschreiben, die sie ziemlich weit über das eigene nationale Territorium hinaus ausüben können. In neuen Formen wiederholt sich die Dichotomie (auserwählte und realiter mit Souveränität ausgestattete Nationen / Völker, die nicht würdig sind, sich in einem autonomen Nationalstaat einzurichten), die typisch für den Imperialismus ist.

Natürlich darf man die neuen Elemente nicht aus dem Blick verlieren. In unseren Tagen hält sich der klassische Kolonialismus nur in Palästina: Dort sind die Einheimischen unterdrückt, systematisch enteignet, marginalisiert und erniedrigt, wie es zu ihrer Zeit den Iren und den Indianern durch die englischen respektive nordamerikanischen Kolonisten geschah. Das fügt der Glaubwürdigkeit der Rolle als universale Wächter über die Menschenrechte, die die Vereinigten Staaten und die Europäische Union sich zuzuschreiben belieben, Risse zu. Daher rührt ihre wiederholte (aber fast gar nicht beachtete) Aufforderung an Israel, gewisse Konzessionen zu machen und von der politischen Annexion zur ökonomischen (verschärft durch militärische und rechtliche Drohung) überzugehen, also vom Kolonialismus zum Neokolonialismus.

Unter dem Strich treten die konstitutiven Elemente des vom Westen erträumten neokolonialen Herrschaftsmodells klar hervor: a) eine so ausgedehnte Kontrolle der Ökonomie der unterworfenen oder zu unterwerfenden Länder, dass zu deren Kapitulation schon der Erlass eines Embargos, Isolation und ökonomische Bedrängung ausreichen; b) eine derart überwältigende technologisch-militärische Überlegenheit, dass diese die militärische Machtlosigkeit des Gegners bedingt; c) eine multimediale Feuerkraft, die den Feind rettungslos als einen anschwärzt, der die Menschenrechte übertritt und dementsprechend als Barbar in letzter Instanz nicht zum Menschengeschlecht gehört; d) eine doppelte Rechtsprechung, die dem Aggressor Straflosigkeit garantiert und ihm erlaubt, den Feind fortgesetzt auch über dessen Kapitulation hinaus zu bestrafen. Das ist ökonomisch-technologisch-juristischer Neokolonialismus.

Es ist ein Neokolonialismus, der vorankommt, indem er das Ende des Nationalstaats proklamiert und das Heraufdämmern eines Weltstaates begrüßt, das sich, wie es scheint, am Horizont abzeichnet. Nach der klassischen Definition Webers macht einen Staat an erster Stelle das Monopol legitimer Gewalt aus. Auf internationaler Ebene verhalten sich die USA bereits so, als besäßen sie das legitime Gewaltmonopol, indem sie nur sich selbst (und ihren Bündnispartnern und Untergebenen) das *ius ad bellum* reservieren und realiter den Internationalen Strafgerichtshof und die Ausübung der internationalen Justiz insgesamt kontrollieren. Weil sie glaubt, auf diese Weise »Internationalismus« zu beweisen, applaudiert die Linke im Westen oft all diesen Dingen, ohne sich bewusst zu machen, dass der von der von Mal zu Mal gierigeren und chauvinistischeren Weltmacht unterstützte Weltstaat nichts anderes ist als das von ihr seit je ersehnte Weltimperium.

4.
Von der »Philanthropie plus 5 %« des britischen Imperiums zu den »Werten und Interessen« der USA

Die neuen Elemente gegenüber der »politischen Annexion«, dem Kennzeichen des klassischen Kolonialismus, wie gegenüber der von Lenin analysierten »ökonomischen Annexion« des Neokolonialismus treten deutlich hervor. Doch es gibt auch weiter fortbestehende Elemente, und zwar solche, die bis zur klassischen Epoche des Kolonialismus zurückreichen. Die Kolonialkriege jener Epoche beschreibt Lenin folgendermaßen (1956-72, Bd. 24: 404):

> Es sind »kleine« Kriege, weil in diesen Kriegen wenig Europäer, dafür aber Hunderttausende aus jenen Völkern umkamen, die sie versklavten […]; mit diesen Völkern wurden Kriege folgender Art geführt: sie waren waffenlos, und man mordete sie mit Maschinengewehren. Sind denn das Kriege? Das sind doch eigentlich gar keine Kriege, das kann man der Vergessenheit anheimfallen lassen.

Es sind die Jahre, in denen Theodore Roosevelt unter Berufung auf die von ihm neu interpretierte und radikalisierte Monroe-Doktrin und das »Platt Amendment« 1904 über eine *international police power* nachdachte, die, was Lateinamerika anging, der »zivilisierten Gesellschaft« als ganzer und den USA zustehe. Wenn ein Land sich als unfähig erweist, »rational mit Effizienz und Anstand zu handeln« und »im Rahmen seines Territoriums die Herrschaft des Friedens und der

Gerechtigkeit« zu garantieren, war die »zivilisierte Gesellschaft« aufgerufen, ihre »internationale Polizeigewalt« auszuüben (in: Martin/Royot, 1989: 179). Angesichts des Ungleichgewichts der Kräfte und der ziemlich niedrigen Opferzahl für die »zivilisierten« Großmächte konnten die Kolonialkriege, auch wenn sie recht blutig für die örtliche Bevölkerung ausfielen, in aller Ruhe in unschädliche und wohltätige Operationen zur Wiederherstellung der Ordnung umgetauft werden. Und das geschieht heute wieder zum Nachteil der Länder, die nicht mit der im Westen stattfindenden technisch-militärischen Revolution Schritt halten konnten. Die Eliteeinheiten der USA und der NATO präsentieren sich gern als internationales Polizeicorps, wiewohl der korrektere Vergleich angesichts etwa des Endes von Saddam Hussein und Gaddafi wenn überhaupt, dann eher der mit einem Exekutionskommando gewesen wäre.

Auch wenn der Einsatz eines gewaltigen Militärapparats und ausgeklügelter Kriegstechnik bisweilen dazu drängt oder zwingt, von Krieg zu sprechen, beeilt man sich sofort zu präzisieren, dass es sich um einen »humanitären Krieg« handele: Das Adjektiv neutralisiert das Substantiv völlig. Aber auch in diesem Fall springen die fortdauernden Elemente der klassisch-kolonialen Tradition ins Auge. Der koloniale Expansionismus hat permanent den Anspruch erhoben, Zivilisation und die Herrschaft des Rechts unter den Barbaren zu verbreiten. Das wusste Hobson sehr gut, der englische Linksliberale, den Lenin las und schätzte: »Der Imperialismus, diese kleine schmutzige Sache, schafft es, sich vor aller Augen zu maskieren [...] Es überrascht Sie, dass die egoistischen Kräfte, die den Imperialismus lenken, Schutzfarben selbstloser Bewegungen benutzen?« (Hobson, 1974). Die Lenker der Kolonialmächte und der Großindustrie gaben sich als Vorkämpfer gegen »die Grausamkeit der afrikanischen Sklaven« oder gegen andere Infamien aus: »Sie hängen sich einfach und instinktiv an jedes höhere, starke und wahre Gefühl, das ihnen dient, fachen es an und nähren es, bis daraus Leidenschaft entsteht, und nutzen es dann für ihre Ziele«. Leopold II. von Belgien kehrte gern seine Besorgnis um den Kongo heraus: »Unser einziges Programm ist die moralische und materielle Wiederherstellung des Landes« (Hobson, 1974: 168f).

Allerdings war das Ergebnis dieser »Wiederherstellung« wie bekannt ein Genozid.

Das humanitäre Motiv kommt in den unterschiedlichsten kulturellen Traditionen vor und ist auch dem deutschen Imperialismus keineswegs fremd. Gegen Ende des Ersten Weltkriegs entwickelte sich in Deutschland eine interessante Debatte, deren Protagonist vor allem Max von Baden (Reichskanzler der letzten Phase des Wilhelminischen Reichs) war:

> Will der deutsche Imperialismus dem Ansturm der Demokratie mit ihrem Anspruch auf Weltverbesserung Stand halten, so muss er sich ethisch fundamentieren […]. Wir können nun getrost Menschheitsziele in unser Programm aufnehmen […], wir sind in der glücklichen Lage, dass wir den Rechtsgedanken aufrichtig auf unsere Fahne schreiben können […]. Das Recht ist mit uns.

Das »Zweite Reich« hatte mittlerweile mit Brest-Litowsk ein gewaltiges koloniales Gebiet im Osten erobert, als ein General die Ziele dieser Expansion so erklärte: »Das Ziel unserer Ostpolitik ist nicht die Vergewaltigung der Randstaaten, sondern Sicherstellung ihrer staatlichen Freiheit und Ordnung«; es handelte sich darum, »die allgemeinen Welt- und Menschheitsziele« zu verfolgen (in: Opitz, 1994: 436-450).

Das Schwenken der humanitären Flagge ist auch dem Faschismus nicht fremd. Nach dem Beginn des Vernichtungskriegs gegen Äthiopien und nachdem er den Negus Haile Selassi als Henker und »Sklavenhändler« gebrandmarkt hatte, führte sich Mussolini auf als Anführer der Sache der Befreiung der unglücklichen Sklaven, Opfer der Unterdrückung. Es ist zu ergänzen, dass in der Tat eine bestimmte Form der Sklaverei in Äthiopien bestand, aber eine bei weitem weniger barbarische als die, die der Duce tatsächlich einführte.

Man kann eine allgemeinere Überlegung anstellen. Heutzutage wird das *Pathos* der »Werte« herausgestrichen, auf die sich Vereinigte Staaten und Europäische Union berufen, mal gemeinsam, mal in wechselseitiger Konkurrenz. Bei genauerer Analyse der Einlassungen der Politiker und Ideologen des Westens kommen die »Werte« nicht ohne die »Interessen« vor. So scheinen in letzter Zeit »amerikanische

Interessen und Werte« zum Logo der US-Außenpolitik geworden zu sein. Erhellend ist diesbezüglich die Rede, mit der im November 2011 die damalige Außenministerin Hillary Clinton mit Blick auf das zu »bändigende« China den »pivot«, die auch militärische Neuausrichtung in Richtung Pazifik ankündigte: Wir »müssen unsere Interessen absichern und unsere Werte voranbringen«. »Unsere Werte«: Sind sie als US-amerikanische oder als allgemeine zu verstehen? Durch eine Art prästabilierter Harmonie, d.h. vorherbestimmter Übereinstimmung fallen die beiden Adjektive völlig in eins zusammen. Das allein ist schon ein Wunder, aber es kommt ein zweites hinzu oder eine zweite vorherbestimmte Übereinstimmung, dieses Mal zwischen den »ökonomischen und strategischen amerikanischen Interessen« auf der einen und den (amerikanischen oder allgemeinen) Werten auf der anderen Seite. Zu den »ökonomischen und strategischen amerikanischen Interessen« gehören die Eroberung »neuer Märkte für amerikanische Unternehmen« und vor allem die Erhaltung der »amerikanischen Führungsrolle« im neuen Jahrhundert.

Diese doppelte vorherbestimmte Übereinstimmung ist auch charakteristisch für die Rede, die Obama am 21. Januar 2013 bei der Einführung zu seiner zweiten Präsidentschaft hielt. Nachdem er die gewohnte Hommage auf »unsere Werte«, die »die mächtigste Nation der Welt dank der Macht ihrer Waffen und des Rechtsstaats« hoch zu halten habe, abgeliefert hatte, fuhr er mit der Versicherung fort: »Unsere Interessen und unser Gewissen zwingen uns, zum Vorteil jener zu handeln, die die Freiheit wollen«.

Wieder ist zu spüren, dass die Kolonialtradition gegenwärtig ist. Insbesondere denkt man an Cecil Rhodes, der die Philosophie des Britischen Reiches, dessen Lobredner er war, folgendermaßen zusammenfasste: »Philanthropie plus 5%« (Williams, 1921: 51f); hier ist die »Philanthropie« Synonym für Werte und allgemeine Menschenrechte und die 5 Prozent stehen für die konkreten Interessen der kapitalistischen englischen Bourgeoisie, für die Profite, die jene realisiert hat oder mittels kolonialer Eroberungen unter dem Schwenken des Paniers der Werte und der universalen Menschenrechte zu realisieren vorhatte.

5.
Missionare, NGOs und Beschneidung der Charta der Rechte

Die Kontinuität des imperialen Universalismus zeigt sich auch auf einer anderen Ebene. Der von mir mehrfach zitierte Historiker und Barde des US-Imperiums unterstreicht, dass dieses mit der Unterstützung der Nichtregierungsorganisationen rechnen kann (Ferguson, 2005: 11ff). Das ist nicht verwunderlich: Die christlichen Missionare von einst haben den Expansionismus und die Kolonialherrschaft des Westens kräftig gefördert, und heutzutage haben die einschlägigen Aktivisten für die Menschenrechte weithin den Platz der Missionare von damals eingenommen.

Unzählig, vielfältig und unterschiedlich sind die NGOs und weit ist folglich der Raum, der sich für die Agenturen und Geheimdienste der Großmächte auftut. Vor einigen Jahren erregte es Aufmerksamkeit, dass dem damaligen französischen Außenminister Bernard Kouchner, einem bekannten Vertreter »humanitärer« Kriege, im Lauf seines Besuchs in Jerusalem versehentlich das Geständnis herausrutschte: »Offiziell haben wir keine Kontakte mit Hamas, aber halbamtlich gibt es zahlreiche internationale, besonders französische Organisationen, die in den Gaza-Streifen gehen und uns von dort mit Informationen versorgen« (Nava, 2008). Waren das nur für Frankreich nützliche »Informationen« oder auch für Israel für dessen wiederholte extralegalen Exekutionen und Bombardierungen? Es mangelt natürlich auch nicht an deutlich vom Westen inspirierten NGOs, die, wiewohl heimlich und vorsichtig, versuchen, die Zerschlagung oder Zerstückelung Chinas zu fördern. In einer Korrespondenz aus Peking, die in der *International Herald Tribune* erschienen ist, heißt es:

> Es gibt nicht »ein einziges China« [...]. Es gibt ungefähr so viele Chinas wie europäische Länder [...]. Die Idee, die als ›Han-Chinesen‹ bezeichnete Bevölkerung wäre homogen, ist ein nationalistischer Mythos – schrieb Human Rights in China in einem Bericht von 2002. Im Rahmen dieser Kategorie gibt es enorme kulturelle und sprachliche Unterschiede (Lague, 2006).

Da ist also eine NGO, die im Namen der Menschenrechte die Zerstückelung Chinas in dreißig Länder vorschlägt, in etwa so viele wie die »Länder Europas«, und sich hierzu der traditionell durch die von Washington angestoßene Kampagne vorgebrachten Argumente bedient: Darüber hinaus, dass sie das Feuer des Separatismus in Tibet, Xinjiang und der Inneren Mongolei anfacht, denunziert jene Kampagne auch schon die mutmaßliche »Erfindung einer einheitlichen Ethnie von Han-Chinesen« (s. unten, VII.2), genauso, wie es die eben zitierte NGO tut. Es versteht sich von selbst, dass die hier vorgesehene Zerschlagung des großen asiatischen Landes vielfältige und erschütternde Konflikte mit sich brächte: Auf weit höherer Stufenleiter würde eine Wiederholung der jugoslawischen Tragödie stattfinden; doch um diese kolossale Katastrophe für die Menschenrechte scheinen sich ihre selbsternannten Vorkämpfer nicht zu scheren.

Es gibt also NGOs, die als unmittelbare Umsetzung eines imperialen Plans figurieren. Jedenfalls spielen in der Gegenwart wie in der Vergangenheit Einfluss und ideologische Hegemonie eine essentielle Rolle. Wir haben gesehen, wie Amnesty International die Lüge von den durch Saddam Hussein unerklärlicherweise zum Tod verurteilten kuwaitischen Babys bestätigte und so zur ideologischen Vorbereitung der Entfesselung des ersten Golfkriegs beitrug. Vor allem gibt der von nicht wenigen NGOs gelieferte Beitrag zur Anheizung des neuen Kalten Krieg zu denken. Zwischen 2008 und 2014 haben diese sich damit beschäftigt, die Olympischen Sommerspiele von Peking und die Winterspiele von Sotschi wenn nicht zu sabotieren, so doch zu delegitimieren, indem sie sich unkritisch der vom Westen erst gegen China und dann gegen Russland betriebenen Kampagne anschlossen. Letzteres wurde in Anklagestand versetzt wegen eines umstrittenen Gesetzes, das an Minderjährige gerichtete oder in ihrer Gegenwart geäußerte homosexuelle Propaganda verbot. Allerdings beschloss zur gleichen Zeit das Oberste Gericht in Indien, dass ein homosexuelles Verhältnis als solches als Delikt zu betrachten und zu behandeln sei; doch die ganze Aufmerksamkeit konzentrierte sich auf das Land Putins, das dem internationalen Gespött preisgegeben wurde. Zwischen den beiden genannten Olympiaden fanden die Sommerspiele von

London statt; Gastgeber war das Land, das einige Jahre zuvor Protagonist des zweiten Golfkriegs war, der mit Hilfe der Verbreitung von Lügen über Massenvernichtungswaffen vorbereitet und ohne Autorisierung durch den UN-Sicherheitsrat begonnen worden war; Gastgeber war das Land, das auch mitverantwortlich war für das Konzentrationslager und die Folterungen von Abu Ghraib. Doch niemand kam es in den Sinn, gegen die Olympiade in London zu sein oder einen Schatten des Verdachts auf sie fallen zu lassen. Es wäre leicht, diesen Doppelstandard zu denunzieren. In Wirklichkeit ist etwas anderes wichtig: Entstanden als Gelegenheit zur Begegnung, zum Dialog und zur Überwindung von Animositäten und realen Feindseligkeiten, wurden die Olympischen Spiele vom Westen in ein Instrument des Kalten Kriegs umgeformt, und all das dank der Mitarbeit nicht weniger NGOs (denen sich oft und gern die Linke anschließt).

Der Einfluss und die ideologische Hegemonie des Imperiums werden bereits in der Definition des Bereichs der Menschenrechte deutlich. Liest man die Dokumente und Stellungnahmen der überwiegenden Mehrheit der NGOs, hat man den Eindruck, dass sie nie von der »Freiheit von Not« und der »Freiheit von Angst« gehört haben, die für F.D. Roosevelt essentielle und unveräußerliche Menschenrechte waren.

Wie kam man dazu? Noch 1981 klagte eine wichtige Stimme des US-Konservatismus (Jeane Kirkpatrick) in einem Artikel, der bereits seinem Titel zufolge der Analyse der Beziehungen zwischen »Menschenrechte(n) und amerikanische(r) Außenpolitik« vorbehalten war, Jimmy Carter an, er ziehe »die Gleichheit der Freiheit vor und die ökonomischen den politischen Rechten«, indem er mehr »die traditionellen Militärregime« ins Visier nehme als die »kommunistische Diktatur« (in: T. Smith, 1994: 244). In Wirklichkeit erwies sich Carter trotz seiner heiligmäßigen Arien oder vielleicht dank dieses Anscheins als versierterer und weitblickenderer Stratege als seine Kritiker in den USA. Er verlor weder je die *Realpolitik* aus dem Auge noch die Monroe-Doktrin: Er versuchte, den Sieg der Sandinisten in Nicaragua zu verhindern, und begann damit, ihre Gegner über die CIA zu finanzieren (Blum, 2003: 433). Gegen keine der Militärdiktaturen Lateinamerikas ergriff er auch nur entfernt vergleichbare Maßnahmen wie die, die weiterhin gegen Kuba in Kraft waren; und so konnte das grausame Regime, das damals in Nicaragua an der Macht war, weiterhin militärische Bewaffnung und Ausrüstung erhalten (ebd.: 350), ganz so, wie sich im Iran der Schah bis zum letzten Tag über die Unterstützung Washingtons freuen konnte (s. oben, IV.3).

Der Sowjetunion und dem »sozialistischen Lager« gegenüber jedoch war Carter sich bewusst, dass er ein klügeres Verhalten an den Tag legen musste als das, was Kirkpatrick vorgeschlagen hatte. Es ging um Länder, die sich gewiss weiterhin als unfähig erwiesen, den Ausnahmezustand zu überwinden und den Rechtsstaat zu garantieren (und zwar auf Grund des Fortdauerns des Kalten Kriegs wie auch der starken Abgeschlossenheit der führenden Gruppen und des theoretischen und politischen Sich-Verschanzens der kommunistischen Bewegung insgesamt). Allerdings waren diese Länder immerhin Protagonisten großer Errungenschaften, was soziale und ökonomische Rechte betrifft; ihre Destabilisierung konnte nicht von einem neoliberalistischen Programm her oder durch das offene Betreiben eines solchen durchgeführt werden. Und bei der Förderung dessen, was er explizit »eine ideologische Schlacht« gegen die Sowjetunion nannte, zählte (in bisweilen abenteuerlicher Form) Carter zu den »fundamentalen Menschenrechten«, die in den USA realisiert und gepflegt würden, in der Tat auch »das Verbot des Leidens, das aus inadäquater ärztlicher Hilfe resultiert« (in: T. Smith, 1994: 239).

Als die Destabilisierung des »realen Sozialismus« in Europa zu Ende gebracht war, erfuhr die Rechte-Charta sogleich eine lautlose und manchmal auch explizite Amputation: Es war kein Platz mehr für die »Freiheit von Not«, die F.D. Roosevelt einst als eines der fundamentalen Menschenrechte angesehen hatte, oder für die »sozialen und ökonomischen Rechte«, die die UNO seit ihrer Gründung sanktioniert hatte. Diese Beschneidung der Charta der Rechte ist stillschweigend vom größten Teil der NGOs, die heute näher bei Kirkpatrick sind als bei Carter, unterschrieben worden.

Entsprechende Überlegungen lassen sich für die »Freiheit von Angst« anstellen, die seit der Tragödie des Zweiten Weltkriegs und der Erfahrung des Kampfes gegen den Nazifaschismus und besonders das Dritte Reich als das vielleicht essentiellste Menschenrecht von allen entstand. Wenn ein Land ständig um seine Sicherheit fürchten muss auf Grund eines bedrohlichen militärischen Aufgebots an seinen Grenzen oder nicht weit entfernt davon, wenn es gezwungen ist, unter dem Albtraum eines Angriffs zu leben, vor allem wenn es schwach oder relativ schwach ist, kann es nicht alle materiellen Ressourcen, die nötig wären, der Realisierung der sozialen und ökonomischen Rechte widmen; darunter leiden nach und nach auch die bürgerlichen und politischen Rechte, die auch in den Ländern mit weit gefestigterer liberaler Tradition schwerwiegende Einschränkungen erfahren, wenn die nationale Sicherheit in Gefahr ist. Jedenfalls ist die »Freiheit von Angst« noch viel radikaler aus dem Gesichtsfeld der NGOs verschwunden als die »Freiheit von Not«. Die Prozesse von Nürnberg und Tokio, die den Zweiten Weltkrieg abschlossen, verurteilten die Beschuldigten auch und vor allem dafür, am Ausbruch des Kriegs schuldig gewesen zu sein. Am 24. November 1948 rief General MacArthur bei der Unterzeichnung der sieben Todesurteile, die das Tribunal von Tokio verkündet hatte, aus: »Möge die allmächtige Vorsehung diese tragische Buße als Symbol dafür nutzen, alle Menschen guten Willens zu mahnen, sich der Überflüssigkeit des Krieges – der schlimmsten Geißel und der größten Sünde der Menschheit – bewusst zu werden durch die endgültige Absage an ihn durch alle Nationen« (Harries/Harries, 1987: 172). Vom Todesurteil dafür, Krieg begonnen und damit das Menschenrecht der »Freiheit von Angst« verletzt zu haben, zu den im Namen der Verteidigung der Menschenrechte, aus denen jedoch die »Freiheit von Angst« gestrichen ist, begonnenen Kriegen: An dieser unglücklichen Entwicklung sind die NGOs mitschuldig!

So außergewöhnlich diese Wende auch sein mag, ist sie doch recht verständlich. Will man die »Freiheit von Angst« ernst nehmen, müsste man zugeben, dass es heute in erster Linie die USA sind, die sie radikal in Frage stellen bis hin zu ihrer Abschaffung, die USA, die in jedem Winkel der Welt mächtige Militärbasen errichtet und sich das souveräne Recht gesichert haben, jedes Land anzugreifen. Und dasselbe Vergessen, dem die »Freiheit von Not« unterliegt, verdeutlicht sich nicht nur mit dem Triumph des Neoliberalismus. Man darf nicht die geopolitische Dimension des Problems aus dem Blick verlieren. Versuchen wir, die »Freiheit von Not« ernst zu nehmen. Man muss dann eine übersehene und verdrängte Wahrheit anerkennen: Das Land, das sich am meisten bei der Realisierung dieses grundlegenden Menschenrechts ausgezeichnet hat, ist die chinesische Volksrepublik, die, sei es auch am Ende eines mühseligen Lernprozesses, hunderte Millionen Menschen aus verzweifelter Armut befreit hat; aus jener verzweifelten Armut, in die das große asiatische Land vor allem in Folge der Opiumkriege und der kolonialen Aggression gestürzt worden war. Und das bedeutet, dass man, will man die »Freiheit von Not« ernst nehmen, die Volksrepublik China loben und den liberalen Westen kritisieren müsste. Doch es ist genau umgekehrt, wie sich verständlicherweise nicht nur die herrschende Ideologie und Macht verhalten, sondern in ihrer überwiegenden Mehrheit auch die NGOs.

6.
Die NGOs und die Delegitimierung der antikolonialen Revolution

Die Nichtregierungsorganisationen zeigen ihre ideologisch-politische Unterordnung auch auf einer anderen Ebene. Wir haben gesehen, wie sich im 20. Jahrhundert auf Weltebene die koloniale Revolution und der Kampf zwischen Antikolonialismus und altem und neuem Kolonialismus entwickelt haben. Eine Kultur, die sich wirklich mit den Menschenrechten beschäftigt, kommt nicht umhin, sich Rechenschaft darüber abzulegen, dass die Priorität für Länder mit junger Unabhängigkeit in der »Freiheit von Angst« und der »Freiheit von Not« besteht: Nachdem sie sich einmal von der Hauptaufgabe befreit haben, sich der Aggression, Unterdrückung, der Erpressungen, Einmischungen und Destabilisierungsversuche erwehren zu müssen, die von den Großmächten in Gang gesetzt werden, die wenig geneigt sind, auf ihre traditionelle Herrschaftsposition und Hegemonie zu verzichten, könnten die neuen unabhängigen Länder dank ihrer Entwicklung ihren

Bürgern das Recht auf Leben, und zwar auf ein möglichst würdevolles Leben garantieren und fortschreiten auf dem Weg der Rechtsstaatlichkeit und der Demokratisierung der gesellschaftlichen Beziehungen und der politischen Institutionen. Wenn sie wachsamen Auges und ohne kritiklose Nachsicht auf die neuen unabhängigen Länder schaut, müsste eine dieses Namens würdige Kultur der Menschenrechte ihre Aufmerksamkeit dem Verhalten der früheren kolonialen Großmächte widmen: Versuchen sie, die unabhängige ökonomische und politische Entwicklung der ehemaligen Kolonien zu fördern, zu behindern oder gar unmöglich zu machen? Unglücklicherweise ignoriert die im Westen herrschende Ideologie diese Frage. Schauen wir, wie ein berühmter Interpret der »Demokratisierungsprozesse am Ende des 20. Jahrhunderts« (so der Untertitel seines bekannten Werks) argumentiert: »Die Entkolonialisierung Afrikas führte zur weitesten Verbreitung autoritärer Regime in der Geschichte« (Huntington, 1995: 43). Oder nehmen wir den konservativen britischen Historiker, der zugleich der Barde des US-Imperiums als »liberales Imperium« ist: Kaum war der Zweite Weltkrieg zu Ende, »wurden Asien und der Nahe Osten von einer neuen Welle der Gewalt überrollt, die die Historiker euphemistisch ›Entkolonialisierung‹ nennen« (Ferguson, 2008: 36).

Das historische Urteil, auf dem die manichäische Verdammung der Entkolonialisierung beruht, ist komplett falsch. Sie soll ein Synonym für Gewalt sein? Tatsächlich endet die dem Kolonialismus innewohnende extreme Gewalt nicht zufällig mit dem Ende des Horrors des Dritten Reichs, des Reichs der aufgehenden Sonne und des Mussolini-Reichs, die sich vorgenommen hatten, die koloniale Tradition wiederzubeleben und zu radikalisieren. Und was den »Autoritarismus« angeht: Die blutigen Militärdiktaturen, die lang das Kennzeichen des politischen Wegs Lateinamerikas waren, wurden im Lauf des antikolonialen Kampfes gegen die Monroe-Doktrin beseitigt. Und in Afrika hat trotz allem die antikoloniale Revolution das Ende der despotischen und zu Völkermorden neigenden Gewalt bedeutet, die der Westen lang zum Nachteil des Kongo, Kenias, Algeriens, der portugiesischen Kolonien etc. ausübte. Nach Huntington (1995: 44) beginnt »die dritte Welle der Demokratisierungen« mit dem »Ende der portugiesischen Diktatur«. Wir sind im Jahr 1974. Im Jahr zuvor findet in Chile der Staatsstreich statt, der die Militärdiktatur Pinochets installiert und erneut die Monroe-Doktrin und die Neokolonialmacht Washingtons festigt. Darüber schweigt der US-amerikanische Wissenschaftler, wie er auch über das Faktum schweigt, dass die Wende, die sich 1974 in Portugal ereignet hat, undenkbar wäre ohne die antikoloniale Revolution, die damals in Afrika im Gang war: Die Protagonisten der »Nelkenrevolution« sind Militärs, die genug haben von der vom Regime in Lissabon betriebenen blutigen Repression gegen die in den portugiesischen Kolonien stattfindenden Unabhängigkeitserhebungen.

Die von Huntington und Ferguson skizzierte historische Bilanz ist offensichtlich falsch, aber das ist nicht der wesentliche Punkt. Die Tatsache, dass sie mit einer Deutlichkeit und Brutalität, die bei so vielen anderen Autoren nicht vorkommt, im Namen der Abwehr von »Autoritarismus« und »Gewalt« und der Bestärkung der politischen und moralischen Überlegenheit des »liberalen Imperiums« der antikolonialen Revolution die Legitimation entziehen bis hin zu deren Dämonisierung, macht verständlich, worauf die heute vorherrschende Rede über Menschenrechte in Wirklichkeit abzielt. Sind die »Freiheit von Angst« und die »Freiheit von Not« gestrichen oder verdrängt und abstrahiert man völlig vom ziemlich unterschiedlichen historischen und geopolitischen Kontext, worin sich einerseits die früheren Kolonialmächte, andererseits die ehemaligen Kolonien befinden, können die ersten weiterhin die Richter der letzteren sein oder wieder werden. Man kehrt gewissermaßen zum »Platt Amendment« unseligen Angedenkens zurück und nimmt sich vor, es auf Weltebene durchzusetzen.

Weder die NGOs noch die westliche Linke sind in der Lage, dem einen alternativen Diskurs über die Menschenrechte entgegenzusetzen. Um diesen Punkt abschließend zu klären, kann man sich auf die Sentenz besinnen, die in den Augen eines berühmten Schriftstellers (Anatole France) die Scheinheiligkeit der bürgerlichen Gesellschaft zusammenfasst: »Die majestätische Gleichheit des Gesetzes verbietet es Reichen wie Armen, unter Brücken zu schlafen, auf den Straßen zu betteln und Brot zu stehlen«. Es sind ja die Armen, die solch ungesetzliche Taten verüben, und deshalb erweisen sie sich als eingefleischte (wenn nicht geborene) Übeltäter. Zu nicht weniger absurden Konsequenzen gelangt man, wenn man das Prinzip der »majestätischen Gleichheit des Gesetzes« geltend macht für den Fall, dass der Respekt vor den klassischen Gesetzen der liberalen Tradition in jeder Ecke der Welt gelten soll. Es ist zum Beispiel absurd, die USA und Kuba auf die gleiche Stufe zu stellen. Auf der einen Seite haben wir die einzige verbliebene Supermacht, die sich das souveräne Recht anmaßt, in Ländern zu intervenieren, die sich nicht fügen. Auf der anderen Seite ein kleines Land, das sich 1961 dem von seinem übermächtigen Nachbarn organisierten militärischen Invasionsversuch entgegenstellen musste, dem mehrmals im Lauf seiner Geschichte der Tod seines Führers (Fidel Castro) durch CIA-Agenten drohte, das von Washington inspirierte oder tolerierte terroristische Anschläge erlebte, das seit Jahrzehnten Ziel eines mörderischen Embargos ist, d.h. eines Wirtschaftskriegs, der jederzeit in einen echten Krieg umschlagen kann, und das schließlich auf eigenem Territorium die drohende Pistole der Militärbasis Guantánamo auf sich gerichtet sieht. Wenn die USA sich, nachdem sie sich wie gesehen verhalten haben, über mangelnden Respekt für die Menschenrechte auf Kuba empören, erinnern sie an einen Scharfrichter, der sich nach vollzogener Exekution über die Todesblässe seines Opfers aufregt. Unglücklicherweise gibt es nicht wenige NGOs, die versuchen, anstatt die Gründe des Opfers zu verstehen, die Propaganda des Henkers übernehmen. Und dadurch erweisen sie sich als unfähig, die wichtigen Punkte der liberalen Tradition aufzugreifen, die doch zu loben sie nicht müde werden; zumindest geben sie nichts auf die Beobachtung, die schon Hamilton machte, dass nämlich eine geopolitisch und militärisch sichere Lage die notwendige Voraussetzung für das Erblühen der Freiheit des Denkens und des Zusammenlebens bildet.

Die selbsternannten Missionare von heute erweisen sich auch als ungeschickt bei ihrer Kampagne zur Abschaffung der Todesstrafe. Die Berechtigung in der Sache ist unbestritten. Selbstverständlich muss man die kritische Bewegung gegen Strafen begrüßen, die dem Verurteilten (bisweilen selbst Opfer unglückseliger Begleitumstände) jegliche Möglichkeit nehmen, wieder frei zu kommen. Doch eine solche Bewegung kann nur glaubwürdig werden, wenn sie an erster Stelle die Todesurteile in den Blick nimmt, die ohne Prozess und ohne Ansehen der Person gefällt werden. Ich spiele natürlich auf die außergerichtlichen Exekutionen an, die oft schwere »Kollateralschäden« mit sich bringen, um mich eines Ausdrucks zu bedienen, der ziemlich unbestimmt ist und den großen Fehler hat, die Opfer vor allem US-amerikanischer und israelischer Drohnen zu entmenschlichen.

Es sei hinzugefügt, dass es auch im Fall von legal angedrohten und ausgeführten Todesurteilen absurd ist, sich auf das Prinzip der »majestätischen Gleichheit« zu berufen, das Anatole France verspottet hat. Historisch kam die Abschaffung der Todesstrafe im Westen in einer Situation relativen Wohlstands bei konsolidiertem Frieden und Sicherheit zustande (ein Spezialfall ist der der USA, die seit je im Inneren eine Art Dritte Welt zu kontrollieren und zu unterdrücken haben, und wo es vornehmlich Schwarze und Arme sind, die die Todesstrafe erleiden). Von Frieden und Sicherheit kann man gewiss nicht bei Ländern sprechen, die von Aggression oder Destabilisierung durch den Imperialismus bedroht sind. Es entsteht ein Ausnahmezustand: In einer Wirklichkeit wie in Palästina oder in Kuba wird der normale Abschreckungseffekt von Haftstrafen zunichte gemacht durch die Hoffnungen, die man auf die Intervention eines mächtigen Nachbarn setzt, der bereit ist, auch die schlimmsten Verbrecher zu belohnen oder gar an die Macht zu bringen, weil sie seine treuesten Lakaien sind. Unter solchen Umständen kann die Todesstrafe unglücklicherweise zur letztmöglichen Maßnahme werden, Rechtssicherheit zu realisieren: Nur so kann der Gefahr begegnet werden, dass die für scheußliche Verbrechen Verantwortlichen nicht nur ungestraft bleiben, sondern auch noch Belohnungen und Vorteile aller Art bekommen. Der Wert, der einem Rechtssystem innewohnt, das den Rückgriff auf die Todesstrafe meidet, gerät in Konflikt mit dem nicht weniger grundlegenden Wert der Rechtssicherheit und realen Gleichheit vor den Gesetzen: Es ist eine tragische Situation, die jedoch in erster Linie nicht auf das Konto dessen geht, der sie erfährt, sondern dessen, der sie schafft, d.h. der imperialistischen Großmacht. Leider scheinen die NGOs die Schriften von Anatole France nicht gelesen oder reflektiert zu haben, denn auch in diesem Fall nehmen sie am Ende bei ihrer Hommage auf die »majestätische Gleichheit des Gesetzes« eher die Opfer ins Visier als die Schuldigen.

Zu seiner Zeit hat ein kluger und couragierter Kritiker des Imperialismus die diesem in den meisten Fällen besten Gewissens durch Missionare und das »imperiale Christentum« geleistete Unterstützung angeprangert (Hobson, 1974: 199). In Zeiten galoppierender Säkularisierung ist es die Zivilreligion der Menschenrechte, verkörpert von den NGOs, die eine hervorragende Rolle spielt: Heutzutage ist das die Religion, auf die sich der tägliche Imperialismus stützt, die imperiale Religion par excellence, die Religion als *instrumentum imperii.*

Die Unterwürfigkeit der Nichtregierungsorganisationen gegenüber der herrschenden Ideologie bedeutet nicht, dass sie nicht bisweilen mit den Leitern und Funktionären des Imperiums in Widerspruch gerieten. Nach Marx' Analyse (vgl. unten, VIII.1) handelt es sich um einen Widerspruch, der unvermeidlich zwischen denen entsteht, die mit der praktischen Verwaltung der Macht befasst sind (in diesem Fall der imperialen Macht), und denen, die diese Macht auf ideologischer Ebene legitimieren und umformen sollen; doch es geht dabei immer um einen Widerspruch innerhalb einer Arbeitsteilung im funktionalen Gesamtkomplex der Legitimation und Verteidigung des Imperiums.

7. Der Friedensnobelpreis und das Imperium

Die Institution, die jedes Jahr den Friedensnobelpreis vergibt, kann mit einer Nichtregierungsorganisation verglichen werden. Auch hier ist die Unterwürfigkeit evident. Die Häufigkeit, mit der er führenden US-Politikern zugesprochen wird, gibt zu denken. 1973 war es Henry Kissinger, der geehrt wurde. Es war die Zeit, als dieser in Übereinstimmung mit Richard Nixon anordnete, »auf die ländlichen Regionen Kambodschas mehr Bomben zu werfen als während des Zweiten Weltkriegs über Japan abgeworfen worden waren, wodurch man mindestens 750.000 kambodschanische Bauern tötete« (Johnson, 2001: 31). Von den vietnamesischen Dioxin-Opfern spricht man nicht einmal: Dreißig Jahre nach dem Ende der Feindseligkeiten – hat eine konservative französische Zeitung geschätzt – gab es noch »vier Millionen« Opfer deren Körper mit von dem »schrecklichen Agent Orange« (eine Anspielung auf die Farbe des schonungslos auf ein ganzes Volk geschütteten Dioxins) zerstört wurde (Losurdo, 2011, 1.3). 2009 fiel die begehrte Anerkennung an Obama. Und wieder staunt man: Auch wenn man von Guantánamo schweigen will, von der wöchentlichen »kill list« und den von Drohnen verursachten »Kollateralschäden«, war der als Champion der Sache des Friedens Bekränzte immerhin der Führer eines Landes, das sich durch seine nicht gerade pazifistischen Eigenheiten auszeichnet: Seit sehr langer Zeit hat es den gigantischsten Militärhaushalt auf der Welt und in jedem Winkel des Planeten drohend verteilte Militärbasen; indem es die Verpflichtung verweigert, nicht als erstes die Atomwaffe einzusetzen, sichert es sich darüber hinaus realiter das Recht auf einen nuklearen Erstschlag.

Der von Zeit zu Zeit dem Imperium verliehenen Ehrung entspricht die rüde Behandlung, die seine Feinde oder potentiellen Feinde erfahren. Man könnte sagen, dass der Friedensnobelpreis seine besondere Aufmerksamkeit den beiden Ländern reserviert, um die sich der geopolitische Hauptstreit unserer Tage dreht. Doch da ist ein nicht geringer Unterschied: Im Fall der USA sind es die Träger der Macht, die geehrt und ermuntert werden, im Fall Chinas dagegen die Oppositionellen, die »Dissidenten«. 1989 wurde der Friedensnobelpreis dem 14. Dalai Lama verliehen, der bereits dreißig Jahre davor aus China geflohen war, es zu dieser Zeit aber noch nicht erreicht hatte, ein häufiger und gehätschelter Gast des Weißen Hauses zu werden, so wie heute. In den Jahren des Kalten Kriegs mussten die USA vorsichtig vorgehen: Auch Taiwan widersetzte sich entschieden der Unabhängigkeit Tibets, und überhaupt brauchte man die chinesische Volksrepublik. Aber mit der Verschärfung der Krise und der sich am Horizont abzeichnenden Auflösung des »sozialistischen Lagers« und der Sowjetunion war Peking erneut Ziel der Politik Washingtons ... und der Jury des Friedensnobelpreises!

Nach dem mit dem Friedensnobelpreis geehrten US-Präsidenten Obama war 2010 ein anderer Widersacher der Volksrepublik China an der Reihe, Liu Xiaobo. Ich habe mit Bedacht »Widersacher« gesagt: Liu Xiaobo beschränkte sich nicht darauf, die Regierung in Peking zu verdammen; er drückte seine Missbilligung aus über die zu kurze Dauer der kolonialen oder halbkolonialen Unterwerfung, die einem doch so großen und alten Land insbesondere seit den schändlichen Kriegen wie den Opiumkriegen auferlegt war; er feierte die Zeit vor der Gründung der chinesischen Volksrepublik, für die, wie wir gesehen haben, das Schild stand, das die Chinesen mit Hunden verglich.

Unter den ersten, die sich über diese Wahl freuten, war Shirin Ebadi. Die iranische »Dissidentin«, Friedensnobelpreisträgerin von 2003, erklärte gleich danach, dass es nicht so sehr darum gehe, eine Person zu ehren, sondern vielmehr darum, ein Land an den Pranger zu stellen, das für sie verantwortlich war für jegliche Schandtat von der Unterstützung von Diktaturen auf internationaler Ebene bis zur »schweren Ausbeutung der Arbeiter« im Inneren. Natürlich war in diesem Rahmen kein Platz für die vom Westen eingesetzten oder beschützten Diktaturen (z. B. den Iran des Schah), noch für die Befreiung von hunderten Millionen Menschen von Hunger, deren Vorkämpfer das große asiatische Land war; es war kein Platz für die fundamentalen Menschenrechte »Freiheit von Not« und »Freiheit von Angst«. Und so konnte die »Dissidentin« und »Friedensnobelpreisträgerin« ihren Kreuzzug propagieren: »chinesische Produkte« sollten boykottiert und »die ökonomischen und Handelsbeziehungen mit China möglichst weit eingeschränkt« werden (Mazza, 2010). Es war der Aufruf zu einem Handelskrieg mit potentiell verheerenden Folgen. Eine Frage stellt sich: Nobelpreis für den Frieden oder für den Krieg (sei er auch am Anfang nur kalt)?

Jeden Zweifel zu beseitigen, dafür sorgte die Rede, die der Vorsitzende des Nobelkomitees anlässlich der Verleihung des Friedenspreises an Liu Xiaobo hielt und die live von allen wichtigen Fernsehsendern der Welt übertragen wurde. Deren Grundkonzept war deutlich: Demokratien haben sich nie bekriegt und werden untereinander keinen Krieg führen; um also ein für alle Mal der Sache des Friedens zum

Durchbruch zu verhelfen, müsse die Demokratie weltweit verbreitet werden, indem ein Vorkämpfer der Demokratie und der Menschenrechte wie Liu Xiaobo ausgezeichnet werde. Indem er die Sache des Friedens mit der der Demokratie identifizierte, schönte der Vorsitzende des Komitees die Geschichte des Kolonialismus, die oft »demokratische« Länder Expansionismus mit Hilfe von Krieg betreiben sah, mit Hilfe von brutalster Gewalt bis zu Praktiken des Völkermords. Vor allem rechtfertigte er a posteriori den ersten Golfkrieg, den Krieg gegen Jugoslawien und den zweiten Golfkrieg, alle geführt von großen »Demokratien« und im Namen der »Demokratie«.

Die Botschaft war klar (und manichäisch), deshalb aber nicht weniger verdreht. Der Präsident des Nobelkomitees hätte etwas lernen können aus der Lektüre eines Buches, das ein besonders berühmter Friedensnobelpreisträger geschrieben hatte:

> Als der Erste Weltkrieg ausbrach, war der größte Teil der Länder Europas (einschließlich Großbritannien, Frankreich und Deutschland [sic!]) von demokratischen Institutionen regiert. Dennoch wurde der Erste Weltkrieg – eine Katastrophe, von der Europa sich nie mehr ganz erholt hat – von allen (demokratisch gewählten) Parlamenten enthusiastisch gebilligt (Kissinger, 2011: 425f).

Auch wenn man ausschließlich die angelsächsischen als authentische Demokratien sehen will, wozu der Vorsitzende des Komitees vielleicht neigte, wurde seine Überlegung doch überdeutlich widerlegt durch den Krieg von 1812 bis 1815, der zwischen Großbritannien und den USA ausgebrochen war. Es waren die einzigen Demokratien der Epoche und doch war der bellizistische Furor so glühend, dass Thomas Jefferson die Regierung in London mit »Satan« verglich und schließlich gar erklärte, dass Großbritannien und die USA sich in einem »ewigen Krieg« (*eternal war*) befänden, der mit der »Auslöschung (*extermination*) der einen oder der anderen Seite« enden müsse (Losurdo, 2015, 10.5).

Obwohl die Rede des Vorsitzenden gleichzeitig deutlich, manichäisch und falsch war, war sie doch nicht ohne Effekt: Ihr Beitrag zur Anheizung des Kriegs, für diesmal zum Glück nur eines kalten, gegen die chinesische Volksrepublik war beträchtlich.

8.
Exterritorialität von den Christen bis zu den »Dissidenten«

In der klassischen Kolonialzeit setzten die kolonialen Großmächte, nachdem sie das Privileg der Exterritorialität für ihre Landsleute (Soldaten, Händler, Missionare) errungen hatten, schließlich durch, dass es auf die einheimischen Christen, d.h. die, die zur Kultur oder den Werten der Eroberer bzw. Eroberungswilligen konvertiert waren, ausgedehnt wurde. Wenn die Missionare von damals ihre Erben in den NGOs gefunden haben, erinnern die zum Christentum Konvertierten an die heutigen »Dissidenten«. Ja, die vom Westen anerkannten und als solche gewürdigten »Dissidenten« genießen immer mehr eine Art realer Exterritorialität. Zuerst werden sie mit den wertvollsten Anerkennungen versehen (Friedensnobelpreis, dem vom EU-Parlament 1988 eingerichteten Sacharow-Preis für die Freiheit des Denkens, Friedenspreis des Deutschen Buchhandels, der anlässlich der Frankfurter Buchmesse verliehen wird, Literaturpreise aller Art); dann entwickelt sich daraus eine Kampagne, verbunden auch mit der Androhung von kommerziellen und diplomatischen Sanktionen, woraufhin die Ausgezeichneten in die Freiheit entlassen werden oder ihre Tätigkeit ohne Behinderungen entfalten können.

Idealerweise genießen auch echte »Dissidenten« Immunität. Mag ihr Tun auch kriminell sein, wie es in der Ukraine zwischen dem November 2013 und dem Februar des Folgejahres der Fall war: In der Sicht Washingtons und Brüssels durften die paramilitärischen Banden, die Plätze und öffentliche Gebäude belagerten und besetzten, die sich wie in Vorwegnahme militärischer Gewalt verschanzten und in Komplizenschaft und unter Beobachtung des Westens den Staatsstreich vorbereiteten, nicht angerührt und nicht einmal behindert werden; selbst Mitgliedern von Organisationen antisemitischer oder faschistoider Couleur, vorausgesetzt, dass sie von den Vereinigten Staaten und der EU ihre Weihen als »Dissidenten« und »Demokraten« bekamen, wurde das Privileg der Exterritorialität zugebilligt! Wer dieses Privileg nicht respektierte, war ein eingeschworener Gegner der Menschenrechte und musste entsprechend behandelt werden!

Indem die Dissidenz geehrt und belohnt wird, dienen die aufgeführten wertvollen und zahllosen Preise auch dazu, sie zu fördern und zu schüren; und auf den gleichen Zweck zielen Lehrstühle und Stipendien etc. ab, die großzügig »Dissidenten« zur Verfügung gestellt werden, die in den Westen kommen.

Ob sie zuhause oder im Ausland sind, sind die »Dissidenten« natürlich daran interessiert, den nobelsten und glänzendsten Eindruck zu machen. Um ihre Rolle als Helden und Märtyrer der Freiheit aufzubauschen, sind sie nicht besonders wählerisch, was die Mittel betrifft. Großen Erfolg hat in Deutschland Liao Yiwu erzielt, ein chinesischer »Dissident« im Exil, der den Friedenspreis des Deutschen Buchhandels erhalten hat und Verfasser eines Buches ist, das den Horror der von ihm erlittenen Folter in den Gefängnissen seines Heimatlandes anklagt. Sogar deutsche Sinologen und selbst Anhänger der chinesischen »Dissidenz« oder Opposition überhaupt haben auf »Übertreibungen« oder Erfindungen aufmerksam gemacht, von denen die Anklage durchsetzt ist (Köckritz, 2013). Ein speziellerer politischer Fall ist jener, dessen Protagonist im August 2008 der 14. Dalai Lama war. In Peking waren die Olympischen Spiele im Gang, deren Sabotage er auf jegliche Weise betrieb: In einem Interview in *Le Monde* beklagte er das »Blutbad«, durch das sich die chinesischen Behörden in Tibet besudelt hätten und das zum Tod von 140 unschuldigen Opfern geführt habe. Doch die »Enthüllung« erwies sich schnell als bar jeder Glaubwürdigkeit. Wenn auch vorsichtig und knapp, sah sich die französische Zeitung zu einem unrühmlichen Rückzieher gezwungen: »Der Dalai Lama hat dann präzisiert, dass die 140 Opfer nicht nachgewiesen seien, und später hat er abgestritten, je von einer bestimmten Zahl von Toten gesprochen zu haben« (Boulin, 2008).

Wie die konvertierten Christen der klassischen Epoche des Kolonialismus haben auch die heutigen »Dissidenten« ihre Gründe, doch wie erreicht man einen solchen Status und solche Anerkennung? Warum soll Edward Snowden statt als »Dissident« als Verräter oder Krimineller gelten, und zwar als so gefährlicher Krimineller, dass die USA und der Westen befugt waren, zu seiner Gefangennahme das Flugzeug des bolivianischen Präsidenten umzulenken und das internationale Recht zu verletzen? Zur Kategorie »Dissident«, ihrem Gebrauch und ihrem Inhalt sei noch Folgendes angemerkt: Sind die als »Dissidenten« zu betrachten, die in den Jahren des Kalten Kriegs beispielsweise in Deutschland verhaftet und eingesperrt wurden, weil sie Mitglieder der Kommunistischen Partei waren? Oder jene, die sich, weil sie verdächtigt wurden, subversive Ideen zu hegen, vom Zugang zur Lehre in Schulen, Universitäten und anderen staatlichen Bereichen ausgeschlossen sahen? Diesen engagierten oder einfachen Bürgern, die mit Zustimmung und oft auf Betreiben Washingtons verfolgt werden, wurde zusammen mit den Menschenrechten auch die Bezeichnung »Dissident« vorenthalten wie auch die damit verbundene Aufmerksamkeit und Anerkennung. Die »Nicht-Dissidenten«, von denen hier die Rede ist, waren weniger glücklich als die heute im Westen beliebten »Dissidenten«, der allem Anschein nach die einzige Autorität ist, der das Recht zusteht, eine solche hochehrenhafte Qualifikation zu erteilen.

Eindeutig haben wir eine Kategorie vor uns, die instrumentalisiert und häufig als Waffe gezückt wird. Nehmen wir einen dem Westen verbundenen Vertreter der Opposition in Kuba: Gewiss ist er ein »Dissident« im Verhältnis zu der in seinem Land herrschenden Macht, die aber ihrerseits »dissident« ist gegenüber der von den USA weltweit und vor allem in Südamerika ausgeübten Macht. Wenn man die dem ersten auferlegte Freiheitsstrafe kritisiert, muss man erst recht den Versuch kritisieren, den zweiten »Dissidenten« durch bewaffnete Invasion der Insel und Ermordung seines Führers zum Schweigen zu bringen.

Der konzentrische Kreis der Dissidenzen kann noch komplizierter sein: Der 14. Dalai Lama und seine Anhänger sind »Dissidenten« gegenüber der in China herrschenden Zentralmacht, die ihrerseits Jahrzehnte lang auf Initiative Washingtons aus der UNO ferngehalten wurde, weil sie die Schuld treffe, »dissident« zu sein und die antiamerikanische und antiwestliche Dissidenz zu fördern. Bis hierher ist das nichts Neues gegenüber der zuvor analysierten Situation. Das neue (und quasi immer verdrängte) Element besteht darin, dass es auch »Dissidenten« im Verhältnis zum 14. Dalai Lama gibt. Das sind nicht wenige und sie sind alles andere als resigniert: 1992 bei seinem Besuch in London war der 14. Dalai Lama Ziel ihm feindlicher Kundgebungen der größten buddhistischen Organisation in Großbritannien, die ihm vorwarf, ein »erbarmungsloser Diktator« und »Unterdrücker der Religionsfreiheit« zu sein (Lopez jr., 1998: 193f). Diejenigen, die sich so äußern, sind Anhänger einer tibetischen Gottheit (Dorje Shugden), die lange auch vom 14. Dalai Lama selbst verehrt wurde, auch wenn er später im Exil damit aufgehört hat. Nicht alle sind ihm auf diesem Weg gefolgt; und die, die sich weiter an den alten Glauben halten wollen, trifft Exkommunikation, soziale Isolation, Einschüchterung oder echte Gewalt. Daher ihr Protest in London und anderswo. Zusammengefasst haben wir drei Kreise der Dissidenz, doch in den Augen des Westens sind die einzigen »Dissidenten«, die dieses Namens würdig sind und Respekt verdienen, jene, die gegen die Volksrepublik China oder andere Länder Partei ergreifen, die der Dissidenz gegenüber Washington oder Brüssel schuldig sind.

Den von ihm souverän zu »Dissidenten« Erklärten sucht der Westen nicht nur das Privileg der Exterritorialität und, sobald sie erst einmal ihr Ursprungsland verlassen haben, andere materielle Privilegien zu garantieren, sondern er schreibt ihnen auch die Würde von Heiligen und Märtyrern der Zivilreligion der Menschenrechte zu, als deren Interpret und Wächter er sich geriert.

9. Ein laizistischer Blick auf die »Märtyrer« der zivilen Menschenrechtsreligion

Ist es zulässig, einen Laien-Blick auf solche Heiligen und Märtyrer zu werfen, ohne der Blasphemie angeklagt zu werden? Unter ihnen figuriert auch Michail Chodorkowski, dessen plötzlicher märchenhafter Reichtum gleich nach dem Zusammenbruch der Sowjetunion selbst von der US-amerikanischen Presse mitunter als ein Kapitel der Geschichte der russischen und internationalen Finanzkriminalität beschrieben worden war (Pfaff, 2005). Und es gibt sicherlich genug andere merkwürdige Persönlichkeiten. Vor einiger Zeit veröffentlichte

La Stampa einen Artikel des Moskauer Korrespondenten der *Sunday Times* mit folgender Überschrift: *Der Blogger Nawalny: Putin hat Angst, ein Ende wie Gaddafi zu nehmen.* Man hat hier einen »Dissidenten« vor sich, der die Wiederholung eines scheußlichen Verbrechens an einem Präsidenten evoziert oder einfordert, der durch eine Wahl, die von den »internationalen Beobachtern« als »valide« eingeschätzt wird – unterstreicht derselbe Artikel – an die Macht gelangt ist. Und wer war das, der sich den Rufmord, die Folter und den Mord an einem demokratisch gewählten Präsidenten wünschte? Es war – berichtet die zitierte Quelle weiter – eine »für ihre nationalistischen Ideen und ihre harte Haltung gegen Immigranten« bekannte Persönlichkeit (Franchetti, 2012). Zu den Wundern des die Weltherrschaft anstrebenden Imperiums gehört auch, dass es sogar faschistoide Bandenführer in »Dissidenten« oder Heilige und Märtyrer der Sache der Demokratie verwandeln kann.

Es versteht sich von selbst, dass bei der derzeitigen internationalen Konstellation die Dissidenten par excellence solche sind, die Position gegen die Volksrepublik China beziehen. Unter ihnen sticht Wei Jingsheng, einer der Protagonisten vom Tienanmen 1989, heraus, der heute in New York lebt und dort verhätschelt wird. Mehr noch als von einem seiner Bücher, das auch in Italien übersetzt wurde, sollte man von einem Interview ausgehen, das er 1998 einer angesehenen US-Zeitschrift gegeben hat. Nachdem er sich darüber beschwert hat, wie wenig Aufmerksamkeit ihm anlässlich seiner Paris-Reise die Behörden und die französische Bevölkerung gewidmet hätten, stellt der berühmte »Dissident« fest: »So etwas passiert, wenn Länder des Westens die chinesischen Werte übernehmen« (in: Mirsky, 1998). Wie man sieht, ist das Ziel der Polemik nicht die chinesische KP, sondern China als solches, das hier zum Synonym für Barbarei wie in der Ideologie und Propaganda des klassischen Kolonialismus und Imperialismus wird. Und umgekehrt wird nicht nur der Westen von heute als einziger Beschützer der Zivilität und der Menschenrechte gefeiert, sondern der Westen als solcher, einschließlich seiner führenden Rolle in den infamen Opiumkriegen (und bei den Aggressionen und Massakern, die zutiefst die Kolonialgeschichte durchziehen).

Das Mindeste, was man dazu sagen kann, ist, dass hier der von den Kolonialherren oktroyierte Selbsthass übernommen und völlig verinnerlicht worden ist. Tatsächlich haben wir noch etwas Schlimmeres vor uns. Wei Jingsheng fährt fort mit einer übertriebenen Forderung des Imperialismus und seiner planetarischen zivilisatorischen Mission. Indem sie sich weigern, auf einen Wirtschaftskrieg (oder gar einen Krieg anderer Art?) gegen die Führung in Peking zurückzugreifen, zeigen die Vereinigten Staaten, dass sie »das chinesische Volk Führern *anvertraut* haben, die absolut kein Interesse an Menschenrechten haben« (ebd.). Ich habe einen verräterischen Ausdruck kursiv hervorgehoben: Die universale Souveränität steht originär und qua unveräußerlichem Recht dem Leader der Welt zu, der in Washington sitzt und sie hier und da großzügig einem Domestiken »anvertrauen« kann, der seines Vertrauens würdig ist. Haben wir hier einen »Dissidenten« vor uns oder einen aufstrebenden Prokonsul des US-Imperiums?

Gut, Wei Jingsheng ist besonders grobschlächtig. Beschäftigen wir uns also mit einem »Dissidenten« von deutlich höherer Kultur. Rekonstruieren wir ihn und sein Handeln, indem wir uns auf die gefühlvolle Erinnerung stützen, die ein US-amerikanischer Autor anlässlich seines Todes geschrieben hat. Es geht um Fang Lizhi, »einen berühmten Professor der Astrophysik, einen Star im Kampf für die Menschenrechte im heutigen China«. Nach Deng Xiaopings Aufstieg an die Macht, als die führenden Politiker seines Landes von der Notwendigkeit einer »Modernisierung chinesischer Prägung«, auch was politische Reformen anging, sprachen, »antwortete Fang auf satirische Art, indem er seine Studenten fragte, ob sie an eine chinesische Physik glaubten«. Dieser Agitationskampagne in den Hörsälen ist der Konflikt zu verdanken. Doch zumindest bis 1987 hatte Fang Lizhi das Amt des Vizepräsidenten der Wissenschaftlichen und Technologischen Universität von Hefei inne, das ihm 1984 verliehen worden war (Link, 2012). Nach seiner Entlassung wurde er der *maître à penser* der (alles andere als pazifistischen) Demonstranten vom Tienanmen-Platz: Bevor er verhaftet wurde, floh er zusammen mit seiner Frau in die US-Botschaft in Peking, um dann in die USA zu gehen (Kissinger, 2011: 429). War ausschließlich der »Dissident« im Recht? Um ihr

Verhalten zu rechtfertigen, hätten die chinesischen Behörden Bezug nehmen können auf einen Klassiker des westlichen Denkens: »Politik gehört nicht in den Hörsaal […], der Prophet und der Demagoge nicht auf das Katheder« (Weber, 2002: 496ff). Nachdem er die Kampagnen ideologischer Mobilisierung und Indoktrination der Mao-Ära hinter sich gelassen hatte, rief der neue Kurs Deng Xiaopings die Schulen und Universitäten auf, wieder die traditionelle Rolle für Studium, Lehre und Forschung zu übernehmen. Der berühmte Astrophysiker dagegen ging klar über seine Aufgaben und Grenzen hinaus und, plante, eine politische Oppositionskampagne in Gang zu setzen, und dies zu einem Zeitpunkt, als die USA gerade nach ihrem Triumph in Osteuropa ungeduldig mit den Hufen scharrten, einen solchen auch in dem großen asiatischen Land zu wiederholen. Hat sich unter den vielen Hagiografen der chinesischen Dissidenz jemals einer gefragt, ob in den Jahren des Kalten Kriegs in den USA einem kommunistischen Astrophysiker gestattet worden wäre, sich seines Katheders zu bedienen, um Propaganda für die Verdienste des China von Mao zu machen und die von Washington gegen dieses Land inszenierte Strangulierungspolitik zu verurteilen?

Doch fragen wir uns nun, wie Fang Lizhi nach dem devoten Bericht seines US-amerikanischen Hagiografen argumentiert: Ist es richtig, die »Modernisierung« beziehungsweise die Demokratie der Wissenschaft der Physik gleichzusetzen, als spielten Geschichte, Kultur, konkrete Bedingungen eines bestimmten Landes keine Rolle? Sogar im Bereich des Westens selbst sind die Unterschiede der politischen und sozialen Ordnung zwischen den Ländern evident. Und was die USA angeht, handelt es sich um ein Land, das bis zum Erlangen seiner heutigen Form (durch Abschaffung der Sklaverei und des Regimes der *white supremacy* sowie durch Überwindung der wahlrechtsmäßigen und geschlechtlichen und außerdem der rassischen Diskriminierung) ca. zweihundert Jahre brauchte.

All das weiß Fang Lizhi nicht, der gerade deshalb wertvoll ist für die Dämonisierungskampagne gegen die chinesische Volksrepublik. In *The New York Review of Books* hat er ein Buch von Ezra F. Vogel (einem emeritierten Harvard-Professor) rezensiert, das Deng Xiaoping gewidmet ist. Dabei bedient er sich einer Sprache, die zu denken gibt. Der Verfasser des Buchs unterstreicht: Nachdem die Tragödie vom Tienanmen-Platz überwunden war, erlebte China ein Wirtschaftswunder, das hunderte Millionen Menschen von der Armut befreit hat. Die Antwort des Dissidenten, der eine von Reagan im April 1984 in Peking gehaltene Rede zitiert, fällt zornig aus:

> Unsere Leidenschaft für die Freiheit führte zur Amerikanischen Revolution, die erste große Revolte für die Menschenrechte und die Unabhängigkeit von der Kolonialmacht. Wir wussten, dass niemand von uns von der Freiheit profitieren konnte, wenn wir nicht bereit waren, sie mit allen anderen zu teilen.

Der »Dissident« kommentiert: »Das Buch von Vogel lässt nur zwei Möglichkeiten zu: entweder teilt der Autor diese Ideen über die Menschenrechte nicht, oder er benutzt einen doppelten Standard für China und die USA« (Fang Lizhi, 2011: 8). Hier zeigt sich eine Konstante des »Dissidenten«-Diskurses. Damit die USA als solche bereits von ihrer Gründung an als Objekt unkritischer Verehrung taugen, wird das von der amerikanischen Revolution und den Gründervätern den Schwarzen und Rothäuten zugedachte Schicksal aus dem Rahmen der Geschichte getilgt; und natürlich ist da kein Platz für ein etwas realistischeres Bild als das von Reagan. Umgekehrt ist, auch um China zu dämonisieren, aus der Charta der Rechte die »Freiheit von Not« (neben der »Freiheit von Angst«) gestrichen, sodass jemand, der es wagt, der Volksrepublik China das Verdienst zuzuerkennen, hunderte Millionen Menschen vom Elend und aus einer verzweifelten Lage (in die die kolonialistische und imperialistische Aggression die uralte Zivilisation gebracht hatte) befreit zu haben, sofort zum Feind der Menschenrechte (und damit des Westens) wird. Die Schlussfolgerung des »dissidenten« Astrophysikers über die Studie Vogels ist kategorisch: »Das systematische Nichtbeachten der Menschenrechte ist eines der Charakteristika des Buches« (ebd.: 8). Das ist quasi eine Denunziation, und zu Zeiten McCarthys hätte der Verfasser dieser Quasi-Denunziation Karriere machen (und Vogels Unglück provozieren) können.

Aus dem Dissidentendiskurs entwickelt sich eine solch grundlegende Verehrung des Westens, dass sie dazu tendiert, in eine Rehabilitierung des westlichen Kolonialismus zu münden. Diese Tendenz wird deutlich bei dem heute berühmten chinesischen »Dissidenten« Liu Xiaobo, der 2010 den Friedensnobelpreis bekam. 1988 erklärte er in einem Interview, dass es China nötig habe, einer »300jährigen Kolonisierung« unterworfen zu werden, um ein anständiges Land werden zu können, also ein solches westlichen Typs; und er wiederholte diese These 2007. Ich entnehme diese Information einem in der *South China Morning Post* in Hongkong veröffentlichten Artikel (Sautman/Hairong, 2010). Es handelt sich nicht um eine den Positionen Pekings gegenüber linientreue Zeitung, dem sie im Gegenteil vorwirft, gegen eine wenn auch »unfeine« Meinung mit Haft vorgegangen zu sein statt mit Kritik.

Die Beobachtung ist interessant. Man muss sich aber vor Augen halten, dass es in Europa gewiss genug Länder gibt, die Meinungen, denen »Negieren« vorgeworfen wird, mit Gefängnis bestrafen, Meinungen nämlich, die beschuldigt werden, die Wahrheit des vom Dritten Reich am Volk der Juden verübten Völkermords abzustreiten, in Zweifel zu ziehen oder nur zu verkleinern. Das chinesische Volk hat nicht das gleiche Schicksal erfahren, auch wenn Sun Yat-Sen fürchtete, dass eben dies das Resultat der kolonialen Unterwerfung sein werde: »Die Indianer Amerikas sind schon ausgelöscht [...]. Die gelbe Rasse Asiens wird heute von den Weißen unterdrückt, vielleicht wird auch sie bald ausgelöscht sein« (Sun Yat-Sen, 1976: 66f). Zum Glück hat diese Angst sich als übertrieben erwiesen. Doch wenn man untersucht, was ein seriöser westlicher Historiker die Periode des »gekreuzigten China« nannte, das von kolonialistischer Aggression überwältigt war, die Zeit »zwischen 1850 und 1950« (praktisch von den Opiumkriegen bis zur Gründung der Volksrepublik), darf man eine beeindruckende Gegebenheit nicht aus dem Blick verlieren: »Zweifellos war die Zahl der Opfer in der Weltgeschichte niemals so hoch« (Gernet, 1978: 565 u. 579). In Folge der japanischen Invasion, die die koloniale Tradition aufgreift und radikalisiert, geschieht das, was eine chinesische Autorin aus Taiwan als »vergessenen Holocaust« bezeichnet hat. In den Gebieten, wo der Widerstand am erbittertsten ist, greifen die Invasoren auf die Politik der »drei Alles« zurück, d.h.: »Raube alles, töte alle, verbrenne alles«. In seinem Tagebuch notiert ein japanischer Oberst: »Ich habe von meinem offiziellen Vorgesetzten Weisung bekommen, dass hier jeder getötet werden soll« (Chang, 1997: 215f). Wenn es statthaft ist, die Leugner des Judenmordes mit Gefängnis zu bestrafen, ist es auch statthaft, den Leugnern des »gekreuzigten China« und des »vergessenen Holocausts« dieselbe Behandlung vorzubehalten.

Doch die Äußerung von Liu Xiaobo ist keine einfache Meinungsäußerung. Wenn auch nur politische Satire sich eine Rückkehr der Nazimacht in Deutschland vorstellen kann, lastet auf China weiter auf die eine oder andere Art der Druck der Großmächte, die in der Vergangenheit seine »Kreuzigung« oder seine Katastrophe herbeigeführt haben. Allgemein können wir schlussfolgern: Es ist ziemlich schwierig, die Sache der »Dissidenten« mit der Sache der Demokratie zu identifizieren, zumal mit der Sache der Demokratie in den internationalen Beziehungen, deren schärfste und erklärte Feinde eben diese sind.

10.
Vom »Dissidententum« zur »Kollaboration«

In der klassischen Kolonialzeit hatten zur Kultur und zur Religion des Westens konvertierte Christen, die von letzterem belohnt und mit dem Privileg der Exterritorialität und anderen Vorteilen versehen wurden, ihre Gründe; aber auch ihre Feinde und Verfolger hatte solche. Sehen wir uns an, wie sich die Christen (Missionare und Konvertiten) im China der zweiten Hälfte des 19. Jahrhunderts verhielten. In jenen Jahren konstatierte ein US-Diplomat kritisch, dass die katholischen Missionare, denen es nicht genug ist, Exterritorialität zu genießen,

> versuchen, den chinesischen Beamten ihre Autorität über die Christen des Ortes abzusprechen, was diese Kategorie praktisch der Rechtsprechung ihrer Regierenden entzieht: In diesem Sinn schützt die Aktion der katholischen Missionare die Christen des Ortes vor den Sanktionen des Gesetzes und stimuliert damit jene, die sich außerhalb des Gesetzes bewegen, der katholischen Kirche beizutreten, die daraus große Vorteile zieht (Esherick, 1987: 83).

Am 31. Dezember 1897 beobachtete Colonel Browne, Militärattaché der britischen Botschaft in Peking, dass »in diesem Land, wo doch der Fremde nichts gilt, der Einheimische, der dem Glauben der Fremden folgt, oft Macht und Einfluss gewinnt, die er anders nicht bekommen könnte« (Purcell, 1963: 124).

Ähnlich funktionierten die Ausländergemeinden, seien es Christen oder Juden, in der islamischen Welt als Staaten im Staat und genossen von der Militärmacht des Westens eingerichtete Exterritorialität (Lewis, 1993: 48). Es gab ein Protektorat, das das zaristische Russland ermächtigte, sich als Beschützer nicht nur der Christen, sondern auch der Juden zu gerieren, die es zuhause heftig unterdrückte (Lewis, 1984: 161).

Besonders bezeichnend ist, was 1900 geschah. Die *Times* beschrieb das Verhalten der christlichen chinesischen Gemeinde anlässlich der blutigen westlichen Unterdrückung des »Boxeraufstands« folgendermaßen:

> Das Ende der Belagerung war gekennzeichnet durch ein Massaker an einer großen Anzahl von Chinesen, die in einer Sackgasse umzingelt und bis zum letzten Mann getötet worden waren, während die zum Christentum konvertierten Chinesen sich mit den französischen Soldaten der Befreiungsmacht, die ihnen Bajonette gaben, vereinigten und sich einer Vendetta-Stimmung hingaben (in: Hobson, 1974: 259, Fn).

In China waren die Christen eindeutig von der »Dissidenz« gegenüber der in Peking herrschenden Macht zur »Kollaboration« an der Seite und im Dienst der Kolonialmächte übergegangen.

Und heute? In welchem Verhältnis stehen die »Dissidenten« zu dem Land, in dem sie leben oder aus dem sie stammen? Nehmen wir einige Beispiele, beginnend mit Russland. Es ist Januar 1996: Erschrocken über den von den Kommunisten erreichten Wahlerfolg, fühlte Präsident Jelzin sich genötigt, einige der fanatischsten »Reformer« zu schassen, die mit der wilden Privatisierung der Wirtschaft das Desaster verursacht hatten; die »Reformer« (oder genauer die fanatischen Neoliberalen) reagierten sofort mit einem Appell an den IWF und die USA, dass sie Moskau den bereits genehmigten Kredit über 9 Milliarden Dollar verweigern sollten (Dobbs, 1996). Es waren die schlimmsten Jahre des postsowjetischen Russland, das an einer »Abnahme der durchschnittlichen Lebenserwartung« litt und an einem »Genozid an den Alten« (Duverger, 1993). Doch um all das scherten sich die vom Westen und seinem Führungsland verhätschelten »Dissidenten« nicht.

Analog unterstützten und förderten gleichzeitig chinesische »Dissidenten« eine Politik, die in der *International Herald Tribune* so beschrieben wurde: Jedes Jahr »ziehen die amerikanischen Leader eine der schwersten, ostentativ auf China zielenden Waffen aus ihrem Wirtschaftsarsenal und diskutieren dann hitzig darüber, ob der Abzug betätigt werden soll oder nicht«. Die verhinderte Erneuerung der Meistbegünstigungsklausel (die trotz des feierlich klingenden Namens in Wirklichkeit normalen ökonomischen Austausch bestätigt) für eine Nation würde »mit Ausnahme der beiden Weltkriege in Dollar ausgedrückt die größte wirtschaftliche Sanktion in der Geschichte der USA« darstellen; es wäre »das wirtschaftliche Äquivalent eines Atomangriffs« (Dale, 1996). Das war auch die Meinung eines berühmten US-Politologen, Edward Luttwak (1999: 151): »Mit einer Metapher könnte man behaupten, dass die Blockierung chinesischer Importe die Atomwaffe ist, die Amerika auf China gerichtet hält«. Man muss zugeben, dass solch zerstörerische Attacken gegen die eigenen Landsleute anzudrohen oder zu verlangen eine ziemlich merkwürdige Art ist, deren Menschenrechte zu fördern. Zumindest was die internationalen Beziehungen angeht, sind es bestimmt nicht die »Dissidenten«, die die demokratischen Rechte formulieren; sie stellen vielmehr Theorien über das Recht des Stärkeren auf. Die Reinheit ihres Bekenntnisses zum demokratischen Glauben sollte daran gemessen werden, dass man sich fragt, welche Position sie beziehen gegenüber den Stürmen von Feuer und Blut und den Embargos, mit denen die Völker bestraft und dezimiert werden, die Washington gegenüber dissident sind.

Schließlich, der Iran zwischen Oktober und Dezember 2012: Es waren – berichtete eine seriöse französische Zeitung – Manöver und Druck (*lobbying*) »von Israel, den Vereinigten Staaten und der iranischen Opposition« (Stroobants, 2012), die dem geplanten Besuch von europäischen Abgeordneten in Teheran entgegenwirkten, der dann tatsächlich abgesagt wurde. Die sogenannten Dissidenten nahmen also aktiv zusammen mit erklärten Feinden des Iran an einer Aktion teil, die darauf abzielte, das Land, in dem sie lebten und operierten, zu isolieren und zu strangulieren, indem sie es selbst angesichts eines zu erwartenden Militärangriffs schwächten, wozu bereit zu sein Tel Aviv und Washington offen gestanden: War all das nur ein Akt der durch ein autoritäres und totalitäres Regime unterdrückten Meinungsäußerung? Doch das ist noch nicht alles. Lesen wir eine weitere Notiz, dieses Mal aus einer italienischen Zeitung, die auch nicht im Verdacht antiwestlicher Gefühle steht. Ein neues Virus attackierte den Iran. Wer war dafür verantwortlich? Die Blicke waren auf Israel und die USA gerichtet; doch vielleicht ging es um »eine ›interne Arbeit‹«, d. h. »eine Aktion, die durch mit der Opposition verbundene Saboteure oder durch jemand ins Werk gesetzt wurde, der bei den staatlichen iranischen Strukturen beschäftigt ist«. Es wurde also eine Hypothese über die Beteiligung von »Dissidenten« formuliert, während im Land »Sabotageakte, Explosionen in Militärstützpunkten, Morde an Wissenschaftlern« stattfanden (Olimpio, 2012). An diesem Punkt ist ein Vergleich nötig. Verdächtige Islamisten, potentielle Protagonisten oder Komplizen eines terroristischen Attentats in den Vereinigten Staaten, Israel oder den von Israel besetzten Gebieten werden systematisch durch außergerichtliche Exekutionen eliminiert; man schreit nur auf, wenn weit begrenztere Maßnahmen ergriffen werden gegen jene, die zumindest auf politischer Ebene mit den Großmächten kooperieren, die für den Ausbruch des *cyberwar* gegen den Iran und die Ermordung seiner Atomwissenschaftler verantwortlich sind; gegen jene also, die bereits eine aktive Rolle beim Erlass eines verheerenden Embargos spielen und als verdächtig betrachtet werden können, bereit zu sein, auf politischer Ebene oder mit Geheimdienstoperationen weiträumige Bombardierungen, die sich am Horizont abzeichnen, zu unterstützen. Man muss anerkennen, dass die Politiker in Teheran sich beim Kampf gegen ihre Feinde oder potentiellen Feinde gemäßigter erweisen als die von Tel Aviv oder Washington. Zumal nur die ersteren das Risiko tragen, barbarisch gefoltert und getötet zu werden wie Gaddafi oder nach einem einseitigen, wenn nicht gar einer Farce gleichenden

Prozess vor dem Internationalen Strafgerichtshof ihre Tage in einem Gefängnis in Den Haag zu beschließen; während diejenigen Immunität genießen, die sich im Westen schuldig oder mitschuldig machen an einer unaufhörlichen Folge von außergerichtlichen Exekutionen mit dem dazu gehörigen Berg an Kollateralschäden und -opfern, von Bombardements und nicht vom UN-Sicherheitsrat autorisierten Kriegen.

Auch über die Unabhängigkeit derartiger »Dissidenten« darf man seine Zweifel haben. Die Kommunistische Internationale, die Komintern, ist schon eine Zeit lang tot und die Folgeorganisationen sind auch verschwunden. Geblieben ist die von den USA gesteuerte »Internationale«, die im Namen der »Menschenrechte« den Anspruch erhebt, in die inneren Angelegenheiten sämtlicher Länder einzugreifen, wo auch immer sie ihre mutige »Sektion« auf die Beine gestellt bekommt. In Wirklichkeit gilt es, um das gegenwärtige internationale Panorama zu verstehen, mehr als auf die Komintern auf die Kolonialtradition zu verweisen. Sind die heutigen »Dissidenten« besser als die konvertierten (dank der Arbeit von Missionaren, von den kolonialen Großmächten ihrer Zeit in die unterworfenen oder zu unterwerfenden Länder geschickt) und mit skandalösen Privilegien überhäuften Christen? Das ist eine Frage, die von der westlichen Linken in der Regel ignoriert wird.

VII. Neokoloniale Konterrevolution und antichinesischer »pivot«

1. Die USA und China

Weil die internationale Lage und der lange Kampf zwischen Kolonialismus und Antikolonialismus an einem Wendepunkt angekommen sind, ist es umso wichtiger und dringlicher, über die Geschichte des alten wie des neuen Kolonialismus nachzudenken. Mit dem Libyenkrieg und dem sich im Nahen Osten abzeichnenden »neuen Sykes-Picot« sind wir Zeugen der Entstehung einer neuen Arbeitsteilung im Rahmen des Imperialismus, natürlich unter der Regie Washingtons, aber nicht ohne innere Widersprüche. Die traditionellen kolonialen Großmächte wie England und Frankreich konzentrieren sich auf den Nahen Osten und auf Afrika, während Deutschland, wie sein Engagement anlässlich zuerst der jugoslawischen, dann der ukrainischen Krise zeigt, seine Aufmerksamkeit auf den Balkan und Osteuropa konzentriert und dort Aktivität entfaltet; die USA können so ihren Militärapparat immer mehr nach Asien verlagern, um mit diesem »pivot« die Volksrepublik China ins Visier zu nehmen.

Kehren wir also zu dem Land zurück, das aus der antikolonialen Revolution hervorgegangen ist, die man als die größte der Geschichte bezeichnen kann. Es geht nicht nur darum, dass diese im bevölkerungsreichsten Land der Welt stattgefunden hat: Die seit den Opiumkriegen erlittene Tragödie hatte ein Volk zum Opfer, das, nachdem es über Jahrhunderte, ja Jahrtausende einen ersten Rang im Rahmen der

Weltzivilisation innehatte, in kürzester Zeit eine beispiellose Katastrophe und einen rapiden und radikalen Prozess der Entmenschlichung erlebte. Das »Jahrhundert der Demütigungen« oder des »gekreuzigten China« fiel mit einer Periode zusammen, in der die Arroganz und die Barbarei des Kolonialismus und des Imperialismus ihren Gipfel erreicht hatten; die chinesische Volksrepublik wurde aus dem Widerstand zunächst gegen den japanischen Imperialismus (der dem Hitlerschen nacheiferte), dann gegen den US-amerikanischen gegründet.

Die Volksrepublik China ist das Land, wo die Geschichte der kommunistischen und der antikolonialistischen Bewegung in eins zusammenfallen. Auf der Woge der Oktoberrevolution hatte Lenin gehofft, dass der Hauptinhalt oder der alleinige Inhalt des beginnenden 20. Jahrhunderts der Kampf zwischen Kapitalismus auf der einen und Sozialismus/Kommunismus auf der anderen Seite sein werde: Die koloniale Welt war inzwischen vollkommen von den kapitalistischen Mächten besetzt und jede neue Aufteilung, die die besiegten oder »benachteiligten« Mächte initiiert hätten, hätte einen neuen Weltkrieg bedeutet und einen weiteren Schritt zur endgültigen Zerstörung des kapitalistischen Systems: Die Eroberung der neuen sozialistischen Ordnung stand unmittelbar auf der Tagesordnung! Doch Hitler machte einen unerwarteten Zug: Er machte in Osteuropa den noch freien Kolonialraum aus, der dem Deutschen Reich zur Verfügung stünde; und auf ähnliche Art spielten sich, wie wir wissen, das Reich der aufgehenden Sonne und das faschistische Italien auf. Und so brach der Kampf zwischen Kolonialismus und Antikolonialismus (betrieben und oft geleitet von der kommunistischen Bewegung) in Ländern mit alter oder sehr alter Zivilisation und in Europa selbst aus. Es war Mao, der für diese unerwartete Situation die effektivste Zusammenfassung lieferte, indem er »die Identität von nationalem und Klassenkampf« in bestimmten Momenten hervorhob (Losurdo, 2016, 6.7).

Der Sieg der antikolonialen Weltrevolution bedeutet nicht das Verschwinden der kolonialen Frage: Die neuen unabhängigen Länder müssen den wirtschaftlichen und technologischen Abstand gegenüber den weiterentwickelten kapitalistischen Ländern (und früheren Kolonialmächten) aufholen, wenn sie vermeiden wollen, dass die errungene politische Unabhängigkeit zu etwas rein Formalem wird. Der das Wissen um die Notwendigkeit dieser neuen Etappe am klarsten ausgedrückt hat, war ein anderer führender chinesischer Politiker, nämlich Deng Xiaoping.

Die zentrale Bedeutung des Kampfes zwischen Kolonialismus und Antikolonialismus im 20. und heute am Anfang des 21. Jahrhunderts zu betonen, bedeutet nicht, den antikapitalistischen Kampf zu ignorieren. Es geht umgekehrt darum, den zweiten vom ersten her zu verstehen. Mao wie Deng schätzten die Losung, »nur der Sozialismus kann China retten«: Plan und Gestaltung der neuen postkapitalistischen Ordnung in dem großen asiatischen Land nahmen ihren Anfang im Kampf gegen die koloniale Unterwerfung; analog wurde in Lateinamerika der »Sozialismus des 21. Jahrhunderts« auf der Welle des Kampfes gegen die Monroe-Doktrin und für die nationale Unabhängigkeit erdacht und verbreitet. Doch es bleibt dabei, dass die Volksrepublik China mehr als jedes andere Land auf komprimierte Art und Weise für die Geschichte der antikolonialen Revolution, der kommunistischen Bewegung und der Verknüpfungen beider steht.

Wir haben gesehen, wie Brzezinski die wesentliche Rolle unterstrichen hat, die der »Volkskrieg« (der in Mao seinen ersten großen Interpreten hatte) im Lauf der antikolonialen Revolution gespielt hat. Aber nicht weniger wichtig ist die Lehre, die zunächst Mao Zedong und dann in ausgearbeiteter Form Deng Xiaoping den jungen unabhängigen Ländern erteilt haben, die antikoloniale Revolution müsse von einer vorwiegend militärischen Phase zu einer primär ökonomischen fortschreiten. Nicht zufällig inspirieren die in China realisierten Reformen Vietnam und in jüngerer Zeit auch Kuba und, mit gewissen Unterschieden, eine wachsende Zahl von Ländern der Dritten Welt, die Schluss machen wollen mit dem neoliberalen »Washington Consensus« und stattdessen den »Beijing Consensus« in Betracht ziehen.

Während das Land, das die Zielscheibe dafür ist, aus der größten antikolonialen Revolution der Geschichte hervorgegangen ist, ist das Land, das den »pivot« betreibt, dasjenige, dem es mehr als jedem anderen gelungen ist, seinem kolonialen und neokolonialen Expansionismus einen Anschein von Antikolonialismus zu verleihen. Das gilt schon für die Gründung der USA, die nicht aus einer antikolonialen Revolution entstanden sind, wie man häufig liest, sondern vielmehr aus einer kolonialen Konterrevolution. Meine Behauptung mag als eine unnötig polemische und provozierende Feststellung erscheinen, doch sie stimmt mit der Schlussfolgerung überein, die in den USA von Wissenschaftlern vertreten wird, die, seien sie auch konservativ, doch vorurteilsfrei genug sind, der Realität ins Auge zu blicken:

> Die amerikanische Revolution war keine soziale wie die französische, russische, chinesische, mexikanische oder kubanische, sie war ein Unabhängigkeitskrieg. Und es handelt sich nicht um einen von Ureinwohnern gegen fremde Eroberer geführten Unabhängigkeitskrieg (wie im Fall der Indonesier im Kampf gegen die Holländer und der Vietnamesen und Algerier gegen die Franzosen), sondern um den Kampf von Siedlern gegen ihr Herkunftsland. Wenn man es mit einem jüngeren Beispiel vergleichen will, muss man Bezug nehmen auf die Revolte der (französischen) Pieds-Noirs Algeriens gegen die [französische] Republik oder das Verhalten der rhodesischen Siedler gegenüber dem Vereinigten Königreich (Huntington, 1968: 134).

Niemand würde bei Revolten von Kolonisten gegen ihr Mutterland, das für schuldig befunden wird, Konzessionen an die antikoloniale Revolution zu machen, von Revolution sprechen. In Nordamerika waren am Ende des 18. Jahrhunderts Kolonisten, die das von der Regierung in London erlassene Verbot einer Expansion über die Appalachen hinaus schwer ertrugen, die Protagonisten der Revolte.

Anfang des 20. Jahrhunderts bestätigte Theodore Roosevelt (1901: 246f) diese Ansicht:

> Der Hauptfaktor, der zur Revolution und später zum Krieg von 1812 führte, war die Unfähigkeit des Mutterlandes zu verstehen, dass die freien Männer, die sich an die Eroberung des Kontinents machten, bei diesem Tun hätten unterstützt werden müssen […]. Die Expansion der harten, verwegenen Männer von der Grenze war für die Staatsmänner in London eher Grund für Angst als Stolz, und der berühmte Quebec Act von 1774 war teilweise mit dem Ziel konstruiert, die Kolonien englischer Sprache permanent auf den Osten der Alleghany-Berge zu beschränken und die mächtige und schöne Ohio-Ebene den Wilden als Jagdgrund zu erhalten.

In der richtigen historischen Perspektive betrachtet ist der Unabhängigkeitskrieg gegen Großbritannien einer, möglicherweise der wichtigste, der wiederholten Aufstände, mittels derer die Kolonisten versuchten, sich der, sei es von der Zentralmacht, sei es von der Kirche, ausgeübten Kontrolle zu entziehen, um zu einer Art Endlösung der Frage zu kommen, die die Eingeborenen darstellten: Nicht zufällig beginnt gerade die tragischste Periode der Geschichte der Indianer Amerikas mit der Gründung der USA.

Zum gleichen Ergebnis kommen wir, wenn wir uns auf die »Schwarzen-Frage« konzentrieren: In der nordamerikanischen Republik wurde die Sklaverei drei Jahrzehnte später als in den Kolonien des Landes abgeschafft, gegen das sie sich erhoben hatte, den Kolonialismus Großbritanniens also. Durch eine der Paradoxien jedoch, an denen die Geschichte reich ist, inspirierte diese Rebellion schließlich die Französische Revolution, die in Santo Domingo in die von Toussaint Louverture angeführte Revolution der schwarzen Sklaven mündete. Jedenfalls erwiesen sich die Vereinigten Staaten zusammen mit Napoleons Frankreich als die erbittertsten Feinde des Landes, das aus dieser Revolution hervorging, des ersten Landes der Neuen Welt, das sich die Institution der Sklaverei vom Hals geschafft hatte. Noch signifikanter ist die Tatsache, dass die USA Mitte des 19. Jahrhunderts als Sieger im Mexiko geraubten Texas die Sklaverei wieder einführten, die dort zuvor auf der Woge der antispanischen Revolution abgeschafft worden war.

Für die Monroe-Doktrin kann man eine zur soeben bezüglich der Gründung der USA entwickelten analoge Überlegung anstellen: Dem Anschein nach hatte diese Doktrin nur das Ziel, die westliche Hemisphäre vor dem europäischen kolonialen Expansionismus zu schützen; tatsächlich stand sie für die Eröffnung eines neuen Kapitels der Geschichte des Kolonialismus, des Kolonialismus, der von der nordamerikanischen Republik ausging und auferlegt wurde.

Springen wir nun einige Jahrzehnte weiter nach vorn. Was allgemein der spanisch-amerikanische Krieg genannt wird, ist möglicherweise in erster Linie eine weitere koloniale (oder neokoloniale) Konterrevolution. In Kuba, das damit gezwungen wurde, das Platt

Amendment und das Protektorat Washingtons zu ertragen, erstickt die Intervention der USA die Unabhängigkeitsbewegung. Etwas Schlimmeres passierte in der spanischen Kolonie Philippinen: Über die von Aguinaldo angeführte Revolution brach eine Repression von seltener Grausamkeit herein (die in manchen Orten die Exekution aller männlichen Einwohner über zehn Jahren vollzog) (Losurdo, 2007, 7.5). Auf dem Höhepunkt dieser Ereignisse dachte Theodore Roosevelt über die »internationale Polizeigewalt« nach, nach der die wirklich zivilisierten Länder aufgefordert seien, selbige über Barbaren und Halbbarbaren (zu denen auch Kuba und die Philippinen zu zählen seien) auszuüben.

Was das Kernland der USA angeht, folgte auf die (mit Jahrzehnten Verspätung gegenüber den englischen Kolonien und dem größten Teil Lateinamerikas vollzogene) Abschaffung der Sklaverei am Ende des Sezessionskriegs die Einrichtung eines Regimes terroristischer *white supremacy*, die später nicht zufällig ein Modell für das Dritte Reich wurde, dazu gedacht, die Kolonialtradition wieder aufzunehmen, zu radikalisieren und einen Rassenstaat zu errichten.

Nach der Niederlage von Hitler-Deutschland wurden die Vereinigten Staaten zweifellos zum Hauptfeind der antikolonialen Revolution: Kuba und zahlreiche Länder Lateinamerikas können ein Lied davon singen; auch Vietnam, selbst Palästina, dessen Bewohner auch wegen der grundsätzlichen Komplizenschaft Washingtons mit Tel Aviv einem Prozess ununterbrochener Enteignung und Kolonisierung unterliegen.

Schließlich hat auch China seine Erfahrungen damit: Seit ihm verboten worden ist, den Prozess der nationalen Vereinigung und der Wiedererlangung der territorialen Integrität zu Ende zu führen, blieb es lange diplomatisch isoliert und ökonomisch stranguliert und ist heute Zielscheibe des von einem erschreckenden Militärapparat inszenierten »pivot«. Zur Zeit des Endes der ersten Etappe der antikolonialen Revolution des großen asiatischen Landes entwickelte sich in den USA eine laute und verräterische Debatte: »Who lost China?« Die doch offenbar unbesiegbare Supermacht hatte sich ein Land von enormer strategischer Wichtigkeit und potentiell riesigem Markt wegschnappen lassen: Wer war dafür verantwortlich? Bei der Verabschiedung der Deng-Reformen am Anfang der zweiten Etappe der antikolonialen Revolution keimten in den Vereinigten Staaten wieder die Hoffnungen auf eine Rückeroberung des dreißig Jahre zuvor »verlorenen« Landes auf:

> Einige Analysten sagten voraus, dass die ökonomischen Sonderzonen eine Art amerikanische Kolonie in Ostasien werden könnten [...]. Die Amerikaner glaubten, dass China zu einer gigantischen ökonomischen Filiale der Vereinigten Staaten würde (Ferguson, 2008: 585f).

Doch auch in diesem Fall kam die Desillusionierung schnell. Wie auf den ersten »Verlust« des großen asiatischen Landes die Politik der »Eindämmung« und scharfen diplomatischen und ökonomischen Drucks folgte, folgte auf den zweiten »Verlust« der »pivot«.

2. Ein Land zu groß, es nicht zerstückeln zu wollen

Der »pivot« wird im Westen oft als Antwort auf die aus Peking kommende »Gefahr« präsentiert. Zweifellos sind der Aufstieg oder genauer: die Rückkehr Chinas nach dem Ende des »Jahrhunderts der Erniedrigungen« und die starke industrielle und technologische Entwicklung des großen asiatischen Landes dabei, den internationalen Rahmen radikal zu verändern. Im März 1949 konnte der US-General MacArthur erfreut feststellen: »Nun ist der Pazifik ein angelsächsischer See geworden« (in: Kissinger, 2011: 125). Beim damals bestehenden Kräfteverhältnis hatten die USA noch einige Hoffnung, mit ihrer Intervention den Aufstieg der Kommunistischen Partei und Mao Zedongs zur Macht zu verhindern; doch die Hoffnung wurde schnell enttäuscht und in Washington begann unter wütendem Streit die Jagd nach dem für den »Verlust« des großen asiatischen Landes Verantwortlichen.

Der Pazifik war kein »angelsächsischer See« mehr, doch noch am Ende des Kalten Krieges verletzten die Vereinigten Staaten, wie wir wissen, ungestört den chinesischen Luft- und Seeraum (vgl. oben, V.8). Es waren die Jahre, in denen die einzig verbliebene Supermacht versuchte, ihre bereits klare militärische Überlegenheit mittels der *Revolution in Military Affairs* zu festigen und dauerhaft und unüberwindlich zu machen. Diese erlebte ihre triumphale Feuertaufe im Lauf des ersten Golfkriegs; obwohl gerüstet, erlitt der Irak Saddam Husseins eine schnelle und irreparable Niederlage. Vor allem in den Ländern, die erst vor kurzem das Joch des Kolonialismus abgeschüttelt hatten, schrillten die Alarmglocken.

In Peking äußerte Jiang Zemin im Juni 1991 die Sorge (2010: 134, 136 u. 591): »Wenn auch kein Weltkrieg droht, ist die Welt weit entfernt davon, befriedet zu sein«; »besonders besorgniserregend ist der Golfkrieg«. »Die Rolle der Militärtechnologie ist zu einer wichtigen Frage geworden«: Soweit es China betrifft, ist »die Kluft« in bestimmten Bereichen des Militärarsenals »dabei, sich zu vertiefen«. Diese Feststellung wurde fünf Jahre später präziser wiederholt: »Anwendung neuer und ausgefeilter Technologien auf hohem Niveau verändert die Welt zur Zeit grundlegend nicht nur auf sozialer und ökonomischer Ebene, sondern auch auf militärischer, und ist dabei, revolutionäre Veränderungen im militärischen Bereich einzuführen«; das verpasste Rendezvous mit der ersten industriellen, technologischen und militärischen Revolution hatte den Beginn des »Jahrhunderts der Erniedrigungen« markiert; das verpasste Rendezvous mit der laufenden industriellen, technologischen und militärischen Revolution könnte eine Wiederholung der Tragödie auf womöglich höherem Niveau mit sich bringen. In diesem Rahmen sind die Anstrengungen zu sehen, die China in den letzten Jahren aufbietet, um seinen Rückstand auf militärischer Ebene zu verringern.

Hat die »chinesische Gefahr«, bis vor kurzem noch ein Thema der Politsatire, in unseren Tagen unerwartet konkrete Gestalt angenommen? Geben wir das Wort einem US-amerikanischen Wissenschaftler chinesischer Abstammung, Autor eines von einer gewissermaßen offiziösen Institution des Führungslandes des Westens (Strategic Studies Institute, U.S. Army War College) veröffentlichten Buchs. In dieser Studie ist zu lesen, dass nach einigen Analytikern die chinesischen Raketen »die US-Marine zwingen könnten, weiter weg von der (chinesischen) Küste zu operieren, zumindest am Anfang eines Konflikts«

(Lai, 2011: 217). Wenn die Dinge so stehen, versteht man, dass Washington der Tatsache nachtrauert, dass der Pazifik (in seinem westlichen Teil) kein »angelsächsischer See« mehr ist, also »kein Privatsee« (Dyer, 2014: 2), bzw. dass es nicht mehr so leicht ist, das Terrain des großen asiatischen Landes zu Land, Luft und Wasser zu verletzen; und doch schiene es gewagt, von »China Threat«, von »Gelber Gefahr« zu sprechen! Zurzeit »operiert« die US-Kriegsmarine mit ihrer ungeheuren Überlegenheit »wenige Meilen entfernt von vielen der wichtigsten chinesischen Städte« (ebd.: 1). Wenn das gleichzusetzen ist mit »chinesischer Bedrohung«, wie wäre dann die umgekehrte Situation zu nennen, der Fall, dass eine überlegene chinesische Kriegsmarine dabei wäre, aus wenigen Meilen Distanz San Francisco und New York zu kontrollieren und zu bedrohen? In Wirklichkeit unterstreicht der Autor des uns bereits bekannten Artikels in *Foreign Affairs*, erfreut über die von den USA vermutlich erreichte Fähigkeit zu einem atomaren Erstschlag, »den harten Weg der Modernisierung der chinesischen Atomstreitkräfte«: dass nämlich »die Möglichkeiten, dass Peking im nächsten Jahrzehnt eine zum Überleben fähige nukleare Abschreckung erreicht, gering sind [...]. Die USA haben heute gegen China die Kapazität des Erstschlags und werden sie ein Jahrzehnt und darüber hinaus behalten« (Lieber/Press, 2006: 43 u. 49f).

Wie kann man dann die Konflikte um einige im Ostchinesischen und im Südchinesischen Meer liegende Inseln erklären? Schauen wir noch einmal in die vom Strategic Studies Institute publizierte Studie:

> Seit langem gibt es in China Fischer, die in diesen Gewässern fischen, wie auch offizielle Ansprüche auf diese Inseln. Vermutlich gaben ihnen die Chinesen als erste einen Namen, nutzten sie als Referenzpunkte für die Navigation und versuchten, sie als chinesische Territorien zu definieren, indem sie sie unter die Rechtsprechung der südlichen Küstenprovinzen Chinas stellten und als solche in Karten verzeichneten. Über Jahrhunderte haben es die Chinesen für selbstverständlich gehalten, dass dieser historische Anspruch (*historical reach*) Grundlage für ihren Besitz dieser Inseln und der sie umgebenden Gewässer sei (Lai, 2011: 127).

Dann kam der Niedergang Chinas und der koloniale Expansionismus: »In den 30er-Jahren nahmen die Franzosen Besitz von den Paracelsus-Inseln [chin. Xisha] und Spratly [chin. Nansha], um die Größe ihres Kolonialprotektorats auszudehnen«, während »im Zweiten Weltkrieg Japan die Kontrolle über alle Inseln des Südchinesischen Meeres bekam« (ebd.: 128). Mit der Erklärung von Kairo (1943) und dem Potsdamer Abkommen (1945) verpflichtete sich Japan, alle Territorien, die es »geraubt hatte«, zurückzugeben. Doch nach dem Ausbruch des Kalten Kriegs wurden zur Friedenskonferenz von San Francisco weder die chinesische Volksrepublik noch die Republik China (Taiwan) eingeladen; Japan konnte so als Verbündeter der USA die Senkaku-Inseln (für die Chinesen Diaoyu) behalten. Sie hätten zurückgegeben werden müssen, aber unter den neuen Umständen waren sie sehr nützlich als Waffe gegen den Feind, der aus einer großen antikolonialen Revolution hervorgegangen war und in Asien eine weitere Welle antikolonialer Revolutionen auslöste. Der Premierminister Zhou Enlai, der am Vorabend der Konferenz die USA beschuldigte, »China seines Rechts auf Wiedererlangung seiner verlorenen Territorien zu berauben« und »im westlichen Pazifik einen Vertrag für den Krieg, nicht für den Frieden auszuarbeiten« (ebd.: 129), bewies Weitsicht.

Festzuhalten ist, dass die Volksrepublik China gegenüber den umstrittenen Inseln keine andere Position einnimmt als die Republik China (Taiwan). Fast scheint es, dass letztere mehr Standhaftigkeit gezeigt hat, jedenfalls nach der mehrfach zitierten US-amerikanischen Quelle zu urteilen:

> 1946 schickte die Republik China [die Republik, bevor die Kommunisten an die Macht kamen] Kriegsschiffe, um die Paracelsus- und Spratly-Inseln »zurückzuerlangen«. In einer Welt, die mehr die tatsächliche Kontrolle als historische Forderungen betonte, hätte China seine Truppen dort lassen können, um die reale Kontrolle über diese Territorien auszuüben und den sicheren und unbestreitbaren Besitz dieser Inseln zu bekräftigen. Dieses Versäumnis und die Jahrzehnte lange Vernachlässigung der Inseln im Südchinesischen Meer haben die chinesischen Führer [in erster Linie die der Volksrepublik] sich selbst vorzuwerfen [...]. Die chinesischen Führer [der Volksrepublik] vergeu-

deten all ihre Zeit und Energie damit, die Chinesen gegeneinander mit »permanenten Revolutionen und Klassenkämpfen« zu beschäftigen, während sie die umstrittenen Territorien im offenen Meer unbewacht ließen (ebd.: 130).

Als besonders heikel erweist sich der Konflikt zwischen China und Japan, doch letzteres hat ihn provoziert. Allmählich taucht die Wahrheit selbst in den Analysen westlicher Journalisten und Wissenschaftler auf: Der von Peking vorgetragene Anspruch auf die »Diaoyu-Inseln« (oder Senkaku) ist »berechtigt«; und es geht um eine Forderung, die von der gesamten chinesischen Nation vorgetragen wird, die deshalb oft ihren Regierenden vorwirft, eine »zu konziliante und weiche« Haltung zu zeigen (Kristof, 2013). Trotzdem – unterstreicht ein britischer Soziologe – gebe China sich damit zufrieden, die Zugehörigkeit dieser Inseln als »umstritten« zu bezeichnen und die Lösung des Problems späteren Generationen zu überlassen. Das ist ein Vorschlag, der zu seiner Zeit von Zhou Enlai vorgelegt und zunächst von Japan akzeptiert wurde, welches ihn heute aber strikt zurückweist. Es ist »verrückt«, was da mit der Woge an Chauvinismus zutage tritt, die das Land der aufgehenden Sonne schüttelt (Dore, 2013). Es handelt sich um ein Land – muss man hinzufügen –, dem es nicht gelingt, mit seiner schrecklichen Vergangenheit abzurechnen. 1965, als die Aggression gegen Vietnam wütete, forderte der japanische Premierminister Eisaku Sato den US-Verteidigungsminister Robert McNamara auf, im Fall eines Krieges gegen China, das beschuldigt wurde, Vietnam zu helfen, auf die Atombombe zurückzugreifen (International Herald Tribune, 2008). Heute versteift sich die japanische Regierung, ermutigt und dreist geworden durch die USA und den von ihnen inszenierten antichinesischen »pivot«, in einer Verleugnung, die eine Beleidigung für die Erinnerung der Opfer darstellt, nichts Gutes für die Zukunft ahnen lässt und schließlich aufgrund ihrer Radikalität selbst Washington beunruhigt.

Jedenfalls erweist sich die Formel vom »China Threat« (der »Gelben Gefahr«) als komplett vorgeschoben: es ist eine totale Verdrehung der Wahrheit. Tatsache ist, dass wir den Kampf um die nationale Befreiung, der die Geburt der chinesischen Volksrepublik bewirkte, nicht als definitiv abgeschlossen betrachten können. Es geht nicht nur um

Taiwan. Eindringlich klingen Stimmen, die für das große asiatische Land ein Ende ähnlich dem der Sowjetunion oder Jugoslawiens einplanen oder erhoffen: »Eine neue Teilung Chinas ist der wahrscheinlichste Ausgang« – kündigte ein Bestseller an, der in eben diesem Jahr der »Implosion« des im Lauf des Kalten Kriegs geschlagenen Landes in New York erschienen ist (Friedman / Lebard, 1991).

Seither haben sich in den USA und ihren Partnerländern Stellungnahmen von Analysten, Strategen, Politikern und Regierungsmitgliedern vervielfacht, die die »Fragmentierung des chinesischen Kolosses« einplanen oder beschwören, seine Zerteilung in »sieben Chinas« oder »viele Taiwans«. Das Ideal wäre, zu einer »Desintegration von innen« (*disintegration from within*) zu kommen. Jedenfalls solle Washington »die zukünftige Zerschlagung Chinas kohärenter angehen«. Wir haben eine Kampagne vor uns, die an unterschiedlichen Fronten abläuft: Der Preis, den die *Los Angeles Times* einem Buch verlieh, das die Rückkehr Chinas zur Ming-Dynastie (die 1644 endete) beschwor, also ohne Tibet, Xinjiang, die Innere Mongolei und die Mandschurei, gibt zu denken. Wenn man entsprechend mit den USA verführe, wären diese kein unabhängiger Staat mehr und würden wieder eine Kolonie Großbritanniens! Doch offenbar hat der hier zitierte Autor nur die Volksrepublik China im Visier: zusammen mit Jahrhunderten an Geschichte soll ein ziemlich beträchtlicher Teil ihres heutigen Territoriums (fast die Hälfte) in Frage gestellt werden. Noch weiter geht ein anderes im Westen gelobtes Buch: Man müsse der Regierung in Peking auch bezüglich der »Erfindung einer einheitlichen Ethnie von Han-Chinesen« widersprechen; in Wirklichkeit bestehen in ihrem Inneren noch beachtliche Unterschiede, was selbst die Sprache angeht, und folglich… (Losurdo, 2015, 8.8).

Bisweilen verkleidet sich der Wunsch, sich eines potentiellen Gegners zu entledigen, gern als geschichtliche Vorhersage: »Einige Experten haben sogar die Wiederholung eines dieser historischen Zyklen prophezeit, bei denen man einer Aufteilung des Landes beiwohnte, die Chinas Träume von Größe dahinschwinden lassen würden« (Brzezinski, 1998: 218). Was auch immer wie formuliert wird, haben wir es mit einem Ziel zu tun, das unabhängig davon verfolgt wird, welche

Politik die Regierung in Peking national oder international betreibt: Im Jahr 1999, dem Jahr der Bombardierung der chinesischen Botschaft in Belgrad, erklärte ein höherer Vertreter der US-Administration, dass China schon allein wegen seiner »Größe« ein Problem darstelle oder eine potentielle Bedrohung (Richardson, 1999). Es erstaunt deshalb nicht, dass der chinesische »Dissident« Liao Yiwu beim Empfang des Friedenspreises des Deutschen Buchhandels eine Rede hielt, deren Botschaft bezüglich seines Landes lautete: »Dieses Reich muss auseinanderbrechen« (Köckritz, 2012). Wie man sieht, wird die allgemein verfolgte Zerschlagung Chinas als ein Beitrag zur Sache des Friedens betrachtet! Bleibt festzuhalten, dass das Land, dessen Zerstückelung man plant, beschwört oder erträumt, tatsächlich davon bedroht ist.

3. Die auswechselbaren Ziele des demokratischen Kreuzzugs

Gegen die Volksrepublik China ist eine Art demokratischer Kreuzzug lanciert worden, doch um das Stereotype daran zu begreifen, reicht es aus, eine heute weit zurückliegende historische Episode zu bedenken. Zwischen dem Ende der 80er- und dem Anfang der 90er-Jahre war es der wirtschaftliche Aufstieg Japans, der die USA zutiefst beunruhigte; sofort begannen sie, mit einer Kampagne, an der Politiker, Gewerkschafter, Politologen, Journalisten, Literaten und auch prominente Historiker beteiligt waren, das Konkurrenzpotential in den düstersten Farben zu malen.

Zur Verdeutlichung trug an erster Stelle ein sehr erfolgreicher Roman bei: Japan »ist keine westliche Industriemacht« (Crichton, 1992: 397). Es war ein Urteil wie eine Exkommunikation, das letztlich so motiviert war: Es ging um ein Land, das nicht im eigentlichen Sinn Teil der »freien Welt« war. Es war noch »feudalistisch«; man konnte das als »*wohltätigen ökonomisch-politischen Despotismus*« charakterisieren, der »*kollektive ökonomische Gemeinschaftsinteressen auf Kosten der individuellen Freiheit* vertrat, der Interessen der Konsumenten oder der freien Märkte« (Burstein, 1991: 16). Ja, verstieg sich ein berühmter US-Historiker, »die so hoch gelobte soziale Harmonie [...] ist dadurch erreicht worden, dass Konformismus und Respekt fast bis zu echter *Repression* getrieben wurden« (Kennedy, 1993: 188). Bei genauem Hinsehen durchzog der Kollektivismus jeglichen Aspekt des Alltagslebens der Japaner: »Es geht ihnen schlecht von morgens bis abends. Wie Sardinen in der U-Bahn, ständig für Großunternehmen im Einsatz. Sie können nicht sagen, was sie denken« (Crichton, 1992: 53). Oder: »Die Reise in der Stadtbahn ist ein Albtraum (man riskiert keinen Messerstich, jedoch den Erstickungstod) [...], ein freier Tag beim Golf bedeutet, stundenlang die gleiche Bewegung zu machen, angeleitet von einem Lautsprecher wie in einem *freundlichen Konzentrationslager* und zusammen mit 12.000 anderen« (in: Colombo, 1992).

Doch warum nur waren die USA in Schwierigkeiten? Sicher nicht durch die »Kreativität« Japans, »wo das gesamte Erziehungssystem auf dem Memorieren von Fakten basiert und auf der Verherrlichung der ›Kollektivität‹« (Kennedy, 1993: 188). Nein, die Erklärung war eine andere: Es ging um ein Land, das mit jedem erlaubten Mittel darauf zurückgriff, die Exporte zu fördern und die Importe zu reduzieren, und somit die Inkarnation des »*Merkantilismus*« darstellte (Burstein, 1991: 16). Und das war noch nicht alles: »Das ›*Unternehmen Japan*‹ hat auch *systematisch versucht, den Regeln internationaler kaufmännischer Korrektheit zu entkommen.* Über Jahrzehnte sind fremde, mit den japanischen konkurrierende Produkte vom Binnenmarkt verbannt worden«. Darüber hinaus hat das asiatische Land auch »ausländischen Rivalen Schaden zugefügt, indem es *im Ausland bestimmte Produkte unter dem Marktpreis ›verramschte‹* und den Preis im Gegensatz dazu auf dem eigenen gebührend geschützten Binnenmarkt hoch hielt«; um nicht von der systematischen »*Industriespionage*« zu sprechen, die von allen wichtigen japanischen Unternehmen betrieben wird, die eigens für solche illegalen Aktivitäten bestimmte Abteilungen eingerichtet haben (Kennedy, 1993: 189f u. 186). Für solch illegale Praktiken – klagten die Gewerkschaftsführer – bekämen die US-amerikanischen Arbeiter die Rechnung: Von den acht Millionen Arbeitslosen »haben mindestens drei Millionen *ihren Arbeitsplatz aufgrund, direkter oder indirekter*, absolut unfairer *Konkurrenz Japans verloren* (in: Piccione, 1991).

Repression, Autoritarismus, Totalitarismus, Kollektivismus, Staatswirtschaft, mangelnder Respekt vor dem Individuum und der individuellen Kreativität, *Dumping*, Merkantilismus, unfaire Konkurrenz, Diebstahl des Arbeitsplatzes anderer: Ich habe die zentralen Punkte einer Reihe von Anklagen kursiv hervorgehoben, die gestern Japan trafen und heute mit aktiver Teilnahme der damals Beschuldigten China ins Visier nehmen.

Das gilt auch für die anderen Hauptanklagepunkte, die ich ebenfalls kursiv deutlich machen werde. Japan – so tönte die gegen es gerichtete Kampagne – war schuldig, nicht nur seine Konkurrenten wie Feinde zu behandeln, sondern sogar die Natur: In den japanischen Städten »*sind Verkehr und Verschmutzung schreckliche Monster*« (Colombo, 1992). Die Verwaltung der Städte und die Regierung des Landes lagen in der Hand »von Lebewesen, die in ökonomischen Begriffen dachten«, und zwar ausschließlich in ökonomischen Begriffen, und das versprach nichts Gutes. Es zeichneten sich »ökologische Katastrophen ab infolge der von Japan veranstalteten Zerstörung der Ozeane und Wälder« und »großes Leid« für die ganze Welt (Elegant, 1991: 565).

Es war zu beachten, dass es eine in sich selbst eingeschlossene Gesellschaft war, die da die USA und den Westen herausforderte: »Der spezielle Anspruch seiner Kultur hindert Japan daran, anderen Völkern *universale Werte* anzubieten, wie es im Fall des antiken Athen geschah, im Fall Italiens der Renaissance oder auch der USA selbst, deren Beitrag zur Weltkultur allgemein anerkannt wird« (Kennedy, 1993: 189). Und wieder werden wir an die heutige Situation erinnert, wo auch Japan im Gefolge der USA dabei ist, China für den wahren Feind der »universalen Werte« zu halten.

Doch kommen wir zu der Zeit Ende der 80er-, Anfang der 90er-Jahre zurück. Wie scheinhaft und täuschend die Zivilisation auch war, die das Land der aufgehenden Sonne zu repräsentieren beanspruchte, umso erschreckend realer waren sein Marsch zur »weltweiten Vorherrschaft« und die Gefahr, die das für die echte Zivilisation bedeutete. Die USA und Europa mussten sich zusammenschließen und bereit stehen: »Ich sage es hier deutlich; ich bin mir nicht sicher, ob Japan gebremst werden kann ohne eine Katastrophe. Wenn jedenfalls die

Maßnahmen gegen Japan noch eine Erfolgsperspektive haben sollen, müssen sich die anderen Länder hier und jetzt in dieser heroischen Schlacht engagieren« (Elegant, 1991: 564f). Die Evokation des Krieges, auf dem der uns schon bekannte Bestsellerroman bestand, war unübersehbar, und mit sogar noch deutlicheren Worten: »Wir befinden uns definitiv im Krieg mit den Japanern«. Jene hätten gut daran getan, vorsichtiger zu sein: »Früher oder später werden die Amerikaner aufwachen« (Crichton, 1992: 149 u. 291).

Der Roman zögerte nicht, das Gespenst von Pearl Harbor und Hiroshima und Nagasaki zu beschwören. Der Autor ließ einen US-Senator sagen: »Wir sind mit Japan im Krieg [...]. Wissen Sie, einige meiner Kollegen sagen, dass wir früher oder später gezwungen sein werden, eine neue Bombe abzuwerfen. Sie denken, dass es soweit kommen wird [...]. Ich denke nicht so. Für gewöhnlich« (Crichton, 1992: 269). Die Grenze zwischen Romanfiktion und Wirklichkeit war fließend und ungesichert, wenn man bedenkt, dass, wie eine Korrespondenz aus den USA in jenen Jahren berichtete, ein besonders kriegsbegeisterter Senator, als er gegen die polemisierte, die in Japan den wirtschaftlichen Einbruch in den USA der Faulheit oder Schlamperei der amerikanischen Arbeiter zuschrieben, »ohne zu zögern und sich zu entschuldigen« zurückgab: »Wer weiß, ob die Japaner am Tag von Hiroshima die amerikanischen Arbeiter als faul und unfähig betrachten werden?« (Colombo, 1992).

Heute hat sich das Bild radikal geändert. Zwischen den 80er- und 90er-Jahren wurde das Land der aufgehenden Sonne kritisiert für seine »schleichend rassistische Stimmung«, die es primär gegenüber »Koreanern« und »Chinesen« bezeugte (Kennedy, 1993: 189). Diese Warnung hatte zumindest einen Grund: Das zeigen die Verschärfung der Weigerung Tokios, wirklich mit einer Vergangenheit im Zeichen eines teilweise barbarischen Kolonialismus abzurechnen, und das Beharren darauf, jenen Ehre zu erweisen, die sich mit entsetzlichen Verbrechen auf Kosten gerade von Chinesen und Koreanern befleckt hatten. Doch all das wird verleugnet. Nachdem es kein zu fürchtender Konkurrent der USA mehr war, wurde Japan nicht nur in den Club der authentischen Demokratien aufgenommen, sondern nimmt heute auch aktiv und in vorderster Reihe an der Kampagne gegen den neuen Feind teil, vertreten durch die chinesische Volksrepublik, das Land, das die Vitalität der antikolonialen Revolution verkörpert. Wenn sich das Ziel des demokratischen Feldzugs und die Zusammensetzung des Lagers, das ihn voran bringen soll, verändert haben, bleibt doch in jedem Fall die Kriegsideologie der westlichen Führungsmacht unverändert.

4.
Ein Angriff auf China von rechts und von links: Eine bewährte Strategie

Jede große Revolution wird aufgrund der verwickelten Verstrickung von Widersprüchen, aus denen sie entsteht, und des ambitionierten Projekts der Transformation, das sie verfolgt, irgendwann von sich widersprechenden Lagern in Frage gestellt, die jedoch eine Zeit lang gemeinsame Sache machen können. So geschah es mit der Französischen Revolution: Während er Robespierre »von links« bekämpfte, begrüßte Babeuf anfangs mit Wärme den Thermidor, der ihn später zum Tod verurteilen sollte. Aus dieser objektiven Dialektik wussten im 20. Jahrhundert die Großmächte Nutzen zu ziehen, wenn sie sich daranmachten, die aus einer großen Revolution hervorgegangenen Länder zu destabilisieren.

Während das Dritte Reich auf der einen Seite den von den Bolschewiki ausgelösten Aufstand gegen städtisches und ländliches Eigentum in apokalyptischen Tönen denunzierte, vertrat es auf der anderen ein entgegengesetztes Motiv. Im April 1938 notierte Joseph Goebbels in seinem Tagebuch: »Unser Geheimsender von Ostpreußen nach Russland erregt großes Aufsehen. Er arbeitet im Namen Trotzkis und macht Stalin zu schaffen« (in: Losurdo, 2012: 106). Unmittelbar nach Beginn des Unternehmens Barbarossa fährt der Chef der Propagandaabteilung Hitler-Deutschlands in einer Tagebucheintragung vom 14. Juli fort, nachdem er von dem zwischen der Sowjetunion und Großbritannien geschlossenen Vertrag und der beigefügten Erklärung der beiden Länder berichtet hat: »Das ist für uns eine willkommene Gelegenheit zum Beweis für die Verbrüderung zwischen Kapitalismus und Bolschewismus [hier das Synonym für die offizielle Sowjetmacht]. Diese Erklärung wird in den Kreisen der Leninisten in Russland [man bedenke, dass die Trotzkisten sich im Gegensatz zu den als Verrätern am Leninismus betrachteten »Stalinisten« gern als Bolschewisten-Leninisten bezeichneten] nur wenig Gefallen finden« (ebd.). Mit anderen Worten war die Sowjetunion gleichzeitig attackiert worden als brutale Umstürzlerin des bürgerlichen und kapitalistischen Eigentums und als tendenzielle Wiederherstellerin des Kapitalismus. Noch bezeichnender ist ein anderer Tagebucheintrag ebenfalls aus den ersten Kriegswochen: »Wir arbeiten nun mit 3 Geheimsendern nach Rußland. Tendenzen: Erster trotzkistisch, zweiter separatistisch und dritter nationalrussisch. Alle scharf gegen das Stalinregime« (ebd.). Konzentrieren wir uns auf die beiden letzten: Die Nazi-Propaganda wiegelte die Minderheiten gegen die russische Nationalität auf und letztere gegen die Minderheiten.

Nachdem die CIA die vom Dritten Reich geerbte Organisation Gehlen »beibehalten« hatte, ist es nicht überraschend, dass sie sich an dieselbe Strategie hielt. Mit besonderem Einsatz wurde »die nicht-kommunistische« oder allgemein sowjetfeindliche Linke finanziert; dies war somit »das theoretische Fundament der politischen Operationen« der US-Spionageagentur. In diesen Kontext ist die Finanzierung des Buches des Jugoslawen Milovan Djilas einzuordnen. Schon im Titel (*Die neue Klasse*) stellt es fest, dass das aus der Oktoberrevolution hervorgegangene Land, weit davon entfernt, zu einer klassen- und klassenprivilegienlosen Gesellschaft zu werden, von einer neuen und hassenswerteren Oligarchie beherrscht wurde (Saunders, 2004: 41, 60 u. 222). Auf der anderen Seite verausgabte man sich mit Attacken gegen das Regime, das die gesamte Wirtschaft kollektiviert hatte und keinen Respekt vor dem Privateigentum zeigte. Dieses Zangenmanöver war andererseits charakteristisch für eine ursprünglich gewiss interne, jedoch stark von außen unterstützte Diskussion: Der Samisdat, der die Macht pro-westlicher Positionen bezichtigte, war recht verbreitet; gleichzeitig »war das Land voller Samisdat, der die Regierung beschuldigte, die Hauptprinzipien des Marxismus-Leninismus zu verletzen« (Morozow, 2011: 45). Diese Duplizität zeigte sich noch deutlicher in einem anderen Rahmen: Unermüdlich wurden die nationalen Minderheiten aufgestachelt, bezeichnend aber ist, wie die Auflösung der Sowjetunion von Jelzin zu Ende gebracht wurde. Seine Trumpfkarte – zumindest da war er der Liebling des Westens – »war der russische Nationalismus oder, wie er stets lieber sagte, die Idee ›russischer Unabhängigkeit‹, ›russischer Souveränität‹, der Vorherrschaft über die Union: ›Russland über alles und zuerst‹«! »Der Zusammenstoß mit Gorbatschow wurde von ihm in einen Konflikt zwischen Russland und der Union umgewandelt« (Boffa, 1995: 300).

Es gibt keinen Grund, eine erprobte und erfolgreiche Strategie aufzugeben, und in der Tat wird sie mehr denn je gegen die Volksrepublik China eingesetzt. Wie viele Anschuldigungen finden sich allein in der nordamerikanischen und europäischen Presse über die Ausbeutung der Arbeiterklasse durch ein kommunistisches oder sich als solches bezeichnendes Regime? Doch ganz anders klingen die Vorwürfe, die der US-Fernsehjournalist Mike Wallace am 2. September 1986 Deng Xiaoping macht: »Die westlichen Investoren beklagen, dass China die Geschäfte erschwere: exorbitante Büromieten, zu viel Streitereien um Verträge, zu viel spezielle Abgaben; auch die Arbeit ist sehr teuer« (in: Deng Xiaoping, 1992-95, Bd. 3: 173). Ungefähr zwanzig Jahre später gibt es eine Replik, von der die *International Herald Tribune* berichtet: Die chinesische Regierung bereitet ein Gesetz »zum Schutz der Arbeiter« vor, zur Verhinderung oder Beschränkung unternehmerischen Missbrauchs und »zur Übertragung echter Macht an die Gewerkschaften«; ein Protest bricht aus, dessen Protagonisten die Großindustriellen sind, die »Amerikanische Handelskammer« und »amerikanische Abgeordnete« (Barboza, 2006). Solche Klagen wiederholen sich jedes Mal, wenn die politische Macht in Peking Gesetze zugunsten der Arbeiterklasse beschließt.

Es ist eine Doppelstrategie, die sich auf jeder Ebene finden lässt. Unermüdlich ist die Kampagne, die die Rückständigkeit der weiter vom Meer entfernten und deshalb geografisch benachteiligten (auch wenn dieser Rückstand in den letzten Jahren kleiner wird) Regionen beklagt; doch es mangelt trotzdem nicht an Appellen an die Küstenregionen, sich der Last, die die rückständigen Regionen darstellen, zu entledigen. Und diese Appelle kommen einem nicht erstaunlich vor, wenn man sich bewusst macht, dass die USA den Sozialstaat immer misstrauisch oder feindselig betrachtet haben und dass der Sozialstaat in China eine Ausdrucksform findet auch in der Unterstützung, die die besser entwickelten Regionen, besonders die Küsten, den anderen zu leisten gehalten sind.

Doch nehmen wir die Umweltfrage. Auf ihre Dramatik in China wird der Westen mit Recht nicht müde zu insistieren (wobei allerdings verdrängt wird, dass ein gewaltiger Smog im Dezember 1952 in London Tausende Tote verursacht hat und dass die womöglich schlimmste ökologische Katastrophe der Menschheitsgeschichte sich im Dezember 1984 in Bhopal ereignete und dafür eine indische Tochterfirma der Union Carbide, eines multinationalen Konzerns für agrarische Düngemittel und Insektizide mit Sitz in den USA, verantwortlich war). Gleichzeitig gibt die seriöseste US-amerikanische und westliche Presse einem »Dissidenten« viel Raum, einem Schriftsteller, der gegen die chinesische Regierung mit folgenden Worten Position bezieht: Es ist unzulässig, den Verkehr einschränken zu wollen, den Qualm und die offenen Feuerstellen; der Slogan, nach dem »die Reduzierung der Verschmutzung bei mir selbst beginnt«, ist lächerlich; abwegig ist auch die Schließung der »kleinen Fabriken in Privatbesitz«. Alles ist nutzlos, wenn nicht die »großen und mittleren Fabriken in Staatsbesitz« massiv bestraft werden (Yu Hua, 2013). Und während man so gegen die chinesische Volksrepublik wettert wegen ihrer rücksichtlosen Entwicklung auf Kosten der Umwelt, spottet man über die Maßnahmen, die man in jedem zivilisierten Land ergreift, um die Umwelt zu schützen, und bestärkt wieder das Recht der Autofahrer, Raucher, Liebhaber des Grillens, alles nach Belieben zu verschmutzen. Was dem »Dissidenten« wie den US-Kreisen, die ihn streicheln, wirklich am Herzen liegt, sind nicht die Umwelt und die Entwicklung des ökologischen Bewusstseins, sondern vielmehr die Zerschlagung der Staatsindustrie, die es China möglich machte, die verheerende ökonomische Krise, die sich über dem Westen entlud, unbeschadet zu überstehen.

5. Beschneidung der Menschenrechtscharta und Wiederbelebung des Kreuzzugs

Der Angriff auf China gewinnt umso mehr Effektivität dadurch, dass die Kürzung der Charta der Menschenrechte es den USA ermöglicht, dem potentiell feindlichen Land mangelnden Respekt vor der Zivilreligion unserer Tage vorzuwerfen. Wir haben gesehen, dass für F. D. Roosevelt zu den essentiellen Menschenrechten auch die »Freiheit von Not« gehörte, und wenn man sich daran hält, kommen wir notwendigerweise zu einer Schlussfolgerung, die der herrschenden Ideologie diametral entgegengesetzt und doch unwiderlegbar ist. In den Jahrzehnten vor den Opiumkriegen wies China ein respektables Bruttosozialprodukt auf und eine damit zusammenhängende entsprechende Lebenserwartung (vgl. unten, VIII.7). Am Ende des »Jahrhunderts der Erniedrigungen« war China eines der ärmsten Länder der Welt oder vielleicht das ärmste überhaupt. Anders gesagt, hat die mit den Opiumkriegen begonnene Periode eine Verletzung dieses essentiellen Menschenrechts, das die »Freiheit von Not« ist, in einem Ausmaß ohnegleichen mit sich gebracht. So stellt das Fehlen von Armut und Hunger im heutigen China das Wiedererlangen der »Freiheit von Not« für hunderte Millionen Menschen einen Triumph von historischer Tragweite für die Sache der Menschenrechte dar. Streng genommen müssten gerade jene unter Anklage gestellt werden, die sich heute zu alleinigen und unanfechtbaren Richtern erheben.

Zum selben Schluss kommt man, wenn man vom zweiten essentiellen Menschenrecht ausgeht, das, auch nach F. D. Roosevelt, die »Freiheit von Angst« ist. In diesem Fall ist das Tableau noch einleuchtender, und um das zu illustrieren, beschränke ich mich auf die Wiedergabe eines Artikels der angesehensten Zeitung der USA (und des Westens). Ausgehend von den neuen zwischen China und den Ländern Mittelasiens beschlossenen Wirtschaftsvereinbarungen, die auch die Ausweitung von Zugverbindungen zwischen den beiden Partnern vorsehen, merkt dieser, seinen Ärger kaum verbergend, an:

> Während der größte Teil der Rohstoffimporte und der Exporte von Fertiggütern gewöhnlich über die von der Kriegsmarine der USA kontrollierten Meereswege verläuft, bedeuten die Entwicklung der Landwege in Kasachstan und der Zugang zu den überreichen Öl-, Eisen- und Getreidevorkommen dieses Landes, dass ein wachsender Prozentsatz des chinesischen Handels durch Gebiete außerhalb der US-Herrschaft stattfindet.

China will nicht dem ausgeliefert sein, »was auch immer die Vereinigten Staaten zu tun beschließen« (Bradsher, 2013). Eine Blockade der Warenflüsse des großen asiatischen Landes würde für mehr als eine Milliarde und dreihundert Millionen Menschen die Verurteilung zum Hungern bedeuten. In diesem Fall fallen die »Freiheit von Angst« und die »Freiheit von Not« in eins zusammen, und es ist klar, wer entschlossen ist, die eine wie die andere fortdauern zu lassen, und wer den Versuch unternimmt, beide abzuschaffen.

Leider haben die herrschende Ideologie und Macht realiter die »Freiheit von Not« und die »Freiheit von Angst« aus der Charta der Menschenrechte gestrichen; bei den Nichtregierungsorganisationen sind diese weitgehend in Vergessenheit geraten und selbst die Linke scheint nur eine vage und verschwommene Erinnerung an sie zu haben. Während sie den Abbau des Sozialstaats beschwört, die wachsende Massenarmut und damit die Abschaffung der »Freiheit von Not«, bezieht sich die Linke nicht auf sie, wenn sie die internationale Lage analysiert. Wenn Žižek (2009a: 131 u. 2009b: 450) den westlichen Kapitalismus dem »autoritären Kapitalismus« Chinas und dem (zu Caudillismus und Autoritarismus neigenden) »populistischen Kapitalismus Lateinamerikas« gegenüberstellt, nimmt er überhaupt keine Notiz von der »Freiheit von Not« noch von der »Freiheit von Angst«. Und indem er Länder, die sich derart voneinander unterscheiden, abstrakt einander gegenüberstellt, ignoriert er realiter auch die Lehre von Hamilton, der ein für alle Mal dargelegt hat, dass eine Situation geopolitischer Ruhe die Bedingung ist für die Entwicklung des Rechtsstaats, freier Institutionen und der Demokratie.

Bei dieser Gegenüberstellung schneiden in der Regel diejenigen Länder schlechter ab, die eine antikoloniale Revolution hinter sich haben und auf die eine oder andere Weise mit deren Fortführung beschäftigt sind. Zusammen mit China könnte unter die Kategorie »autoritärer Kapitalismus« auch Vietnam fallen, und auch Kuba, das sich in den letzten Jahren auf einen nicht stark von China und Vietnam unterschiedenen Weg begeben hat, ist in Gefahr, darunter subsumiert zu werden. Die Kategorie »populistischer Kapitalismus« lässt gleich und in erster Linie an das Venezuela von Hugo Chávez und Nicolás Maduro denken. Umgekehrt zeichnen sich die großen kapitalistischen und imperialistischen Mächte, die verantwortlich für sind die Bedrohung der geopolitischen Ruhe und der demokratischen Entwicklungsmöglichkeit jener Länder, die das Hauptziel der herrschenden Macht und Ideologie (auch der von Žižek selbst) bilden, dadurch positiv aus, dass sie im Allgemeinen immun gegen Autoritarismus und Populismus sind.

Möglicherweise kann man zu einer völlig anderen Gegenüberstellung kommen. Um ihren Demokratisierungsprozess zu Ende zu bringen, haben die USA, obwohl sie von einer außergewöhnlich günstigen geopolitischen Lage profitierten, zweihundert Jahre gebraucht (wobei in der nordamerikanischen Republik der Rassenstaat und die Diskriminierung der Schwarzen und anderer traditionell als »minderwertig« betrachteter »Rassen« auch noch eine Zeit lang nach dem Zusammenbruch des Dritten Reichs fortbestanden haben). Hinzuzufügen ist, dass nach dem 11. September der Demokratisierungsprozess auffällige Rückschritte erlebt hat. Entsprechende Überlegungen lassen sich für Länder wie Großbritannien und Frankreich anstellen. Was motiviert wirklich die Ungeduld, die der Westen als Ganzes (einschließlich eines großen Teils der Linken) gegenüber den Ländern und politischen Systemen zeigt, die aus einer antikolonialen Revolution hervorgegangen sind?

VIII. Zwischen imperialen und populistisch-anarchoiden Linken – Die Lage im Westen

1. Zyniker und Schöne Seelen: Eine konfliktreiche Arbeitsteilung

Während der, ob mit der Gegenwart oder der Vergangenheit verbundene Empörungsterrorismus Druck auf sie ausübt, ist die Linke insgesamt unfähig, der reaktionären Offensive wirklich etwas entgegenzusetzen; so schließt sie sich nicht selten dieser Offensive an und versucht bisweilen gar, sich als einer ihrer eifrigsten und am wenigsten nachgiebigen Protagonisten auszuzeichnen. Zumindest was die internationale Politik angeht, hat sich eine Dialektik von bitterer Komik entwickelt.

Sehen wir uns an, was 1999 anlässlich des Jugoslawienkriegs geschah. Strategen, Liebhaber der Geopolitik und politische Analysten mit engem Vertraulichkeitsverhältnis zur politischen und militärischen Macht im Westen bedienten sich einer Sprache, die explizit auf die materiellen Interessen, auf die Kräfteverhältnisse, sogar auf den wohltätigen und unwiderstehlichen Charakter des Imperiums verwies. Schon einige Jahre vor Beginn der Bombardements konnte man in einer der wichtigsten US-amerikanischen Zeitungen lesen: »Die einst vom Osmanischen Reich regierten Regionen scheinen das Herz des dritten amerikanischen Imperiums zu werden«: Das erste hatte sich im Zug der dem imperialen Spanien beigebrachten Niederlage Anfang des 20. Jahrhunderts konstituiert; das zweite war auf den Zweiten Weltkrieg und den Niedergang der traditionellen Kolonialmächte wie Frankreich und England gefolgt; das dritte gewann Gestalt seit dem im Kalten Krieg errungenen Sieg (Heilbrunn/Lind, 1996). Das Jahr, in dem diese Erklärung abgegeben wurde, sollte einem bewusst sein: Es ging noch nicht um das Kosovo oder um die von der albanischstämmigen Bevölkerung erlittenen »Massaker«; ausgehend vom spanisch-amerikanischen Krieg 1898–1900, also einer Zeit, wo Jugoslawien noch nicht einmal existierte, drehte sich der ganze Beitrag um den imperialen Aufstieg der Supermacht, die als einzige übrig und in ihrer Einsamkeit glücklicher war denn je.

Im Frühjahr 1999 sprachen dann die Bomber und die Bomben. Die Serben versteiften sich auf Widerstand. Und da rief ein Analyst der *New York Times*, nachdem die scheinheiligen Unterscheidungen zwischen Herrschenden und Volk ad acta gelegt worden waren, dazu auf, die Zivilbevölkerung direkt zu bestrafen: »Es braucht einen echten Luftkrieg. Die Vorstellung, dass die Leute in Belgrad Rockkonzerte hören oder sonntags spazieren gehen, während ihre Landsleute das Kosovo säubern, ist eine Beleidigung«. Und weiter:

> Es mag uns gefallen oder nicht, wir sind im Krieg mit der serbischen Nation (die Serben sind gewiss schon davon überzeugt), und der Spieleinsatz muss ganz klar sein: Für jede Woche mehr an Verwüstung im Kosovo schicken wir Euer Land zehn Jahre zurück, indem wir Euch *pulverisieren*. Wollt Ihr 1950? Wollt Ihr 1389? Auch das können wir (Friedman, 1999).

Wer weiß, ob der Journalist, der sich so äußerte, den Inhalt der Flugblätter kannte, die zusammen mit den Bomben auf Jugoslawien fielen. Sie forderten: »Hebt die Augen zum Himmel, weil ihr ihn womöglich morgen nicht mehr seht« (E. St., 1999).

Nach dem leichten Sieg der Vereinigten Staaten und ihrer Verbündeten und Untergebenen frohlockte ein Artikel in der *International Herald Tribune:* »Was bezüglich des Kosovo Gutes herauskommt, ist, dass die Welt heute von Folgendem Kenntnis nehmen sollte: die NATO kann und will alles tun, was zur Verteidigung ihrer vitalen Interessen notwendig ist« (Fitchett, 2000: 4). Das war der Triumph des Zynismus: Der Wille zur Macht wurde einfach deklariert und befand es nicht für nötig, sich durch den Verweis auf allgemeine Werte und Normen zu legitimieren.

Und nun untersuchen wir den Diskurs, der von den beiden womöglich berühmtesten zeitgenössischen Philosophen entwickelt wurde, Habermas und Bobbio: Auch sie unterstützten den Krieg der NATO, und zwar mit Entschiedenheit. Aber die materiellen Interessen und der geopolitische Konflikt fehlten in ihren Stellungnahmen vollständig: Hier atmete man die verdünnte Luft, in der nur Platz war für die Menschenrechte, Moralgründe und den ausschließlich »humanitären« Charakter des Krieges gegen Jugoslawien. Hier führten also die Schönen Seelen das Wort. Auf den ersten Blick scheinen die Diskurse der Zyniker und die der Schönen Seelen einander entgegengesetzt zu sein, beim zweiten genaueren Blick entgeht einem jedoch nicht ihre Konvergenz. Der Diskurs, der auf der einen Seite die eiserne Hand der Angreifer anmahnte und auf der anderen die Kapitulation des jugoslawischen Heeres und Volkes, konnte sich nicht von jenem unterscheiden, der in erster Linie an die öffentliche Meinung des Westens gerichtet war, sie möge die ununterbrochenen Bombardements auf ein im Grunde wehrloses Land unterstützen und gutheißen. Damit hatte man eine Art (in sich nicht widerspruchsfreie) Arbeitsteilung vor sich: Diejenigen, die zu energischen kriegerischen Aktionen aufrufen und deren Unwiderstehlichkeit verdeutlichen sollten, äußerten sich notwendigerweise in rüderen Worten als die, die sich damit befassten, solche Operationen zu legitimieren und umzudeuten. Und es versteht sich von selbst, dass der erste Diskurs, der im Zeichen der *Realpolitik* nämlich, von mehr Nüchternheit gekennzeichnet war.

Wenn Bobbio nicht müde wurde, einen Artikel nach dem anderen zur Widerlegung jener zu veröffentlichen, die am moralisch gerechtfertigten Charakter des Kriegs gegen Jugoslawien Zweifel äußerten, ging Habermas vielleicht noch weiter. Empört wies er »den ideologiekritischen Verdacht« zurück, der gegenüber den von den westlichen Führern gelieferten »universalistischen Rechtfertigungen« für den Krieg vorgebracht wurde. Nein, es gab keine realen materiellen und geopolitischen Interessen als Basis eines »so schwerwiegenden, riskanten und kostspieligen Eingriffs«: »Was eine Hermeneutik des

Verdachts dem Angriff auf Jugoslawien ankreidet, ist ziemlich mager« (Habermas, 1999: 6). Man muss kein großer Stratege sein, es reicht ein wenig Vertrautheit mit der Geschichte, um sich der wichtigen geopolitischen Rolle bewusst zu sein, die der Balkan in den beiden Weltkriegen und im Kalten Krieg gespielt hat. Und die er auch heute noch spielt, nachdem der Sieg von 1999 es den USA erlaubt hat, im zur Halbkolonie herab gedrückten Kosovo die gigantische Militärbasis Camp Bondsteel zu errichten. Der deutsche Philosoph hätte lesen sollen, was am Vorabend des Kriegs einer der berühmtesten Strategen Washingtons geschrieben hatte: »Historisch hat der Balkan als solcher im Kampf um die Vorherrschaft in Europa einen potentiellen geopolitischen Gewinn dargestellt« (Brzezinski, 1998: 168).

Die Nachlässigkeit à la Habermas oder Bobbio ist kein exklusives Charakteristikum der »gemäßigten« Linken. Ebenfalls zum Jugoslawienkrieg schrieb einer der beiden Verfasser von *Empire*, dem Handbuch der »radikalen« Linken:

> Wir müssen sehen, dass das keine Aktion des amerikanischen Imperialismus ist. Es ist in der Tat eine internationale Operation (oder genauer, eine supranationale). Und ihre Ziele leiten sich nicht von den begrenzten Interessen der Vereinigten Staaten her: Es ist tatsächlich eine Operation zum Schutz der Menschenrechte (oder genauer, des menschlichen Lebens) (Hardt, 1999: 8).

Diese Erklärung einer Schönen Seele kann man mit dem Zynismus Kissingers konfrontieren, der die »Herausforderung« nicht unterschlägt, auf die die USA und die NATO sich beriefen, um einem Krieg, der zur Verfolgung recht präziser geopolitischer Ziele bereits beschlossene Sache war, ein Minimum an Legitimität zu verleihen.

Wir haben hier eine Konstante vor uns. In Italien ist der Eintritt in den Ersten Weltkrieg von den Nationalisten im Namen kolonialer Eroberungen propagiert worden und von Autoren wie Gaetano Salvemini im Namen der Verbreitung der Demokratie und der darauf folgenden Realisierung des ewigen Friedens; analog waren es in Deutschland auf der einen Seite die erklärten Streiter für das Reich, die zugunsten der gigantischen Metzelei Stellung bezogen, und auf der anderen die von Rosa Luxemburg verspotteten Sozialisten, die sich vornahmen, in Russland die Autokratie des Zaren abzuschaffen, um die Demokratie zu errichten. Gehen wir noch weiter zurück. Seinerzeit wurde der koloniale Expansionismus des Westens mit sich offen zumindest widersprechenden Motiven gefeiert: Die Zyniker beriefen sich auf die rassische Überlegenheit der Eroberer, die Schönen Seelen hoben die Notwendigkeit hervor, zum Nutzen der unterworfenen Völker die Zivilisation zu exportieren. In all diesen Fällen konnte das Schwenken der Flagge der universalen Werte bestenfalls die realen Prozesse behindern, aber es sie hat sie nicht blockiert und eventuell dank Umdeutung und Sublimierung sogar begünstigt.

Man kann hier eine Beobachtung aus der *Deutschen Ideologie* aufgreifen und anwenden: Während die direkt mit ökonomischen Aktivitäten befasste Bourgeoisie ein kaltes und distanziertes Verhältnis zu der Ideologie hat, die ihre Klasseninteressen rechtfertigen und umdeuten soll, sind jene Teile davon, »welche die Ausbildung der Illusion dieser Klassen über sich selbst zu ihrem Hauptnahrungszweige machen«, geneigt, dies sehr viel ernster zu nehmen. Diese Arbeitsteilung kann jedoch zu einer »Spaltung« führen, und zwar einer Spaltung, die sich »sogar zu einer gewissen Entgegensetzung und Feindschaft beider Teile« entwickeln kann; es handelt sich um eine Aufspaltung, die dazu tendiert, mehr oder weniger schnell wieder geschlossen zu werden (MEW, 1955-89, Bd. 3: 46f). Ähnliche Betrachtungen lassen sich bezüglich der internationalen Politik anstellen: Man darf die »Feindschaft« nicht unterschätzen, die die bloßen Ideologen von denen trennen kann, die in einem trauteren Verhältnis zur Ausarbeitung und Durchführung der geopolitischen und militärischen Strategie stehen. Doch so konfliktträchtig die Arbeitsteilung mit den Zynikern auch sein mag, stellen die Schönen Seelen doch keine wirkliche Alternative dar.

2. Empörungsterrorismus und Kapitulation der Linken

Vor diesem Hintergrund kann man die Kapitulation weiter Teile der heutigen westlichen Linken verstehen, in der in Folge der gravierenden Schwächung der Arbeiterbewegung jene intellektuellen und ideologischen Lager ein entscheidendes Gewicht haben, die nach der Analyse von Marx dazu neigen, die »moralischen« Illusionen, die die Bourgeoisie über sich selbst pflegt, schrecklich ernst zu nehmen.

Darüber hinaus ist die westliche »Linke« selbst direktes Ziel des Empörungsterrors: Die Ex-Kommunisten haben eindeutig das Grundmotiv der heute herrschenden Ideologie verinnerlicht, d.h. die *damnatio memoriae* des Kommunismus als einer Bewegung, die taub ist für moralische Überlegungen und deshalb bereit, diese auf dem Altar der Geschichtsphilosophie zu opfern. Deshalb verfallen die Ex-Kommunisten bei jeder Gelegenheit, wo durch *Psywar* und Spektakelgesellschaft ein Konflikt als Gegensatz von Gut und Böse dargestellt wird, in Panik und beeilen sich, sich als die unbeugsamsten Vorkämpfer der Moral zu präsentieren. Jedem ist andererseits der besondere Eifer bekannt, den Neubekehrte zeigen. Dafür können zwei erhellende Beispiele angeführt werden. Im Frühjahr 1989 kam die Repression über die Demonstranten vom Tienanmen-Platz. In der internationalen Presse gab es manchen Hinweis auf die geopolitische Dimension des Konflikts. Doch der herrschende Tenor war die Verurteilung des »Massakers«. All das reichte der *Unitá* noch nicht, die am 5. Juni 1989 mit dem Sensationstitel aufmachte: *Genozid in Peking*. Dagegen hütete sich die besagte Zeitung sehr, eine entsprechende Formulierung anlässlich des US-Bombardements von Panama zu benutzen, das einige Monate danach stattfand und keine geringere Zahl an Toten zur Folge hatte als das, was sich in der chinesischen Hauptstadt abgespielt hatte, und gemessen an der Bevölkerungszahl weit darüber hinaus ging. Der Terrorismus der unmittelbaren Wahrnehmung und Empörung produzierte auf diese Weise die programmierten Effekte.

Und er produzierte sie auch weiterhin mehr als zwanzig Jahre später, wobei ihm dieses Mal Rossana Rossanda und Susanna Camusso zum Opfer fielen. Vor allem mit letzterer gilt es sich zu befassen. In Libyen war die Revolte bewaffneter und von britischen und US-amerikanischen Geheimdiensten organisierter Gruppen im Gang, und am Horizont zeichnete sich das bewaffnete Eingreifen des Westens ab. Es gab reichlich Aufforderungen, vorsichtig zu handeln, und Anzeichen, dass unterschiedliche und gegensätzliche Interessen im Spiel waren. Am 22. Februar 2011 nun bediente sich die Generalsekretärin der CGIL, als sie sich für den Krieg aussprach, einer überschwänglichen Sprache: Man müsse sich endlich klarmachen, was in dem nordafrikanischen Land anstehe. Und was würde kommen? Natürlich »ein Genozid«. Ja, »in Libyen ist ein Genozid im Gang«. Wenn sie auch die von westlichen Geheimdiensten weit vor dem Ausbruch der Krise inszenierte Aggression und Destabilisierung verdrängte, sprach die Presse dennoch zumindest von »Bürgerkrieg«. Doch das schien Camusso nicht moralisch (und manichäisch) genug, und prompt entgegnete sie: »Wir haben hier keinen Konflikt vor uns, der aus der Bevölkerung heraus kommt«! Nein, es war nur eine zivile und unbewaffnete Bevölkerung, die von einem brutalen Regime bombardiert und ausgelöscht wurde. Im Amt war die Regierung Berlusconi, der in Kürze zusammen mit seinen Verbündeten in den Krieg gegen ein Land eintreten würde, mit dem er drei Jahre zuvor einen Versöhnungs- und Freundschaftspakt unterzeichnet hatte. Bei dieser Gelegenheit hatte der italienische Ministerpräsident seine Zufriedenheit darüber ausgedrückt, dass Italien und Libyen beschlossen hatten, »alles außer Liebe beiseite zu lassen«. Doch nach Camussos Auffassung war nicht der Übergang von dieser Liebeserklärung zu brutalen Bombardierungen (und zum Lynchmord an der »geliebten« Person) unmoralisch, sondern die Langsamkeit dieses Übergangs.

Die Priorität der Moral hatte absolut zu sein, und zu bezeugen hatte solche Absolutheit an erster Stelle die Linke, eine Linke, die sich endlich vom letzten Rest an Machiavellismus befreit hatte. Niemand erinnerte sich mehr an die Warnung Lanzmanns, des Regisseurs der Dokumentation *Shoa*, bezüglich des zutiefst amoralischen Charakters der leichtfertigen oder gezielten Evokation des »Holocaust« (oder des Genozids), um bestimmte Machtziele möglichst schnell zu erreichen, indem man jegliche Opposition, jede Tendenz zum Nachdenken auf abschreckende Weise auslöscht (vgl. oben, III.6).

Fest überzeugt von ihrer unbefleckten Reinheit scherten sich die Schönen Seelen nicht um die abstoßenden Konsequenzen, die der Empörungsterrorismus historisch gehabt hatte. Ich beschränke mich hier auf nur einige Beispiele. Im Lauf des Ersten Weltkriegs haben wir gesehen, wie die anglo-amerikanische Propagandaindustrie besonders effizient war und Texte und Bilder produzierte, die das bestialische Vorgehen »dokumentierten«, das die Truppen Wilhelms II. gegen Frauen und Kinder richteten. Später haben sich britische Soldaten erinnert und zugegeben:

> Einige [Deutsche, die sich ergeben hatten] rutschten auf den Knien und hielten ein Foto in die Höhe von einer Frau oder einem Kind, aber sie wurden alle erschossen [...]. Wir haben sie kaltblütig massakriert, denn möglichst viele von ihnen zu töten war unsere Pflicht. Ich habe so oft an die Lusitania gedacht. Ich habe gebetet, der Tag [der Rache] möge kommen, und als er endlich kam, habe ich exakt so viele von ihnen liquidiert, wie ich gehofft hatte, dass es das Schicksal mir erlauben würde [...].
>
> Auch wir haben ein paar Gefangene gemacht (10) und in dem Moment, als wir gerade vom Verlust der Lusitania erfahren hatten, sind sie nach einer zehnminütigen Besprechung zwischen Unteroffizieren und Mannschaft alle mit dem Gewehrkolben getötet worden (Ferguson, 2008: 146f).

Der Empörungsterrorismus zeigte seine Effektivität auch bei einer anderen Gelegenheit: Die »Entdeckung« der mörderischen nordvietnamesischen Attacke im Golf von Tonkin gab einen neuen Anstoß für die barbarischen US-amerikanischen Bombardierungen.

Auch heute noch funktioniert der Empörungsterror hervorragend und unheilvoll, sei es durch die Verbreitung von echten Lügen, sei es die von Halbwahrheiten, und er verursacht oft mehr Opfer, als er schützen zu wollen vorgibt. Die verlogene Darstellung der Auseinandersetzung in Libyen als auf Kosten einer Masse von unbewaffneten Zivilisten ausgeführter Genozid hat es einem gigantischen Militärapparat ermöglicht, Zehntausende Menschen zu töten, ohne auf eine Opposition in der öffentlichen Meinung zu stoßen, ja schließlich sogar ihre Zustimmung zu erlangen.

3.
Vom »imperialen Christentum« zur imperialen Linken

Mit mehr oder weniger expliziter Zustimmung zum »humanitären Krieg« seitens zweier berühmter Persönlichkeiten zelebriert die imperiale Linke in Italien (und im Westen), die das unglückselige Erbe des »imperialen Christentums« übernommen hat, das sich um die Wende vom 19. zum 20. Jahrhundert entwickelte, ihre Triumphe. Zwischen dem Ende des 20. und dem Beginn des 21. Jahrhunderts wird international Norberto Bobbio der bekannteste und konsequenteste Vertreter dieser imperialen Linken.

Drei Jahre vor dem Zusammenbruch des »sozialistischen Lagers« und des »realen Sozialismus« verurteilte er die kommunistische Bewegung *in toto*, die Schuld dafür zu tragen, dass sie, ausgehend von der machiavellistischen »Maxime, dass der Zweck die Mittel heilige« (Bobbio, 1990: 114), stets die Moral auf dem Altar der Philosophie der Geschichte geopfert habe. Von »amerikanischem Machiavellismus« spricht dagegen in aller Ruhe ein konservativer Historiker, der sich damit befasst, explizit Theorien über den wohlmeinenden und notwendigen Charakter des vom Weißen Haus gesteuerten »Imperiums« aufzustellen (Ferguson, 2005: 119). Wieder wird der Unterschied zwischen Zynikern und Schönen Seelen deutlich, wobei die letzteren eine klarere Tendenz zum Machiavellismus aufweisen: Beim Turiner Philosophen ist die eben zitierte Verdammung der kommunistischen Bewegung zugleich die moralische Verklärung ihrer Antagonisten, die als immun gegenüber der Todsünde des Machiavellismus betrachtet werden.

Auf dieser Basis lassen sich leicht alle von den USA und ihren Verbündeten seit dem ersten Golfkrieg ausgelösten Kriege rechtfertigen. Dieser Krieg war von einer sehr breiten öffentlichen Meinung getragen, aber mit unterschiedlichen Akzenten. Die Bilanz, die einige Jahre danach ein bekannter US-Politologe vorlegte, war Folgende:

> Es ging [im ersten Golfkrieg] darum, festzulegen, dass das Gros der riesigen Ölreserven der Welt von saudischen Regierungen und den Emiraten kontrolliert wird – deren Sicherheit der westlichen Militärmacht

anvertraut war – und nicht von unabhängigen antiwestlichen Regimen, die fähig und eventuell entschlossen waren, Öl als Waffe gegen den Westen zu gebrauchen.

Glücklicherweise wurde der Persische Golf damit dank des überwältigenden Sieges der USA und ihrer Verbündeten »zu einem amerikanischen See« (Huntington, 1997: 373f).

In den Stellungnahmen von Bobbio und Habermas, die bekanntlich auch den Krieg gegen Jugoslawien von 1999 unterstützten, sucht man vergeblich nach Hinweisen auf das Öl. Anlässlich des zweiten Golfkriegs, 2003 ausgelöst von den USA und Großbritannien nicht nur ohne Autorisierung durch den Sicherheitsrat, sondern auch gegen die Position Frankreichs und Deutschlands, verspürte wenigstens Habermas das Bedürfnis, seine Missbilligung auszudrücken, aber er tat es ohne selbstkritische Reflexion über seine Unterstützung der vorausgehenden Kriege und seine damalige naive Methode. Die imperiale Linke verwies weiterhin überhaupt nicht auf die materiellen Interessen und den geopolitischen Rahmen und Inhalt und stützte sich nur auf große moralische Prinzipien, alles gemäß dem Modell des »imperialen Christentums«. Der Rückgriff auf die Zivilreligion der Menschenrechte nahm die Stelle des Rückgriffs auf das Christentum ein. Im Unterschied zu Rhodes, der die Vergrößerung des britischen Imperiums im Namen der »Philanthropie + 5%« betrieb, ließ das »imperiale Christentum« den letzten Teil dieser Parole fallen, um nur noch das Banner der »Philanthropie« zu schwingen; Bobbio ließ, indem er sich von den banalsten Kantoren des heutigen Imperiums, die zur Schlacht zur Verteidigung der »Werte und Interessen« aufrufen, distanzierte, das zweite Substantiv fallen, das mehr prosaische; das Adjektiv selbst erlebte eine Verdrehung, sodass die »Werte«, über US-amerikanische oder westliche hinaus, nun zu universalen wurden.

Allerdings bestand kein Mangel an philosophischer Naivität. Die »Maxime, dass der Zweck die Mittel heiligt«, wurde mit Blick auf die Gegner empört zurückgewiesen, fehlte aber ganz und gar bei der Selbstreflexion: Die Rechtfertigung einer Reihe von Kriegen als notwendig zur Stabilisierung des Respekts vor den Menschenrechten und den universellen Werten – war sie nicht selbst vom Geist der verhassten machiavellistischen Maxime? Naiv war auch die Überzeugung, die Moral kenne per se die Lösung oder wenigstens die Transzendierung des Konflikts. Das ist, um nur ein Beispiel anzuführen, als wenn der Kreuzzug, ein Krieg der die Tendenz zum totalen Krieg hat, seinerzeit von Bernhard von Clairvaux (nicht zufällig einem Heiligen) nicht aus moralischen Gründen beschworen worden wäre, im Namen des gerechten und heiligen Kampfes gegen das Böse in Gestalt des islamischen Feindes: Eben deshalb stellte die Tötung eines islamischen Feindes in der Schlacht, über die leidvolle, vom Krieg geforderte Notwendigkeit hinaus, eine verdienstvolle Tat an sich dar, war Synonym für das »malicidium«, die Vernichtung des Bösen (Losurdo, 2011, 4.8). Der unbedachte Appell an die Moral kann eine solche Zuspitzung des Konflikts bewirken, dass er bis zur Entmenschlichung des Gegners führt.

Trotz seines moralischen und religiösen Eifers oder vielleicht gerade seinetwegen heftete sich das »imperiale Christentum« schließlich an die Fersen der kolonialen Großmächte. Entsprechend bemerkte Bobbio nicht, dass sein moralisches *Pathos*, weit davon entfernt, philosophisch über dem Konflikt zu stehen, ungewollt die westliche Ideologie des Kalten Krieges reproduzierte. Zur Zeit der NATO-Gründung hatte der US-Außenminister Dean Acheson die der »westlichen Zivilisation« eigenen »moralischen und ethischen Glaubenssätze« dem »kommunistischen Glauben, wo gewaltgestützter Zwang die Methode sei, das Unvermeidliche zu beschleunigen« (in: Hofstadter/Hofstadter, 1982, Bd. 3: 420) gegenübergestellt. Die Kommunisten hatten Unrecht, wenn sie mit Gewalt das Ende des Kapitalismus, den sie als definitiv von der Geschichte verurteilt betrachteten, beschleunigen wollten: Das war die Ideologie, mit der die NATO damals den Kalten Krieg anging, und es war später das Argument, das der Turiner Philosoph verwendete. Und während es zur Denunziation jener Länder, die »on the wrong side of history« geblieben waren und vergeblich versuchten, sich einem unüberwindbaren historischen Prozess zu widersetzen, genutzt wurde, waren es führende US-Politiker – so Bill Clinton, Bush jr. und danach Barack Obama – die sich trotzdem autorisiert fühlten, »das Unvermeidliche zu beschleunigen« mit Hilfe von ruinösen Embargos, Staatsstreichen oder ohne Zustimmung des UN-Sicherheitsrats ausgelöste Kriege. Allerdings verhinderte oder erschwerte zumindest Achesons feierliche Hommage an die Moral keineswegs die Massaker in Algerien und in Vietnam und in Lateinamerika die Einsetzung von Militärdiktaturen, die zu genozidalen Praktiken bereit waren; sie enthielt keine Absage an (bald gelungene, bald gescheiterte) Versuche, missliebige Staats- und Regierungschefs zu ermorden.

Eine zusammenfassende Betrachtung der imperialen Linken ist hier nötig. Es haben sich in ihr nicht wenige frühere Kommunisten zusammengetan. Stark angezogen vom Denken Bobbios, haben sie ihren Lagerwechsel mit der Universalität des Wertes der Demokratie begründet, mit der absoluten Unverletzlichkeit des Rechtsstaats und der Spielregeln, indem sie die Wiederentdeckung der von der kommunistischen Bewegung zu Unrecht verletzten und mit Füßen getretenen »Normen« zelebrieren. Doch anlässlich des Jugoslawienkriegs oder des Irakkriegs 2003 sahen sie sich im Verein mit dem Turiner Philosophen zu einem doppelten Salto mortale gezwungen: Die Normen des internationalen Rechts, die Charta der UNO, der Rechtsstaat hatten keinerlei Wert gegenüber der »grundlegenden« Gerechtigkeit des von Washington ausgerufenen humanitären Kreuzzugs! Trotz des moralischen *Pathos* ihrer Aussagen haben Machiavelli und die »Maxime, dass der Zweck die Mittel heiligt«, die Oberhand behalten.

4.
Die von der imperialen Linken ausgeübte Hegemonie

Dass sich die imperiale Linke durchsetzt, ist ein Symptom für die allgemeine Krise der Linken im Westen. Eine ganze geschichtliche Periode hindurch zeichnete sich die Linke in der Metropole aus durch ihren Einsatz für die Emanzipation der unteren Klassen und der Frauen aus, die, nach einer Bemerkung von Engels, das Opfer der »ersten Klassenunterdrückung« sind und in der traditionellen Familie die Stelle »des Proletariats« einnehmen (MEW, 1955-89, Bd. 21: 68 u. 75), und für die unterdrückten Völker in den Kolonien und Halbkolonien. Benjamin Disraeli wurde nicht für einen Linken gehalten: Allerdings propagierte er die Ausweitung des Wahlrechts auf die Volksklassen und ergriff zu ihren Gunsten manche, wenn auch zögerliche, Maßnahme zu einer Sozialreform; auf der anderen Seite aber war der britische Premier ein Vorkämpfer der kolonialen Expansion und der Herrschaft, die der Westen über die »niederen« Rassen zu üben berufen war. Ein Jahrhundert später wurde auch Lyndon Johnson nicht für einen Linken gehalten, der sich im Namen der Errichtung einer »Great Society« vornahm, in den USA die Armut und die Rassendiskriminierung zu bekämpfen, allerdings mit dem Ziel, die gesellschaftliche Zustimmungsbasis für den infamen Krieg gegen Vietnam zu vergrößern. Gegen diesen entwickelte sich im Westen eine bedeutende Massenbewegung, die in eben diesem US-Präsidenten eines ihrer Hauptziele ausmachte: »Johnson – Mörder«! In jenen Jahren konnten in den Augen der Linken antikapitalistisches Engagement auf der einen Seite und antikolonialistisches und antiimperialistisches auf der anderen nicht voneinander getrennt werden.

Hingegen war es der Geschichtsrevisionismus, der Verwirrung schuf. Renzo De Felice (1992: 105 u. 64f) reihte den Faschismus »links« ein und glaubte, in ihm ein gewisses Erbe der Französischen Revolution erkennen zu können. Schließlich hatte der sich für einen »revolutionären Prozess« eingesetzt, der »zum Beispiel den Gebrauch des ›Ihr‹ an Stelle des ›Sie‹« vorschrieb, wodurch sich die Distanz zwischen den Italienern deutlich verringerte. Tatsächlich schlug der Duce in einem Beitrag zum Nationalkongress der faschistischen Partei am 25. Oktober 1938 vor, kameradschaftlichere Beziehungen unter den Italienern einzuführen, und verurteilte auch heftig die These, es gebe »zwei Rassen in Italien: die der Po-Ebene und die des Südens«. Die andere Seite der Medaille aber war, dass die »Eingeborenen« in Afrika und den Kolonien sich »absolut« klar sein mussten über »den Gedanken unserer Überlegenheit«. Deshalb galt es, »zu verschwommene« Begriffe wie den vom »Menschengeschlecht« zu verbannen (Mussolini, 1951, Bd. 29: 185ff). Damit war die Hauptparole der Französischen Revolution, die sich auf den Menschen und die Rechte des Menschen als solchen bezieht, obsolet. Bei anderer Gelegenheit hat De Felice (1990, Bd. 1: 1287) im Übrigen zugegeben, dass Mussolini sich bis zum Schluss der »Mission« verschrieben hatte, die Ideen von 1789 zu bekämpfen. Wir haben das wohlbekannte Phänomen vor uns: Die Gemeinschaft, die sich innerhalb des Volkes oder der sogenannten Herrenrasse herausbildet, ist nur eine Seite der Medaille; die andere bildet die unüberbrückbare Distanz (und Unterdrückung), die zum Nachteil der »Eingeborenen« oder der Kolonialvölker überhaupt eingeführt wird. Doch der revisionistische Historiker dachte, man könne ein zusammenfassendes Urteil über den Faschismus fällen, indem man sich darauf beschränkt, mit einer gewissen Genugtuung nur eine Seite der Medaille ins Auge zu fassen. Und so taufte er den erklärten Vorkämpfer der Rassenhierarchie und Verantwortlichen für die infamen Kolonialkriege in Eritrea und auf dem Balkan in einen »Linken« um. Doch niemand in der Linken nahm die von De Felice vorgeschlagene Klassifizierung ernst. Es war noch nicht die Konfusion eingetreten, die heute vorherrscht, wie es das Aufkommen der imperialen Linken vorführt.

Diese übt inzwischen zunehmend eine Hegemonie über die gesamte Linke aus. Wir haben gesehen, wie Hardt bezüglich des Kriegs gegen Jugoslawien eine identische Position mit der Bobbios bezog. Symptomatischer noch als die Positionen der imperialen Linken und bestimmter unerwarteter Anschlüsse an deren Thesen sind die der Vorzeigeintellektuellen der sogenannten radikalen Linken. Žižek (2007: 2 u. 5) geizt nicht mit Ironie über eine von ihm als völlig abwegig betrachtete Tendenz: Der Klassenkampf kenne als Protagonisten nicht mehr »die Kapitalisten und das Proletariat in jedem Land«, sondern spiele sich in einem internationalen Rahmen ab, indem er eher die Staaten als die sozialen Klassen einander gegenüberstelle; damit reduziert und deformiert sich die marxistische »Kritik des Kapitalismus als solche« in eine »Kritik des ›Imperialismus‹«, die das Wesentliche aus dem Auge verliert, nämlich die kapitalistischen Produktionsverhältnisse. Žižek schiebt die gigantischen Klassenkämpfe (und Befreiungskämpfe), die das Dritte Reich und das Reich der aufgehenden Sonne daran gehindert haben, in Europa und Asien eine echte Kolonialsklaverei zu errichten, in eine profane und im Wesentlichen dem Emanzipationsprozess fremde Sphäre ab; die Klassenkämpfe, die in Vietnam zunächst den klassischen französischen Kolonialismus und dann den Neokolonialismus der USA besiegt haben; schließlich die Klassenkämpfe, die in Lateinamerika die Monroe-Doktrin wieder radikal in Frage gestellt und davon ausgehend begonnen haben, neue Modelle sozialen Zusammenlebens zu reflektieren und zu propagieren.

Und heute sehen wir eine neue Einstellung bezüglich der gegenwärtigen Protestbewegungen gegen die unpopuläre, auf Grund der Krisenwelle verordnete Austeritätspolitik: »Ein Teil der israelischen Indignados, die auf der Straße in Tel Aviv zelten, sieht sich selbst als Erneuerer des Geistes und der politischen Form der Kibbuz-Tradition, die auf ähnlich kommunitarischen Beziehungen basiert« (Hardt/Negri, 2012: 66). In Wirklichkeit haben wir aber gesehen, dass diese Empörten zum von Israel den Palästinensern auferlegten Schicksal schweigen. Und was soll man auf engerer historischer Ebene zu dem rückhaltlos geäußerten Lob des Kibbuz sagen? Arendt (1986: 85 ff u. 92) hat seinerzeit die Aufmerksamkeit auf eine auf den ersten Blick seltsame Tendenz innerhalb des Zionismus gelenkt: sie besteht einerseits darin, dass sie die »chauvinistischen« Ziele unterstützt, und andererseits darin, dass sie innerhalb der eigenen Gemeinschaft der Verfolgung kollektivistischer Experimente und einer »rigorosen Verwirklichung der sozialen Gerechtigkeit« verpflichtet ist. Daraus entsteht ein »absolut paradoxes Konglomerat von radikalem Herangehen und revolutionären Sozialreformen in der Innenpolitik und antiquierten und total reaktionären Methoden in der Außenpolitik«, auf der Ebene der Beziehungen mit den Kolonialvölkern. Wir stoßen hier auf eine Tendenz, die wir, in Analogie zur »Demokratie für das Herrenvolk« (die durch Jahrhunderte die Geschichte des Westens kennzeichnete) als »Sozialismus für das Herrenvolk« umschreiben könnten. Doch ist eine solche Tendenz als links und wirklich emanzipatorisch zu betrachten oder ist es integrierender Bestandteil der Linken, gegen die Anmaßung einer bestimmten ethnischen oder sozialen Gruppe zu kämpfen, die sich als Herrenvolk aufspielt?

In dieser Verherrlichung des Kibbuz, dessen koloniale Dimension von Arendt hellsichtig beschrieben wurde, macht sich erneut der Einfluss der imperialen Linken bemerkbar. Wie lässt sich das erklären? Ich habe mehrfach auf die unerhörte multimediale Übermacht aufmerksam gemacht, derer sich gegenwärtig die westliche Bourgeoisie erfreut. Aber das reicht nicht. Es sind zwei Umstände, die dafür gesorgt haben, den internationalen politischen Rahmen radikal zu verändern und ihn weniger klar werden zu lassen. An erster Stelle der Übergang vom Kolonialismus zum Neokolonialismus: Die »politische Annexion« ist unmittelbar evident, nicht so jedoch die »ökonomische Annexion« bzw. die »ökonomisch-technologisch-juristische«, die den Neokolonialismus ausmacht. An zweiter Stelle spielt eine äußerst negative Rolle, was wir revolutionären Romantizismus nennen könnten: Es war einfach, sich mit Kuba zu identifizieren, das 1961 die von den USA betriebene Invasion in der Schweinebucht abwehrte, oder mit Vietnam, das in den Folgejahren die größte Militärmacht der Epoche zunächst in Schach hielt und dann zum Rückzug zwang, oder mit China, das die nationale Freiheit zuerst gegen den japanischen und dann gegen den US-amerikanischen Imperialismus errang und verteidigte. In unseren Tagen sind die aufgeführten Länder mit unterschiedlichen Bedingungen zur Erhaltung ihrer politischen Unabhängigkeit mittels ökonomischer und technologischer Entwicklung beschäftigt: Das ist eine viel prosaischere und unspektakulärere Aufgabe als der bewaffnete Widerstand gegen einen monströsen militärisch-politischen Goliath, und es ist ein Geschäft, das nicht die Beachtung und Sympathie so vieler im Umkreis der sogenannten radikalen Linken findet, die von revolutionärem Romantizismus befallen sind.

5. »Vergesellschaftetes Elend« oder Sozialstaat? Harvey und das China von Deng

Das falsche Verständnis der Kolonial- und Nationalfrage hat negative Auswirkungen, die über die Deutung des gegenwärtigen internationalen Rahmens hinausgehen. Bei Verdrängung des Demokratieproblems in den Beziehungen zwischen den diversen Ländern und Staaten und des Kampfes zwischen Kolonialismus und Neokolonialismus wird China als ein Land gebrandmarkt, das sich durch einen autoritären, ja sogar neoliberal geprägten Kapitalismus auszeichne. In seiner *Kurzen Geschichte des Neoliberalismus* zählt David Harvey auch das postmaoistische China zu der von ihm analysierten politischen Bewegung, indem er Deng Xiaoping neben Pinochet, Reagan und Thatcher stellt! Doch es ist derselbe marxistische englische Autor, der erklärt, dass die seit Ende 1979 eingeführten ökonomischen Reformen dem großen asiatischen Land helfen, »technologische Kapazitäten zu entwickeln« und »sich besser gegen Aggressionen von außen zu verteidigen« (Harvey, 2007: 142). Diese stellen auch eine Versicherungspolice dar gegen die imperialistischen Versuchungen und Pläne, die die Großmächte pflegen, die verantwortlich dafür sind, einem Fünftel oder Viertel der Weltbevölkerung ein »Jahrhundert der Erniedrigungen« und eine derart radikale Verweigerung der sozialen und ökonomischen Rechte aufgebürdet zu haben, dass es weithin zum Hungertod kam. Doch welchen Sinn hat es, Deng Xiaoping neben Reagan oder ihm gar gleichzustellen, also zwei von ihrer Rolle her entgegengesetzte Persönlichkeiten, die potentiellen Opfer und die potentiellen Protagonisten der »Aggressionen von außen«?

Wir haben ein Buch vor uns, das in seiner von Hellsichtigkeit und intellektueller Aufrichtigkeit geprägten Analyse paradoxerweise am Ende die bereits im Titel anklingende Grundthese leugnet. Sind die von Deng eingeführten Reformen neoliberalistisch? In Wirklichkeit verdankten sie sich der Notwendigkeit, Schluss zu machen mit »diversen Jahren der ökonomischen Stagnation«, trieben unter anderem ein gigantisches Entwicklungsprogramm im Straßenbau voran, »im klassischen Stil von Keynes aus dem Defizit finanziert«, und bewirkten insgesamt ein »erstaunliches ökonomisches Wachstum«, das »einem bedeutenden Teil der Bevölkerung ein wachsendes Lebensniveau« sichert (ebd.: 139, 152 u. 141). Es ist nicht zu übersehen: »China rühmt sich der dynamischsten Wirtschaft und des größten Erfolgs der Welt« (ebd.: 156). Mir scheint, dass all das nichts mit Neoliberalismus zu tun hat!

Doch nicht der ganze durch dieses »außergewöhnliche Wirtschaftswachstum« produzierte Reichtum wird für den Aufbau des

Sozialstaats genutzt. Es gibt auch große Investitionen zur Entwicklung der Produktivkräfte (die Voraussetzung zur Aufrechterhaltung und weiteren Stärkung des Sozialstaats), um aus der Rückständigkeit herauszukommen, die Infrastruktur zu verbessern und den Konsum auszuweiten. Nur so ist es möglich, die gesellschaftliche Basis der Zustimmung zu jener Macht zu erweitern, die aus der Revolution gegen die koloniale und halbkoloniale Macht und das alte Regime hervorgegangen ist. Deng Xiaoping und seine Nachfolger müssen über die Art und Weise nachgedacht haben, wie der Kalte Krieg sich auf ideologischer Ebene entwickelt hat: Während das »sozialistische Lager« stolz den beispiellosen, den ökonomischen und sozialen Rechten garantierten Raum (Vollbeschäftigung, kostenloser Zugang auch zu höheren Bildungsstufen, ärztliche Dienste und Genuss von Urlaubszeit) herauskehrte, führte der Westen, während er auf diesem Feld dagegenzuhalten suchte, indem er hier und da einen mehr oder minder entwickelten Sozialstaat einführte, im Gegenzug rühmend seine entschieden opulentere Konsumgesellschaft ins Feld. Am Ende war es diese letzte Eigenschaft, die erfolgreicher war. Die Grenze zwischen Ost- und Westeuropa, die bei den bestehenden Entwicklungsunterschieden auch eine Grenze zwischen Süden und Norden des Planeten war, wurde von Männern und Frauen überschritten, die von einer seit langem ersehnten Konsumgesellschaft angezogen waren, sich aber nicht bewusst waren, dass sie die bis dahin still genossene, ja als selbstverständlich betrachtete soziale Sicherheit hinter sich ließen. Der Anschein der Selbstverständlichkeit verschwand in den Folgejahren völlig, aber eine Rückkehr war nicht mehr möglich; was bleibt ist, dass eine postkapitalistische Gesellschaft, wenn sie die Herausforderung der Konsumgesellschaft nicht angemessen angeht, auf Dauer nicht in der Lage ist, den Sozialstaat zu verteidigen.

Die Erkenntnis der Notwendigkeit, den Sozialstaat mit der Entwicklung der Produktivkräfte und der Ausweitung des Konsums zu verbinden, hat nichts mit der Politik von Reagan und Thatcher (geschweige denn Pinochet) zu tun. Hierzu kommt derselbe marxistische englische Autor zustimmend zu dem Schluss: »Unter einem bestimmten Gesichtspunkt unterscheiden sich die Chinesen deutlich vom neoliberalistischen Modell. China hat einen großen Überschuss an Arbeitskraft, und wenn es zu sozialer und politischer Stabilität gelangen will, muss es diesen Überschuss absorbieren oder mit Gewalt unterdrücken«. Es hat die erste Option gewählt und ist somit dabei, »wie ein keynesianischer Staat zu handeln, indem es die Kontrolle über Kapital und Wechselkurse behält« und folglich »die globalen Regeln von IWF, Welthandelsorganisation und US-Wirtschaftsministerium« zur Diskussion stellt (ebd.: 162). Also besteht weitab von Übereinstimmung ein Gegensatz gegenüber den Zentren, die neoliberale Politik vorantreiben und verordnen. Auf jeden Fall haben Dengs Reformen, indem sie die Zeit der »ökonomischen Stagnation« hinter sich ließen, es ermöglicht, die Beschäftigung zu entwickeln und die Abschöpfung des Überschusses an Arbeitskraft zu erleichtern: Das sind die wesentlichen Programmpunkte jeder politischen Kraft, die konkret dem Neoliberalismus entgegentreten will.

Ist der Unterschied gegenüber den Machtzentren des Weltkapitalismus und des Neoliberalismus ein belangloser Zufall oder drückt sich darin eine präzise politische Linie aus? In der Tat verfolgen die, die die Macht in dem großen asiatischen Land ausüben, »das Ziel, die Bildung jeglichen kohärenten Machtblocks der Kapitalistenklasse im Inneren Chinas zu verhindern«, betreiben eine Politik, die sich durch »den Versuch, die Bildung einer Klasse von Kapitalisten zu verhindern«, auszeichnet und »dem Kapital eine seiner wichtigsten Waffen gegenüber der Staatsmacht entzieht« (ebd.: 142). Und wieder befinden wir uns in einem Paradox. Der zitierte englische Autor ist ein scharfer Kritiker Dengs, scheint seine Analyse aber zu mögen und deren Gültigkeit Jahrzehnte später zu bekräftigen. »Besteht die Möglichkeit, dass sich eine neue Bourgeoisie entwickelt?« – fragte sich 1985 der chinesische Führer, um sogleich darauf zu antworten: »Es kann sich eine Handvoll bürgerlicher Elemente entwickeln, aber sie bilden keine Klasse«, umso weniger, weil es einen »Staatsapparat« gibt, der »mächtig« ist und im Stande, sie zu kontrollieren; und etwas ähnliches geschah, als Lenin »die NÖP anwandte« (Deng Xiaoping, 1992-95, Bd. 3: 142 f; vgl. Losurdo, 2016, 8.7).

Sicherlich gab (und gibt) es Dinge, die schiefgingen, Herausforderungen und Gefahren. Doch »die anfänglichen Initiativen von Seiten ausländischer Unternehmen, den Binnenmarkt Chinas in Bereichen wie dem Automobilbau und der Industrieprodukte zu kolonisieren, blieben erfolglos« (Harvey, 2007: 150). Zum selben Schluss kommt ein britischer konservativer Historiker: Die US-amerikanischen Multinationalen Konzerne hofften, das große asiatische Land kolonisieren zu können, und waren überzeugt, sich dazu wirtschaftlicher Sonderzonen bedienen zu können. In der Tat haben diese China erlaubt, »ein lebenswichtiges *know how* zu bekommen« (Ferguson, 2008: 585f). Nun mit den Worten des britischen marxistischen Autors: »China war offen für Austausch mit dem Ausland und ausländische Investitionen, sei es auch unter strikter Aufsicht des Staates, und machte damit der Isolierung des Landes vom Weltmarkt ein Ende« (und der Isolierung von der weiter entwickelten Technologie der Welt) (Harvey, 2007: 140). Man kann hinzufügen, dass Mao sich seinerzeit sehr gehütet hat, die Rückkehr von Hongkong und Macao ins Mutterland zu beschleunigen, offenbar mit dem Ziel, der von Washington betriebenen Politik der ökonomischen Strangulierung und technologischen Apartheid etwas entgegenzusetzen; die noch nicht wieder zurückgewonnenen Kolonien konnten auf ziemlich niedrigerem Niveau die Funktion haben, die man später den wirtschaftlichen Sonderzonen zuwies.

Und erneut stellt sich die Frage: Welchen Sinn hat es angesichts all dieser Dinge bezüglich des von Deng eingeführten neuen Wegs von Neoliberalismus zu sprechen, ja von »Übereinstimmung mit der neokonservativen Woge, die in den USA grassiert« (ebd.: 173)? Reicht es, um diese Anschuldigung plausibel zu machen, aus, auf »die schnelle soziale Polarisierung« zu verweisen, auf die Tatsache, dass »die regionalen Unterschiede sich vertieft haben« (ebd.: 164) und dass »die eiserne Reisration« abgeschafft wurde, durch die den in der Staatswirtschaft beschäftigten Arbeitern (aber nicht den Bauern) unabhängig auch von der erbrachten (oder nicht erbrachten) Arbeit ein Minimum an Leistungen und sozialer Sicherheit garantiert war? Ist diese Abschaffung gleichzusetzen mit neoliberalistischem Abbau des Sozialstaats? Würde man diese Frage bejahen, käme man zu einer offenbar absurden Schlussfolgerung: Man müsste feststellen, dass in China, wo (unter Umständen auch infolge der schwierigen internationalen Lage und des von Washington verhängten verheerenden Embargos) Millionen von Menschen vom Tod durch Hunger bedroht waren oder ihn erlitten, daran der Sozialstaat schuld war, der dann genau in jenen Jahrzehnten verschwand, in denen hunderte Millionen von Menschen von der Todesgefahr durch Hunger und Armut befreit wurden.

Es ist eine Sache, die »sozialen und ökonomischen Rechte« prinzipiell zu bestätigen, und eine ganz andere, sie zu realisieren, was eine gewisse Entwicklung der Produktivkräfte und des gesellschaftlichen Reichtums voraussetzt. In einer Situation verzweifelter Armut ist man gezwungen, eine Hierarchisierung der »sozialen und ökonomischen Rechte« vorzunehmen und selbstverständlich dem Recht auf Leben den Vorrang einzuräumen. Dadurch, dass sie den Wettbewerb und produktives Engagement einschränkt, ist »die eiserne Ration Reis« in der Tat ein Hindernis gewesen für die konkrete Bejahung des Rechts auf Leben und damit der Einführung erster Rudimente des Sozialstaats. Von einer solchen Schlussfolgerung wendet sich erstaunt oder gar erschreckt ab, wer sich den Aufbau des Sozialstaats als geraden Weg vorstellt; doch auch in diesem Fall erweist der historische Prozess seinen komplexen und windungsreichen Charakter.

Gegenüber der Garantie für das Recht auf Leben war alles andere wie die »regionalen Unterschiede« oder die »soziale Polarisierung«, die der marxistische britische Autor hervorhebt, zweitrangig, wobei er ja selbst konstatiert, dass »der Egalitarismus in China als langfristiges Ziel nicht aufgegeben wurde« (Harvey, 2007: 139). Es handelt sich nicht um eine formale Hommage an eine hohle Theorie. Einer der Pfeiler der von Deng und seinen Nachfolgern verfolgten Politik sind die riesigen Investitionen für Modernisierung und Entwicklung der Infrastrukturen: Sie entsprechen nicht der Logik des Profits – nicht selten sind sie defizitär –, sondern zielen neben der Förderung der Produktivität des gesamten Wirtschaftssystems darauf ab, die geografisch und historisch benachteiligten Regionen an die Lokomotive des schnellen Wachstums anzukuppeln. Es ist hinzuzufügen, dass die reichsten und am besten entwickelten Regionen allgemein schon heute gehalten sind, auf vielfältige Weise die ärmeren und relativ rückständigeren zu unterstützen.

Insofern ist die These, die »regionalen Unterschiede« seien dabei, sich zu vertiefen, überholt: In den letzten Jahren haben weniger entwickelte Regionen eine schnellere Wachstumsrate erlebt als die avancierten Küstenregionen, während im Zentrum des Landes auch auf technologischer Ebene wichtige Metropolen aufblühen (Chonquing, Chengdu, Xian). Über die regionalen Unterschiede hinaus verringern sich tendenziell auch die Ungleichheiten zwischen Stadt- und Landbewohnern im Inneren einzelner Regionen: 2013 haben die ersteren inflationsbereinigt ihr Einkommen um 7 % wachsen gesehen, die letzteren um 9,3 % (Wassener, 2014).

Und all das dank der von der Zentralregierung durchgeführten gigantischen Investitionen und ermöglicht durch die erstaunliche Entwicklung der Produktivkräfte, die auf den Abschied von der »eisernen Reisration« folgte. Es zeigt sich darin ein Paradox. »Die soziale Ungleichheit ist in der revolutionären Epoche nie ausgerottet worden, die Unterschiedlichkeit zwischen Stadt und Land ist sogar gesetzlich sanktioniert worden« mittels einer Art inländischen Passes, der den Zulauf vom Land in die Stadt behinderte (und noch behindert) (Harvey, 2007: 164). In unseren Tagen nun ist diese »Unterschiedlichkeit« geringer geworden: Einerseits ist die Grenze zwischen Stadt und Land durchlässiger geworden und der interne Pass weniger rigide und in manchen Fällen verschwunden oder im Verschwinden begriffen; andererseits reduziert sich in Folge des schnellen und massiven Urbanisierungsprozesses die Zahl jener, die von solcher »Unterschiedlichkeit« negativ diskriminiert sind. Unter dem Strich ist die Ungleichheit zwischen Stadt und Land seit den Reformen Dengs und der damit verbundenen Entwicklung der Produktivkräfte nicht mehr so krass.

Umso mehr, als die Zentralregierung über die finanziellen hinaus dabei ist, bedeutende menschliche Ressourcen in die ärmeren Regionen zu transferieren. In der *International New York Times* (2013b) hieß es:

> Finanzielle Ressourcen sind den armen Schulen auf dem Land übertragen worden, um neue Gebäude zu errichten und alte zu modernisieren. Lehrer sind aus den Städten in ländliche Gegenden versetzt worden und umgekehrt. Solidere städtische Schulen sind mit ländlichen verkoppelt worden mit dem Ziel, die Lehrmethoden zu verbessern. Und in Übereinstimmung mit einer neuen Strategie haben starke Schulen sich der Verwaltung der schwachen angenommen.

Natürlich stellt die von Harvey unterstrichene »soziale Polarisierung« noch immer eine Belastung dar. Doch hier ist zuallererst zu bemerken, dass sie überhaupt nicht erstaunlich ist. Es ist eine alte Dialektik in der Geschichte der sozialistisch ausgerichteten Länder. In den Jahren 1936/37 stellte Trotzki fest, als er eine Bilanz für das aus der Oktoberrevolution hervorgegangene Land zog, dass dieses »in seiner ersten Periode unleugbar einen viel egalitäreren Charakter hatte«; »doch seine Gleichheit war die der gemeinsamen Armut«, und »die Ressourcen des Landes waren so gering, dass sie keine Distanz zwischen den Massen und relativ privilegierten Schichten erlaubten«; und hinzu kommt, dass »die ›gleiche‹ Bezahlung zu einem Hindernis für die Entwicklung der Produktivkräfte wird, indem sie den individuellen Antrieb unterdrückt«. Es waren die Jahre des (verzweifelten) »vergesellschafteten Elends«, oder, um hier den Ausdruck Gramscis zu gebrauchen, des »Kollektivismus des Elends und des Leids«, oder, um es schließlich mit Deng Xiaoping zu sagen, der »eisernen Reisration«, die sicherlich egalitär verteilt wurde, aber so spartanisch, dass sie nicht einmal das Überleben garantieren konnte. Genauer: Die »Gleichheit des vergesellschafteten Elends« (Trotzki) und der »Kollektivismus des Elends« (Gramsci) waren als Gleichheit und Kollektivismus mehr scheinbar als real, bzw. real auf quantitativer, aber nicht auf qualitativer Ebene: Unter der Bedingung extremer Armut bedeutet auch das kleinste Stückchen Brot, das das Überleben sichern kann, eine absolute qualitative Ungleichheit, nämlich die zwischen Leben und Tod (Losurdo, 2016, 7.2, 7.3 u. 7.6). Der erste Schritt im Aufbauprozess des Sozialstaats besteht in der endgültigen Überwindung dieser absoluten qualitativen Ungleichheit; und damit sind wir wieder bei der Notwendigkeit, die Produktivkräfte zu entwickeln.

Das Wachstum des gesellschaftlichen Reichtums ermöglicht das Entstehen der »sozialen Polarisierung« und macht diese in einer ersten Phase sogar unvermeidbar. Aufgrund des »historisch-geografischen Materialismus«, zu dem sich Harvey zu Recht bekennt (2013: 1), ist leicht einzusehen, dass die ersten Regionen, die sich entwickeln, jene sind, die aufs Meer blicken und Ländern gegenüberliegen, die durch eine starke Dynamik in der Ökonomie und im Handel gekennzeichnet sind. Doch weder die Abkehr vom »vergesellschafteten Elend« oder dem »Kollektivismus des Elends«, die dem Kriegskommunismus eigen sind, noch die Überwindung des Prinzips der »eisernen Reisration« stehen für einen Umschwung zum Neoliberalismus, wie auch die harte Kritik, die das *Kommunistische Manifest* an die Anhänger des Ideals einer Gesellschaft im Zeichen »eines allgemeinen Asketismus und einer rohen Gleichmacherei« richtet, kein neoliberalistisches Glaubensbekenntnis ist: Jene betrachten sich als Sozialisten, beschränken sich aber in Wirklichkeit darauf, dem »christlichen Asketismus einen sozialistischen Anstrich zu geben« (MEW, 1955-89, Bd. 4: 489 u. 484).

Das historische Gesamturteil über den neuen, von Deng eingeschlagenen Kurs hängt offensichtlich davon ab, wie die »gesellschaftliche Polarisierung« inzwischen angegangen wurde und zukünftig angegangen wird. Auch auf dieser Ebene kursieren wichtige Neuigkeiten: »Nach einer Studie der Boston Consulting Group (BCG) wachsen die chinesischen Löhne seit 2000 zweistellig [...]. Schließlich drängte die Partei jedes Mal, wenn die Arbeiter einer Fabrik Zeichen von Unzufriedenheit zeigten, auf sofortige Lohnerhöhungen, um den sozialen Frieden zu erhalten« (Taino, 2013). Bezeichnend ist auch, was im Schulsystem vor sich geht. Es ist dabei, so die zitierte *International New York Times* (2013b) weiter, eine gegenüber der Vergangenheit »egalitärere« Form anzunehmen; jedenfalls werden in dem von der Kommunistischen Partei regierten Land im Gegensatz zu den USA, wo die Schulen in letzter Instanz auf Zensus-Basis gegliedert sind, »Studenten unterschiedlicher sozialer Herkunft und Fähigkeit unter demselben Dach unterrichtet«. Es kündigen sich auch ambitionierte Pläne zu den Steuern und der Neuverteilung der Einkommen an. Die soziale Polarisierung wird also, auch wenn sie noch weit vor ihrer Überwindung steht, aus verschiedenen Richtungen angegangen.

Im Übrigen wäre es falsch, die Analyse nur auf den nationalen Rahmen zu beschränken: »in den 90er-Jahren hat China begonnen, die Rate des Neuwerts zu steigern« (Harvey, 2007: 159), ein Prozess, der sich in den letzten Jahren deutlich darin niedergeschlagen hat, die »große Divergenz«, die seit Jahrhunderten den Westen vom Rest der Welt abhebt, fühlbar zu reduzieren. Damit haben wir ein weiteres Resultat, das bewusst und kontinuierlich von der chinesischen Führung verfolgt wird, aber gewiss nicht zu den Zielen des Neoliberalismus zählt.

In unseren Tagen stellen nicht wenige Analysten fest, dass dem »Washington Consensus« (Synonym für Neoliberalismus) der »Beijing Consensus« entgegengesetzt wird, in dessen Zentrum eine von einem mehr oder weniger großen staatlichen Wirtschaftssektor geförderte und erleichterte Entwicklungspolitik steht, auf die vor allem die Länder der Dritten Welt ihr Augenmerk richten; und um den Kampf gegen den »Beijing Consensus« besser führen zu können, gefällt es den USA und der EU weiterhin nicht, China den Status einer Marktwirtschaft zuzuerkennen. Eben darauf zielt auch jene Art ökonomischer NATO ab, die Obama sich zu realisieren vorgenommen hatte und die als Zulassungsbedingung unter anderem die Zerschlagung des staatlichen Wirtschaftssektors festschreibt.

Natürlich ist der Kontrast zwischen China auf der einen Seite und dem Westen, insbesondere den USA, auf der anderen deutlich. Aber gerade deshalb muss man ganz genau hinschauen. Ein empirisches Herangehen, das sich darauf beschränkt, das Niveau der Löhne und der sozialen Unterstützung zu messen, kann einem konkret vorkommen und doch umso abstrakter sein. Es abstrahiert nämlich vom Wesentlichen: dem Entwicklungsstadium, in dem sich die verglichenen Länder befinden, und dem Entwicklungstrend, der für sie charakteristisch ist. Während in China (mit einem noch relativ niedrigen Pro-Kopf-Einkommen) der Sozialstaat im Aufbau ist, befindet er sich im Westen insgesamt auf dem Weg des Abbaus; während im ersten Fall alle Voraussagen (auch westliche) von einer schnellen Vergrößerung der Mittelschicht sprechen, zieht im zweiten Fall niemand deren fortschreitende Verringerung und die wachsende soziale Polarisierung in Zweifel; während in dem großen asiatischen Land die regionalen Ungleichheiten anfangen, in Folge des besonders in den letzten Jahren von den (aus historischen und geografischen Gründen) traditionell ärmeren und mehr zurückgebliebenen Regionen erreichten schnellen Entwicklungsrhythmus Rückgangssignale aufzuweisen, tritt im Westen in einem Land wie Italien der Unterschied zwischen Nord und Süd bis hin zu einem Bruch der nationalen Einheit beängstigend zu Tage. In China werden dank des Insistierens auf dem Motiv der »allgemeinen Prosperität« die verbleibenden Hindernisse auf dem Weg, der zur Realisierung dieses Ziels führt, als Felsbrocken wahrgenommen, die den vollen Genuss der sozialen und ökonomischen Rechte behindern und zu deren schnellstmöglicher Beseitigung die Gesellschaft aufgerufen ist; im Westen haben wir dagegen Thatcher die Nichtexistenz der Gesellschaft ausrufen gesehen, wenn soziale Schichten in schwieriger und hoffnungsloser Lage von dieser etwas wollten. Und schließlich: »Sind die chinesischen Millionäre und Milliardäre tatsächlich Eigner ihres Besitzes und können sie ihn z. B. frei aus China hinausschaffen?« (Piketty, 2013: 875).

Während Harvey den vermeintlichen Abbau des Sozialstaats im China von Deng kritisiert, sieht er auf der anderen Seite den »radikalen Egalitarismus« und das »Gleichheitsprinzip« in den »revolutionären Bewegungen von der Einnahme der Bastille bis zum Tienanmen-Platz« Form annehmen (2011: 232f)! Doch es werden keine Argumente angeführt zum Beweis der These, dass zu den Anhängern des »radikalen Egalitarismus« die chinesischen Aufständischen von 1989 zu zählen seien. Es war das Jahr, in dem der Neoliberalismus weltweit und auch in Osteuropa siegte: Um an der Revolte teilzunehmen, machte sich Liu Xiaobo aus den USA zur Rückkehr nach Peking auf, ein nicht nur, wie wir bereits gesehen haben, erklärter Befürworter des Kolonialismus, sondern auch des Totalabbaus der staatlichen und öffentlichen Wirtschaft. Hätte die von der US-Botschaft ermutigte und Schritt für Schritt begleitete Bewegung, auf eben die Harvey unverständlicherweise mit so viel Sympathie schaute, den

Sieg errungen, dann hätte letztendlich auch in dem großen asiatischen Land der Neoliberalismus gesiegt!

Die Linke hat sich glücklicherweise von der alten, illusorischen und von der Geschichtsphilosophie garantierten Gewissheit gelöst, dass die leuchtende Zukunft unweigerlich den Sieg davontragen werde. Und mit genau diesem neuen kritischen Bewusstsein muss die chinesische Volksrepublik betrachtet werden. Es gilt, sich auf die Gegenwart zu konzentrieren: Wenn sie unkritisch der unter Regie der USA orchestrierten antichinesischen Kampagne folgt, wird die westliche Linke letzten Endes zum Anhängsel jener politischen und ökonomischen Kräfte, die den Sozialstaat abbauen und den neoliberalen »Washington Consensus« weltweit triumphieren lassen wollen.

6.
Die radikale Linke, Žižek und die Delegitimierung des Sozialstaats

Es ist nicht möglich, ohne adäquate Finanzressourcen den Sozialstaat zu realisieren oder zu erhalten, und solche stehen dank der Steuern zur Verfügung, die besonders auf den reichsten Klassen lasten, d.h. dank der Progressivsteuer. Man kann gut verstehen, dass diese das bevorzugte Angriffsziel der Besitzstandswahrung und des Neoliberalismus ist; doch gegenwärtig nimmt sie auch der möglicherweise bekannteste Vertreter der radikalen Linken ins Visier. Zur Erklärung muss man von Deutschland ausgehen. In dem Land, das unter dem Druck der Arbeiter- und sozialistischen Bewegung als erstes genötigt war, das Massenelend als »Soziale Frage« anzugehen und sich mit dem Aufbau des Sozialstaats zu befassen, hat kürzlich ein neoliberaler Philosoph öffentliche Aufmerksamkeit gewonnen, der kein Blatt vor den Mund nimmt. Mit Blick auf die Steuerprogression tönt er gegen die »erzwungene Umverteilung«, gegen das »herrschende Zwangssteuersystem«, gegen das »bürokratische Ritual der Zwangsabgaben«. Um damit Schluss zu machen, müssten der »Gemeinsinn« intensiviert und die »Bedeutung der Großzügigkeit« wiederentdeckt werden, die »Ethik des Gebens« und die »Ethik der Gabe«. Kurz: »In einer demokratischen Gesellschaft [müssten] Steuern aus Zwangserhebungen in freiwillig erbrachte Bürgerspenden für das Gemeinwesen umgewandelt werden« (Sloterdijk, 2013: 8ff).

Kraft dieser »Philosophie« sehen sich die Protagonisten der Steuerflucht in der Tat legitimiert und in Champions des Widerstands gegen staatlichen »Zwang« verwandelt, während die Befürworter des Sozialstaats und des Kampfes gegen Steuerflucht indirekt als Feinde der Freiheit abgestempelt werden. Damit sind wir mehr als 150 Jahre in der Geschichte zurückgeworfen!

Bereits zu Beginn des 19. Jahrhunderts polemisierte Friedrich Schleiermacher gegen die, die bezüglich der Sozialfrage behaupten, dass die »christliche Liebe«, der »gute Wille der Einzelnen durch ein äußeres Gesetz gehemmt wird«. Später verurteilte Friedrich J. Stahl, ein Spitzenvertreter des deutschen Konservatismus, Hegel folgendermaßen: In seinem System, das ganz durchdrungen ist vom *Pathos* des Ethischen, d. h. von politischen Institutionen, die geeignet wären, dem Massenelend ein Ende zu setzen und die Freiheit konkret zu machen, ist kein Platz für die »*Carität*«, die »Caritas«, die sich »nur von Person zu Person« entwickeln kann.

Das ist ein Motiv, das einem nicht nur in der religiösen Kultur begegnet. In eben dieser Zeit fügt der Liberale Carl von Rotteck, nachdem er bestritten hat, dass die Armen ein Recht auf Unterstützung und Hilfe durch die Gesellschaft hätten, hinzu, dass das Fehlen einer rechtlichen Pflicht seitens der politischen Macht, weit davon entfernt, den Armen zu schaden, ihnen sogar helfe, insofern es die Generosität und die Wohltätigkeit der Reichen stimuliere: »Was man aus Rechtsschuldigkeit tut, wird in der Regel minder eifrig getan, als was aus selbsteigener, mithin verdienstlicher Entschließung fließt, und daher durch ein edles Selbstbewusstsein sich belohnt«. Das ist ein Gemeinplatz der zeitgenössischen Kultur. In Frankreich verdammt Tocqueville die »gesetzliche Caritas« (also die Unterstützung der Armen durch die Nutzung von Mitteln, die der Staat sich durch die Auferlegung von Vermögensteuer verschafft) mit dem Argument, dass »der Reiche, den das Gesetz, ohne ihn zu fragen, um einen Teil seines Überflusses bringt, im Armen nichts als einen gierigen Fremden sieht, den der Gesetzgeber zur Teilhabe an seinen Gütern auffordert«. In Großbritannien geht Herbert Spencer noch weiter: Den Staat und staatlichen Zwang zu nutzen, um die Reichen zu zwingen, auf einen Teil ihres Reichtums zu verzichten und so zur Verbesserung der Lage der Armen beizutragen, bedeutet, per Gesetz die Ausübung der christlichen Tugend der Nächstenliebe und der Caritas anzuordnen. Als wolle man die »Amtskirche« unseligen Angedenkens exhumieren! Während also der alte *Abweichler* für Respekt gegenüber der Spontaneität des authentischen religiösen Gefühls kämpfte, »betont der neue *Abweichler*, was die Gesetze für die Armen angeht, dass Caritas immer desto umfassender und wohltätiger sein werde, je freiwilliger sie wäre«; während der alte Abtrünnige jeglicher Autorität das Recht abstritt, seiner religiösen Überzeugung Vorschriften zu machen, wirft »der neue der institutionalisierten Caritas vor, dass keiner das Recht habe, sich zwischen ihn und die *Ausübung* seiner Religion zu stellen«, und lehnt empört »die Einmischung des Staats in die Ausübung einer der wichtigsten Vorschriften des Evangeliums« ab. Neben der Verteidigung der politischen Freiheit habe der liberale oder liberalistische *dissenter* das Verdienst, auch die Religionsfreiheit selbst zu verteidigen.

Den Streitern für die »christliche Liebe«, die »Caritas« und deren Spontaneität hat Hegel eine denkwürdige Antwort erteilt, jener Philosoph, der direkt oder indirekt das Hauptziel ihrer Kritik ist:

> Befehle werden auf diese Weise oft übel genommen, wie z. B. bei den Armensteuern, wo jeder den Beitrag seiner eigenen Mildthätigkeit anheim gestellt lassen sein will. Allein es ist dieses ein unrichtiges Verhältnis, in das das Individuum sich zu den Gesetzen stellt. Die vortrefflichsten Gesetze sind die, die das befehlen, was die Menschen von sich selbst thun, dieß ist der eigentliche, wahre Sinn der Gesetze, daß nichts vorgeschrieben ist, als was der eigene Verstand, die Vernunft des Menschen thut, eine Regulierung tritt dann nur bei dem Quantum ein.

Und denjenigen, die es beklagen, dass die Existenz gesetzlicher Pflichten die Spontaneität ihrer moralischen Gefühle ersticke, antwortet Hegel, dass es absolut niemand benommen sei, mit größter Selbstverständlichkeit das zu erfüllen, was sich im Übrigen das Gesetz mit Recht vorzuschreiben bemühe: »die [anständigen] Menschen stehlen nicht, nicht weil es verboten ist, sondern sie unterlassen es von selbst« (Vgl. dazu Losurdo 2000, 8.5 u. 10.5). Doch wie erinnerungswürdig diese Lehre auch ist, scheint sie doch völlig vergessen zu sein. Gewiss spricht man heute nach dem Prozess einer radikalen Säkularisierung, der inzwischen stattgefunden hat, nicht mehr von »christlicher Liebe« oder (christlicher) »Caritas«, wie es Schleiermacher wie Stahl taten, doch inhaltlich unterscheidet sich das von Sloterdijk angestimmte Loblied auf »Gemeinsinn«, »Großzügigkeit«, »Gabe« und »Ethik des Gebens« nicht davon. Und in dieselbe Richtung geht die Warnung von Robert Nozick (1981: 35 u. 247): Man kann zwar an ein reiches Individuum appellieren, ein »Opfer« zugunsten der Armen zu bringen, doch »niemand ist fähig, es dazu zu zwingen, am allerwenigsten ein Staat oder eine Regierung«; wenn jemand im Übrigen eine mehr oder weniger egalitäre Gesellschaft realisieren möchte, hindert ihn niemand daran, »einen Teil oder all seine Besitztümer zu übertragen, um sich damit weitestmöglich der (zumindest zeitweisen) Verwirklichung des gewünschten Modells zu nähern«.

Unter Anwendung einer mehr laizistischen Ausdrucksweise liebt es der heutige Liberalismus, sich bisweilen rebellische, gar anarchische Tendenzen anzuverwandeln. Dieser Trend findet seinen elaboriertesten Ausdruck im »Anarcho-Kapitalismus«, der weiter das alte konservative Dogma von der absoluten Unverletzlichkeit des Privateigentums und der Sphäre der Ökonomie proklamiert, dabei aber auf das neue und betörendere Panier einer dermaßen radikalen Staatsgegnerschaft schwört, dass es an Anarchismus grenzt! Nicht zufällig hat der »Anarcho-Kapitalismus« vor allem in den USA Fuß gefasst (man denke vor allem an Murray N. Rothbard), wo seit je die Versuche, den Sozialstaat einzuführen, vom konservativen Hegemon als Synonym für Despotismus und Totalitarismus verfemt werden.

In unseren Tagen aber zeigt sich ein neues, erstaunliches Phänomen. Während er im liberalen Umkreis scharfe und manchmal verächtliche Polemik hervorrief, konnte sich der radikale Neoliberalismus Sloterdijks der weithin zustimmenden Reaktion Žižeks erfreuen. Dieser reservierte seine Ironie für die »(voraussehbare) Abwehrhaltung der Linken gegen Sloterdijk« und die von ihm vorausgesagte »Kulturrevolution«. Nach Žižek ist es paradox, dass die »misanthropische Prämisse kräftig gerade von dem Teil der Linken vertreten wird, der sonst Solidarität predigt: die Menschen sind grundsätzlich egoistisch, sodass sie gezwungen werden müssen, zum gemeinsamen Wohlergehen beizutragen, und nur der Staat kann mit Hilfe seines Zwangsapparats die Aufgabe erfüllen, Solidarität und notwendige Umverteilungen zu garantieren« (Žižek, 2013: 146f). Es lohnt zu erwähnen, dass Engels genau umgekehrt argumentierte: In seinen Augen war »das Prinzip der Besteuerung ein rein kommunistisches«, weil es die These von der absoluten Unverletzlichkeit des Privateigentums zur Diskussion stellte. Wenige Jahre später wurde die »starke Progressivsteuer« Bestandteil des im *Kommunistischen Manifest* formulierten Programms (MEW, 1955-89, Bd. 2: 548 u. Bd. 4: 481).

Doch konzentrieren wir uns auf die aktuell im Westen laufende Debatte. Nachdem sich die von Schleiermacher respektive Stahl bemühten »christliche Liebe« und christliche »Caritas« in der Sprache Sloterdijks in »Gemeinsinn«, »Großzügigkeit«, »Gabe« und »Ethik des Schenkens« verwandelt hatten, nutzen sie heute das Mäntelchen der »Solidarität«, die jedoch freiwillig und spontan bleibt. Die Zurückweisung des Zwangs durch die objektive rechtliche, vom Staat sanktionierte Norm bleibt in Kraft. Die Schlussfolgerung ist eindeutig und schrill:

> Wir sollten den gegenwärtigen Etatismus hinter uns lassen, jenes absolutistische Relikt, das seltsamerweise in unserer demokratischen Epoche überlebt hat: die erstaunlicherweise auch in der traditionellen Linken verwurzelte Idee, dass der Staat das unbestreitbare Recht habe, seine Bürger zu besteuern, ihr Produkt zu beschneiden und sich teilweise mittels gesetzlichen Zwangs (wenn nötig) anzueignen (Žižek, 2013: 145ff).

Es ist allerdings nötig anzumerken, dass diese Anklage gegen den »Steuerzwang« ziemlich selektiv vorgeht. Und es handelt sich um eine deutliche, wenn auch nicht ausgesprochene Selektion: Heute ist »die produktive soziale Schicht, die am meisten ausgebeutet wird, nicht mehr die Arbeiterklasse«, es sind nicht die Migranten oder die *working poor*. Nein, wer das Hauptgewicht der Ausbeutung zu tragen hat, ist »die Mittelklasse (oder obere Mittelklasse): sie sind es, die wirklich

›geben‹, indem sie die überzogenen Abgaben zur Finanzierung von Bildung, Gesundheit etc. der Mehrheit zahlen« (ebd.: 145). Warum wird der »Zwang« nur bezüglich der »Mittelklasse« oder der »oberen Mittelklasse« beklagt oder des Großbesitzes, auf den hingegen Sloterdijk Bezug nimmt? Tatsächlich bedeutet Besteuerung ja Zwang, und da es schwierig ist, sich eine organisierte Gesellschaft ohne Steuererhebung vorzustellen, geht es darum, sich nicht zwischen Zwang und fehlendem Zwang zu entscheiden, sondern zwischen unterschiedlichen Formen der Zwangsabgabe. Seinerzeit hat Bentham freilich die Verbrauchssteuern als »freiwillig« definiert, wie sie auch Montesquieu als »der Freiheit verwandter« ansah als die »Prokopfsteuer« (oder die Steuer auf Besitz und Einkommen), die als »der Sklaverei verwandt« verdammt wurde. Doch trotz der Autorität der Verfasser, die das so formuliert haben, ist diese Meinung völlig unbegründet. Die Verbrauchssteuer ist ein Zwang, den der Staat nicht nur auf die Masse der Konsumenten ausübt, sondern auch auf die Verkäufer einer bestimmten Ware, und es ist ein ständig wiederholter und letztendlich alltäglicher Zwang. Wie man an den beiden Stellungnahmen sieht, wird von der liberalen Tradition noch vor der Progressionssteuer (die Sloterdijk und Žižek ins Visier nehmen) die direkte Steuer an sich als freiheitstötend und Totengräberin der Spontaneität getadelt. So sind wir also gezwungen, zwischen den Zwängen zu wählen.

Verletzen Progressionssteuer und Steuerbefreiung zu Gunsten der weniger Wohlhabenden das Gleichheitsprinzip? Das war die Meinung von Constant, für den es nicht zulässig war, die Armen als »eine privilegierte Kaste« zu behandeln. Das war eine Wortmeldung, die in einer Zeit fiel, in der der Doppeleffekt von Hungersnot und Inflation für breite Massen Hunger bis hin zum Hungertod mit sich brachte, und diese Verteidigung der Ungleichheit auf Steuerebene ging bei dem liberalen Franzosen Hand in Hand mit der Theorie des Ausschlusses der angeblich »privilegierten Kaste« vom Genuss politischer Rechte.

Doch wir wollen Constants Einwand ernst nehmen und ihn diskutieren: Erfährt der einer Progressivsteuer unterworfene Reiche eine negative Diskriminierung? In Wirklichkeit hat unterhalb eines gewissen Einkommensniveaus die gleiche vom Fiskus eingezogene Geldmenge eine qualitativ unterschiedliche Bedeutung. Für einen Armen kann auch ein bescheidener Steuerbetrag dramatische Folgen haben wie den Verzicht auf höhere Bildung und gesellschaftliche Mobilität für die eigenen Kinder, den Verlust der Wohnung, Hunger und im Extremfall Hungertod. Mit anderen Worten: Es ist die Abschaffung der Progressivsteuer, die eine mehr oder weniger schwere negative Diskriminierung zu Lasten der unteren, zum Elend verdammten oder ihm ausgesetzten Klassen mit sich bringt.

Auch der Appell, vom Zwang zur Freiwilligkeit und von der objektiven, bindenden Norm zur mitfühlenden Spontaneität überzugehen, geht selektiv vor. In der ersten Hälfte des 19. Jahrhunderts verurteilte der rheinische Großindustrielle David Hansemann Versuche, eine staatliche Regelung der Arbeitszeit und der Arbeitsbedingungen (vor allem der Frauen und Kinder) einzuführen, mit dem uns bereits bekannten Argument: »Hegelianer und Sozialisten« wollen die Wärme der »Liebe« durch die Kälte des Staates und der juristischen Norm ersetzen. Sollen wir für die »Liebe« oder »Gabe«, für die »Ethik des Schenkens« und die »Solidarität« nur das Steuersystem reservieren oder auch die Regulierung des Arbeitstages? Dieses Problem stellen sich Sloterdijk und Žižek nicht, die den staatlichen Zwang nur im zweiten Fall als legitim zu betrachten scheinen, ohne jedoch die Gründe für diesen Unterschied zu erläutern.

Man muss noch weiter gehen: Worin bestehen die Grenzen der Sphäre, in der es richtig ist, das Prinzip der klaren Überlegenheit der (auf Spontaneität und Wärme der Gefühle basierenden) intersubjektiven Beziehung zur Geltung zu bringen, gegenüber der kalten, vom Staat verhängten Besteuerung? Nach Schelling galt dieses Gesetz nicht nur für die Soziale Frage, sondern auch für die politisch-konstitutionelle. In den Augen des großen Philosophen, der in der letzten Phase seines Lebens Anhänger der Positionen des rigidesten Konservatismus war, war die Forderung nach einer in einer Aneinanderreihung von harten und kalten Normen aufgeschriebenen und formulierten Verfassung sinnlos und die Begeisterung für die »geschriebenen Buchstaben« unverständlich, die dazu führte, das Wesentliche zu übergehen und zu verleugnen, nämlich das »persönliche Verhältnis zwischen

Herrscher und Untertanen«, ihre »innerste Gesinnung«, das »ins Herz geschriebene Gesetz« (Losurdo, 1997, 11.3). Das waren die Positionen eines breiten politischen Lagers und auch die von Friedrich Wilhelm IV. von Preußen. Und noch ein letztes von Žižek und Sloterdijk ignoriertes Problem: Warum auf der Hälfte des Wegs stehenbleiben bei der Kritik der »misanthropischen Prämisse« und der Forderung nach dem Prinzip der »Solidarität« und der »Ethik des Schenkens«? Warum Zwang und Etatismus nur für die Steuerordnung zurückweisen und nicht auch für die konstitutionelle?

Ich habe auf die harten, in der Zeitschrift *liberal* durch den Beitrag Sloterdijks hervorgerufenen Reaktionen angespielt, der empört von der gegen ihn erhobenen Anklage berichtet, er wolle den Sozialstaat durch Bettelei ersetzen (Sloterdijk, 2012: 13). Doch die Gründe für eine solche Empörung sind nicht verständlich: In einer vielleicht noch drastischeren Sprache vergleicht die Hegelsche *Rechtsphilosophie* (§ 242 A) das Vertrauen auf Wohltätigkeit mit dem »Lampenbrennen bei Heiligenbildern«. Nicht zufällig äußert sich so ein Philosoph, der über das »Recht auf Leben« und die »materiellen Rechte« geschrieben hat. Und hier taucht die zentrale Frage auf: Die Verurteilung des (von den privilegierten Klassen erlittenen) Steuerzwangs und des Sozialstaats bedeutet in letzter Instanz die Verneinung der Legitimation der sozialen und ökonomischen Rechte, die, wie wir aus Hayeks Unterstellung wissen, das Resultat des von der »russisch-marxistischen Revolution« ausgeübten Einflusses sind. Es ist nicht überraschend, dass diese Rechte das Ziel der neoliberalistischen Offensive bilden; was darüber hinaus zu denken gibt, ist, zu welchem Kredit eine solche Offensive bei einer von staatsfeindlichen und anarchistischen Parolen faszinierten Linken gelangt.

Um genau zu sein, sind es nicht nur die sozialen und ökonomischen Rechte, die zur Diskussion gestellt oder von der in Gang befindlichen Kampagne gegen Steuern ausgehöhlt werden, sondern auch die politischen. Das große Geld hat die aktuellen Predigten, Zeugnis abzulegen von seiner Generosität, seiner Verbundenheit mit der »Ethik des Schenkens« und dem Prinzip der »Solidarität«, nicht abgewartet: Massiv finanziert es politische Bewegungen und Parteien,

NGOs, Unternehmen aller Art, in denen es sich wiedererkennt oder auf die es seine Hoffnung setzt. Doch was in den USA kritisiert wird als ein wesentliches Element der Krise der Demokratie, die immer deutlicher von der »Plutokratie« verdrängt wird, ist gerade diese Möglichkeit des Großen Geldes, sich unbegrenzt der »Ethik des Schenkens« und der »Solidarität« zum Nutzen einer politischen Partei und zum Schaden einer anderen hinzugeben. Aber diese Kritik ist partiell und lückenhaft; sie vergisst, dass die Hochfinanz auch in internationale Beziehungen eingreift, indem sie NGOs, die die Aufgabe haben, vom Imperium mit Misstrauen oder Feindschaft betrachtete Länder zu destabilisieren, fördert und mit Geld überhäuft. Die »Ethik des Schenkens« und der »Solidarität« sind gut geeignet, die Maschine der »Plutokratie« im Inneren wie auf internationaler Ebene zu schmieren. Jedenfalls ist es von anarchistischen Positionen aus nicht möglich, sowohl die sozialen und ökonomischen Rechte als auch die Demokratie in ihrer doppelten Dimension, der inneren und der internationalen, zu verteidigen.

7. Latouche und die Delegitimierung des Kampfes gegen Neoliberalismus und Imperialismus

Es gibt einen weiteren großen, für die heutige Linke des Westens maßgeblichen Autor, der dazu aufruft, »den Gedanken der Gabe« wiederzuentdecken und für eine Rückkehr zu »den alten griechisch-lateinischen Konzepten der Caritas« zu werben: Ich spreche von Serge Latouche, der diese Position unter Berufung auf Marcel Mauss vertritt und dabei die desaströsen Folgen des »Totalitarismus der Produktion« und der »Wachstumsgesellschaft« als solcher beklagt. Wir sind damit letztlich wieder beim Thema »Caritas« und »Gabe«, die überall an »erster Stelle« stehen sollen, um die »Katastrophe« zu verhindern. Und erneut sehen wir uns einer Herabsetzung des Sozialstaats gegenüber (der mehr auf Progressivsteuer als auf »Caritas« oder »Gabe« basiert), für die hier nicht wie üblich ein Vertreter des Neoliberalismus auftritt, sondern ein Autor, der sich der Kritik des Kapitalismus, des Kolonialismus und des Imperialismus eng verbunden fühlt und sich nicht scheut, sich auf den »Klassenkampf« zu berufen (Latouche, 2011: 64, 67 u. 72 f; 2008: 21).

Die Herabsetzung des Sozialstaats wird mehrfach unter von Mal zu Mal verschiedenen Gesichtspunkten unterstrichen: »Die Vollbeschäftigung zu jedem Preis retten zu wollen [...], bedeutet in der Mehrzahl der Fälle eine tiefgreifende, bewusste oder unbewusste Treue gegenüber der Arbeitsgesellschaft« (Latouche, 2008). Das Recht auf Arbeit, ein integraler Bestandteil der sozialen und ökonomischen Rechte und zumindest seit 1848 ein essentielles Ziel des Kampfes der Arbeiterbewegung, wird damit liquidiert; und zwar liquidiert mit einer am Vorabend jener ökonomischen Krise geäußerten Stellungnahme, die im Westen und in anderen entwickelten kapitalistischen Ländern Abermillionen Menschen zu Arbeitslosigkeit, zum Prekariat und zu Entbehrungen verurteilt und in die Lage gebracht hat, permanent einem Rückfall in Patronatsverhältnisse und damit grundsätzlicher Unfreiheit ausgesetzt zu sein.

Der Kampf für das Recht auf Arbeit und Vollbeschäftigung stand im Zentrum jener Jahre, die in Frankreich »les trente glorieuses« (»die 30 gloriosen«) heißen, auf den Zweiten Weltkrieg folgten und den Aufbau des Sozialstaats und in einem gewissen Maß die Teilhabe der Volksmassen am Wirtschaftswunder erlebten. Die Ungleichheiten hatten abgenommen, »die Privatbesitzer hatten aufgehört, die größten Unternehmen zu kontrollieren«, »der patrimoniale Privatkapitalismus« (Piketty, 2013: 219ff) war schwächer geworden. Gnadenlos dagegen Latouches Urteil (2011: 105f): »Wenn man die Schäden berechnet, die die Natur und die Menschheit erlitten haben«, erweisen sich die traditionell als die (gloriosen) Jahre des Wirtschaftswunders gefeierten 30 Jahre in Wirklichkeit als »desaströse«.

Das ist eine überraschende Stellungnahme: Nicht das Massenelend in der unmittelbaren Nachkriegszeit wird als Katastrophe eingeschätzt, sondern seine Überwindung; was die Frage der Ökologie angeht, wird mehr als das kapitalistische System und seine Jagd nach dem Maximalprofit der Klassenkampf für die Realisierung des Sozialstaats ins Visier genommen. Der Geschichtsabschnitt, dessen Vorkämpfer die unteren Klassen waren und auf den sie glauben, stolz sein zu können, erweist sich heute als ein Symbol der Schande. Wenn wir die in Frage stehenden dreißig Jahre von den internationalen Verhältnissen her analysieren, finden wir sie gekennzeichnet durch Kolonialkriege, die nicht nur Massaker mit sich brachten, sondern auch Umweltzerstörungen größten Ausmaßes. Doch nicht auf diesen zweiten Aspekt bezieht sich die Verdammung der betreffenden dreißig Jahre. Wenn Latouche den »Völkermord« anklagt (2011: 49; 2008: 21), bezieht er sich auf die »Entwicklung«, ganz als hätte diese in Ländern wie China nicht zur Beendigung der Tragödie des Hungertodes von Abermillionen Menschen (die ihren Anfang nahm mit der Kolonialisierung) und in den entwickelten Ländern selbst zu einer spürbaren Steigerung der durchschnittlichen Lebenserwartung beigetragen: »Im Vereinigten Königreich lag die Lebenserwartung 1990 bei 76 Jahren gegenüber 48 im Jahr 1900« (Ferguson, 2008: 7).

Nach Latouche (2008: 21) sind »Entwicklung« einerseits und »Gewalt der Kolonialisierung und des Imperialismus« andererseits untrennbar. In Wirklichkeit hatten die Rädelsführer der Nazis, die, noch bevor sie ihren Angriff auf die Sowjetunion starteten, vor, die koloniale Tradition wieder aufzugreifen und zu verschärfen, sich klare Ziele gesetzt: »Die Industrien sind zu zerstören. Die Arbeiter und ihre Familien […] sind einfach dem Hungertod zu überlassen« (Shirer, 1974: 1269). Aber werfen wir einen Blick auf den Kolonialismus insgesamt. Die Dritte Welt und die »große Divergenz« auf deren Kosten sind zum großen Teil Resultat der Entindustrialisierung und der Reduzierung des Wachstums, die ihr durch die koloniale Aggression und die plötzliche und gewaltsame Öffnung des nationalen Marktes für weit billigere Waren aus der Metropole des Imperialismus oktroyiert wurden; eine plötzliche und gewaltsame Öffnung auch deshalb, weil sie zum Erhalt und zur Verstärkung der Kolonialherrschaft durchgeführt wurde: Noch 1820 rühmte sich China eines Bruttoinlandsprodukts, das 32,4 % des entsprechenden Weltwertes betrug, während »die chinesische Lebenserwartung (und damit die Ernährung) bis zum Ende des 18. Jahrhunderts mit der englischen etwa gleichauf lag (und damit über dem Durchschnitt auf dem Kontinent)«. Kaum anders die Geschichte Indiens, das in eben dem Jahr 1820 15,7 % am Welt-BIP erreichte (Davis, 2001: 299). Exakt in Folge der kolonialen Aggression wurden die beiden großen asiatischen Länder von einem Zyklus fortschreitender Wachstumsminderung heimgesucht und sind einer verzweifelten und fatalen Armut für Abermillionen Menschen anheimgefallen; und um ein Gegenmittel für diese Lage bereitzustellen, wurde eine Politik der autonomen Entwicklung installiert.

Diese Politik erweist sich als alles andere als übereinstimmend mit Latouche, der im Namen der Wachstumsrücknahme (*décroissance*) sowohl die Verteidigung des Sozialstaats wie den Kampf der weniger entwickelten Länder in Abrede stellt, aus der Unterentwicklung und der mit ihr unlösbar verbundenen kolonialen bzw. neokolonialen Abhängigkeit herauszukommen. Das bedeutet, den Neoliberalismus im nationalen wie im internationalen Rahmen zu unterstützen.

Wenn Latouche dem »Totalitarismus der Produktion« die »Décroissance« gegenüberstellt (2011: 71f), legt er den Akzent darauf, dass »der ›echte‹ Reichtum sich aus Beziehungsgütern zusammensetze«, nicht aus den falschen »Werten der Warengesellschaft«: Das ist, trotz ihrer positiven Aspekte, eine Warnung, die wegen ihres Idealismus falsch ist. Karl Marx, der, um sich selbst treu zu bleiben, auf das glänzende und wohlhabende Leben, das er hätte führen können, verzichtete, war sicher kein Sklave der Warenwerte. Aber es ist bezeichnend, wie er den breiten Konsens erklärt, den Napoleon III. unter den französischen Bauern genießt. Es war eine Welt, gezeichnet von Rückständigkeit und fehlender »Anwendung der Wissenschaft«, der »Armut« und der »Isolation«. Unter dem Strich: »keinerlei Reichtum der gesellschaftlichen Verhältnisse«, wobei »der wechselseitige Verkehr« extrem reduziert war; all dies machte die Bauern hilflos gegenüber dem Abenteurer und Diktator Napoleon (MEW, 1955-89, Bd. 8: 198). Der »Reichtum an Beziehungsgütern«, der Latouche teuer ist, oder »der Reichtum gesellschaftlicher Verhältnisse«, von dem Marx spricht, hat eine objektive materielle Basis und setzt eine gewisse Entwicklung der Produktivkräfte voraus. Und es ist die fehlende Entwicklung der Produktivkräfte und der »gesellschaftlichen Verhältnisse« in den französischen Dörfern, die den Triumph des Bonapartismus besiegeln!

Wenn er dazu aufruft, den »echten Reichtum im Angebot konvivialer Sozialbeziehungen« wiederzuentdecken, und »Nüchternheit und auch eine gewisse Austerität beim Konsum« empfiehlt, knüpft Latouche (2005: 78f) an Gandhi an. Doch heutzutage würden selbst die eifrigsten Anhänger des Theoretikers der »Décroissance« das Gesellschaftsideal, das der indische Unabhängigkeitsführer schätzte, nicht akzeptabel finden. Es war eine Gesellschaft, in der man »vor dem Morgengrauen aufstehen musste«, um zu einer anstrengenden Arbeit zu eilen, die den ganzen Tag andauern und keinesfalls die »Not« beseitigen würde. Es blieb kein Raum für »Freizeit«, die im Verdacht stand, Gelegenheit für sündige Versuchungen zu bieten. Darüber hinaus handelte es sich um eine Gesellschaft mit starken sozialen Zwängen, wo der Alkohol, der Tee und sogar Sexualbeziehungen, die nicht der Fortpflanzung dienten, sondern, in den Augen Gandhis dem »Luxus« und der »tierischen Leidenschaft«, zu verbannen waren (Losurdo, 2015, 4.8). Das Sexualverhalten, das hier mit solch harten Worten verdammt wird, wird heute, auch von den Befürwortern der Décroissance, als integraler Bestandteil des »Reichtums der Beziehungsgüter« betrachtet (um es mit Latouche zu sagen) bzw. des »Reichtums der gesellschaftlichen Verhältnisse« mit Karl Marx. Doch deshalb sollte man nicht zu streng mit dem indischen Führer sein. Von Adam Smith (1976, Bd. V, Kap. I, Teil III, Art. 3) wissen wir, dass die der Armut und dem Mangel ausgelieferten Klassen, wie sie an einen unendlich langen Arbeitstag gekettet und zu äußerster Sparsamkeit gezwungen sind, im Allgemeinen auch auf sexuellem Gebiet eine »strenge Moral« vertreten, während die »liberale Moral« meist bei mehr oder weniger wohlhabenden Klassen zum Ausdruck kommt. Die bei Populisten beliebte Vorstellung, in Armut und Sparsamkeit sei höhere Moral zu verorten, erweist sich als nicht fundiert; in Wirklichkeit führen diese häufig zu einem Abbruch und einer Verzerrung der Sozialbeziehungen und zu einer echten geistigen Verarmung. Nicht zufällig wüteten im Indien Gandhis zusammen mit der Armut das Kastenwesen (das freie Beziehungen zwischen den Individuen verhinderte) und die Unterdrückung der Frauen, die häufig in den häuslichen Wänden isoliert wurden und damit nicht in der

Lage waren, dieses Namens würdige soziale Beziehungen zu entwickeln. Es handelt sich um zwei Geißeln, die im heutigen Indien noch keineswegs verschwunden sind, auch aus Gründen des Fortbestehens weiter Gebiete mit Unterentwicklung und verzweifelter Armut bzw. des Fortbestehens aus dieser Situation entstandener und unglaublich strenger sozialer Beziehungen.

Nach Latouche (2011: 72) ist der Sozialstaat dadurch umso überflüssiger, dass »die Not primär psychisch« ist. Das ist eine erstaunliche Feststellung. Einige Monate nach dem Ausbruch der Krise von 2008 gab die Welternährungsorganisation (FAO) folgende Daten bekannt: »Mehr als eine Milliarde Menschen – ein Sechstel der Menschheit und 100 Millionen mehr als im vergangenen Jahr – leidet an Hunger. Alle drei Sekunden stirbt ein Mann, eine Frau oder ein Kind an Hunger«. Und es geht nicht nur um die Dritte Welt: In den entwickelten Ländern »sind 15 Millionen Menschen unterernährt, 15,4 % mehr als im Vorjahr« (La Stampa, 20. Juni 2009). In den USA, teilte das Landwirtschaftsministerium mit, haben 2007 »ungefähr 691.000 Kinder Hunger gelitten, während etwa einer von acht Amerikanern bereits vor der schweren ökonomischen Krise um eine angemessene Ernährung kämpfen musste« (International Herald Tribune, 19. November 2008). »Die Not ist in erster Linie psychisch«? Unerwartet für einen sich auf antikapitalistische Positionen berufenden Autor bricht sich hier ein zweiter, dem Konservatismus seit jeher teurer Gemeinplatz Bahn, der Gemeinplatz, laut dem man auch in Ketten frei und glücklich sein kann, in den von der politischen Unterdrückung auferlegten Ketten wie in denen der finsteren Not.

Und wie befreit man sich aus einer »primär psychischen« Not? Das ist doch einfach: Mittels »*metanoia*« (Latouche, 2011: 86), also der tiefgreifenden Änderung der Mentalität, auf die sich auch die Religionen berufen. In der Tat formuliert der französische Autor seine Empfehlungen in einer religiösen Sprache: »die gute Neuigkeit« oder »die gute Botschaft« von der Wachstumsrücknahme aufnehmen; »den Weg des Glücks« einschlagen und »aus der Ökonomie aussteigen«; die Suche nach dem Reichtum des materiellen Wohlstands und eine Ökonomie, »die die Banalität des Schlechten produziert«, hinter sich lassen, um zur »Ethik« zu konvertieren; nach dem »radikal Anderen« streben (ebd.: 68, 71, 76f, 86). Die Sprachwahl ist nicht zufällig: Wie die traditionellen Religionen schreibt auch die der Décroissance das Heil dem Verzicht auf die (mehr dem Schein nach als wirklichen) Güter der materiellen Welt zu. Und diese Religion wird zum »Opium des Volkes«, wenn sie das »Volk« davon überzeugt, nicht die Not in Frage zu stellen, sondern die falsche Vorstellung, die es glauben macht, es sei arm dran, und ebenso wenig den Hunger, sondern die Einbildung, von Hunger gequält zu sein.

Zusammengefasst kritisiert Latouche zu Recht »die Werte der Marktgesellschaft« und ihre Verabsolutierung, scheint aber nicht wahrzunehmen, dass die Demontage des Sozialstaats die Vernichtung jener Orte bedeutet, wo die Logik des Marktes und der Kult der Warenwerte in gewisser Weise neutralisiert sind. Zu Recht insistiert er auf dem dramatischen Gewicht und der Notwendigkeit der Umweltfrage. Doch es ist folgende Deklaration von ihm zu lesen:

> Ich habe mich nie richtig wohlgefühlt mit der alten lateinamerikanischen Dritte-Welt-Ideologie. Mein erster Kontakt mit dem Subkontinent kam erst 2002 zustande, beim zweiten Weltsozialforum von Porto Alegre. Dass bei dieser Gelegenheit die Entwicklungskritik zugunsten des antiimperialistischen Pathos total marginalisiert wurde (was sich im Übrigen bei fast allen Alternativ-Foren wiederholt hat), hat die Dinge sicher nicht verbessert (ebd.: 17).

Die Distanzierung gegenüber der »alten lateinamerikanischen Dritte-Welt-Ideologie« ignoriert, dass diese sich im Lauf des Kampfes gegen eine Hegemoniepolitik entwickelt hat, die in einem Land wie Guatemala den Genozid mit sich brachte: Es wäre ein seltsamer Ökologismus, der sich mit allen Lebewesen beschäftigte außer mit den menschlichen!

Auch wenn man über das alles hinweggehen will, berücksichtigt die Ironie bezüglich des »antiimperialistischen Pathos« nicht die Verwüstungseffekte des Krieges auch auf die im engen Sinn verstandene Umwelt, selbst unter Abstraktion des Menschen (wobei freilich nicht in Abrede gestellt werden kann, dass eine solche Abstraktion falsch ist, da der Mensch immer auch Teil der Natur ist). Diejenigen Vertreter der grünen Bewegung, die dazu neigen, ihr ökologisches Engagement als Flucht aus der vulgären und profanen Welt der Politik zu interpretieren, täten gut daran, über die Geschichte nachzudenken. Schauen wir uns an, wie – quasi 100 Jahre nach einer der größten Schlachten des Ersten Weltkriegs – sich die Lage in Verdun und Umgebung darstellt:

> Die Konzentration von Arsen ist tausend- bis zehntausendmal höher als in natürlicher Umgebung. Das Terrain ist so verschmutzt und sauer, dass nur drei Pflanzenarten es schaffen, zu überleben. 2005 haben die französischen Behörden beschlossen, den Bereich einzuzäunen, und anschließend, 2012, den Zugang offiziell zu verbieten (Hopquin, 2014).

Über das Umweltdesaster, das der Vietnamkrieg verursacht hat, haben wir schon gesprochen. Zu ergänzen ist, dass der Kalte Krieg etwas weit Schlimmeres in petto hatte. Damals gab US-Präsident Eisenhower Anweisung, sich auch auf einen »Umweltkrieg« (*environmental warfare*) vorzubereiten. Das entworfene Szenario war schrecklich:

> Klimaveränderungen, um die Feinde auszuhungern, Gletscherschmelze, um gegnerische Hafenstädte zu ertränken, Umlenkungen der Meeresströme, Verstopfung der Meerengen, um Wetterphänomene zu verändern, schließlich nukleare Explosionen mit dem Ziel, radioaktive Stürme und sofortige Brände über enormen bewohnten Räumen auszulösen (Mastrolilli, 2013).

Unglücklicherweise zeigt sich in unseren Tagen wieder das Gespenst eines neuen großen Krieges in großem Umfang, der auch ein nuklearer werden könnte, d. h. der die Stufe der absoluten Katastrophe auch auf ökologischer Ebene erreichen würde. Wie sich die Ernsthaftigkeit des Kampfes gegen die Verabsolutierung der Werte des Marktes am Engagement für den Sozialstaat bemessen lässt, so lässt sich auch die Seriosität des Kampfes für den Schutz der Umwelt am Engagement gegen den Imperialismus und seine Kriegspolitik messen. Die moderne Flucht vor den realen Konflikten der Welt und das sich Verschanzen in einer Art ökologischem Korporativismus verheißen für das eine wie das andere nichts Gutes.

8.
Auf Hayeks Spuren: Foucault und die Linke

Eine Art Ikone für die westliche Linke ist Michel Foucault, bei dem es aber derart »radikale neoliberale Themen« gibt, dass »in den Sozialwissenschaften der Nachkriegszeit eine nazistisch inspirierte Ähnlichkeit« festzustellen ist (Garo, 2011: 139). Es ist hier nicht der Ort, sein Denken im Ganzen zu diskutieren und die Gründe für die von ihm ausgehende Faszination zu analysieren. Was bleibt ist der Umstand, dass er in der Kritik des Sozialstaats nicht weniger deutlich ist als Hayek, auf den er sich im Übrigen explizit beruft. Der wichtigste Punkt ist nicht die Behauptung, dass der Sozialstaat »auf eine aus dem Ersten Weltkrieg entstandene Zweckmäßigkeit« zurückgehe und in Widerspruch mit »der politischen, ökonomischen und sozialen Rationalität der modernen Gesellschaften« stehe (Foucault, 2001, Bd. 2: 1187): Als ob die Forderung nach sozialen und ökonomischen Rechten, die durchgehend den französischen Revolutionszyklus durchzieht, nicht ihre ersten Erfolge in Bismarck-Deutschland erreicht hätte, um mit Reformen von oben der gefürchteten sozialistischen Revolution von unten zuvorzukommen! Die zentrale Frage lautet anders: Mit Bezug auf Hayek stellt Foucault (2004: 113f u. 195f) in seinem Verdammungsurteil Nazismus, Kommunismus, Weimarer Republik und Sozialismus nebeneinander, allesamt vereint im ruinösen Kult des Sozialstaats!

Während sich der Sieg der antifaschistischen Koalition abzeichnete und die Trümmer des großen Krieges noch rauchten, verstärkte sich auch in England die Notwendigkeit, irgendwie über den klassischen Liberalismus hinauszugehen. Sofort schlug Hayek Alarm, indem er etwa so argumentierte: Die sozialen und ökonomischen Rechte, die vom Staat ausgehende Verbesserung der Lebensumstände der niederen Klassen, der Sozialstaat und der Sozialismus – machten sie nicht auch in Hitlers Programm eine gute Figur? Nannte seine Partei sich nicht National*sozialistische* Deutsche *Arbeiter*partei? Indem er die 1927 vom anderen Vater des Neoliberalismus gezogene Bilanz vergaß, gemäß der »das vom Faschismus erreichte Verdienst ewig in der Geschichte lebendig sein wird« (Mises, 1927: 45), wurde Hayek nicht müde, darauf zu insistieren: Sozialismus, Kommunismus, Faschismus und Nazismus waren unterschiedliche »Arten« der einen »Gattung«, die der »Kollektivismus« darstellte, es waren die »sozialistischen Ideen«, die Sowjetrussland, Hitler-Deutschland und das faschistische Italien einten; es musste zur Kenntnis genommen werden, dass »Faschismus und Nazismus nicht eine Reaktion gegen sozialistische Tendenzen der Vorgängerperiode waren, sondern deren notwendiges Ergebnis« (Hayek, 1986a: 25, 7, u. 3). Der Sache des Antifaschismus treu sein hieß, den Sozialstaat abzulehnen, den William Beveridge in Großbritannien zu errichten sich anschickte! Der Neoliberalismus verband sich mit dem historischen Revisionismus: Durch Gleichsetzung schließlich mit dem reformistischen Sozialismus verlor der Nazismus zum großen Teil seinen Schrecken.

Diese einzigartige historische Bilanz, anfangs nicht besonders ernst genommen aufgrund der Vitalität, die nach dem Zweiten Weltkrieg die sozialistische und kommunistische Bewegung in Europa aufwies, und des Prestiges, das die Sowjetunion genoss, gewann Jahrzehnte später an Ansehen, als sich die Kräfteverhältnisse auf politischer und ideologischer Ebene radikal geändert hatten. In seinen Vorlesungen von 1978/79 über die *Geburt der Biopolitik* (Foucault, 2004: 196) griff Foucault die These Hayeks über den Nazifaschismus auf, der unvermeidlich aus der sozialistischen Bewegung hervorgehe.

Damit ist die Polemik gegen den Sozialstaat um ein neues und erstaunliches Argument reicher geworden. Heute ist es ein von der Großpublizistik seines Landes beklatschter deutscher Historiker, der erneut die Aufmerksamkeit auf den »Sozialstaat« lenkt, nämlich auf den »Sozial- und Volksstaat«, den Hitler errichten zu wollen erklärte, und auf den »Sozialismus« oder genauer auf den »Sozialismus des reinen Blutes«, für den Himmler und der Nazismus standen (in: Aly, 2005: II u. 28f). Wo nun Sozialstaat und Sozialismus definitiv diskreditiert sind, kann man in aller Ruhe zur Zerstörung eben dieses Sozialstaats und zur Liquidierung der »Freiheit von Not« und der »sozialen und ökonomischen Rechte« voranschreiten!

Dem Neoliberalismus, der seinerzeit mit Mises dreist die Mussolini-Diktatur gefeiert hat, wird heute das Verdienst zugesprochen, der konsequenteste Vorkämpfer gegen den Faschismus gewesen zu sein!

Effektiv auf politischer (und demagogischer) Ebene, ist der eben angesprochene Ansatz umso naiver auf logischer und philosophischer Ebene: Niemand käme es in den Sinn, ein für alle Mal das Ideal der Demokratie zu diskreditieren, weil in den USA des 19. und 20. Jahrhunderts jene Partei sich selbst »demokratisch« nannte, die am zähesten zunächst das Institut der schwarzen Sklaverei und dann das Regime der terroristischen weißen Suprematie verteidigt hat! Die linguistischen Ähnlichkeiten, oder besser Anklänge stehen nicht für politisch-ideologische Ähnlichkeiten, wie oberflächlich festgestellt wird; sie können auch einen Antagonismus beschreiben, den folgerichtigen Kampf, der sich entwickelt, um Parolen in der einen oder anderen Richtung zu interpretieren, die sich in einer bestimmten historischen Situation dem gemeinsamen Bewusstsein oder der allgemeinen Aufmerksamkeit aufgedrängt haben.

Gerade die von dem deutschen Historiker triumphal wiedergegebene Erklärung Himmlers widerlegt seine These von Grund auf. »Sozialismus des reinen Blutes«: Warum sollte man sich nur auf den ersten Teil des Ausspruchs konzentrieren? Analysieren wir auch die Erwähnung des »Blutes«, des »reinen Blutes«, d.h. der höheren Rasse. Die dem Dritten Reich teuren »Sozialismus« und »Sozialstaat« gingen deutlich auf die koloniale Tradition zurück: Es handelte sich darum, die deutschen Proletarier arischer oder weißer Rasse in Kolonisten umzuformen und ihnen (den »Ureinwohnern« Osteuropas geraubten) Landbesitz zu garantieren und mehr oder weniger servile Arbeitskraft (die sich aus den »Indigenen« konstituierte, die den Prozess der Enteignung und Deportation überlebt hatten).

Zu dieser Art »Sozialismus« und »Sozialstaat« hat Lenin die Antithese erstellt. Und nicht zufällig ging die Errichtung eines solchen »Sozialismus« und »Sozialstaats« durch das Dritte Reich auf der Welle der kolonialen Expansion in Osteuropa Hand in Hand mit der systematischen Vernichtung kommunistischer Kader (und der Auslöschung der Juden, die von Hitler mit den Bolschewisten in eins gesetzt und deshalb als deren Puppenspieler betrachtet wurden).

Bei diesem Vorgehen berief sich der Nazismus, weit entfernt davon, sich durch Marx, Engels und Lenin inspirieren zu lassen, auf den traditionellen Kolonialismus, den er wieder aufgreifen und radikalisieren wollte. Hinter dieser politischen Bewegung wirkte die Lehre von Cecil Rhodes fort, des Barden des britischen Imperialismus, der dazu aufrief, »neue Länder zu erobern«, um einen »mörderischen Bürgerkrieg« (d.h. die antikapitalistische Revolution) zu vermeiden. Davor noch finden wir zahlreiche Vertreter des Liberalismus (Renan, Tocqueville etc.), die in der kolonialen Expansion, der Transformation der »gefährlichen Klassen« der Metropole in eine Kaste von Eigentümern in den Kolonien das einzig mögliche Gegengift zum Sozialismus oder die einzige mögliche Lösung der Sozialen Frage sehen. Und wenn man noch ein Stück weiter zurückgeht, gibt es zu denken, dass den Veteranen des Unabhängigkeitskriegs gegen England als Dank für ihren Kampfbeitrag, der die Entstehung der USA markiert, in Virginia (und anderen Staaten) Ländereien (die letztlich den Eingeborenen geraubt worden waren) und schwarze Sklaven übereignet wurden. Es ist die Geschichte des kolonialistischen und liberalen Westens insgesamt, die hinter dem faschistischen und nazistischen »Sozialstaat« steht (Vgl. zu Virginia Losurdo, 2010, 2.6; zum kolonialistischen »Sozialstaat« im Faschismus, seiner Geschichte und seinem deutlichen Widerspruch gegenüber allem von Lenin Vertretenen vgl. Losurdo 2016, 6.5).

In Deutschland kam der Faschismus allerdings an die Macht, als infolge der Großen Depression der Sozialstaat der Weimarer Republik schon demontiert war. Bevor er Hitler die Macht übermittelte und eine Zeit lang sein Vizekanzler wurde, erklärte Franz von Papen: Es müsse Schluss sein mit dem Versuch, »den Staat zu einer Art Wohlfahrtsstaat zu machen«, wodurch »die moralischen Kräfte der Nation geschwächt« würden; es sei notwendig, den »Staatssozialismus« ein für alle Mal zu zerschlagen (in: Peukert, 1987: 148). Das Dritte Reich verstärkte wieder die »moralischen Kräfte der Nation«, indem es sie bei der Eroberung des im Osten zu errichtenden Kolonialreichs auf den Prüfstand stellte; der »Sozialstaat« und der »Sozialismus des reinen Bluts«, von denen Hitler respektive Himmler sprachen, bildeten den Gegensatz zu dem Sozialstaat und Sozialismus, die in Deutschland aus der Novemberrevolution und indirekt der Oktoberrevolution hervorgegangen waren.

Die von Hayek skizzierte und von Foucault unglücklicherweise unterschriebene historische Bilanz hält einer seriösen Analyse nicht stand. Der eine wie der andere machen deutlich, dass sie vor allem die Kolonialfrage und die Rassenunterdrückung für unwichtig halten, wenn sie leichtfertig den marxistischen Sozialismus und den »Sozialismus des reinen Bluts« oder den echten Sozialstaat und jenen nebeneinander rücken, den Hitler erbauen wollte durch Ausbeutung und Versklavung der »niederen« Rassen oder der Völker, die der Kolonialherrschaft unterworfen werden sollten. Tatsächlich ist es so, dass es sich, falls es heutzutage etwas gibt, das in irgendeiner Form an den vom Nazismus geschätzten »Sozialstaat« erinnert, um so etwas wie die beträchtlichen finanziellen Anreize handeln könnte, die in den USA jenen zugutekommen, die, um der Armut zu entfliehen, in die Armee eintreten und auf eine Verbesserung ihrer Lebensumstände, bisweilen gar den Erwerb der US-Staatsbürgerschaft hoffen können, wenn sie sich nur in den von Washington beschlossenen neokolonialen und imperialen Kriegen engagieren.

Foucault ist berühmt geworden und hat sich die Bewunderung der Linken erworben auch durch seine feinfühlige und einfühlsame Analyse der Lage der Ausgeschlossenen und Marginalisierten, weggesperrt in geschlossenen Anstalten, die sich letztendlich oft als totalitäre Einrichtungen erweisen. Unglücklicherweise öffnet der Entzug der Legitimität, den er gegenüber dem Sozialstaat praktiziert, die Tür für die Gestaltung der Sozialen Frage als Problem der öffentlichen Ordnung und der extremen Ausweitung der Gefängniswelt: Das zeigt vor allem das Beispiel der USA, wo der Sozialstaat nie wirklich Fuß gefasst hat und die Zahl der Gefangenen, fast immer niederer sozialer Abstammung und recht häufig Afroamerikaner, stets weiter zunimmt.

9.
Reale Bewegung und Theorie: eine verderbliche Trennung

Historisch ist die Linke aus dem Zusammentreffen von realen Protest- und Befreiungskampfbewegungen mit der Theorie entstanden, die sich der kritischen Analyse der bestehenden Ordnung widmet. Zwischen dem Ende des 19. und dem Anfang des 20. Jahrhunderts hat die Linke, oft inspiriert von den Lehren von Marx und Engels, sich mit mehr oder weniger Geschlossenheit und Kohärenz an drei Fronten des Klassenkampfes geschlagen, nämlich für die politische und soziale Befreiung der unteren Klassen, die Emanzipation der Frauen und gegen Kolonialherrschaft und Kolonialkriege. Was den letzten Punkt angeht, waren die Unsicherheiten und Schwankungen besonders auffällig, was anlässlich des Ersten Weltkriegs zu einer Ohnmacht der Arbeiter- und sozialistischen Bewegung und schließlich zu ihrer Spaltung führte. Festzuhalten bleibt, dass sich zwischen dem 19. und dem 20. Jahrhundert die sozialistische Bewegung in Europa dem kolonialen Expansionismus in den Parlamenten und auf der Straße widersetzte, nicht selten so rigoros, dass sie die Niederlage des Landes und der Angriffsarmee beschwor und das Gespenst der Revolution an die Wand malte. Nur so kann man das »Gefühl tiefster Bitterkeit« verstehen, das Lenin beim Ausbruch des Ersten Weltkriegs für das »chauvinistische Bacchanal« empfand, das nun die Zweite Internationale infiziert habe, d.h. für »die gewaltige Krise, die der Weltkrieg im europäischen Sozialismus hervorgerufen hat« (LW 21: 15 u. 96). (Vgl. zu den drei Fronten des Klassenkampfs Losurdo 2016; vgl. Losurdo 2015, 3.3 zum antikolonialistischen Kampf der sozialistischen Bewegung und 3.8 zur »tiefen Bitterkeit« Lenins.)

Heute ist die Situation eine völlig andere: In Frankreich gab es bis unlängst einen »sozialistischen« Präsidenten, der den Ehrgeiz hat, sich an die Spitze des »neuen Sykes-Picot« und der neokolonialistischen Konterrevolution zu setzen. Doch das ist nur ein besonderes Aufsehen erregendes Beispiel für ein recht verbreitetes Phänomen. Kaum noch von den anderen bürgerlichen Parteien zu unterscheiden, ist eine derartige Linke heute integrierender Bestandteil der Einparteienherrschaft mit Wettbewerbscharakter, die typisch für die entwickelten kapitalistischen Länder ist.

Zum Glück gibt es auch eine andere Linke, die sich nicht dem Bestehenden anpasst, sondern an dessen Stelle eine radikale Alternative erbauen will. Doch inwieweit gelingt es ihr, ihre Versprechen zu verwirklichen? Hier ist an einen methodischen Hinweis von Marx zu erinnern, womit er die jungen Radikalen seiner Generation einlädt, bei der Formulierung ihrer politischen Pläne von den »realen Kämpfen« auszugehen:

> Wir treten dann nicht der Welt doktrinär mit einem neuen Prinzip entgegen: Hier ist die Wahrheit, hier kniee nieder! [...] Wir sagen ihr nicht: Laß ab von deinen Kämpfen, sie sind dummes Zeug; wir wollen dir die wahre Parole des Kampfes zuschrein. Wir zeigen ihr nur, warum sie eigentlich kämpft, und das Bewußtsein ist eine Sache, die sie sich aneignen muß, wenn sie auch nicht will (MEW, 1955-89, Bd. 1: 345).

Das ist ein Zitat aus einem Brief an Arnold Ruge vom September 1843 und der junge Fünfundzwanzigjährige, der sich so ausdrückt, hat den Weg vom Liberalismus zum Kommunismus noch nicht vollendet: Es bleiben noch etwa fünf Jahre bis zur Veröffentlichung des *Kommunistischen Manifests.* Genau deshalb ist der eben angeführte Text besonders interessant. Anstatt sich exklusiv auf eine bestimmte, noch nicht gegründete Partei zu berufen, erhellt er die Logik der gesellschaftlichen Veränderung: So radikal er zu sein auch vorgibt, ist ein Plan zur Veränderung, der nicht von »realen« Bewegungen und »Kämpfen« ausgeht, nicht in der Lage, konkret auf die Wirklichkeit einzuwirken.

Versuchen wir nun, uns die Bewegungen und »realen Kämpfe« unserer Zeit anzuschauen. Ein Krieg folgt auf den anderen und im Nahen Osten die Zerstörung eines Staates nach dem anderen: Was werden die nächsten Ziele sein? Besorgnis und Unruhe wachsen in den Ländern, die eine antikoloniale Revolution hinter sich haben oder nur an einer strategischen Stelle liegen. Mehr im Allgemeinen verbreitet sich die Angst vor den wachsenden Kriegsgefahren. Dies erklärt den enormen, allerdings leider ohne Fortsetzung bleibenden Erfolg der Protestdemonstrationen gegen den zweiten Golfkrieg von 2003. Seither hat sich die Situation grundlegend verschärft: Es zeichnen sich auf erweiterter Skala Kriegsgefahren ab und es fehlt nicht an Stimmen, die gar das Gespenst eines Weltkriegs beschwören. Um all das scheint die imperiale »Linke« sich nicht besonders zu kümmern, doch diese verhängnisvolle Sorglosigkeit wird paradoxerweise legitimiert von einer »radikalen« Linken, nach deren Meinung in der Welt von heute einer grundsätzlich auf Weltniveau vereinten Bourgeoisie eine »Vielheit« gegenübersteht, ihrerseits vereint durch das Verschwinden staatlicher und nationaler Barrieren; die nationale und koloniale Frage sei obsolet geworden und es sei im Grunde sinnlos, sich mit den Kriegsgefahren zwischen inzwischen ja verschwundenen Staaten und Nationen zu befassen.

In Wirklichkeit versuchen die Länder, die das Hauptziel der neokolonialen Offensive ausmachen, sich dem Aggressor nicht wehrlos zu ergeben: Auch deshalb ist die ökonomische und technologische Entwicklung für sie eine Frage von Leben und Tod, umso mehr, als in ihrem Inneren kein Mangel an mehr oder weniger großen Gebieten mit verzweifelter Armut besteht. Zumindest seit der 2008 ausgebrochenen Krise sind auch in den entwickelten kapitalistischen Ländern wachsende Massen von Arbeitslosen, Unterbeschäftigten und Armen dabei, für die Wiederaufnahme einer Entwicklungspolitik gegen eine Armut, die für Polarisierung und soziales Massaker steht, zu kämpfen. Offensichtlich ist, wenn von der Entwicklung des gesellschaftlichen Reichtums die Rede ist, auch den Naturressourcen Rechnung zu tragen: »Die Natur ist ebensosehr die Quelle der Gebrauchswerte (und aus solchen besteht doch wohl der sachliche Reichtum!)« (MEW, 1955-89, Bd. 19: 15); doch so argumentieren bestimmte Lager der Linken nicht, die die Völker aufrufen, Kenntnis davon zu nehmen, dass die Armut primär eine »psychische« Tatsache ist und folglich reale Kämpfe zu unterlassen seien, um sich der Wahrheit der »Décroissance« zu beugen!

Auf internationaler Ebene ist der antikoloniale Kampf auch ein Kampf um die Macht: Das palästinensische Volk hat das Ziel, die

Macht zu erlangen, autonom das eigene Leben zu verwalten, anstatt weiterhin der Diktatur und den Schikanen einer Besatzungsarmee ausgesetzt zu sein; die Völker mit neuer Unabhängigkeit haben ihrerseits keinerlei Absicht, den Herren der Welt die in Folge der antikolonialen Revolution errungene Macht abzutreten. Auf internationaler Ebene manifestiert sich der politische und ökonomische Kampf als ein Kampf darum, die Zusammensetzung und den Funktionsablauf der UNO und ihres Sicherheitsrates (wo es weiterhin ein disproportionales Gewicht des Westens gibt) zu verändern wie auch die Weltbank und den IWF (wo die kapitalistischen Großmächte die Gesetze diktieren). Doch wie schäbig stellen sich diese realen Kämpfe im Licht der neuen Wahrheit dar, nach der das wirkliche Problem darin besteht, »die Welt zu ändern, ohne die Macht zu übernehmen« (Holloway, 2004)! Und wie dürftig erscheinen im Rückblick die großen Kämpfe, die die Kolonialvölker, die unteren Klassen und die Frauen geführt haben, um Schluss zu machen mit den drei großen Diskriminierungen (der rassischen, der wahlrechtsmäßigen und der geschlechtlichen), die diese drei Gruppen vom Gebrauch der politischen Rechte ausschlossen und von der Möglichkeit, auf die Zusammensetzung und Richtung der Machtorgane Einfluss zu nehmen!

Es ist eine Konstante: Im Umkreis der westlichen Linken tendiert die kritische Theorie des herrschenden Systems zur Distanzierung von den »realen Kämpfen«, die heute mehr denn je »dummes Zeug« zu sein scheinen, von dem man sich lösen müsse, wie bereits der Brief an Ruge von 1843 feststellte. Es bleibt dann nichts anderes, als, um es nun mit dem *Kommunistischen Manifest* zu sagen, zu vertrauen auf »Prinzipien, die von diesem oder jenem Weltverbesserer erfunden oder entdeckt« (MEW, 1955-89, Bd. 4: 474) worden sind.

Weniger Probleme wirft die Kritik des Liberalismus (und des räuberischen und auf der Zerstörung menschlicher und natürlicher Ressourcen, dem Fundament des Neoliberalismus, gründenden Kapitalismus) auf. Wenigstens in diesem Fall und soweit es die Linke betrifft, die entschlossen ist, sich nicht dem Bestehenden zu beugen und sich zum bloßen Teil des Einparteienwettstreits reduzieren zu lassen, scheint keine Kluft zwischen Theorie auf der einen und realen Kämpfen auf der anderen Seite zu existieren. Doch die Trennung wirkt auf unterschiedliche Weise fort in Form des Aufkommens einer Kultur in der Linken, die in bisweilen krassem Widerspruch zu den verfolgten und proklamierten Zielen steht und z. B. den Sozialstaat und die sozialen und ökonomischen Rechte lächerlich macht und ihrer Legitimation beraubt.

Die westliche Linke ist ziemlich vielgestaltig und es tummeln sich in ihr sehr unterschiedliche Bewegungen und Parteien. Doch wenn wir sie als Ganzes betrachten, muss man wohl sagen, dass sie, wenn sie wieder konkret auf die Realität einwirken will, dazu gezwungen ist, Schwächen nicht nur unmittelbar politischen, sondern auch kulturellen und philosophischen Charakters zu überwinden.

Schluss
Die neue Weltlage, die zunehmenden Kriegsgefahren und die verschwundene Linke des Westens

Jede geschichtliche Wende erfordert bei den politischen Kräften auf dem Spielfeld ein tiefgehendes Überdenken: Es müssen eine Analyse der neu eingetretenen Situation vorgenommen und eine zu verfolgende Strategie festgelegt werden. Es handelt sich dabei um eine allgemeine Regel, die jedoch ganz besonders für die Bewegungen und Organisationen gilt, die sich nicht mit der bestehenden Ordnung identifizieren und sich mit einem Veränderungsprozess und einem Emanzipationsprojekt befassen; d.h., dass das besonders für die »Linke« gilt. Über die Radikalität der historischen Wende, die sich ereignet hat und noch andauert, gibt es keine Zweifel.

Die Dritte Welt, die Gesamtheit der Länder, die eine mehr oder weniger lange Periode der kolonialen oder halbkolonialen Herrschaft hinter sich haben, ist vom politisch-militärischen Stadium des nationalen Befreiungskampfes zum politisch-ökonomischen übergegangen. Was Lenin die »politische Annexion« nannte, d.h. die direkte über ein Volk ausgeübte Kolonialherrschaft, dem das Recht verweigert wurde, sich als unabhängiger Nationalstaat zu konstituieren, ist weitgehend Vergangenheit. Was es noch gibt, ist die »ökonomische Annexion«, heute potenziert durch die militärische Bedrohung (in Form eines gigantischen Militärapparats, der auch ohne Autorisierung durch den UN-Sicherheitsrat in Aktion treten kann) und die juristische (die von einem weitgehend vom Westen kontrollierten und benutzten »Internationalem Strafgerichtshof« ausgeht). Doch das, was ich als ökonomisch-technologisch-juristischen Neokolonialismus definiert habe, wird heutzutage mit anderen Methoden als früher attackiert. Trotz der inzwischen eingeleiteten und zum Teil erfolgreichen imperialistischen Gegenoffensive ist kein anderer Kontinent besser geeignet als Lateinamerika, plastisch für die eingetretene Veränderung zu stehen: In den 60er- und 70er-Jahren gab es zahllose Guerilla-Krisenherde, die heute quasi ganz erloschen sind. Aber das bedeutet keine Niederlage der Linken: Die zumeist von den USA eingesetzten Militärdiktaturen sind gestürzt, und die Regime, die sie ersetzt haben, betreiben mehr denn je den Kampf gegen die Monroe-Doktrin, die heute unter gewaltigem Druck steht. Wer die erfolgte Wende 2006 treffend zusammengefasst hat, war der damalige Vizepräsident Boliviens (García Linera) mit zwei gut formulierten Parolen: »Fortschreitender Abbau der kolonialen ökonomischen Abhängigkeit« und »Industrialisierung oder Tod«! Ohne dass es abgelehnt oder in Frage gestellt worden wäre, nahm das Motto »Vaterland oder Tod«, das Fidel Castro und Che Guevara im Lauf des bewaffneten Kampfes gegen die US-freundliche Diktatur lanciert hatten, während noch die militärische Aggression Kuba bedrohte, eine neue Form an (Losurdo, 2016, 12.3). Im Bemühen, eine wirkliche nationale Unabhängigkeit zu erreichen, besetzte der Kampf für autonome ökonomische und technologische Entwicklung den Platz der Guerilla oder des »Volkskriegs«. Aber das von García Linera verkündete Programm beinhaltet nicht nur das Bemühen, die Produktivkräfte autonom zu entwickeln; jene Länder Lateinamerikas, die der neokolonialen Unterwerfung weiterhin trotzen, sind auch dabei, die ökonomischen, geschäftlichen und schließlich politischen Beziehungen untereinander zu verstärken mit dem Ziel, die Abhängigkeit von den USA loszuwerden. Und gestärkt durch die bereits erreichten Ergebnisse haben sie sich manches Mal von der Kriegspolitik Washingtons distanziert.

Während die Dritte Welt sich in radikaler Weise geändert hat, ist die Zweite Welt buchstäblich verschwunden. Mit diesem Ausdruck belegte man traditionell die Länder sozialistischer Orientierung, die eine Zeit lang in einem »sozialistischen Lager« ökonomischer und politisch-militärischer Art zusammengeschlossen waren. Der Kapitalismus ist nach Osteuropa, heute zu einem großen Teil in die NATO eingegliedert, zurückgekehrt. Auf der anderen Seite stellen sich China, Vietnam und in letzter Zeit auch Kuba auf internationaler Ebene nicht mehr als alternatives Gesellschaftsmodell gegen das herrschende dar, beanspruchen nicht mehr, der »Leuchtturm des Sozialismus« im einen oder anderen Teil der Welt zu sein. An erster Stelle engagieren sie sich, zu den industriell und technologisch weiter entwickelten Ländern aufzuschließen, um den Lebensstandard der Bevölkerung anzuheben, mit dem Ziel auch, für die regierende kommunistische Partei die gesellschaftliche Konsensbasis zu verbreitern und zu konsolidieren sowie vom Westen und insbesondere seiner Führungsmacht inszenierte Destabilisierungsversuche zu vereiteln. Nicht weil die sozialistische Orientierung aufgegeben würde, sondern aufgrund der neuen Prioritätenskala tendieren China, Vietnam und Kuba dazu, Teil der Dritten Welt zu werden. Eine besonders wichtige Rolle kommt dabei dem ersten Land zu: Wenn es mit Mao und seiner Theorie des »Volkskriegs« der Hauptideengeber der ersten Etappe (der politisch-militärischen) der antikolonialen Weltrevolution gewesen ist, ist es mit Deng Inspirator der zweiten, noch in Gang befindlichen Phase geworden. Bis zum Schluss hat Mao seine Überzeugung betont, dass »entweder die Revolution den Krieg verhindert oder der Krieg die Revolution hervorruft«. Es war ein Slogan, der deutlich auf die historische Erfahrung der ersten Hälfte des 20. Jahrhunderts zurückgeht: Die Entwicklung der sozialistischen und kommunistischen Bewegung hatte es nicht geschafft, den Ausbruch zweier Weltkriege zu verhindern, die aber zum Sturz des kapitalistischen Systems zuerst in Russland und dann in einer Reihe anderer Länder beigetragen hatten. Hingegen war es an Deng zu erklären, was der Hauptinhalt der letzten Jahrzehnte des 20. und der ersten des 21. Jahrhunderts war: Die ökonomische und technologische Entwicklung der Länder, die die antikoloniale Weltrevolution oder genauer deren erste, politisch-militärische Etappe überstanden hatten. Zu dieser erweiterten Dritten Welt, die auch die Schwellenländer umfasst, ist in gewisser Weise auch Russland hinzugekommen. Natürlich handelt es sich um ein Land, das eine mit imperialistischem Expansionismus durchsetzte Geschichte hinter sich hat, das aber aufgrund seiner ökonomisch-sozialen Fragilität und seiner ethnischen Heterogenität schnell in eine halbabhängige Lage geraten kann.

Nachdem es fast zwei Jahrhunderte durch die Mongolenherrschaft ertragen und lange den Albtraum der Ordensritter erlebt hatte, sah Russland Anfang 1600 seine Hauptstadt von den Polen besetzt; ca. hundert Jahre später erfolgte die Invasion durch Karl XII. von Schweden und wieder ein Jahrhundert später diejenige Napoleons; am Ende des Ersten Weltkriegs hatte Russland nicht nur die Intervention der Westmächte zu ertragen, sondern auch einen Balkanisierungsprozess, der nicht aufzuhalten schien. Von diesem Prozess ging Hitler aus, um den später mit der Operation Barbarossa umgesetzten Plan zu hegen, der das riesige eurasische Land in eine immense Kolonie und einen immensen Pool an Sklavenarbeitskraft verwandeln sollte. Am Ende der im Kalten Krieg erlittenen Niederlage fiel Russland für einige Zeit zurück in eine Lage, die derjenigen, die auf die Niederlage im Ersten Weltkrieg folgte, ziemlich ähnlich war; noch heute schafft das unerbittliche Vordringen der NATO in Osteuropa eine gefahrenreiche Situation. Wir haben damit eine erweiterte Dritte Welt vor uns, die die Schwellenländer und die sozialistisch orientierten Länder umfasst und insgesamt vom Kampf um die Realisierung oder die endgültige Durchsetzung zweier Menschenrechte charakterisiert ist, nämlich der »Freiheit von Not« und der »Freiheit von Angst«. Diese größere Dritte Welt, die natürlich reich an Widersprüchen in ihrem Inneren und gewiss nicht frei von Herausforderungen und Schwierigkeiten ist, stellt trotzdem eine Alternative zur herrschenden Weltordnung dar, aber weniger auf der internen Ebene der einzelnen Länder als bezüglich der internationalen Arbeitsteilung, die so lang dadurch gekennzeichnet war, dass der Westen die Hochtechnologie monopolisiert und den Rest der Welt auf einen Lieferanten von Rohstoffen, von Niedriglohnarbeit und nicht zuletzt auf einen Absatzmarkt für anspruchsvollere Waren aus den entwickelten kapitalistischen Ländern reduziert hat.

Nun zur Ersten Welt. Auch sie ist gewiss nicht von den aktuellen Erschütterungen verschont geblieben. Und ich spiele nicht nur auf die Globalisierung an. Wichtiger ist es, zwei gegensätzliche Entwicklungen zu untersuchen. Der über die Zweite Welt am Ende des Kalten Kriegs errungene Sieg hat das stolze Selbstbewusstsein des Westens noch weiter gesteigert. Damit einhergehend flammt erneut der Neokolonialismus auf, und zwar umso mehr, als es die *Revolution in Military Affairs*, deren integrierenden Bestandteil auch die Nutzung der neuen Medien unter geopolitischem Aspekt ausmacht, den USA und der NATO erlaubt, praktisch ungestört kleine Länder, die bald mit tatsächlichem Angriff, bald mit Destabilisierungsmanövern ins Visier genommen werden, mit echter Bombardierung oder multimedialem Bombardement zu überziehen. Gleichzeitig befindet sich die Erste Welt in einer schwierigen Lage gegenüber einer Dritten Welt, die heute auch die Länder mit sozialistischer Ausrichtung umfasst und dabei ist, große Erfolge in der zweiten Etappe der antikolonialen Revolution (der politisch-ökonomischen nämlich) zu erreichen. Der (auch technologisch) rasante Aufstieg Chinas ist der spektakulärste Beweis für die epochale Veränderung der Kräfteverhältnisse, die sich derzeit weltweit vollzieht.

Es ist aber eine Veränderung, die, weitab davon, zu Vorsicht zu mahnen, die abenteuerlichsten Kreise des Westens, vor allem seiner Führungsmacht, zu einem gereizten geopolitischen und militärischen Aktivismus treibt: Man muss sich beeilen, ehe es zu spät ist, um für Jahrzehnte den Vorsprung zu konsolidieren und zu stabilisieren, den weiterhin die Erste kapitalistisch-imperialistische Welt und vor allem jene Nation genießen, die sich als von Gott »erwählt« und als einzige »unverzichtbare« betrachtet. Die diversen lokalen Kriege, die als unterschiedlich eingefärbte »Farbenrevolutionen« verkleideten Staatsstreiche, die gegen das eine oder andere Land in Gang gesetzten Destabilisierungsversuche, die gravierenderen Initiativen militärischer, politischer bis hin zu ökonomischer Strategie (man erinnere sich an die »ökonomische NATO«) – all diese Prozesse und Spielzüge enthüllen, trotz ihrer extremen Unterschiedlichkeit, einem genaueren Blick ein gemeinsames Merkmal: Die Absicht nämlich, Russland und besonders China in immer größere Schwierigkeiten zu bringen. Was das letztere angeht, haben die US-amerikanischen Analysten und Strategen kein Problem damit, ihren Plan offen darzulegen: Man muss so vorgehen, dass die Energieversorgung des großen asiatischen Landes, das nicht über Rohstoffe wie Öl und Gas verfügt, möglichst massiv Gewaltmaßnahmen seitens der übermächtigen Kriegsmarine der

USA ausgesetzt ist, die so grundsätzlich die Macht über Leben oder Tod von mehr als 1,3 Milliarden Menschen ausüben könnte. Es gibt auch Analysten und Strategen, die von Krieg sprechen und deshalb schon mögliche Szenarien eines großen Krieges, ja eines Dritten Weltkriegs untersuchen.

Die Ideologie, die ihn legitimieren und absegnen soll, ist schon fertig, wird seit kurzem bereits obsessiv vertreten und flächendeckend verbreitet dank des noch vom Westen gehaltenen Monopols der Ideen und vor allem der Emotionen und mit Hilfe unbewusster Techniken, die Empörungsterror erregen und in vielen Fällen das kritische Denken unterbinden können. Es ist die Ideologie, die von Anfang an die Geschichte der USA begleitet hat, die sich schon in den Jahrzehnten als »Reich der Freiheit« brüsteten, in denen quasi all ihre Präsidenten Sklavenhalter waren und das Land auf dem amerikanischen Kontinent den Befürwortern des Instituts der Sklaverei als Maßstab galt. Zu einem großen Teil ist auch die westliche Linke Opfer oder Träger dieser Ideologie, die den Tauglichkeitstest von Jahrhunderten Geschichte und Krieg siegreich überstanden hat. Diese Linke hält sich für kritisch und vorurteilsfrei, ist aber in Wirklichkeit chauvinistisch und macht sich den Chauvinismus der Ersten Welt zueigen.

Ich habe von der Linken gesprochen, ohne zwischen »gemäßigter Linker« und »radikaler Linker« zu unterscheiden. Der Grund für mein Vorgehen ist einfach. Nehmen wir den Libyenkrieg. Sein neokolonialer Charakter, seine Wiederholung eines wohlbekannten Kapitels des Kolonialismus (das Sykes-Picot-Abkommen von 1916) haben sich in Stellungnahmen der unbefangeneren Analysten des Westens und in Artikeln der wichtigsten Presseorgane niedergeschlagen. In Italien jedoch haben zwei berühmte Persönlichkeiten wie Camusso und Rossanda, die Generalsekretärin der CGIL und eine der Gründer(innen) der »kommunistischen Tageszeitung« *Il manifesto*, Stellung genommen zugunsten eines infamen Kolonialkriegs, der Zehntausende Tote gekostet und ein Land auch auf politischer Ebene zerstört hat! Wollen wir Rossanda eine Neigung zum Moderaten unterstellen? Wir haben ja gesehen, wie Hardt, der neben Negri weltweit einer der am meisten gefeierten Vertreter der »radikalen Linken« ist, 1999 den

Jugoslawienkrieg legitimiert hat, dessen alles andere als humanitärer Charakter von einem konservativen Historiker wie Ferguson stillschweigend anerkannt worden ist. Hardt (und Negri) aus der »authentischen« radikalen Linken ausschließen zu wollen, hätte wenig Sinn: Es gibt schließlich auch trotzkistische Bewegungen, die sich zugunsten der Rebellen in Libyen und Syrien geäußert haben. Sollte jemand gerade die Trotzkisten als der »authentischen« kommunistischen Bewegung fremd betrachten, sollte er sich bewusst sein, dass die, die gegen China die Gemeinplätze der herrschenden Ideologie und Macht wiederkäuen, bisweilen kommunistische Organisationen und Parteien sind, die Stalin verehren. Auf der anderen Seite hat auch das breite Lager jener, die die versteckten Staatsstreiche der »Farbenrevolutionen« als Volksaufstände begrüßt haben, sich nicht an die Grenzen zwischen »gemäßigter« und »radikaler Linker« gehalten.

Unabhängig von den Stellungnahmen zu diesem oder jenem aktuellen Problem gibt die Tatsache zu denken, dass es der Linken, häufig auch der »radikalen«, anzumerken ist, dass sie unkritisch den vom Westen eingerichteten heiligen Kalender verinnerlicht hat: Jedes Jahr wird feierlich der Tragödie vom Tienanmen-Platz gedacht, nicht jedoch der von Kwangju, die sich in Südkorea in ähnlicher Weise und mit einer weit höheren Zahl an Opfern ereignet hat. Neben dem heiligen Kalender lässt sich die Linke, manchmal auch die »radikale«, von der herrschenden Ideologie und Macht auch die Erklärung der Menschenrechte diktieren: Die Äußerungen zu diesem Thema und die diesbezüglich über diverse Akteure der internationalen Politik gefällten Urteile ignorieren oft die sozialen und ökonomischen Rechte und die »Freiheit von Not« wie die »Freiheit von Angst«. Auch wenn sie zugunsten jener Rechte und Freiheiten Stellung bezieht, zeigt oder vertritt die Linke (bis hin zur »radikalen«) eine Kultur, die nicht selten in mehr oder weniger scharfem Widerspruch zu dem Ziel steht, das sie verfolgen zu wollen erklärt.

Deshalb sind aber die Unterschiede im Rahmen der Linken nicht unbedeutend geworden. Was die internationale Politik angeht, muss man zu unterschieden wissen zwischen der imperialen Linken, die sich dieser unterordnet, und jener Linken, die sich tatsächlich gegen die imperiale Linke stellt. Entsprechend muss man zu unterscheiden wissen zwischen jener Linken, die sich inzwischen neoliberalen Positionen angeglichen hat, und derjenigen, die (auf politischer und kultureller Ebene) mehr oder weniger konsequent und mehr oder weniger klarsichtig an der Verteidigung der sozialen und ökonomischen Rechte arbeitet. Natürlich ist die Lage von Land zu Land auch ganz unterschiedlich. Doch trotz der hier und da erkennbaren Zeichen für einen erneuten Aufschwung der kommunistischen, und allgemeiner einer der herrschenden Ordnung innenpolitisch und international wirklich entgegenstehenden, Bewegung scheint die Linke im Westen sich insgesamt durch Konfusion und Zerfall auszuzeichnen.

Das ist eine besorgniserregende Situation, die nicht allein durch das Anprangern des Opportunismus oder mittels Appellen an revolutionäre Zielstrebigkeit überwunden werden kann. Zuallererst wird eine Analyse der weltweiten neuen Lage gebraucht, die entstanden ist: Wenn dieses Buch dazu dient, eine Debatte über dies so entscheidende Thema zu eröffnen, hat es sein Ziel erreicht.

Literaturverzeichnis

Anmerkung: Bei allen zitierten Texten ist das Kursive entsprechend den sich aus der Darstellung ergebenden Erfordernissen frei beibehalten, weggelassen oder verändert worden.

Agamben, Giorgio (1995): *»Homo sacer«. Il potere sovrano e la nuda vita*, Turin

Ders. (1996): *Mezzi senza fine. Note sulla politica*, Turin

Albert, Michel (1991): *Capitalisme contre capitalisme*, Paris

Albertini, Rudolf von (1966): *Dekolonisation. Die Diskussion über Verwaltung u. Zukunft d. Kolonien 1919-1960*, Opladen / Köln

Alexander, Michelle (2010): *The New Jim Crow. Mass Incarceration in the Age of Colorblindness*, New York

Aly, Götz (2005): *Hitlers Volksstaat. Raub, Rassenkrieg und nationaler Sozialismus*, Frankfurt a. M.

Arango, Tim (2011): *Despite upheaval, Syria beckons to Iraqis*, in: International Herald Tribune, 30./31. Juli, S. 4

Ders. (2013): *Syrian rebels' best ally hesitates*, in: International New York Times, 19./20. Oktober, S. 6

Arendt, Hannah (1959): *Reflections on Little Rock* (Originalausgabe 1958), in: Dissent, Winter, S. 45-56

Dies. (1986): *Ripensare il sionismo* (Originalausgabe 1945), in: Dies., *Ebraismo e modernità*, Mailand

Dies. (1989): *Le origini del totalitarismo* (Originalausgabe 1951; basata sulla III edizione, 1966), Mailand

Aron, R. (1998): *Machiavelli e le tirannie moderne* (Originalausgabe 1993), Rom

Ash, Timothy Garton (2000): *The Last Revolution*, in: The New York Review of Books, 16. November, S. 8-14

Bamford, James (2010): *Passen Sie auf, was Sie tippen*, Interview mit Th. Fischermann, in: Die Zeit, 18. Februar, S. 20-21

Barboza, David (2006): *Corporations battle China on labor law*, in: International Herald Tribune, 13. Oktober, S. 14

Baroni, Paolo (2011): *Duello all'ultimo affare*, in: La Stampa, 26. August, S. 1

Bastide, Paul (Hg.) (1939): *Les discours de Sieyès dans les débats constitutionnels de l'an III*, Paris

Battista, Pierluigi (1999): *Le ambigue retrovie della guerra etica*, in: La Stampa, 1. Mai, S. 4

Battistini, Francesco (2013): *La »jihad del sesso«. Prostituirsi in Siria nel nome di Allah*, in: Corriere della Sera, 21. September, S. 15

Becker Jo / Shane, Scott (2012): *For Obama, a personal role in war with Qaeda*, in: International Herald Tribune, 30. Mai, S. 1 u. 5

Benedetto, Enrico (1992): *Mitterrand in cattedra: colpa del sistema*, in: La Stampa, 3. Mai

Bernstein, Richard / Munro Ross H. (1997): *The Coming Conflict with China*, New York

Bilefsky, Dan (2009): *A rumor that set off the Velvet Revolution*, in: International Herald Tribune, 18. November, S. 1 u. 4

Biloslavo, Fausto (2000): *Così l'America in poco tempo ha inventato l'anti-Slobodan*, in: Il Giornale, 6. Oktober, S. 4

Ders. (2013): *Dietro la rivolta di Kiev c'è un golpe nazionalista*, in: Il Giornale, 3. Dezember

Bisharat, George (2013): *Taking Israel to court in The Hague*, in: International Herald Tribune, 31. Januar, S. 16

Blum, William (2003): *Il libro nero degli Stati Uniti* (Originalausgabe 2003), Rom

Bobbio, Norberto (1990): *L'utopia capovolta*, Turin

Boffa, Giuseppe (1995): *Dall'urss alla Russia. Storia di una crisi non finita*, Rom / Bari

Ders. (1997): *L'ultima illusione. L'Occidente e la vittoria sul comunismo*, Rom / Bari

Boulin, Florence (2008): *Il Dalai Lama: la Cina ci massacra*, in: La Stampa, 22. August, S. 9

Boyle, Peter G. (Hg.) (1990): *The Churchill-Eisenhower Correspondence 1953-1955*, Chapel Hill / London

Bradsher, Keith (2013): *Kazakhs bet their new oil riches on railroads*, in: International New York Times, 21. November, S. 16

Bright, Martin (2002): *MI6 »halted bid to arrest bin Laden«*, in: The Observer, 10. November

Bruce, Robert V. (1995): *Toward Sumter and Pearl: Comparing the Origins of the Civil War and World War II*, in: G. S. Boritt (Hg.), *War Comes Again. Comparative Vistas on the Civil War and World War II*, New York / Oxford

Brzezinski, Zbigniew K. (1998): *La grande scacchiera* (Originalausgabe 1997), Mailand

Ders. (2012): *Strategic Vision. America and the Crisis of Global Power*, New York

Buckley, Kevin (1991): *Panama. The Whole Story*, New York

Burstein, Daniel (1991): *Welt-Macht Europa. Die Öffnung des Ostens und der europäische Binnenmarkt verändern das Kraftverhältnis in der Welt* (Originalausgabe 1991), München

Caprara, Maurizio (2012): *Nazioni Unite, voto storico per ammettere la Palestina*, in: Corriere della Sera, 29. November, S. 18

Caretto, Ennio (1991): *»A Mosca chiederò la testa di Castro«. Bush annuncia le sue richieste per aiutare le riforme in URSS*, in: La Repubblica, 19. Juli

Ders. (1992): *L'ONU vuol punire la Libia*, in: La Repubblica, 29./30. März

Ders. (2006): *La CIA riprogrammò le menti dei reduci*, in: Corriere della Sera, 12. Februar, S. 14

Chang, Iris (1997): *The Rape of Nanking. The Forgotten Holocaust of World War II*, New York

Chierici, Maurizio (2013): *Il presidente deve morire*, Villorba (TV)

Chiesa, Giuletto (2009): *Chirac e Kohl aiutarono Eltsin con fondi neri*, in: La Stampa, 1. Oktober, S. 1 u. 16

Churchill, Winston (1974): *His Complete Speeches 1897-1963*, New York / London

Clark, Christopher (2013): *The Sleepwalkers. How Europe Went to War in 1914*, London

Cohen, Roger (1999): *Will Milosevic's Brutality Preclude Any Negotiation With the West?*, in: International Herald Tribune, 31. März, S. 2

Colombo, Alessandro (2010): *La disunità del mondo. Dopo il secolo globale*, Mailand

Colombo, Furio (1992): *Scacco al Sol Levante*, in: La Stampa, 21. März

Commager, Henry S. (Hg.) (1963[7]): *Documents of American History*, New York

Constant, Benjamin (1957): *Principes de politique* (Originalausgabe 1815), in: *Œuvres*, hrsg. von A. Roulin, Paris

Ders. (1970): *Princìpi di politica* (Originalausgabe 1815), hrsg. von U. Cerroni, Rom (2. Aufl.)

Cremonesi, Lorenzo (1995): *Sinai, la guerra sporca di Israele*, in: Corriere della Sera, 17. August, S. 8

Ders. (2011a): *La ritirata dei ribelli sotto le bombe dei miliziani*, in: Corriere della Sera, 12. März, S. 13

Ders. (2011b): *Ma i ribelli organizzano le difese: »Non vincerà«*, in: Corriere della Sera, 18. März, S. 3

Ders. (2011c): *»Bengasi brucia«. Ore di battaglia nella città ribelle*, in: Corriere della Sera, 20. März, S. 6

Ders. (2011d): *Colpita dalla NATO la tv di Gheddafi. Tre morti e 15 feriti*, in: Corriere della Sera, 31. Juli, S. 10

Ders. (2012a): *Morte di Gheddafi, si riapre il giallo*, in: Corriere della Sera, 30. September

Ders. (2012b): *Le spose siriane in vendita per i ricchi arabi*, in: Corriere della Sera, 28.November, S. 15

Ders. (2013a): *Fine delle primavere arabe. In Libia torna la poligamia*, in: Corriere della Sera, 11. Februar, S. 14

Ders. (2013b): *Il dramma delle giovani curde in Siria: »Noi prede dei miliziani di Al Qaeda«*, in: Corriere della Sera, 1. Dezember, S. 15

Crichton, Michael (1992): *Sol Levante* (Originalausgabe 1992), Mailand

Dale, Reginald (1996): *Time to Put Away the Big Trade Gun*, in: International Herald Tribune, 30. April

Davis, Mike (2001): *Olocausti tardovittoriani* (Originalausgabe 2001), Mailand

Debord, Guy (1992): *La société du Spectacle* (Originalausgabe 1967), Paris

De Felice, Renzo (1990): *Mussolini l'alleato*, Turin

Ders. (1992): *Intervista sul fascismo* (Originalausgabe 1975), hrsg. von M. A. Ledeen, Mailand

Deng Xiaoping (1992-95): *Selected Works*, Beijing

De Rosa, Renato (1986): *Politische Akzente im Leben eines Philosophen. Karl Jaspers in Heidelberg 1901-1946*, Nachwort zu K. Jaspers, *Erneuerung der Universität. Reden und Schriften 1945-46*, Heidelberg

Di Feo, Gianluca (1999): *Notizie-bomba e danni collaterali. NATO sotto tiro*, in: Corriere della Sera, 1. Mai, S. 9

Dimaggio, Anthony (2000): *When Media Goes to War*, New York

Dobbs, Michael (1996): *Yeltsin's Tilt Endangers IMF Loan to Russia*, in: International Herald Tribune, 27./28. Januar

Domenach, Jean-Luc / Richer, Philippe (1995): *La Chine*, Paris

Dore, Ronald (2013): *Isole contese, ecco perché Tokyo sbaglia*, in: La Lettura, Beilage zum Corriere della Sera, 8. Dezember, S. 5

Dottori, Germano (2011): *Disinformacija. L'uso strategico del falso nel caso libico*, in: Limes. Rivista italiana di geopolitica, 1, S. 43-49

Duverger, Maurice (1993): *Mafia e inflazione uccidono la Russia*, in: Corriere della Sera, 18. Oktober

Dyer, Geoff (2014): *US v China: is this the new cold war*, in: Financial Times (Life & Arts): 22./23. Februar, S. 1-2

E. St. (1999): *La morte dal cielo sfigura Pristina*, in: La Stampa, 8. April, S. 3

Eisenhower, Dwight D. (1948): *Crusade in Europe*, New York

Elegant, Robert (1991): *Zukunft Fernost. Das asiatische Jahrhundert hat schon begonnen* (Originalausgabe 1990), München

Engdahl, F. William (2009): *Full Spectrum Dominance. The Totalitarian Democracy in the New World Order*, Wiesbaden

Epstein, Helen (1998): *Life & Death on the Social Ladder*, in: The New York Review of Books, 16. Juli, S. 26-30

Erlanger, Steven / Cohen, Robert (2000): *»Organized Spontaneity« by the Opposition Brought Down Milosevic*, in: International Herald Tribune, 16. Oktober, S. 2

Esherick, Joseph W. (1987): *The Origins of the Boxer Uprising*, Berkeley / Los Angeles / London

Fahim, Kareem / Gladstone, Rick (2011): *NATO joins in hunt for Qaddafi*, in: International Herald Tribune, 26. August

Fang Lizhi (2011): *The Real Deng*, in: The New York Review of Books, 10.-23. November, S. 8-11

Farkas, Alessandra (2005): *»Squadre della morte« anti-guerriglia*, in: Corriere della Sera, 10. Januar, S. 15

Dies. (2010): *»La USA drogò il pane dei francesi«. Svelato il mistero delle baguette che fecero ammattire un paese nel '51*, in: Corriere della Sera, 13. März, S. 25

Ferguson, Niall (2001): *The Cash Nexus. Money and Power in the Modern World*, London

Ders. (2005): *Colossus. The Rise and Fall of the American Empire* (Originalausgabe 2004), London

Ders. (2008): *Ventesimo secolo, l'età della violenza* (Originalausgabe 2006), Mailand

Ders. (2011): *Civilization. The West and the Rest*, London

Ferraro, Renato (2001): *Tienanmen? Fu una beffa*, in: Corriere della Sera, 4. Juni, S. 13

Fejtö, François (unter Mitarbeit von E. Kulesza-Mietkowski) (1994): *La fine delle democrazie popolari. L'Europa orientale dopo la rivoluzione del 1989* (Originalausgabe 1992), Mailand

Fischermann, Thomas / Hamann, Götz (2010): *Angriff aus dem Cyberspace*, in: Die Zeit, 18. Februar, S. 19-21

Fitchett, Joseph (2000): *Clark Recalls »Lessons« of Kosovo*, in: International Herald Tribune, 3. Mai, S. 1 u. 4

Foley, John (2012): *Boicottando l'FMI la Cina perde influenza*, in: La Stampa, 11. Oktober, S. 26

Formenti, Carlo (2011): *La »disinformazia« ai tempi del Web. Identità multiple per depistare*, in: Corriere della Sera, 28. Februar, S. 38

Forte, Maximilian (2012): *Slouching towards Sirte. NATO's War on Libya and Africa*, Montreal

Foucault, Michel (2001): *Dits et écrits*, hrsg. von D. Defert u. F. Ewald (unter Mitarbeit von J. Lagrange), Paris

Ders. (2004): *Naissance de la biopolitique. Cours au Collège de France (1978-1979)*, hrsg. von M. Senellari, Paris

Franceschini, Enrico (2010): *La USA girò un video gay per far cadere Saddam*, in: La Repubblica, 28. Mai, S. 23

Franchetti, Mark (2012): *Il blogger Navalny: Putin ha paura di fare la fine di Gheddafi*, in: La Stampa, 12. März, S. 19

Frattini, Davide (2014): *Il bimbo siriano e le »tombe«. Ma la foto è un »falso«*, in: Corriere della Sera, 20. Januar, S. 12

Friedberg, A. L. (2009): *Menace: Here Be Dragons: Is China a Military Threat?*, in: The National Interest, September/Oktober

Friedman Thomas L. (1999): *Unica via bombardare senza pietà*, in: La Stampa, 24. April, S. 6

Friedman, George / Lebard, Meredith (1991): *The Coming War with Japan*, New York

Gaggi, Massimo (2010): *Un'illusione la democrazia via web. Estremisti e despoti sfruttano Internet*, in: Corriere della Sera, 20. März, S. 21

Gallino, Luciano (2013): *Il colpo di Stato di banche e governi. L'attacco alla democrazia in Europa*, Turin

Gallo, Claudio (2013): *Harry: »sì, ho ucciso taleban«*, in: La Stampa, 23. Januar, S. 15

Garo, Isabelle (2011): *Foucault, Deleuze, Althusser & Marx. La politique dans la philosophie*, Paris

Gasiorowski, Mark (2000): *Iran 1953, il complotto della CIA*, in: Le Monde diplomatique / il manifesto, Oktober, S. 7

Gergolet, Mara (2010): *L'Europa: »Traffico d'organi in Kosovo«*, in: Corriere della Sera, 16. Dezember, S. 18

Gernet, Jacques (1978): *Il mondo cinese. Dalle prime civiltà alla Repubblica popolare* (Originalausgabe 1972), Turin

Gibbs, David N. (2009): *First Do Not Arm. Humanitarian Intervention and the Destruction of Yugoslavia*, Nashville

Gingrich, Newt (1995): *America, perché sei così grande?*, in: La Stampa, 26. Januar, S. 9

Ginzberg, Sigmund (1988): *Bimbi alla fame negli USA dei miliardari*, in: l'Unità, 19. Oktober

Goebbels, Joseph (1992): *Tagebücher*, hrsg. von R. G. Reuth, München / Zürich

Gompert, David / Kelly, T. (2013): *Escalation Cause. How the Pentagon's new strategy could trigger war with China*, in: Foreign Policy, 2. August

Grifoni, Giorgia (2014): *Torturati, stuprati, picchiati: milioni di nuovi schiavi su cui i paesi del Golfo prosperano*, in: La Repubblica online, 24. Januar

Guerrera, Francesco (2011): *Ascoltiamo quell'urlo in piazza*, in: La Stampa, 2. Oktober, S. 1 u. 41

Habermas, Jürgen (1999): *Bestialität und Humanität. Ein Krieg an der Grenze zwischen Recht und Moral*, in: Die Zeit, 29. April, S. 1 u. 6-7

Hamilton, Mike (2011): *Crack SAS troops hunt Gaddafi weapons inside Libya*, in: Sunday Mirror, 20. März

Hardt, Michael (1999): *La nuda vita sotto l'Impero*, in: il manifesto, 15. Mai, S. 8-9

Hardt, M. / Negri, Antonio (2012): *Questo non è un manifesto* (Originalausgabe 2012), Mailand

Harries, Meirion / Harries, Susie (1987): *Sheating the Sword. The Demilitarization of Japan*, London

Harvey, David (2007): *Breve storia del neoliberismo* (Originalausgabe 2005), Mailand

Ders. (2011): *L'enigma del capitale e il prezzo della sua sopravvivenza* (Originalausgabe 2010), Mailand

Ders. (2013): *The New Imperialism* (Originalausgabe 2003), Oxford

Hayek, Friedrich August von (1969): *La società libera* (Originalausgabe 1960), Florenz

Ders. (1986a): *The Road to Serfdom* (Originalausgabe 1944), London

Ders. (1986b): *Law, Legislation and Liberty*; *Legge, legislazione e libertà* (Originalausgabe 1982; (die drei Einzelbände, die das Gesamtwerk ausmachen, sind respektive 1973, 1976 u. 1979 erschienen), Mailand

Heilbrunn, Jacob / Lind, Michael (1996): *Third American Empire, With a Balkan Frontier*, in: International Herald Tribune, 4. Januar, S. 6

Hirsh, Michael (2002): *In Europa*, in: Limes. Rivista italiana di geopolitica, 3, S. 69-80

Hoagland, Jim (2000): *Just Waiting for Milosevic to Go Away Won't Do*, in: International Herald Tribune, 7. August, S. 8

Hobson, John A. (1974): *L'imperialismo* (Originalausgabe 1902; 1938[3]), Mailand

Hofbauer, Hannes (2011): *Verordnete Wahrheit, bestrafte Gesinnung. Rechtsprechung als politisches Instrument*, Wien

Hofstadter, Richard / Hofstadter, Beatrice K. (1982): *Great Issues in American History* (Originalausgabe 1958), New York

Holloway, John (2004): *Cambiare il mondo senza prendere il potere. Il significato della rivoluzione oggi* (Originalausgabe 2002), Rom

Hopquin, Benoît (2014): *Dove le armi chimiche colpiscono ancora*, in: Speciale La Stampa, 16. Januar, S. VII

Huntington, Samuel P. (1968): *Political Order in Changing Societies*, New Haven

Ders. (1995): *La terza ondata. I processi di democratizzazione alla fine del XX secolo* (Originalausgabe 1993), Bologna

Ders. (1997): *Lo scontro delle civiltà e il nuovo ordine mondiale* (Originalausgabe 1996), Mailand

International Herald Tribune (2008): *Japan sought U.S. nuclear action in case of China war*, 23. Dezember, S. 2

International New York Times (2013a): *Sifting through Irish Troubles*, 28. November, S. 6

Dies. (2013b): *Why some countries teach better*, 29. Dezember, S. 12

Jean, Carlo (1999): *Belgrado punta a coinvolgere i civili*, Interview mit U. De Giovannangeli, in: l'Unità, 16. April, S. 5

Jessen, Jens (2011): *Unterwegs zur Plutokratie*, in: Die Zeit, 1. September, S. 49

Jiang Zemin (2010): *Selected Works*, I, Beijing

Johnson, Chalmers (2001): *Gli ultimi giorni dell'impero americano* (Originalausgabe 2000), Mailand

Kant, Immanuel (1900ff): *Gesammelte Schriften*, hrsg. von der Akademie der Wissenschaften, Berlin

Kennedy, Paul M. (1993): *Verso il XXI secolo* (Originalausgabe 1992), Mailand

Kipling, Rudyard (1964): *Something of Myself. For My Friends Known and Unknown*, London

Kissinger, Henry (2011): *On China*, New York

Köckritz, Angela (2012): *Zwei gute Störer*, in: Die Zeit, 18. Oktober, S. 1
Dies. (2013): *Was hat dieser Mann erlebt?*, in: Die Zeit, 14. März, S. 53
Kreye, Andrian (2009): *Grüne Schleifen für Neda*, in: Süddeutsche Zeitung, 24. Juni, S. 11
Kristof, Nicholas D. (2011): *Bahrain pulls a Qaddafi*, in: International Herald Tribune, 18. März, S. 7
Ders. (2013): *China, Japan and a pile of rocks*, in: International New York Times, 6. Dezember, S. 9
Lague, David (2006): *Selling in China? Which one is it?*, in: International Herald Tribune, 16. Januar, S. 9
Lai, David (2011): *The United States and China in Power Transition*, Carlisle (PA, USA)
Latouche, Serge (1992): *L'occidentalizzazione del mondo. Saggio sul significato, la portata e i limiti dell'uniformazione planetaria* (Originalausgabe 1989), Turin
Ders. (2005): *Come sopravvivere allo sviluppo* (Originalausgabe 2004), Turin
Ders. (2008): *Breve trattato sulla decrescita serena* (Originalausgabe 2007), Turin
Ders. (2011): *Come si esce dalla società dei consumi. Corsi e percorsi della decrescita* (Originalausgabe 2010), Turin
Lau, Mariam (2011): *Nur bei Völkermord. Tyrannensturz ist kein Kriegsgrund, findet Michael Walzer*, in: Die Zeit, 24. März, S. 12
Le Bon, Gustave (1980[2]): *Psicologia delle folle* (Originalausgabe 1895), Mailand
Lemann, Nicholas (1998): *Justice for Blacks?*, in: The New York Review of Books, 5. März, S. 25-28
Lenin, Wladimir I. (1956-72): *Werke*, Berlin
Lewis, Bernard (1984): *The Jews of Islam*, Princeton
Ders. (1993): *Islam and the West*, New York / Oxford
Lieber, Keir A. / Press, Daryl G. (2006): *The Rise of U. S. Nuclear Primacy*, in: Foreign Affairs, März/April, S. 42-54
Lilley, James (mit J. Lilley) (2004): *China Hands. Nine decades of Adventure, Espionage and Diplomacy in Asia*, New York
Limes (2012): *Operazione fine di mondo* (Editoriale), in: Limes. Rivista italiana di geopolitica, 1, S. 7-27
Link, Perry (2012): *On Fang Lizhi (1936-2012)*, in: The New York Review of Books, 10.-23. Mai, S. 65
Lopez jr., Donald S. (1998): *Prisoners of Shangri-La. Tibetan Buddhism and the West*, Chicago / London

Losurdo, Domenico (1992): *Hegel e la libertà dei moderni*, Rom

Ders. (1997): *Hegel e la Germania. Filosofia e questione nazionale tra rivoluzione e reazione*, Mailand

Ders. (2007): *Kampf um die Geschichte. Der historische Revisionismus und seine Mythen*, Köln, (Originalausgabe 1996: Il revisionismo storico. Problemi e miti, Rom / Bari)

Ders. (2008): *Demokratie oder Bonapartismus. Triumph und Niedergang des allgemeinen Wahlrechts*, Köln, (Originalausgabe 1993: Democrazia o bonapartismo. Trionfo e decadenza del suffragio universale, Turin)

Ders. (2009): *Nietzsche, der aristokratische Rebell*, Hamburg, (Originalausgabe 2002: Nietzsche, il ribelle aristocratico. Biografia intellettuale e bilancio critico, Turin)

Ders. (2010): *Freiheit als Privileg. Eine Gegengeschichte des Liberalismus* (Originalausgabe 2005: Controstoria del liberalismo, Rom / Bari)

Ders. (2011): *Die Sprache des Imperiums. Ein historisch-philosophischer Leitfaden*, Köln, (Originalausgabe 2007: Il linguaggio dell'Impero. Lessico dell'ideologia americana, Rom / Bari)

Ders. (2012): *Stalin. Geschichte und Kritik einer schwarzen Legende*, Köln (Originalausgabe 2008: Stalin. Storia e critica di una leggenda nera, Rom)

Ders. (2015): *Gewaltlosigkeit. Eine Gegengeschichte*, Hamburg, (Originalausgabe 2010: La non-violenza. Una storia fuori dal mito, Rom / Bari)

Ders. (2016): *Der Klassenkampf oder die Wiederkehr des Verdrängten. Eine politische und philosophische Geschichte*, Köln, (Originalausgabe 2013: La lotta di classe. Una storia politica e filosofica, Rom / Bari)

Luttwak. Edward N. (1993): *The Grand Strategy of the Roman Empire* (Originalausgabe 1976), Baltimore / London

Ders. (1999): *USA-Giappone-Cina, la strana geometria*, in: Limes. Rivista italiana di geopolitica, 1, S. 149-152

Ders. (2013): *Keep Syria in a stalemate*, in: International Herald Tribune, 24./25. August, S. 6

Lutzker, Michael A. (1987): *The Precarious Peace: China, the United States, and the Quemoy-Matsu Crisis, 1954-1955, 1958*, in: J. R. Challinor / R. L. Beisner (Hg.), *Arms at Rest. Peacemaking and Peacekeeping in American History*, New York

MacArthur, John R. (1992): *Second Front. Censorship and Propaganda in the Gulf War*, New York

Mao Zedong (1969-75): *Opere scelte*, Pechino

Martin, Jean-Pierre / Royot, Daniel (Hg.) (1989): *Histoire et civilisation des Etats-Unis. Textes et documents commentés du XVIIe siècle à nos jours*, Paris

Marx, Karl / Engels, Friedrich (1955-89): *Werke (=MEW)*, Berlin

Masera, Anna (2006): *Bufale via Internet, la disinformazione USA*, in: La Stampa, 29. Januar, S. 11

Mastrolilli, Paola (2013): *Guerra Fredda, quando gli USA usavano la Natura come arma*, in: La Stampa, 29. April, S. 17

Mattioli, Alberto (2013): *Hollande all'angolo prima vittima della retromarcia USA*, in: La Stampa, 2. September, S. 5

Mazza, Viviana (2010): *Credete nei diritti umani? Meno scambi con la Cina*, in: Corriere della Sera, 9. Oktober

Mazzetti, Mark / Schmitt, Eric / Somaiya, Ravi (2011): *USA operatives present in Libya*, in International Herald Tribune, 31. März, S. 1 u. 4

Mearsheimer, John J. (2001): *The Tragedy of Great Power Politics*, New York/London

Merkel, Reinhard (2011): *Der libysche Aufstand gegen Gaddafi ist illegitim*, in: Frankfurter Allgemeine Zeitung, 22. März

Mill, John Stuart (1981): *Saggio sulla libertà* (Originalausgabe 1858), Mailand

Millis, Walter (1989): *The Martial Spirit* (Originalausgabe 1931), Chicago

Minqi Li (2008): *The Rise of China and the Demise of the Capitalist World Economy*, London

Mirsky, Jonathan (1998): *Talking with Wei Jingsheng*, in: The New York Review of Books, 5. März, S. 39

Mises, Ludwig von (1922): *Die Gemeinwirtschaft. Untersuchungen über den Sozialismus*, Jena

Ders. (1927): *Liberalismus*, Jena

Molinari, Maurizio (1999): *1948, guerra civile a Roma*, in: La Stampa, 14. September, S. 23

Ders. (2013a): *Parigi sogna un posto in prima fila nel mondo multipolare di Obama*, in: La Stampa, 31. August, S. 5

Ders. (2013b): *Così Greenwald fa litigare l'America coi suoi alleati*, in: La Stampa, 22. Oktober, S. 8

Morozov, Evgeni (2011): *L'ingenuità della rete. Il lato oscuro della libertà di internet* (Originalausgabe 2011), Turin

Morozzo Della Rocca, Roberto (1999): *La via verso la guerra*, in: Supplemento al n. 1 (Quaderni Speciali) di Limes. Rivista italiana di geopolitica, S. 11-26

Morris, Benny (2008): *Solo un attacco (riuscito) può fermare la guerra*, in: Corriere della Sera, 20. Juli, S. 24

Mueller, John / Mueller, Karl (1999): *Sanctions of Mass Destruction*, in: Foreign Affairs, Mai/Juni, S. 43-53

Mussolini, Benito (1951ff): *Opera Omnia*, hrsg. von E. u. D. Susmel, Florenz
Naím, Moisés (2012): *Mafia States. Organized Crime Takes Office*, in: Foreign Affairs, Mai/Juni, S. 100-111
Nathan, Andrew J. / Link, S. (Hg.) (2001): *Tienanmen* (Originalausgabe 2001), Mailand
Nava, Massimo (2008): *Parigi, scivolone di Kouchner: »Così le ong spiano Hamas«*, in: Corriere della Sera, 9. Oktober, S. 14
Navarro, Mireya (1999): *US Aid and »Genocide«. Guatemala Inquiry Details USA's Help to Military*, in: International Herald Tribune, 27./28. Februar, S. 3
Noah, Timothy (2012): *The Great Divergence. America's Growing Inequality and What We Can Do About It*, New York
Nozick, Robert (1981): *Anarchia, Stato e utopia. I fondamenti filosofici dello »Stato minimo«* (Originalausgabe 1974), Florenz
Olimpio, Guido (2003): *Omicidi mirati e incursioni oltreconfine: è la »legge di Dagan«*, in: Corriere della Sera, 7. Oktober, S. 2
Ders. (2012): *Il virus che infetta l'Iran. La cyberguerra è lanciata*, in: Corriere della Sera, 20. Dezember, S. 14-15
Opitz, Reinhard (Hg.) (1994): *Europastrategien des deutschen Kapitals 1900-1945*, Bonn (Originalausgabe 1977)
Paal, Douglas (2010): *Questo è l'inizio di uno scontro tra due civiltà*, Interview mit M. Molinari, in: La Stampa, 23. Januar, S. 7
Packard, Vance (1964): *I persuasori occulti* (Originalausgabe 1957), Turin
Panebianco, Angelo (2013): *Un'assenza ingombrante*, in: Corriere della Sera, 20. August, S. 1 u. 33
Paolini, Margherita (2012): *La guerra invisibile*, in: Limes. Rivista italiana di geopolitica, 1, S. 67-74.
Pease, Stephen E. (1992): *Psywar. Psychological Warfare in Korea 1950-1953*, Harrisburg (USA)
Pelham, Nicolas (2011): *The Battle for Libya*, in: The New Review of Books, 7. April, S. 77-79
Peukert, Detlev J. K. (1987): *Die Weimarer Republik*, Frankfurt a. M.
Pfaff, William (2000): *Money Politics is Winning the American Election*, in: International Herald Tribune, 11./12. März, S. 8
Ders. (2005): *Why Make an Enemy of Russia?*, in: International Herald Tribune, 13. April, S. 8
Piccione, Ugo (1991): *Pearl Harbor: una battaglia senza fine*, in: L'Indipendente, 6. Dezember
Piketty, Thomas (2013): *Le capital au XXIe siècle*, Paris

Pomeranz, Kenneth (2004): *La grande divergenza. La Cina, l'Europa e la nascita dell'economia mondiale moderna* (Originalausgabe 2000), Bologna

Popper, Karl R. (1974): *La società aperta e i suoi nemici* (Originalausgabe 1943; 1966[5]), Rom

Ders. (1992a): *La lezione di questo secolo*, hrsg. von G. Bosetti, Venedig

Ders. (1992b): *Kriege führen für den Frieden*, Interview mit O. Ihlau, in: Der Spiegel, 23. März, S. 202-111

Ders. (1992c): *Io, il Papa e Gorbaciov*, Interview mit B. Spinelli, in: La Stampa, 9. April, S. 17

Purcell, Victor (1963): *The Boxer Uprising. A Background Study*, Cambridge

Rampini, Federico (2012): *»Non ci possiamo più permettere uno Stato sociale« (Falso!)*, Rom / Bari

Ders. (2013): *Banchieri. Storie dal nuovo banditismo globale*, Mailand

Rawls, John (1982): *Una teoria della giustizia* (Originalausgabe 1971), Mailand

Re, Lucia (2006): *Carcere e globalizzazione. Il boom penitenziario negli Stati Uniti e in Europa*, Rom / Bari

Reich, Robert B. (2011): *When America's rich get too rich*, in: International Herald Tribune, 5. September, S. 6

Reybrouck, David van (2012): *Kongo. Eine Geschichte*, Berlin

Richardson, Michael (1999): *Asia Looks to Zhu for Sign of Backing Off On Spratlys*, in: International Herald Tribune, 22. November, S. 5

Robespierre, Maximilien (1950-1967): *Œuvres*, Paris

Romano, Sergio (2013): *Il ritorno dell'impero. Il disegno di Putin per »riconquistare« lo spazio sovietico*, in: Corriere della Sera, 31. Dezember, S. 32

Ders. (2014): *Il declino dell'impero americano*, Mailand

Roosevelt, Franklin D. (1941): *The Public Papers and Addresses*, Bd. 9 (Originalausgabe 1940): *War and Aid to Democracies*, New York

Roosevelt, Theodore (1901): *The Strenuous Life. Essays and Addresses*, New York

Rosenfeld, Stephen S. (1999): *Look Again: Resist the Temptation to Demonize Serbs*, in: International Herald Tribune, 29. März, S. 10

Rowan, Carl T. / Mazie, David M. (1969): *Fame in America*, in: Selezione dal Reader's Digest, März, S. 99-104

Ruotolo, Guido (2011): *Gheddafi: ingannati dagli amici occidentali*, in: La Stampa, 1. März, S. 6

Sabadin, Vittorio (2013): *I privilegi del secondogenito che vive tutto come un gioco*, in: La Stampa, 23. Januar, S. 15

Saillot, Fréderic (2010): *Racak. De l'utilité des massacres*, tome II, Paris

Sanger, David E. (2011): *As war in Libya drags on, us goals become harder*, in: International Herald Tribune, 12. April, S. 1 u. 8

Sartori, Giovanni (1987): *The Theory of Democracy Revisited*, New Jersey

Saunders, Frances Stonor (2004): *La guerra fredda culturale. La USA e il mondo delle lettere e delle arti* (Originalausgabe 1999), Roma

Sautman Barry / Yan Hairong (2010): *Liu Xiaobo Deserves an Ig Nobel Peace Prize*, in: South China Morning Post, 12. Oktober

Schlesinger jr., Arthur M. (1959-65): *L'età di Roosevelt* (Originalausgabe 1957-60), Bologna

Ders. (1967): *A Thousand Days. John F. Kennedy in the White House* (Originalausgabe 1965), New York

Ders. (Hg.) (1973a): *History of United States Political Parties*, New York / London

Ders. (1973b): *The Imperial Presidency*, Boston

Ders. (1991): *I cicli della storia americana* (Originalausgabe 1986), Pordenone

Schmidt, Helmut (2012): *Über China*, Interview mit G. di Lorenzo, in: Zeit Magazin, 38, S. 48-50

Schmitt, Bob (1997): *The Internet and International Politics*, in: International Herald Tribune, 2. April, S. 7

Scott-Stokes Henry / Lee Jai Eui (Hg.) (2000): *The Kwangju Uprising. Eyewitness Press Accounts of Korea's Tiananmen*, Armonk / London

Shane, (2012): *The Opiate of Exceptionalism*, in: International Herald Tribune, 19. Oktober

Shirer, William L. (1974): *Storia del Terzo Reich* (Originalausgabe 1959; 1962[4]), Turin

Shirky, Clay (2011): *The Political Power of Social Media*, in: Foreign Affairs, Januar/Februar, S. 28-41

Shulman, David (2012): *Israel in Peril*, in: The New York Review of Books, 7. Juni

Sinowjew, Alexander (1994): *La caduta dell' »impero del male«. Saggio sulla tragedia della Russia*, Turin

Sloterdijk, Peter (2013[2]): *Die nehmende Hand und die gebende Seite* (Originalausgabe 2010), Berlin

Smith, Adam (1976): *An inquiry into the Nature and Causes of the Wealth of Nations* (Originalausgabe 1775-76; 1783[3]), Oxford

Ders. (1982): *Lectures on Jurisprudence* (Originalausgabe 1762-63 u. 1766)

Smith, Gaddis (1994): *The Last Years of the Monroe Doctrine 1945-1993*, New York

Smith, Jeffrey (2000): *Milosevic Seems a Winner. »No Credible Alternative« in September Election*, in: International Herald Tribune, 31. Juli, S. 1 u. 9

Smith, Tony (1994): *America's Mission. The United States and the Worldwide Struggle for Democracy in the Twentieth Century*, New Jersey

Stabile, Alberto (2012): *L'orrore online come arma di lotta. Tra regime e ribelli è guerra mediatica*, in: La Repubblica, 14. März, S. 14-15

Stiglitz, Joseph Eugene (2014): *Inequality is not inevitable*, in: International New York Times, 28.-29. Juni, S. 7

Story, Louise (2010): *A Secretive Banking Elite Rules Trading in Derivatives*, in: The New York Times, 11. Dezember

Strauss, Leo (1998a): *Progresso o ritorno?* (Originalausgabe 1952), in: Ders., *Gerusalemme e Atene*, hrsg. von R. Esposito, Turin

Ders. (1998b): *Relativismo* (Originalausgabe 1961), in: Ders., *Gerusalemme e Atene*, hrsg. von R. Esposito, Torino

Ders. (1999): *German Nihilism* (Originalausgabe 1941), hrsg. von D. Janssens u. D. Tanguay, in: Interpretation. A Journal of Political Philosophy, Spring, S. 357-378

Stroobants, Jean-Pierre (2012): *Deux Iraniens distingués par le Parlement européen à la veille d'une visite de deputés*, in: Le Monde, 28.-29. Oktober, S. 4

Sun Yat-Sen (1976): *I tre principî del popolo* (Originalausgabe 1924), Turin

Taino, Danilo (2013): *La »fabbrica Cina« si sindacalizza e gli investimenti tornano a Ovest*, in: Corriere della Sera, 5. Februar, S. 32

Tatlow, Didi Kirsten (2012): *Behind bars, a battle for human rights*, in: International Herald Tribune, 12. September, S. 2

Thakur, Ramesh (2014): *America's prejudiced media. Hysteria and groupthink prevail over professionalism in covering non-western countries*, in: The Times of India, 4. Februar

Tocqueville, Alexis de (1951ff): *Œuvres complètes*, hrsg. von J. S. Mayer, Paris

Ders. (1968): *La democrazia in America (1835-40)*, in: Ders., *Scritti politici*, hrsg. von N. Matteucci, Bd. II, Turin

Todorov, Tzvetan (2012): *La guerra impossibile*, in: La Repubblica, 26. Juni, S. 1 u. 29

Toscano, Roberto (2013): *I dilemmi di un intervento*, in: La Stampa, 24. August, S. 1 u. 25

Toschi Marazzani Visconti, Jean (1999): *Milosevic visto da vicino*, Supplemento al n. 1 (Quaderni Speciali) di Limes. Rivista italiana di geopolitica, S. 27- 34

Trione, Vincenzo (2009): *Quella verosimile manipolazione contro l'arroganza di Ahmadinejad*, in: Corriere della Sera, 2. Juli, S. 12

Trombetta, Lorenzo (2011): *Spari sui cortei funebri*, in: La Stampa, 24. April, S. 5

Valli, Bernardo (2014): *Tra Stalin e nazismo l'Ucraina risveglia gli incubi del passato*, in: La Repubblica, 13. März, S. 1 u. 19

Vannuccini, Vanna (1996): *L'Ungheria di oggi assiste indifferente alla festa nazionale*, in: La Repubblica, 23. Oktober

Venturini, Franco (2013): *Le vittime e il potere atroce delle immagini*, in: Corriere della Sera, 22. August, S. 1 u. 11

Ders. (2014): *La Libia sprofonda (e pagheremo anche noi)*, in: Corriere della Sera, 5. Mai, S. 1 u. 35

Vogel, Ezra F. (2011): *Deng Xiaoping and the Transformation of China*, Cambridge (Mass.) / London

The Washington Post (2001): *Mideast Powder Keg*, wiedergegeben in: International Herald Tribune, 19. Februar, S. 8

Wassener, Bettina (2014): *China develops taste for spending*, in: International New York Times, 21. Januar, S. 15 u. 17

Weber, Max (2002): *Schriften 1894-1922* (Originalausgabe 1919; 1948), Stuttgart

Ders. (1988): *Zur Politik im Weltkrieg. Schriften und Reden 1914-1918*, hrsg. von W. J. Mommsen, in Zusammenarbeit mit G. Hübinger, Studienausgabe, Tübingen

Western Bruce / Rosenfeld, Jake (2012): *Workers of the World Divide. The Decline of Labor and the Future of the Middle Class*, in: Foreign Affairs, Mai/Juni, S. 88-99

Williams, Basil (1921): *Cecil Rhodes*, London

Wilson, Woodrow (1927): *War and Peace. Presidential Messages, Addresses, and Public Papers (1917-1924)*, hrsg. von R. S. Baker u. W. E. Dood, New York/London

Wintour, Patrick / Borger, Julian (2011): *Britain tells Gaddafi loyalists: defect or face war crimes trial*, in: The Guardian, 26. Februar, S. 1 u. 4

Worth, Robert F. (2014): *Saudis give support to Syria rebels despite risks*, in: International New York Times, 9. Januar, S. 1 u. 4

Yu Hua (2013): *Jokes, lies and pollution in China*, in: International New York Times, 30. Oktober, S. 8

Zaccaria, Giuseppe (1999): *Tra i disperati nella terra di nessuno*, in: La Stampa, 3. April, S. 5

Ders. (2001): *La pace non ferma il massacro. Più sangue nel dopoguerra che nel period bellico*, in: La Stampa, 17. Februar, S. 2

Zhang, Shu Guang (2001): *Economic Cold War. America's Embargo against China and the Sino-Soviet Alliance*, Stanford

Zinn, Howard (2002): *Une histoire populaire des États-Unis d'Amérique. De 1492 à nos jours* (Originalausgabe 1980), Marseille

Žižek, Slavoj (2007): *Mao Tse-Tung, the marxist lord of misrule, Introduction* a Mao, *On Practice and Contradiction*, London

Ders. (2009a): *De la démocratie à la violence divine*, in: AA.VV., *Démocratie, dans quel état?*, Paris, S. 123-148

Ders. (2009b): *In difesa delle cause perse. Materiali per la rivoluzione globale* (Originalausgabe 2008), Mailand

Ders. (2011): *Welcome to Interesting Times!*, in: AA.VV., *Revolution and Subjectivity*, Madrid, S. 125-136

Ders. (2012): *Benvenuti in tempi interessanti* (Originalausgabe 2011), Florenz

Ders. (2013): *Un anno sognato pericolosamente* (Originalausgabe 2012), Mailand

Zolo, Danilo (2000): *Chi dice umanità. Guerra, diritto e ordine globale*, Turin

Zucconi, Vittorio (1992): *Quello sbarco da farsa sotto i riflettori TV*, in La Repubblica, 10. Dezember

Personenregister